译丛主编 赵林

人、风俗、意见与时代之特征

——沙夫茨伯里选集

Characteristicks of Men, Manners, Opinions, Times

〔英〕沙夫茨伯里 著 李斯 译

WUHAN UNIVERSITY PRESS
武汉大学出版社

图书在版编目(CIP)数据

人、风俗、意见与时代之特征:沙夫茨伯里选集/沙夫茨伯里著;李斯译. —武汉:武汉大学出版社,2010.3
"自然神论"译丛
ISBN 978-7-307-07540-5

Ⅰ.人… Ⅱ.①沙… ②李… Ⅲ.自然神论—研究 Ⅳ.B921

中国版本图书馆 CIP 数据核字(2009)第 240192 号

责任编辑:辛 凯 责任校对:刘 欣 版式设计:支 笛

出版发行:**武汉大学出版社** (430072 武昌 珞珈山)
(电子邮件:cbs22@whu.edu.cn 网址:www.wdp.com.cn)
印刷:湖北省荆州市今印印务有限公司
开本:880×1230 1/32 印张:13.25 字数:328千字 插页:2
版次:2010年3月第1版 2010年3月第1次印刷
ISBN 978-7-307-07540-5/B·246 定价:26.00元

英国自然神论的兴衰（代序）

武汉大学哲学学院　赵林

一、自然神论的经验论基础

在 16 世纪的欧洲，南部拉丁语世界中蓬勃开展的文艺复兴运动和人文主义思潮已经达到了最高峰，北部日耳曼语世界中也发生了轰轰烈烈的宗教改革运动。这两场南北呼应的、波澜壮阔的文化运动开创了西欧现代化的历史起点，一个新兴的西方文化正在从旧世界的母腹中挣扎而出。但是在 16 世纪，这两场运动所蕴含的现代性意义并未彰显出来，那个时代的人们仍然生活在中世纪沉郁的精神氛围中，传统的基督教信仰仍然具有不可动摇的神圣性。文艺复兴和宗教改革的目的都只是要改变基督教的组织体制和行为方式，而不是要改变基督教的基本信仰和精神实质；它们批判的矛头都是指向教会和神职人员，而不是指向基督教本身。因此，无论是宗教改革的领袖，还是人文主义的大师，其基本的世界观和思想方式仍然是中世纪式的，他们所倡导的文化运动开创了历史新纪元，但是他们本人却仍然站在旧时代的门槛上。罗素认为，文艺复兴时期在科学上和哲学上都是一个"不毛的"时代；布林顿等人强调："文艺复兴时期的人士们也无疑地与他们的祖先一样地笃信宗教，轻信人言，满怀阶级意识和封建思想。"① 哥白尼的"日

---

① ［美］布林顿、克里斯多夫、吴尔夫著，刘景辉译：《西洋文化史》第 1 卷，台湾学生书局 1984 年版，第 20 页。

1

心说"问世之后，不仅受到了罗马天主教会的猛烈攻击，而且也遭到了宗教改革家们的坚决抵制。路德把哥白尼看作"一个突然发迹的星相术士"，他责骂道："这蠢才想要把天文这门科学全部弄颠倒；但是《圣经》里告诉我们，约书亚命令太阳静止下来，没有命令大地。"加尔文以《圣经》诗篇中的"世界就坚定，不得动摇"为根据，质问道："有谁胆敢将哥白尼的威信高驾在圣灵的威信之上？"① 宗教改革运动虽然动摇了罗马教会和教皇的权威地位，但是它却把《圣经》和信仰确立为检验一切真理的绝对标准。路德的口号是："惟独信仰！惟独恩典！惟独圣经！"加尔文则把奥古斯丁的预定论推向极端，用坚定的信仰杜绝了任何理性探索的可能性。

这种以《圣经》作为准则来判定真理的做法，在17世纪开始受到科学家和哲学家们的普遍怀疑。如果说15、16世纪是文学和艺术复兴的时代，那么17世纪则是哲学和科学勃兴的时代。17世纪这个"天才世纪"的时代精神就是怀疑主义和经验主义，它们最初肇端于成功地进行了宗教改革（不久又成功地进行了社会革命）的英国，然后由英国迅速地扩展到荷兰、法国和西欧其他国家，最终结出了理性主义的硕果，导致了席卷整个欧洲的启蒙运动。

普遍的怀疑主义精神是17世纪几乎所有哲学家和科学家的基本原则，而经验的方法则成为他们共同的出发点。② 在英

---

① ［英］罗素著，马元德译：《西方哲学史》下卷，商务印书馆1976年版，第47页。

② 需要说明的是，这种经验的方法包括外在经验和内在经验两种。外在经验是指通过感觉、观察、实验对自然规律进行认识；内在经验则是指通过反省、反思对自我意识进行认识。前者从培根开始，结果开创了以"自然之光"或客观规律作为研究对象的实验科学和经验论哲学；后者从笛卡儿开始，结果开创了以"内在之光"或自我意识作为基本出发点的唯理论哲学。

国，对于被中世纪经院哲学所滥用的亚里士多德演绎逻辑的怀疑，使得弗朗西斯·培根（Francis Bacon，1561～1626年）建立了经验归纳法，它成为近代实验科学和经验论哲学的重要工具。培根在《新工具》一书中宣称："我要直接以简单的感官知觉为起点，另外开拓一条新的准确的通路，让心灵循以行进。"他认为当下流行的逻辑和概念不仅无助于人们探寻真理，而且还给人类的心灵制造了种种"假相"（"种族的假相"、"洞穴的假相"、"市场的假相"和"剧场的假相"），因此，"我们必须以坚定的和严肃的决心把所有这些东西都弃尽摒绝，使理解力得到彻底的解放和涤洗"。①

培根虽然在哲学领域中运用怀疑精神和经验原则对经院哲学进行了猛烈的批判，但是由于时代的限制和宗教氛围的影响，在神学领域中他却未能把这种怀疑论和经验论的立场贯彻到底。对待信仰问题，培根与托马斯·阿奎那一样坚持"双重真理"的观点，承认建立在经验基础之上的自然理性是不可能认识"以神的谕令为根据"的启示真理的。

培根开创的经验论原则被霍布斯（Thomas Hobbes，1588～1679年）以一种机械的方式推向了极端，从而在宗教观上达到了无神论的结论。霍布斯不仅用经验论原则批判了笛卡儿的"天赋观念"说，而且还把这种经验论运用到对上帝的解释上。正如在政治学上他反对教会凌驾于国家之上，用"君权民授"理论（社会契约论）来替代"君权神授"理论以说明世俗权力的根据一样，在知识论上他也反对启示真理对于自然知识的优越性，坚持把经验作为惟一的根据来判断一切知识。他把广延性当作物体的本质属性，而所谓知识就是通过感觉经验来认识物体的产生过程和具体特性，并且从中寻找规律。他

---

① ［英］弗朗西斯·培根著，许宝骙译：《新工具》，商务印书馆1984年版，第2、44页。

说道："哲学的任务乃是从物体的产生求知物体的特性，或者从物体的特性求知物体的产生。所以，只要没有产生或特性，就没有哲学。"① 在霍布斯看来，神学所研究的上帝既没有产生过程，也不具有广延等物理特性，更不能加以组合或分解，因此它不属于哲学研究的对象。这样一来，霍布斯就把上帝从知识论中彻底清除出去了。"他认为，上帝和真正的知识完全无关，因为如果神学家们所说的是真实的，而且上帝里没有运动的变化，那么，随之而来的是，我们无从知道上帝。"② 霍布斯像极端的唯名论者一样认为，所谓"上帝"不过是人们以讹传讹的一个名称而已，正如盲人心中的"火"观念一样，只是道听途说的结果。他指出，当人们在追溯一个事物的原因时，总会发现在原因背后还有原因，这样一直推下去，就会引出一个"永恒的原因"（即第一因）来。人们往往出于信仰而把这个假设的"永恒的原因"称为上帝，实际上他们对此却没有任何清晰的影像或观念。霍布斯克服了培根的"双重真理"观，明确表示"哲学排除神学"，哲学排除一切不是靠着自然的理性，而是凭着神秘的启示和教会的权威而得出的结论。他在巨著《利维坦》中主张用法律和科学来取代神学，认为一个由法律来维护理性、和平、财产和社会交往的集权主义国家——"利维坦"——就是一座世俗化的上帝之城。

在 17 世纪，"霍布斯主义"几乎就是"无神论"的代名词。事实上，如果坚持从经验论的立场出发，必然会导致怀疑上帝存在的无神论结果，因为仅仅通过（外在的）感觉经验是无论如何也不可能在自然界中找到上帝的身影的。在宗教气

① 北京大学哲学系外国哲学史教研室编译：《十六至十八世纪西欧各国哲学》，商务印书馆 1975 年版，第 64 页。

② ［美］胡斯都·L. 冈察雷斯著，陈泽民、孙汉书等译：《基督教思想史》，金陵协和神学院 2002 年版，第 996 页。

氛仍然十分浓郁的 16～18 世纪的英国，经验论哲学发展的道路是艰难而漫长的。它首先从托马斯主义的"双重真理"观出发，以一种英国式的审慎方式把上帝名正言顺地请出了作为经验理性研究对象的自然界，使上帝成为一个置身于自然之外和之上的超越的创造者，并用上帝的名义来保证自然界的和谐与秩序；然后才能以一种同样是英国式的条分缕析的经验归纳法来对上帝赖以存在的各种论据进行批判性考察，彻底从知识论中消除上帝。这个从弗朗西斯·培根一直到休谟的英国经验论哲学的发展过程，同时也就是英国自然神论的兴衰过程。

英国自然神论（English Deism）是英国经验论哲学的孪生兄弟，可以说，经验论哲学、实验科学和自然神论在近代英国文化中具有一种"三位一体"的微妙关系。培根是英国经验论哲学和"整个现代实验科学的真正始祖"（马克思语），而与培根同时代的雪堡的爱德华·赫伯特勋爵（Herbert, Lord Edward of Cherbury, 1583～1648 年）则被后人们称为"自然神论之父"。那位使经验论原则系统化和彻底化的霍布斯，也是自然神论的重要奠基人，他甚至被称为"第二位自然神论（之父）"[1]。英国经验论哲学的重镇洛克（John Locke, 1632～1704 年）和实验科学的巨擘牛顿（Isaac Newton, 1642～1727 年），为自然神论奠定了重要的理论基础。基于经验证据和归纳、类比方法之上的经验理性（或自然理性）构成了自然神论的思想根据，当经验论原则在休谟那里被推向极端，从而对经验证据与归纳、类比推理的结论之间的必然性联系提出质疑时，自然神论就开始面临着灭顶之灾，而经验论哲学也同样走向了死胡同。

---

[1] 参见［美］克劳治著，胡加恩译《基督教教义史》，台湾中华福音神学院出版社 2002 年版，第 417 页。

二、英国自然神论的发展梗概

英国自然神论并非一个独立的宗教派别，后世诠释者们对于自然神论者的范围界定也存在着极大的分歧。从基本的思想倾向上来说，17~18世纪英国和欧洲几乎所有提倡理性主义和启蒙意识的思想家都与自然神论有着某种内在的精神联系；然而从严格的意义上来说，这些思想家又不能简单地被列入自然神论者的名单里。但是尽管众说纷纭，雪堡的爱德华·赫伯特勋爵却被公认为是英国自然神论的奠基者。这位放荡不羁的自由思想家1624年用拉丁文在巴黎出版的《论真理》一书，通常被视为英国自然神论的第一部著作。在这本书中，赫伯特勋爵对真理的一般条件和定义、真理的类别等问题进行了仍然带有经院哲学繁琐气息的探讨，因此该书也被认为是第一部出自英国人之手的纯粹形而上学著作，引起了同时代欧洲哲学家们（包括笛卡儿）的关注。但是，《论真理》的真正价值并不在于它对真理本身的形而上学辨析，而在于它所提出的"共同观念"（common notion）的思想。赫伯特从人的自然本能出发来说明"共同观念"。所谓"共同观念"就是天赋的自然本能，是人心中与生俱来的那些最基本的观念。赫伯特把直觉上的清晰明确看作"共同观念"的基本特征，把普遍赞同看作"共同观念"的标志，认为最高的真理——智性的真理——是建立在"共同观念"的基础之上的，所有与"共同观念"相矛盾的东西都不可能成为真理。① 在实际上是作为《论真理》一书的附录的"宗教的共同观念"一章中（正是这一章中所表达的观点才使赫伯特成为"自然神论之父"），赫伯特把关于"共同观念"的思想运用到宗教问题上，从而得出了上帝

---

① 赫伯特关于"共同观念"及其清晰明确和普遍赞同的标志的观点，对笛卡儿的"天赋观念"学说产生了重要影响，洛克则在《人类理解论》中对这些思想进行了猛烈批判。

印在人心中的五条基本原则。在这一章中，赫伯特首先对盲目地接受启示的做法表示了质疑，他认为个人有权在教会的权威之外做出自己的独立判断，而"共同观念"则是确定宗教的真理性的惟一标准。这位天性狂放的勋爵公然宣称："任何一种对某个启示大肆宣扬的宗教都不是好宗教，而一种依靠其权威性来施加教训的学说也并不总是最为重要的，甚至可能根本就毫无价值。""我们应该依靠普遍的智慧来为宗教原则确立根基，以使任何真正来自于信仰之命令的东西，都能够建立在此基础之上，就像屋顶是由房子所支撑起来的那样。相应地，我们不应该在没有首先深入探究其威信之来源的情况下，就轻易地接受任何一种宗教信仰。读者会发现，所有这些思考都是以共同观念为基石的。"① 赫伯特指出，作为一切宗教的普遍的、合乎理性的共同根基的，是如下五条先天原则或"共同观念"：

1. 存在着一个至高无上的上帝。
2. 上帝应当受到崇拜。
3. 美德与虔诚的结合是宗教崇拜的主要方面。
4. 人总是憎恶自身的罪恶，并且应该悔改罪过。
5. 死后将有报偿和惩罚。②

赫伯特强调，普世教会只有建立在这五条原则之上，才是绝对可靠的和值得信赖的，而且可以从根本上消除不同教派之间的敌意与冲突。这五条原则后来被称为自然神论的"五大

---

① ［英］爱德华·赫伯特著，周玄毅译：《论真理》，武汉大学出版社2006年版，第270、271页。

② 参见［英］爱德华·赫伯特著，周玄毅译《论真理》第九章"宗教的共同观念"。

信条"（Five Articles），这些单纯而简洁的信条取代了基督教
的繁琐教义，成为一个真正基督徒的最基本的信仰。至于三位
一体、道成肉身、原罪与救赎等传统教义，在《论真理》中
却被束之高阁，未予理睬。毋庸置疑，对于赫伯特来说，这些
教义本身的真理性也同样有待于接受"共同观念"的评判。
科林·布朗评论道："那些合理的、普遍得到承认的共同观
念，并不仅仅是体制宗教的核心真理。它们是攻击以启示为基
础的宗教的某种发射台。他劝告说，所有的宗教，应当得到历
史的考察、经受各种共同概念的试验。他批判圣经崇拜，谴责
永不犯错的教会观念。这种以理性、道德和历史真理的名义攻
击启示宗教是自然神论的核心主题。"①

　　继雪堡的爱德华·赫伯特勋爵之后，英国重要的自然神论
者有齐林沃思（William Chillingworth，1602～1644 年）、提罗
特森（John Tillotson，1630～1694 年）、沙夫茨伯里（Shaftes-
bury，1671～1713 年）和柯林斯（Anthony Collings，1676～
1729 年）等人，而最有影响的自然神论者当数洛克、廷得尔
（Matthew Tindal，1655～1733 年）和托兰德（John Toland，
1670～1722 年）。

　　自然神论本身也经历了一个发展过程，从承认理性真理与
启示真理相互并立的"双重真理说"逐渐发展成为用理性真
理来诠释、取代乃至排斥启示真理的理性至上论。自然神论的
最初形态表现为"理性的超自然主义"，它的特点是在自然理
性的真理之外仍然保留了启示真理的地位。但是与托马斯主义
的"双重真理"观相反，"理性的超自然主义"已经把理性真
理与启示真理的位置颠倒过来了。"理性的超自然主义"的重
要思想家、坎特伯雷大主教提罗特森认为，任何宗教的功能与

————————

　　①　［美］科林·布朗著，查常平译：《基督教与西方思想》，北京大学
出版社 2005 年版，第 173 页。

目标都在于为道德生活提供神圣的根据。他像赫伯特勋爵一样提出了更为简洁的三条宗教原则：（1）有一个上帝；（2）上帝要求人过道德的生活；（3）上帝将赏善罚恶。提罗特森承认，这三条基本原则已经包含在自然宗教中，但是他却强调，单凭自然宗教并不能使这些原则深入人心，因此需要启示作为补充。启示宗教的意义在于，以一种超自然的启示方式来重新阐明这些原则，使之更加有效地被人们所接受。因此，启示宗教并不是以一种新的原则来否定自然宗教的原则，而是以一种新的方式来重新发布自然宗教中已经包含的基本原则，启示宗教与自然宗教一样都是以某些普遍性的理性原则作为根基的。提罗特森明确表示："同自然宗教的原则显然矛盾的任何东西，都不应作为上帝之启示来接受。""自然宗教是一切启示宗教的基础，启示被设计出来，只是为了确定自然宗教的职责。"[1]在这位坎特伯雷大主教的思想中，已经非常明确地表示了一种试图以理性和道德为基础来协调自然宗教与启示宗教之关系的愿望。

洛克是"理性的超自然主义"的主要代表人物，这位被马克思称为"1688年的阶级妥协的产儿"的哲学家，在宗教问题上和在政治问题上一样表现出一种妥协精神。洛克认为道德是基督教的第一要义，而宽容则是基督教的真精神。他在致友人菲力·范·林堡格的一封信（即《论宗教宽容》）中强调："任何私人都无权因为他人属于另一教会或另一宗教以任何方式危害其公民权利的享受。他作为一个人而享有的一切权利以及作为一个公民而享有的公民权，都是神圣不可侵犯的。这些并不是宗教事务。无论他是基督徒，还是异教徒，都不得

---

① 提罗特森：《著作集》，转引自詹姆斯·C. 利文斯顿著，何光沪译《现代基督教思想》上卷，四川人民出版社1992年版，第25、26页。

对他使用暴力或予以伤害。"① 洛克一方面认为，真正的信仰必须建立在对"自然之光"的认识上，建立在自然理性的基础上；另一方面他又承认，有一部分超出自然理性范围的真理必须靠启示的力量才能为人们所领悟。在《人类理解论》一书中，洛克明确地把命题分为三类：

（一）合乎理性的各种命题，我们可以凭考察自己的感觉观念和反省观念来发现它们的真理，并且可以借自然的演绎知道它们是正确的，或可靠的。（二）超乎理性的各种命题，我们并不能凭理性由那些原则推知它们的真理或概然性。（三）反乎理性的各种命题，是与我们那些清晰而明白的观念相冲突，相矛盾的。就如惟一上帝的存在是与理性相合的；两个以上的上帝的存在是反乎理性的；死者的复活是超乎理性的。②

洛克认为，理性与信仰各有自己的范围，对二者的界限含混不清，是各种宗教纷争和谬误产生的重要原因。就理性的范围而言，虽然凡是自然理性能够发现的观念和真理，启示也能够发现和传达，但是由于来自自然理性的知识比来自启示的知识更清晰明白，更具有确定性，所以在此范围内我们宁愿听从自然理性而不听从启示，而且"任何命题只要和我们的明白的直觉的知识相冲突，则我们便不能把它作为神圣的启示。……它们不论借启示的名义，或借任何别的名义，都不能

---

① ［英］洛克著，吴云贵译：《论宗教宽容》，商务印书馆 1982 年版，第 12 页。

② ［英］洛克著，关文运译：《人类理解论》下册，商务印书馆 1959 年版，第 686 页。

引动我们的同意，信仰并不能使我们承认与知识相反的任何命题"。但是对于自然理性所不能确定、且与理性知识本身并不相违的那些命题（如有一部分天使曾背叛上帝、亚当夏娃失乐园、死者复活等），我们就只能求助于启示和信仰了。"因为理性的原则如果不能证明一个命题是真是伪，则明显的启示应该来决定，因为启示也正是另一条真理的原则和同意的根据。因此，在这里这种启示，就成了信仰的事情，而是超乎理性的。"在这里，理性与信仰的界限是泾渭分明的，这界限是从理性的角度来划分的，即凡是在理性能够提供确定的知识的地方，信仰都不要干预。信仰如果僭越了这个界限，以启示的名义来排挤理性，就必然导致狂热。在狂热中不仅理性消失了，而且连真正的启示也消失了，剩下的只有无根据的幻想。"人如果取消了理性，而为启示让路，他就把两者的光亮都熄灭了。他这种做法正好像一个人劝另一个人把眼睛拔了，以便用望远镜来观察不可见的星体的辽远光亮似的。"①

在稍后出版的《基督教的合理性》中，洛克进一步阐发了他在《人类理解论》中所表述的关于理性与启示之关系的思想。在序言中，洛克对该书的宗旨说明道："我所知道的神学体系，绝大多数不能令人满意，也少有连贯一致的。这使我不得不亲自专门研读圣经（一切神学体系无不以圣经为依据），以求理解基督教。"② 在这部看起来是解经学的著作中，洛克通过对四福音书和《使徒行传》的详尽考证，力图从理性的角度来重新理解基督教信仰。洛克强调，对于得救或获得永生来

---

① ［英］洛克著，关文运译：《人类理解论》下册，商务印书馆1959年版，第691~692、694~695、698页。
② ［英］洛克著，王爱菊译：《基督教的合理性·序言》，武汉大学出版社2006年版。

说，有两个条件是必备的：一是相信耶稣就是弥赛亚①；二是悔改和遵守律法。在洛克看来，基督教的合理性就体现在这两点上。在这本书中，洛克再一次表现出他的妥协特点，他一方面承认自然理性本身就可以引导人们去遵行律法和服从上帝；另一方面又认为仅有自然理性是不够的，单凭理性自身，实在难以担当起让道德全面建立起来的重任。② 只有通过耶稣的启示，我们才能真正知道如何去过一种道德的生活。但是洛克对于启示的强调完全不同于传统神学，他注重的不是耶稣的神迹本身，而是耶稣神迹所启示的道德内涵。就此而言，洛克与赫伯特勋爵、提罗特森大主教等人一样，已经把道德提升为宗教的第一要义了。

洛克对待理性与信仰的关系问题的妥协态度，不久之后就受到了更加彻底的自然神论者们的修正。廷得尔、托兰德等新一代自然神论者拒绝接受任何超自然的启示真理，他们确信凡在启示中的无不已在理性之中。以洛克的信徒自居的约翰·托兰德把洛克的三大类命题简化成两大类，即合理性的与反理性的，而超理性的一类则完全合并入合理性的一类中。在1696年出版的《基督教并不神秘》一书中，托兰德直截了当地否定了启示的神秘性，强调启示和奇迹必须合乎理性。他指出，理性和启示都是来自于上帝，理性是上帝放到每一个人心中的

① 公元前6世纪，犹太人被囚巴比伦期间，犹太教的祭司们企盼着一个复国救主来拯救苦难深重的犹太人，他们把这个救主称为"弥赛亚"（希伯来文为Messiah，意为"受膏者"，古代犹太人拥立君王时，要在受封者头上涂抹羊膏油，"受膏者"即君王）。与"弥赛亚"（救世主）相对应的希腊文即"基督"（Christós），因此弥赛亚就是基督。但是对于普世性的基督教来说，作为基督（或弥赛亚）的耶稣已经不再是犹太人的复国救主，而是所有信仰上帝救恩的人（即基督徒）的灵魂救赎者。
② 参见［英］洛克著，王爱菊译《基督教的合理性》第十四章，武汉大学出版社2006年版。

烛光、向导和法官，启示则是传达上帝信息的一种外在方式。那些通过启示传达的信息如果不能被理性所理解，就毫无意义可言；而启示一旦被理性所理解，就绝不再是神秘的。因此，启示必须符合理性。同样地，信仰本身就是认识。"信仰远远不是对任何超越理性的东西的一种盲目的赞同……如果所谓认识即是对于所相信的东西的了解，那么我同意这种看法，信仰就是认识：我始终坚持这种看法，而且信仰和认识这两个词语在福音书中是交互混用的。"① 通过对福音书的历史考证及其神秘化过程的辨析，托兰德断言：福音书的教义作为上帝的语言，是不可能违背理性的，"在基督教或最完善的宗教中不存在任何神秘"。

1730 年，75 岁高龄的马修·廷得尔发表了被誉为"自然神论的圣经"的《基督教与创世同龄》一书。在这本书中，廷得尔站在洛克思想的基础上，强调启示真理与理性真理在内容上是相同的。他认为，上帝在创世和造人时，就已经把理性的法则写在了自然之中和人的心中，因此，人运用理性从自然中所理解的东西与上帝通过启示所发布的东西是完全一致的。上帝所制定的法则是永恒不变的，早在基督教产生之前，人们就已经通过自然宗教认识到上帝所颁布的真理。自然宗教与启示宗教在内容上并没有什么不同，只不过传达方式略有差异，一种是上帝写在人内心中的宗教，另一种则是上帝通过外在启示而发布的宗教。基督教这个名字虽然是后来才有的，但是它的内容却早在自然宗教中就已经存在了；福音书并没有颁布一种新奥秘，而只是重申了早在创世之初就已经被上帝赋予到人的理性之中的真理，这真理就是上帝当初在我们心里培植的道德情操和体现在宇宙中的自然法则。在这个意义上说，基督教

_____

① ［英］约翰·托兰德著，张继安译：《基督教并不神秘》，商务印书馆 1982 年版，第 80 页。

与创世同样古老。

在这本书中，廷得尔极力强调基督教的理性本质，在他看来，基督教的合理性就在于它与自然宗教的一致。自然宗教是一种绝对完善的宗教，外部启示既不能增加亦不能减损其完善性。上帝所颁布的理性法则是亘古不变的，对一切时代都同样有效，这些理性法则早已体现在自然宗教中。因此，启示宗教和基督教福音只是对自然宗教的再公布，而不是对它的违背和更改。凡自然之光（理性）不能触及的地方，启示也一定帮不上忙。任何违背理性的东西，都不可能出自无限智慧和无限善良的上帝。廷得尔说道：

> 如果上帝的设计是要让所有人在所有时候都明白上帝意愿他们去认识、信靠、承认和实践的，但除开运用理性之外又没有给予他们别的方法这么做，那么理性，也就是人类的理性，就一定是这个方法了。上帝使我们成为有理性的受造物，而理性又告诉我们说，我们实践自己本性的尊严，正在于实现上帝的意愿，因此，理性才会告诉我们什么时候应该这么做。上帝要求我们认识、信靠、承认和实践的，其本身一定是合乎理性的事业，但是，提供给我们的到底是不是这一项事业，却只有理性能够加以判断。如同眼睛是可见之物的惟一判官，耳朵是所听之声的惟一判官，合理事物的惟一判官也就只有理性了。①

在廷得尔看来，理性才是判定基督教真理的惟一标准，教父学说、公会议传统和圣经只不过是一些证据。关于三位一体、道成肉身、死而复活等奥秘，关于启示本身的合理性，人

---

① ［英］马修·廷得尔著，李斯译：《基督教与创世同龄》，武汉大学出版社 2006 年版，第 5 页。

们只应该听从理性的裁决。基督的来临并不具有传统所说的救赎意义，也没有昭示什么新的福音，它只具有一种道德意义，即启发人们悔悟自己的错误，努力去履行应尽的道德义务。就此而言，基督不过是一个人间的道德楷模罢了。宗教的各种祈祷与侍奉活动，都只是为了让人去思考和模仿上帝的善，使人们彼此相爱。基督教信仰是建立在理性的"真光"之上的，如果没有了理性的根基，一种狂热的信仰甚至比根本没有信仰还要糟糕。廷得尔明确地表示，盲目的信仰和迷信有损上帝的尊严，《圣经》里有许多不合常理的地方，《圣经》本身也并非是检验一切真理的绝对标准，它本身所具有的合理性也有待于理性的检验。

廷得尔指出，基督教最基本的两条律法或命令就是爱上帝和爱邻居，它们构成了理性与自然法则的基础，也是自然宗教和启示宗教的共同根基。上帝的荣耀与人类的利益是一致的，彼此并无冲突，因此，不能荣耀上帝、亦不能增加人类利益的任何宗教规定，都是有害的。自然宗教和启示宗教的目标都在于增进人类的幸福，否则就不符合同一个创造者的初衷。上帝创世的目的不是为了自己的荣耀，而是为了世人的幸福，宗教的目标在于促进现世的幸福和道德。他说道："上帝在治理世界的时候，不可能提出使受治理者受益以外的其他目标，因此，凡竭尽全力为其同胞谋利益的人，即是满足了上帝或人的要求。……我们不妨下一个结论，真宗教即是人心尽全力行善的常驻的性情，这样我们才能实现上帝创世的目标，从而使自身为上帝所接纳。"①

廷得尔在这本书中对基督教会进行了抨击，他认为，在上帝不加干预的地方，人就有权利和责任运用自己的判断力，并

---

① ［英］马修·廷得尔著，李斯译：《基督教与创世同龄》，武汉大学出版社 2006 年版，第 17 页。

根据事物的本性对社会生活进行适当调整。基督教会虽然在名义上是上帝派驻人间的一个机构，但是事实上，教会的所作所为却充满了邪恶伪善，使基督的公义尽失。因此教会并不能代行上帝的职责，上帝在人间设立的惟一法庭就是每一个人自己的良知，教会的种种规定是可以由人根据理性予以更改的。上帝不会随意干预人间事务，基督教会的许多规定都是违背神意的僵化教条，其根源在于教皇和教会的腐败，他们打着启示的幌子，假借神的名义行了许多欺诈卑鄙之事。

廷得尔的这部"自然神论的《圣经》"明确地表达了自然神论的两个最重要的基本观点：第一，宗教的基础就是理性，信仰的实质无非是对自然律的认识；第二，宗教的目的在于促进世俗的道德和幸福。这两个基本观点一个是理论上的，一个是实践上的。前一个观点后来遭到了休谟、康德、施莱尔马赫等人的质疑；后一个观点则成为 18 世纪以来除无神论者之外的几乎所有西方人的基本共识。

除了上述几位最重要的自然神论者之外，其他一些被纳入自然神论者之列的思想家（如齐林沃思、柯林斯等）也分别表述了大同小异的思想。尽管他们的背景情况不尽相同，思考问题的角度也互有差异，但是在坚持宗教信仰的理性根基和道德内涵方面却是基本一致的。下面我们就来看看自然神论的基本思想。

三、自然神论的基本思想

自然神论可以看作理性最初从信仰的控制之下要求独立权利的一种表现形式，这种要求与宗教战争（三十年战争）之后出现的宗教宽容精神以及新兴的启蒙思想有着密切的内在联系。自然神论的基本特点是试图把自然理性确立为宗教信仰的基础，把上帝变成一个合乎理性的上帝，将一切神学教义尽可能地纳入到合理性的范围内来加以解释，从而限制甚至根本取消启示的作用。自然神论继承了中世纪托马斯主义的理性神学传统，但是与托马斯主义的根本不同之处在于，自然神论不是用启示来统摄理性，而是用理性来消解启示。如果说马丁·路德用《圣经》的权威取代了教会的权威，那么自然神论则要用理性的权威来取代《圣经》的权威。克劳治在谈到自然神论的特点时这样写道：

> 论及宗教事务，自然神论者拒绝所有圣经的权威和超自然界的启示，并宣布唯有理性与自然才是宗教真理的可靠源头。所以，他们偶尔也被称为"唯理（理性）主义者"（rationalists）。而自然神论者则自称为"自由思想者"，这自称词正是他们的思想最佳的阐明。因为他们认为只有自然的宗教，而没有启示的宗教，反对他们的人也冠之以"自然主义者"（naturalists）①

自然神论承认，一位以理性为本质的上帝按照理性法则创造了自然世界，但是这位上帝在一次性地创造了世界之后就不再插手世界的事务。"世界是一部巨大的机械装置——一只放大了的表，为一位全智者所制造，制成之后他便不再干涉它的运转。"② 按照常识，一个自始至终有条不紊地运转的钟表比一个需要外力不断调节的钟表更加精美完善，前者的制造者也一定比后者的制造者更加高明。同样，在自然神论者看来，一个需要对其创造物不断地加以干预的上帝一定是一个拙劣的上帝，而一个一劳永逸地创造了世界之后任其按照既定规则正常

---

① ［美］克劳治著，胡加恩译：《基督教教义史》，台湾中华福音神学院出版社 2002 年版，第 416 页。

② ［美］威利斯顿·沃尔克著，孙善玲、段琦等译：《基督教会史》，中国社会科学出版社 1991 年版，第 554 页。

运行的上帝才是一个真正智慧的上帝。对于 17 世纪的英国人，尤其是经历了 1688 年光荣革命的英国人来说，一个遵循理性法则来创造和管理世界的上帝，要比一个为所欲为地任意干扰自然规律的上帝——这个上帝恰恰就是中世纪基督教神学所宣扬的唯意志主义的上帝——高明得多，正如一个根据法律来治理国家的立宪君主要比一个任意胡为的专制君主高明得多一样。在自然界中，上帝不再以超自然的奇迹方式——所谓奇迹就是上帝以自由意志来任意中断自然规律——出现，他的身影和声音都从自然界中消隐了，但是他的智慧却体现在自然界的秩序、和谐与美之中。恰如牛顿所言："我们只是通过上帝对万物的最聪明和最巧妙的安排，以及最终的原因，才对上帝有所认识。"① 著名科学史家丹皮尔引用了爱迪生的一首诗来表达牛顿的这种世界观：

> 高高苍天，
> 蓝蓝太空，
> 群星灿烂，
> 宣布它们本源所在：
>
> 就算全都围绕着黑暗的天球
> 静肃地旋转，
> 那又有何妨？
> 就算在它们的发光的天球之间，
> 既找不到真正的人语，也找不到声音，
> 那又有何妨？

---

① ［美］H. S. 塞耶编，上海外国自然科学哲学著作编译组译：《牛顿自然哲学著作选》，上海人民出版社 1974 年版，第 51 页。

在理性的耳中，

它们发出光荣的声音，

它们永久歌唱：

"我等乃造物所生。"①

自然神论者并未否定上帝的存在，而是把上帝赶出了作为科学研究对象的自然界之外，把上帝置于"第一因"或太上皇的位置。自然神论者用一个遵循理性法则的上帝取代了一个随心所欲的上帝，用一个秩序井然的机械论世界取代了一个充满奇迹的神秘世界，正是在这种意义上，自然神论为近代自然科学的发展奠定了理论基础。

除了强调合乎理性的自然法则之外，自然神论还认为道德是宗教的首要之义，在每个人的心中，都有一些扬善弃恶的基本原则。换言之，对于自然神论者来说，理性不仅仅表现为亘古不变的自然法则，而且也表现为人心普遍存在的道德原则。尽管他们在这些原则的来源方面存在着分歧——爱德华·赫伯特勋爵认为这些共同原则是先天的，洛克却否认它们的先天性——但是他们都把这些共同原则当作评判真理的根本标准。这种由爱德华·赫伯特勋爵（以及法国的笛卡儿）所强调的内在思想原则，与牛顿的机械论世界所赖以建立的外在自然法则一样，都是理性的表现形式。理性一方面表现为外在的自然规律；另一方面表现为内在的知识能力和道德规范。正是由于以共同的理性作为基础，人类凭着自身的能力就可以实现对自然界的科学认识和对自身的道德提升（这一点后来在康德那里得到了精辟的表述），而无须依靠任何外在性的启示和神迹。当然，自然神论者们并没有明确地表达这个思想（洛克

---

① ［英］W. C. 丹皮尔著，李珩译：《科学史及其与哲学和宗教的关系》，商务印书馆 1975 年版，第 250 页。

在这个问题上甚至有些暧昧不明），他们也没有公然否定启示，但是他们却通过对启示的合理性解释而把启示完全消解在理性之中。

这种内在的理性原则在思想渊源上沿承了中世纪英国方济各修会神学的"内在之光"（insight）观点，它与通过启示而从外部获得的"上帝的道"（word of God）之间存在着一定的张力。自然神论者消除了"内在之光"原本所具有的特异性和神秘性，把它变成了一种普遍性的内在精神原则，尤其是最基本的道德准则。在他们看来，基督教的真正意义不在于它关于天国和救赎的应许，而在于它的历史见证中所包含的丰富的道德内涵。他们对于耶稣的神性往往采取避而不谈的态度，但是却津津乐道于耶稣的人性。他们对传统基督教的神学思辨和形而上学缺乏兴趣（这一点与英国经验论是完全一致的），只关心基督教中有利于促进普遍的道德准则的东西。与中世纪基督教神学所主张的信、望、爱等彼岸性美德相比，自然神论者所倡导的道德原则更多地具有世俗性价值，它的核心和要义是强调追求现世的美德与福祉，强调不同宗教信仰、教派之间应该彼此宽容。

奥尔森把自然神论的主要观念归纳为如下三点：第一，"真正的基督教完全是合理、普世都可以接受的自然宗教和道德"；第二，"真宗教（包括真基督教在内）主要的诉求是社会和个人的道德"；第三，"有智识且受过启蒙的人，应该对于超自然启示的所有主张和神迹，存着怀疑的态度"。① 总之，主张一个遵循理性法则而运行的自然世界，倡导一种有利于增进现世福祉的道德规范，以及鼓励一种对超自然神迹的怀疑态度，这就是自然神论者的最显著的思想特征。

① ［美］奥尔森著，吴瑞诚、徐成德译：《基督教神学思想史》，北京大学出版社2003年版，第574、575页。

四、自然神论关于上帝存在的设计论证明

在 17～18 世纪，科学理性尚未壮大得足以与宗教信仰正面抗衡，因此它不得不采取自然神论这种"犹抱琵琶半遮面"的形式，借助上帝的权威来为理性开道。在自然神论中，上帝虽然在名义上仍然保持着世界的创造者和主宰者的至高地位，但是他实际上已经被理性本身所取代，他不过是一个被理性的线索牵动着的傀儡。自然神论将上帝置于自然之外，然后通过把上帝的无限性赋予自然界本身而使上帝陷入一种没有立锥之地的尴尬状态中。它用自然来蚕食上帝，用理性来限制信仰，通过剥夺上帝的具体内容而使其成为一个抽象的符号、成为虚无。于是我们在自然神论那里就看到了这样一种对立：一方面是丰富具体的自然界；另一方面则是空洞无物的上帝。自然界越是丰盈完善，上帝就越是贫乏干瘪；理性越是气宇轩昂，信仰就越是形态猥琐。上帝的内容既然已经被自然所蚕食殆尽，他就不得不最终化解于自然之中。因此在稍后的斯宾诺莎的泛神论中，上帝就被完全等同于自然本身了；而到了 18 世纪法国无神论者那里，这个无处栖身的上帝终于被羽毛丰满的理性送上了断头台。再往后，就是康德、施莱尔马赫等人如何在道德和情感等内心世界中来为已经在外部自然界中被剥夺了立锥之地的上帝重新寻求安身立命之地的故事了。

在方法论上，英国自然神论所运用的基本方法是以经验为基础的归纳法和类比法。从经验的立场出发，我们在自然界中并不能发现上帝的身影，但是运用自然理性的因果分析方法，我们却可以从充满秩序与和谐的大自然中推出一个无限智慧的创造者。这种因果性的推理，由于是建立在以经验证据为出发点的归纳和类比之上的，因此一直到休谟对因果联系的必然性提出根本怀疑之前，一直被自然神论者们看作毋庸置疑的有效方法。自然神论用以证明上帝存在的方法通常被称为"设计论证明"（the design or teleological argument，或称"目的论证

明"），这个证明是从一只钟表或一部机器出发，由其齿轮、弹簧、轴轮等内在结构的和谐性和功能上的目的性（计时等）推出一位手艺精湛的工匠；然后运用类比推理的原理，从更加精致的、充满了秩序性和目的性的大自然推出一位智慧的造物主（上帝）的存在。这种设计论证明或者目的论证明并非由自然神论者首创，它早在托马斯·阿奎那的第五个证明中就已经出现过，我们甚至还可以将其思想渊源进一步追溯到苏格拉底关于神的目的论证明中。在近代，关于设计论证明的表述较早和较清晰地出现在曾经到英国避难、并且深受洛克和牛顿思想影响的法国自然神论者伏尔泰的著作中。伏尔泰在 1734 年左右写成的《形而上学论》一书中，从一只钟表的机械结构出发，推出了上帝存在的可能性：

> 当我看见其指针标明了时刻的钟表的时候，我的结论是，有一个理智的存在物安排了这个机械的发条，于是它的指针可以标明时刻。因此，当我看见人体的发条时，我的结论是，有一个理智的存在物安排了这些器官，使之在母腹中得到九个月的孕育和滋养；于是为了看而赋予眼，为了抓而赋予手，如此等等，但是仅仅根据这一个论据，我只能限于得出这样的结论：可能有一个理智的、更高的存在物，非常巧妙地准备并造成了这样的事情。①

伏尔泰在钟表匠与上帝之间进行类比的方法成为自然神论的设计论证明的经典模式，这种证明方法后来被典型地表述在

---

① 《伏尔泰著作集》第 21 卷，转引自詹姆斯·C. 利文斯顿著，何光沪译《现代基督教思想》上卷，四川人民出版社 1992 年版，第 50 页。除了设计论证明之外，伏尔泰还对上帝的存在作了宇宙论证明，从终极因的必然性推出了上帝的必然存在。

英国神学家威廉·佩利（William Paley，1743～1805年）1802
年出版的《自然神学，或自然现象中神之存在与属性的证据》
一书中。在这本书里，佩利认为，如果我们在荒野中发现了一
只钟表，即使我们从来没有见过制造钟表的过程，也不认识制
表的工匠，甚至根本不知道如何制造钟表，我们仍然不会对某
时某地曾经有一位钟表匠的存在及其工作表示怀疑。以此类
推，"设计物的每一标志、设计的每一体现，都存在于钟表之
中，也同样存在于自然的作品之中，所不同的是，自然的作品
形巨量大，以至在某种程度上可以说是无法计数的。……但在
大多数情况下，与人类才智的最完善的产品一样，它们显然是
适应于自身目的并从属于自身功能的设计物"。① 很明显，设
计论证明是建立在一个类比推理的基础上，这个类比推理可以
简单地表述为：

　　前提一：钟表具有明显的设计特点，它是为了一个目
　　的（计时）而被制造出来。
　　前提二：世界相比起钟表来，具有更明显的设计特
　　点，它的每部分都表现出目的性。
　　结论：如果有钟表必有钟表匠，那么有世界必有世界
　　的智慧设计者（即上帝）。

　　从思想根源上来说，自然神论关于上帝存在的设计论证明
既是对托马斯·阿奎那第五个证明（目的论证明）的进一步
阐发，同时也是牛顿机械论在神学上的必然结果。众所周知，

---

① 胡景钟、张庆熊主编：《西方宗教哲学文选》，上海人民出版社
2002年版，第17页。关于佩利论证的具体内容，请参阅该书第13～17页。
佩利的这部著作是在休谟批判了设计论证明之后20多年才出版的，但是佩
利在书中对休谟的批判却未置一词。

牛顿在实验科学的基础上提出了万有引力定律，但是由于牛顿的机械论世界观把自然界看作一个没有发展过程的既成事实，① 因此他无法用科学的观点来解释自然界的起源问题，从而必然导致用上帝的一次性创造来解决这个理论难题。牛顿之所以在宇宙中为上帝保留了"第一因"或"第一推动者"的位置，只是为了给他的整个井然有序的机械世界寻找一个具有权威性说服力的开端或起点。牛顿说道："这个由太阳、行星和彗星构成的最美满的体系，只能来自一个全智全能的主宰者的督促和统治。"② 更为重要的是，这样一位具有无限智慧的上帝一旦创造出世界以后，就依据理性法则来管理世界，即让世界遵循万有引力和其他自然规律而运行。这样一来，科学家们就无须直接面对上帝，只要面对上帝的作品——自然界本身就足够了，从而为自然理性和科学知识的独立权利提供了神学上的依据。希尔认为，牛顿的这种世界观与 1688 年英国光荣革命和政治妥协的社会现实也有着密切的联系：

> 从某种角度看，牛顿关于宇宙的理论，把宇宙看作是各种力量之间的平衡，也可认为是把 1688 年的政治理论搬进了宇宙空间。举例来说，牛顿的万有引力定律说明了天体运行轨道的由来，正如洛克所提出的宽容思想，说明了当时英国宗教和政治的局势。万有引力定律使自古以来认为宇宙被一种法术控制的说法更加不足凭信，而天体力学中的数学计算进一步确立了。这种观念的确立与相信地

---

① 把自然界看作是一个不断发生、发展和演化的过程的观点是从康德和拉普拉斯的星云假说才开始的，而把生命体看作是一个不断进化的过程的观点直到达尔文时代才出现。

② ［美］H. S. 塞耶编，上海外国自然科学哲学著作编译组译：《牛顿自然哲学著作选》，上海人民出版社 1974 年版，第 48 页。

上的国家社会能在政治上平衡是不可分的；后者是前者的前提，有了对地上的平衡的信心，才推动人去研究全宇宙中的平衡系统。最后一点，正如世上的平衡需要一位全智的、谨守宪法的君主，宇宙的平衡也需要这样一位君主。牛顿的神不时干预宇宙的事务，规定天体运行的轨道，但这只是为了防止混乱。神就体现了绝对时间和绝对运动。宇宙就是神的大厦。①

从经验的论据来看，自然界及其各个部分确实处处显示出一种和谐的秩序性，这是毋庸置疑的事实。这些和谐的秩序似乎暗示着某种奇妙的目的性——昼夜的交替使得万物可以劳逸结合，生物链保证了物种的平衡，臭氧层使生命既可以得到适度的阳光又不至于被过强的紫外线辐射所伤害，至于人身体的各种器官，更是体现了某种内在的目的性：臼齿适宜于咀嚼，而门齿则适宜于撕咬（如果缺少了一种，我们在进食时就会感到非常不方便）；眼睛是身体中最柔嫩的部分，因此就有了睫毛和眉骨来保护它；鼻孔容易进杂物，所以就向下而不是朝天……诸如此类具有和谐秩序性的自然现象，从苏格拉底一直到今天的创造论者已经列举了不计其数。在这里，关键性的问

① ［奥］弗里德里希·希尔著，赵复三译：《欧洲思想史》，香港中文大学出版社2003年版，第479页。在具体的表述上，牛顿与极端的自然神论者如托兰德等人有所不同。他认为，上帝不仅是创造宇宙的"第一因"，而且也是使宇宙继续保持秩序的原因，因此上帝在创世之后仍然在不时地干预自然。但是上帝干预自然的目的不是为了破坏自然界的规律，而是为了保证自然界不偏离自然规律。上帝的干预不是奇迹（奇迹是自然律的中断），而恰恰是对理性或自然律的维护。就此而言，牛顿关于上帝不断地根据理性法则来调整宇宙的观点与托兰德等人的上帝一次性创造宇宙后不再干预宇宙的运行的观点在精神实质上是完全一致的，上帝已经成为理性的同义词。

题是：如何解释自然界的这种和谐的秩序性？

对于这个关键性问题有两种针锋相对的回答：或者某个超越的造物主为了万物的生存而有目的地设计了和谐的秩序；或者世界的和谐秩序性本身就是进化的结果，只有那些能够适应这种秩序性的物种才生存了下来。前一种答案导致了设计论或目的论，后一种答案则导致了进化论。二者之间的分歧可以简化为：到底秩序是为了万物而设定，还是万物是适应秩序的结果？自然神论和中世纪的理性神学（托马斯主义）一样，赞同前者；唯物主义和无神论则赞同后者。至于怀疑主义，则对二者的理论前提都进行了置疑，拒绝对超出经验范围之外的形而上学问题作出判断。怀疑主义者（如休谟等人）虽然没有在关于宇宙的根本原因问题（先验宇宙论）上提出自己的正面观点，但是他们却非常敏锐而致命地击中了设计论证明在逻辑上和方法论上的"阿喀琉斯脚踵"[1]。

五、英国自然神论的衰落

自然神论作为经验论哲学、机械论世界观以及君主立宪制在神学上的反映形态，最初产生于英国，然后从英国传播到在资本主义经济和政治发展过程中相继崛起的荷兰、法国、德国等国家，成为 17～18 世纪西欧各国具有自由思想和启蒙意识的知识精英们的一种时髦的神学理论和信仰形式。然而，这种对于近代科学理性的崛起产生了巨大作用的神学思想，在 18 世纪中叶以后却迅速地衰落了，一些新兴的思想潮流——泛神论、无神论、道德神学等——则取而代之。克劳治对于自然神

----

① 阿喀琉斯是希腊神话传说中的英雄，他在出生时曾被其母亲大海女神忒提斯抓住双脚浸入冥河中，从而全身刀枪不入，但是他的脚踵由于未能浸入，所以成为致命弱点。后来在特洛伊战争中，阿喀琉斯因其脚踵被特洛伊王子帕里斯的箭射中而身亡。

论的演变情况描写道：

> 18 世纪中叶自然神论衰退了。政治家兼作家的伯克
> 在他 1790 年的作品：《法国革命及其与伦敦的某些团体组
> 织事件的关联之省思》中写下这样的话："凡于近四十年
> 内出生的人，有谁读过那些自称为自由的思想者，诸如：
> 柯林斯、托兰德、廷得尔、彻伯、摩根等人所写的一句话
> 呢？"自然神论完成对英国基督教瓦解的工作后，移至欧
> 洲大陆。藉着霍布斯、赫伯特、沙夫茨伯里、波令若布克
> 和休谟的作品潮流，自然神论进入法国百科全书派、卢梭
> 和伏尔泰的作品中，并藉着这些著作，自然神论进入了德
> 国。在法国、英国自然神论让位于怀疑主义和无神论，然
> 而在德国却成为理性主义。①

正如其崛起一样，自然神论的衰落也是首先从英国开始
的。从逻辑上来说，自然神论的衰落是经验论哲学走向极端的
必然结果。早在培根和洛克的哲学中，就已经埋下了导致经验
论危机的理论隐患。众所周知，近代西方哲学的核心问题是认
识论（或知识论）问题，而认识论的基本宗旨就是要寻求具
有普遍必然性的知识。因此，无论是经验论还是唯理论，都把
追求普遍必然性的知识当作其最高的目标。培根的名言"知
识就是力量"正是要通过对自然界的一般规律的认识而达到
征服自然的目的。在《新工具》中，培根用归纳法来反对亚
里士多德的演绎法，他确信，通过"三表法"的循序渐进，
可以从经验材料出发，经过一系列"中间公理"而最终上升
到具有普遍必然性的"最高公理"。然而，从感性的经验材料

---

① ［美］克劳治著，胡加恩译：《基督教教义史》，台湾中华福音神学
院出版社 2002 年版，第 421 页。

上升到普遍必然性的最高公理的逻辑根据是什么？换言之，如何在逻辑上来保证从特殊性向普遍性、从偶然性向必然性的过渡？这个关键性的问题却被培根忽略了。

经验论哲学发展到洛克那里，自身所隐含的逻辑矛盾就更加明显地暴露出来了。洛克一方面提出了著名的"白板说"，认为我们的一切知识都来自于经验（感觉和反省）；然而另一方面，洛克又把"复杂观念"和"第二性质"的原因归结于心灵（这实际上承认了心灵具有一种先天的知识能力或知识形式，这种逻辑上的矛盾后来被莱布尼茨敏锐地觉察到并用来攻击洛克的"白板说"）。此外，洛克还独断地设定了两个无法用经验来说明的形而上学"实体"——"物质实体"和"精神实体"，将其作为整个知识论得以可能的客观基石和主观基石。正是这种哲学上的矛盾，使得洛克在神学上承认"超乎理性的命题"（基于启示）对于"合乎理性的命题"（基于经验）的独立性，从而在经验知识与先验启示的关系问题上陷入了自相矛盾的尴尬境地。

自然神论关于上帝存在的设计论证明同样表现出了经验论的内在矛盾。设计论证明是从毋庸置疑的经验事实出发，循着一条似乎是经验论的推理原则——由果推因——来进行的。然而，如果我们像休谟那样从一种彻底的经验论（即怀疑论）的角度来加以审视，我们就会发现，设计论证明得以成立的逻辑前提恰恰是对经验论原则的背离。设计论证明的关键就在于，运用类比原理从"相似的结果推出相似的原因"，这种类比推理的有效性是建立在因果关系的必然性（从一个结果可以必然地推出一个原因）和普遍性（从相似的结果可以推出相似的原因）之上的。然而，这种因果关系的必然性和普遍性又是以什么作为根据的呢？是从先验的原则而来吗？然而经验论拒绝先验的原则；是从经验的事实归纳而来吗？但是从特殊性和偶然性的经验事实中如何能够得出因果关系的必然性和普遍性呢？如果因果关系的必然性和普遍性本身就是一个有待证明的问题，那么以它作为根据的类比推理又如何能够保证其结论的有效性呢？

自然神论在逻辑上的内在矛盾，首先被一位传统宗教信仰的卫道士所识破，这个人就是英国国教会主教巴特勒（Joseph Butler，1692~1752 年）。巴特勒是一位信仰纯正、思维严谨的正统神学家，他主动向自然神论者发起了攻击，试图通过对自然神论的批判来重新树立传统宗教的权威。在巴特勒的时代，自然神论在英国已经达到了鼎盛状态，这位英国国教会主教敏锐地意识到，与其像那些保守的正统神学家那样徒劳地用经院哲学的方法来论证启示宗教，不如借鉴自然神论的类比方法，从经验中来寻找支持基督教信仰的证据，从而证明启示宗教在理据方面丝毫也不逊色于自然宗教。1736 年，巴特勒发表了《自然宗教与启示宗教之类比》。在这本书中，巴特勒像自然神论者一样运用类比方法，但是他所要证明的却是传统的基督教信仰。巴特勒认为，那些由于圣经中存在着不可理解的因素（奇迹）而否认圣经的真理性的人们，同样可以通过类比的方法在自然界中发现更多的困难因素。实际上，圣经和自然均出自于同一个创造者，因此二者在许多方面都具有相似性。在该书的绪论中，巴特勒从古代教父俄利根的一段话出发，以说明圣经与自然之间的同构性：

> 俄利根（Origen）就从这种类推法很明智地观察到："凡相信圣经是出自那创造自然界的造物主的人，必在圣经中找到他在自然界组织中所发见的同样困难。"我们反省一下，不妨为之补充说：凡因这些困难而否认圣经是出自上帝的人，他应该因同样理由否认上帝创造世界。从另一方面看来，假如我们在那由启示而知道的神造万物体系和那由经验及推理而知道的神造万物体系（即指自然界

的明白程序）之间，有一种类比或相似之处，就足以推测这二者均有同一的创造者与出自同一的原因；最低限度足以应答那些虽可承认后者是出自上帝，却想用类推法来反对前者是出自上帝的人……

本书的目的就在表明这种道德的和基督教的规划体系——包括它的组织，它的文字，和它秉自上帝所给我们关于它真理底证据——中那特别受人攻击的几部分，是恰和我们在大自然或天工的组织与程序中所体验到的事物互相类似；那些攻击之可对于前者，亦可以一样公平地加诸后者身上，但事实上，我们发见这种对后者的攻击都是证据绝不充分。我们并要指出这种由类推法所引出的论证是无可答驳的，因而无疑地在宗教方面占着重要的位置……①

巴特勒与自然神论者一样，试图从经验事实出发，运用类比推理来证明启示真理。例如，他从人生不同阶段的差异性以及感受能力的连续性，推出灵魂不朽的可能性；他从现世的道德控制及其后果——德行导致欢乐，恶行导致痛苦——推出末日审判的可能性。巴特勒承认，从经验理性的角度来看，基督教的这些教义具有缺陷性和神秘性，但是在自然界中同样充满了缺陷性和不规则性：

上帝神奇的干预也可能一直是同样地出于智慧的普遍法则……这些法则的确不为我们所知；但其未知的程度，

---

① ［英］巴特勒著：《自然宗教与启示宗教之类比·绪论》，载"基督教历代名著集成"之《理性时代的宗教观》，基督教文艺出版社1996年版，第282、288~289页。在该集成中，巴特勒这本书的书名被译为《宗教在自然界的证据》。

绝不会超过那样一些法则，根据那些法则，一些人刚生下来就死掉了，而另一些人却活到惊人的高龄……①

巴特勒通过对经验事实的归纳指出，在自然界中存在着与圣经中同样多（甚至更多）的疑难之处和缺陷之处，自然宗教的证据和启示宗教的证据一样都只能导致或然性的结论。但是这种理据方面的或然性并不会妨碍启示宗教对于指导人生的实践作用，从某种意义上来说，"或然性就是人生的向导"②。冈察雷斯对巴特勒的基本思想总结道：

> 巴特勒试图表明，自然神论者们在拒绝启示的资料方面犯了错误。在这里他并没有证明启示的内容基本上是合理的。更确切地说，他承认，在有关特殊的启示的这个概念里有疑难之处；但是他又补充说，在宇宙是一个协调的和有序的体系的观点里也有疑难之处。在这两种情况中，人们必须凭或然性来指导。整个生命都是由这种或然性指导的，而且与此相似，我们对启示的信赖也必须遵循同一道路。③

巴特勒并不否认圣经启示的证据具有模糊性，但是他一方面坚持认为，在证据方面，自然法则并不比圣经启示更明晰；另一方面则强调，启示因人因地而变化的灵活性恰恰说明启示

---

① 巴特勒：《自然宗教与启示宗教之类比》，转引自詹姆斯·C. 利文斯顿著，何光沪译《现代基督教思想》上卷，四川人民出版社1992年版，第97页。

② 不久以后，当休谟在否定了因果关系的客观性和必然性之后宣称"习惯是人生的伟大指南"时，他显然是受了巴特勒这一思想的影响。

③ ［美］胡斯都·L. 冈察雷斯著，陈泽民、孙汉书等译：《基督教思想史》，金陵协和神学院2002年版，第1005页。

具有超越理性能力的神秘性，这种通过神秘的方式来传达的信息恰恰说明了我们之所以需要启示的理由。因此，启示的基督教与理性的自然宗教并不矛盾，二者只是从不同的角度出发来探索真理罢了。巴特勒把基督教说成是对自然宗教的重新公布和制度化体现，它的重要性表现在如下两点："第一，作为一种自然宗教或基本宗教的再公布与有制度的表现，以求适应目前的人类环境，而目的在推进自然敬虔与自然美德；第二，它是包含着一种非理性所能揭发的天理，而结果是我们得以领受几种特殊的教令。因为自然宗教虽然是基督教的基础与主要部分，但它绝不是它的全部。"①

巴特勒揭露自然神论在理据上的缺陷性和或然性的目的在于维护传统的基督教信仰，但是由于他和他的对手们一样基于经验的起点和原则，一样运用归纳和类比的方法，因此他深知通过揭露自然神论理据的或然性并不能证明启示宗教理据的必然性，倒不如承认二者的理论根据同样都是或然性的（至少对于我们这些只具有有限理性的人来说是如此）。巴特勒比自然神论者更高明的地方在于，他意识到了一个基本的经验论原理，这就是从经验的事实出发，通过归纳和类比的方法并不能达到具有普遍必然性的结论。在这一点上，巴特勒无疑成为休谟哲学的思想先驱，正如休谟成为康德哲学的思想先驱一样。

然而，巴特勒的上述结论却造成了他本人始料未及的后果——既然启示宗教和自然宗教都缺乏可靠的理据，那么二者的合理性就同样都值得怀疑，而后人们对于自然神论的批判也可以同等地适用到传统基督教上。这一后果必然导致对宗教信仰与理性知识之关系的重新思考，从而使人们确信，宗教信仰

---

① ［英］巴特勒著：《自然宗教与启示宗教之类比·绪论》，载"基督教历代名著集成"之《理性时代的宗教观》，基督教文艺出版社1996年版，第321页。

是与理性知识无关的事情，它根本不可能通过理性来论证，而只能诉诸个人内在的道德良知和情感体验。这种观点成为休谟、卢梭、康德、施莱尔马赫等人的一种共识，虽然他们在具体细节上存在着明显的分歧。利文斯顿在谈到巴特勒思想的这种讽刺性后果时这样写道：

> 正是巴特勒的《宗教之类比》，而不是其他任何著作，结束了自然神论与传统基督教之间的这场争论。可是这位好主教的《宗教之类比》却产生了一种出人意料的讽刺性的影响。书中提醒人们注意自然之缺陷的那些沉重而正视现实的地方，本意是要恢复对于基督教启示的真理性的信心，到头来却为怀疑主义之火提供了更多的燃料。在大卫·休谟一类的人看来，自然宗教信仰的难处，也很容易转变成对于基督教神学主张的抨击……巴特勒通过强调自然宗教的困难，力图确立启示的或然性，他这种反证式的辩论方法在不大虔诚的头脑看来，似乎更导致了对于一切有神论的理性论证的普遍怀疑……

> 因此，与巴特勒的本意相反，他为基督教所作的精心辩护，竟成了怀疑主义、宗教非理性主义和信仰主义的导因。①

六、休谟对自然神论的毁灭性批判

如果说巴特勒对自然神论理据的置疑标志着自然神论衰落的开端，那么休谟（David Hume，1711～1776 年）对自然神论的批判则意味着自然神论的终结。正是由于休谟已经毁灭性

---

① 詹姆斯·C. 利文斯顿著，何光沪译：《现代基督教思想》上卷，四川人民出版社 1992 年版，第 90～91、101 页。

地挑断了自然神论的理论经脉，康德才能最终顺理成章地
"砍下自然神论的头颅"（海涅语）。休谟正是从巴特勒主教的
结论处开始了自己对于自然神论和传统基督教理性神学的批
判。像所有的经验论者一样，休谟把经验确定为一切知识的基
础，他认为任何证据的可靠性和有效性都必须接受经验的检
验。休谟的基本原则就是："我们的观念超不出我们的经验。"
他的一切哲学批判和宗教批判都是以这个原则为绝对前提而展
开的。在任何情况下都始终坚持这个原则，这正是休谟不同于
他以前的经验论者的地方。在《自然宗教对话录》中，休谟
为我们展示了下面这个基本的三段论式：

> 我们的观念超不出我们的经验；我们没有关于神圣的
> 属性与作为的经验；我用不着为我这个三段论式下结论：
> 你自己能得出推论来的。①

在休谟看来，任何一种有效的证据如果不能被理性的证明
所支持，就必须被经验的或然性所支持。而奇迹作为基督教信
仰的一种证据，既不能被证明，也不是依赖于或然性。在基督
教神学中，奇迹一直被说成是超理性的"奥秘"，因此它不可
能通过理性来加以证明；另一方面，尽管巴特勒试图把奇迹像
自然法则一样建立在或然性的基础之上，但是对于休谟来说，
奇迹与或然性却有着根本性的区别——或然性曾经有过经验的
根据，而奇迹却是完全缺乏经验基础的。例如巴特勒所说的一
个人刚出生就死了，这并不能被当作一种奇迹，因为过去曾经
有类似的情况存在；但是如果说一个死人竟然复活了，这就是
奇迹，因为我们过去从未见过同样的事情发生。自然法则虽然

---

① ［英］休谟著，陈修斋、曹棉之译：《自然宗教对话录》，商务印书
馆1962年版，第16页。

无法证明自己的普遍必然性（在这一点上休谟与巴特勒是一致的），但它却是建立在经验的或然性之上的，因此是可以信赖的；然而奇迹却既缺乏经验根据，又无法通过理性来证明，因此只能是"欺诈加上愚蠢的结果"。

休谟是站在一种彻底的经验论即怀疑论的立场上来展开对宗教理据的批判的。休谟在两个观点上克服了经验论先驱们的不彻底性，而这两个观点对于休谟的宗教批判来说也是至关重要的：第一，休谟把贝克莱的"物是观念的集合"和"存在就是被感知"的思想贯彻到底，不仅将其运用来怀疑"物质实体"，而且也将其运用来怀疑"精神实体"，从而认为上帝、灵魂等"精神实体"根本就不可能用经验理性来加以证明；第二，休谟从彻底的经验论立场出发，对"一切开始存在的东西必然有一个存在的原因"这条哲学一般原理提出了怀疑，把因果联系说成是一种心理上的习惯联想。这样一来，自然神论运用类比推理从"相似的结果证明相似的原因"的设计论证明就成为建立在流沙之上的无效证明。

休谟对包括自然神论在内的各种理性神学的怀疑和批判主要表现在他的《自然宗教对话录》中。在这本书里，休谟对自然神论的设计论证明和传统基督教的宇宙论证明等分别进行了令人信服的反驳。我们在前面已经介绍过，设计论证明是一种后天证明，它运用类比推理的原则，从具有精美结构的机器必有一个制造者（这是经验告诉我们的），推出具有更加精美结构的大自然必有一个创造者。针对这个看起来似乎是基于经验的后天证明，休谟站在彻底经验论的立场上进行了有力的反驳。他指出，设计论证明仍然是建立在一种先入为主的信仰之上，即相信这个精美的世界是一位智慧的设计者（上帝）的作品。然而在休谟看来，相信上帝设计世界（唯心主义）并不比相信物质自身生成世界（唯物主义）更加具有理论说服力，二者都是基于一种超出经验的信念。而且设计论证明在人类的作品（如钟表）与上帝的创世之间进行类比，其结果很可能会得出一些荒唐的和异端式的结论。为了说明在运用类比推理时必须严格遵守使原因与结果协调相称的原则，休谟举了一个天平的例子：如果在天平上，放有十两重的物体的一端向上升，那么我们可以肯定另一端的物体一定超过了十两重，但是我们既不能由此证明那个物体超过了一百两甚至是无限重，也不能断定在那一端究竟是有一个物体还是有几个物体。① 根据这个原则，设计论证明以人类来类比上帝，充其量只能推出一个有限的、不完美的、多神教的、有死的和有肉体的上帝，而这个上帝与其说是基督徒所信仰的上帝，不如说是希腊多神教中的诸神！

休谟深刻地指出，设计论证明虽然是从经验的起点出发的，但是它与传统基督教的理性神学以及一切唯心主义体系一样，都预设了一种先验的原则，即秩序性和自因性只能属于思想而不能属于物质，因此世界的终极因一定是一种精神性的东西而不能是一种物质性的东西。然而，这个先验的原则本身就是有待证明的。在逻辑上和理据上，唯心主义与唯物主义、设计论与生成论都可以根据自己假定的原则来建立起一套宇宙起源学说，尽管这些原则本身都具有经验无法验证的先验性或形而上学性。人们选择什么样的原则和宇宙起源学说，只是出于他们的生活习惯、文化教养和思想信念，与经验无关。休谟由此得出结论：

> 我们并没有材料来建立任何宇宙构成论的体系。我们的经验，它自身如此的不完全，范围和持续两方面又如此的有限，不能为我们对于万物的起源提供可能的揣测……

---

① ［英］休谟著，陈修斋、曹棉之译：《自然宗教对话录》，商务印书馆1962年版，第40页。

我们必须停止在某处；在人类能力的范围之内永远不能解释最后因，或说明任何对象的最后的关连。假若我们所采取的步骤都为经验和观察所支持，那就足够了。①

总之，我们只能在经验的范围内形成关于具体事物的知识，一旦超出了经验范围，一切形而上学的抽象思考都具有等效性。经验无权对宇宙的原因作出形而上学的判断，休谟的这种怀疑论思想不仅影响了康德对于先验神学的基本态度，而且也影响了康德先验宇宙论中的二律背反学说。

除了对自然神论的设计论证明进行了毁灭性的解构之外，休谟还在该书中对传统理性神学的宇宙论证明、本体论证明以及莱布尼茨的神正论思想进行了犀利的批判。但是休谟的动机并非是要彻底颠覆宗教信仰——这是他与18世纪法国无神论者的根本差别——而是要驳倒对于宗教信仰的各种理性证明，从而将宗教信仰的根基建立在个人的良知和情感之上。休谟强调，一个怀疑主义者并不怀疑上帝的存在，而只会怀疑关于上帝存在的各种理性证明，怀疑人们凭着自己的有限理性而对上帝的性质妄加臆断的做法。怀疑主义者不是由于对信仰对象本身、而是由于对自身理性能力的怀疑，才对上帝的性质等形而上学问题采取悬而不决的态度的。因此，只有怀疑主义者才是真正配得上神恩的人。在对宗教信仰的各种理据进行了毁灭性的批判之后，这位审慎而机智的怀疑主义者以一种虔敬的谦卑口吻说道：

真正体会到自然理性的缺陷的人，会以极大的热心趋向天启的真理；而傲慢的独断论者，坚信他能仅借哲学之

---

① 〔英〕休谟著，陈修斋、曹棉之译：《自然宗教对话录》，商务印书馆1962年版，第48、50页。

助而创立一套完全的神学系统，不屑去获得任何更多的帮助，也摈弃了这个天外飞来的教导者。在学术人士之中，做一个哲学上的怀疑主义者是做一个健全的、虔信的基督教徒的第一步和最重要的一步。①

自然神论虽然把上帝赶出了自然界，但是它却通过一种看起来非常具有理论说服力的证明（设计论证明），把上帝确立为自然界的"第一因"或创造主。上帝虽然不在自然界中出现，但是上帝的存在却得到了理性的证明。休谟则要进一步表明，这个证明本身是无效的，上帝作为"第一因"在理论上无法得到说明，它仅仅是一种"自然信念"而已，正如我们关于一个外部世界存在的自然信念以及关于自我同一性的自然信念一样。② 这些自然信念不是基于经验事实的论证，而是人们对待世界的一种本能的和朴素的态度。它既非理性所能证明，亦非理性所能驳倒，它的价值和意义不在于理论而在于实践。如果说自然神论者想用理性来证明上帝，而18世纪法国无神论者想用理性来否定上帝，那么休谟的态度则是，上帝根本不属于理性论证的范围，理性既不能证实、也不能证伪上帝。正如利文斯顿所指出的："休谟与一切现代信仰主义者一致的地方，就在于他们相信，理性既无力确证也无力驳倒宗教的信念。这是休谟在神学著作中具有现代性和持久重要性的一个原因。"③

---

① ［英］休谟著，陈修斋、曹棉之译：《自然宗教对话录》，商务印书馆1962年版，第97页。

② 休谟的这些"自然信念"后来在康德的哲学中被系统化为三个理性理念：灵魂、宇宙、上帝。

③ 詹姆斯·C.利文斯顿著，何光沪译：《现代基督教思想》上卷，四川人民出版社1992年版，第124~125页。

七、国内学术界了解、研究自然神论的重要性

由以上简介可见，自然神论是广泛流行于 17～18 世纪英国具有理性精神和自由思想的知识分子中的一种神学思想，它与英国经验论、牛顿机械论世界观以及英国的君主立宪制度都有着密切的内在联系，同时也成为从中世纪启示神学和新教正统神学向近代泛神论、无神论、道德神学转化的关键性中介。从西方哲学发展的内在逻辑来看，自然神论是中世纪哲学向近代哲学转变的一个不可忽略的环节，它所倡导的理性主义、自然法则、道德原则和宽容精神成为近代哲学和科学发展的共同思想基础。

时至今日，国内学术界对于自然神论的研究几乎处于空白状态。由于传统意识形态的影响，国内科学史和哲学史研究往往过于强调科学与宗教相对立的观点，有意或无意地忽略了近代科学和哲学产生的宗教背景和神学基础问题，忽略了"17世纪中叶所有合格的科学家和差不多所有的哲学家，都从基督教的观点去观察世界"（英国著名科学史家丹皮尔语）这一基本事实。国内学者所编写的《西方哲学史》，通常都只将自然神论作为英国经验论哲学的一个可有可无的副产品，轻描淡写地论述几句（有些《西方哲学史》甚至对自然神论只字不提）。从事 17～18 世纪英国哲学研究的专家们，对经验论的各位哲学家进行了深入细致的研究，但是却对构成经验论哲学的思想基础和重要内容的自然神论一笔带过。时至今日，国内学术界不仅没有一部关于自然神论的研究专著，而且自然神论的许多重要著作如"自然神论之父"爱德华·赫伯特的《论真理》（De Veritate）、洛克的《基督教的合理性》（The Reasonableness of Christianity）、安东尼·柯林斯的《自由思想论》（A Discourse of Free Thinking）、马修·廷得尔的《基督教与创世同龄》（Christianity as Old as the Creation）等都没有中译本问世，国内学术界目前对于自然神论的了解仅限于约翰·托兰德

的《基督教并不神秘》和休谟的《自然宗教对话录》。相比之下，国外学术界对自然神论有着较多的关注，例如约翰·奥尔的《英国自然神论：根源及其结果》、J. M. 克里德和 B. 史密斯的《18 世纪的宗教思想》等著作，都对 17～18 世纪英国自然神论进行了较为深入的研究，但是这些研究至今尚未引起国内学者的关注。

在这种情况下，武汉大学出版社翻译、出版这套"自然神论"译丛具有极为重要的学术价值。这套译丛将采取分批出版的方式，第一批翻译出版的有爱德华·赫伯特的《论真理》、洛克的《基督教的合理性》和马修·廷得尔的《基督教与创世同龄》三部名著，而柯林斯的《自由思想论》、巴特勒的《自然宗教与启示宗教之类比》等书将在不久以后陆续翻译、出版。我们相信，这套译丛的出版不仅有助于人们更清晰地认识西方近代自然科学和哲学发展的神学背景，而且也将帮助人们更准确地把握西方宗教思想发展的逻辑进程，更深入地了解现代西方理性神学的历史根源。

版 本 说 明

　　目前这个版本，根据的是 1732 年的原本。《特征》一书最初出版于 1711 年，但沙夫茨伯里去世前，在 1713 年对初版进行过校订，因此，1714 年的版本，往往是后世许多版本的参考版，该版包括沙夫茨伯里制作的许多象征画，以及《历史画概念与赫拉克勒斯的选择》一文。尽管 1714 年版也包括了《赫拉克勒斯的选择》一文，可是，现在看起来，作者原本并不想把该文收录在《特征》一书中的。但那些象征画倒肯定是要收录在这本著作中的，因为它们都是沙夫茨伯里本人细心设计的结果。《赫拉克勒斯的选择》加上《论设计》一文都准备单独出版的，可是，后者却最早包括在 1732 年版中，一直到 1790 年版里还有这篇文章。在目前这个自由基金版中，我们还是保留了这两篇文章，其理由在于，我们希望将书里面的象征画包括进去。那些象征画设计用于《特征》一书的一个部分，但自 18 世纪以来，各个版本里差不多就不见这些象征画的踪影。我们现在将它们包括进来，看来能够提升人们对于沙夫茨伯里美学思想的兴趣，而且对他就此话题说过的任何直白的言论也会产生一定兴趣。这两篇文章为我们现代这些不太了解作者本人的读者提供一个理解门径。另外，这些作品（包括其中的象征画）也是 18 世纪人们熟知该著作的一个重要原因。

　　目前这个版本的指导原则之一，就是要尽全力引导现代读者明白沙夫茨伯里这部著作的主旨。他最主要的读者群也许是那些受过良好教育，但不一定就是专家或学者的人们。因此，

1

我们就希望提供一个引人入胜又"易于阅读"的版本。除开将字母改成现代标准用字以外，我们还采取了其他一些措施，便于现代读者阅读。《特征》文体包括许多拉丁文和希腊文引语，今天，哪怕是富于学术背景的人，除非他们接受过专门训练，否则也无法轻易读懂这些引语。罗伯森版是 20 世纪最为人熟知的英文版，在这个版本里，大部分此类引语都已经在脚注里翻译好了。由于罗氏版是 20 世纪最新的版本，我们就将他的译文保留下来了。但是，伊万迪亚·斯贝里奥蒂斯博士评估过希腊文翻译，丹尼尔·马洪雷和卡萨琳·阿尔维斯也评估过拉丁语译文，看看里面是否存在严重错译，罗伯森本人因为某种原因没有翻译的那些引语，上述几位也做了补译。除非我们发现存在严重错误或其他致命缺陷，否则我们就保留罗氏译文，哪怕我们应该能够想象得到，可能存在"更好"或更直接的翻译。

这个版本的《特征》分为三卷，也就是原版的样子，而且还包含沙夫茨伯里的原始索引。这份索引在后世的许多版本中都舍弃不用了，理由是，该索引作为一种查询工具存在排列缺陷，而且过时了。但是，这份索引却是沙夫茨伯里本人亲自编制的。该索引的条目在编排时常出人意料（如大家可以看看他为"哲学"一词编制的索引），出于这个理由，这份索引也许有很多的诠释作用。我们没有将沙夫茨伯里在索引中编制的页码转换成现代的编码，而是将它们插在页边的方括号里，并用倒置的插字号在原版页码处标明。沙夫茨伯里脚注里的交叉对照也指示这些页码。把原来的页码包括在这个新版本里有一个额外的益处，那就是方便那些象征画的理解。沙夫茨伯里的每一篇文章都用一个象征画开始，而且为这些象征画编好了页码，说明在哪些段落里可以找到有助于解释象征画意义的文字。由于保留了原来的页码，人们就能更方便地找到这些说明文字。

　　最后，我们想办法尽量减少文本中的特别标识与评阅内容。最近已经出现多个供学术研究用的《特征》英文版，其中最知名的一部是劳伦斯·克莱因为剑桥大学出版社编制的那个学术版，还有菲利普·阿雷斯为牛津大学出版社编制的学术版。这些版本都有重要的参考价值，可是，自由基金出版社的一个原则，就是要尽可能减少在文本中插入别的内容。最后，我们希望（也许是沙夫茨伯里本人的愿望）有这么一个版本，它能吸引学者，也能吸引受过教育的普通读者。

序　言

　　沙夫茨伯里第三代伯爵安松尼·阿什雷·库伯撰写的这部大作，是 18 世纪最重要和最有影响的著作之一，堪与洛克《政府论》媲美，而且这部 1711 年首印的著作，是整个 18 世纪英国再版次数最多的一部。该书分三卷，其影响力不限于英国，而是风靡全欧洲。沙夫茨伯里作为英国伦理学说中的"道德感"学派创始人而最为人铭记，因此他与 18 世纪另一位思想家弗朗西斯·哈奇森关系密切。哈奇森、大卫·休谟、亚当·斯密以及那个时代的其他一些思想家都与沙夫茨伯里渊源甚深，这些思想家的道德学说都强调道德体验中的情感因素。

　　这一场道德情操运动的理论基础，当然可以从沙夫茨伯里这部著作的字里行间看出来，但是，读者在阅读本书时，不带任何偏见或事先的视角是最好不过的。不然的话，读者会错失一种风格与质地的丰厚感、一种非同寻常的学问和英国语言中少有匹敌的精微思绪。沙夫茨伯里《论美善与功德》一文，是他声名鹊起的基础，可是，这篇文论在本著作中却是与其他文章迥然不同的一篇，因为该文属于推论性的文章，读起来像是正式的论文。本著作中其他大部分文章都是散论性质的文学作品，其中某些文章甚至很难定性地分类，如《文论杂议》一篇。的确，当人们把这部著作当做一个整体予以考虑的时候，就会发现这部著作其实是风格迥异的不同文章的汇集。毫无疑问，这种风格的多样性，对沙夫茨伯里本人来说，是一种蓄意的举动，例如，他曾对我们说："理性推导，一旦开始便

1

没完没了，极有必要打断冗余长篇大论，通过许多不同的扫视与断断续续的视角，把不便于凭借执拗偏好或一眼看不到头的通篇大论表示出来的东西印入人心。"

这正好是沙夫茨伯里最引人入胜的一个明显特征。即：尽管他说的每一句话看起来都明白无误，清清楚楚，可要厘清他完整全面的立场，往往不是一件易事，其复杂程度远超人们的想象。例如，在《论激情》一文中，我们可以明显看出，他支持一种畅所欲言但又守纪克制的激情，认为那才是宗教宽容应有的态度。激情这个词语，在当时情势下，一般与宗教联系紧密，总让人联想起"狂热失度"，但又被认为是人的一部分天性。很多人认为，人应该压制这样的激情，而沙夫茨伯里却不以为然，他支持一种松紧有度的宽容观念。可是，到这篇文章的末尾，我们会看到，"总会出现某种过度或躁狂的东西，此时，人们听到的说法或看到的情景，让过于狭小的人心难以容忍。因此，灵感也许可以视作神授的激情，因为这个词本身就表明某种神意的临在，早期教父们称为圣神的那些哲学家就会加以利用，借以表达人类激情中最为崇高的某种东西。"

看完了《论激情》，读者产生的疑问远多于找到的答案。有没有一种形式的激情，是沙夫茨伯里认为并不能恰当地称为美好情操的？若果如此，这种激情跟他那个时代令众多人困惑不已的那种激情是否类似？若不类似，其中的差别又在哪里？激情果真是人类天性的一个特征吗？这篇文章暗示的一层意思是，激情源自外在于人的某个地方，可是，在多大程度上，激情才是基督教的一个特征？在这同一篇文章里，对于上述问题的回答模棱两可，但它暗示的是某种古老的、前基督教形式的激情。假如存在非基督教形式的激情，那么，基督教形式的激情是更纯洁的一种激情吗？鉴于这篇文章会引发众多不同性质的此类问题，它正好能代表这部著作中其他许多的文章。

这些文章不仅仅打开众多可供探索的问题之门，而且还以五花八门的样式提出问题。《论激情》一文虽然称为"一封函件"，但是，我们看到的却是一篇"文论"、一个"忠告"和一次"问询"（按照沙夫茨伯里自己的话来说），也是就前面的一些文章产生的"狂想曲"和"杂议"。这里不仅有不同样式的内省式思考，而且，在"杂议"一文中，沙夫茨伯里还就他自己的思想提出一些思考意见，让事情越发复杂。这样做，当然会让人读起来趣味盎然，可同样也让人有机会反复回味。人们可以一再回头重新阅读这些文本，每次照样能获得新的见识。这些文章性质各有不同，每篇都还有值得仔细把玩的精微之处，这只会让人看起来兴味无穷。怪不得这本书在18世纪拥有那么大的一个读者群。

　　既然如此，这部大作后来怎么又变得湮没无闻了呢？人们只能加以猜测：这些彼此不同的写作形式，是不是指向同一层意思的不同方式呢？是不是源自同一个视角的折射式思绪？或者，这些文章是不是仅仅以松散的方式串联起来的、原本互不相干的观点汇集？无论答案如何，都有某种程度的自觉的精妙之处，是沙夫茨伯里置入文章之中，以激发出这许多问题的。这样的精妙之作，是18世纪特有的一种情趣，可是，对于接下来的许多时代而言，如此精妙之作往往变成只有少数人领略的阳春白雪。时代气质的转换与差别，兴许能部分解释为何沙夫茨伯里的这部大作最终不为后世所特别喜好。这部著作透露出来的消息，也许是多重的，远不如后世的一些作品那样将文章的目的和目标以那么透明的方式传达给读者。的确，沙夫茨伯里恳请读者与他一同思考，这比仅仅请读者抓住文章主旨要困难得多，要求也高得多。另外，沙夫茨伯里指望读者能够费一些心思，这样的话，作者就没有必要非得取悦于已经预先存在的口味或意见不可。从这个角度看，沙夫茨伯里就站在了现代作家的对立面了，现代作家都"竭尽全力顺从读者，在他们面前极尽谦卑，以此博取读者喜好"。而沙夫茨伯里，他写作的动机旨在激发读者思考，而不是告知、教导或劝说他们相信任何东西。

尽管沙夫茨伯里的作品对读者的智力反省提出很高要求，可是，他不同的写作风格与作品的多种形式，还是自带有一种特别的美学品位。的确，在他的这部作品里，美学要素显得十分突出，许多人认为，现代美学思想与美学体验的开拓性形式，有很多都肇始于此。18世纪本身极为关注美学话题，本人以为，这在很大程度上与沙夫茨伯里不无关系。人们会想到伯克的《崇高与美的观念起源的哲学思考》（1757），可是，休谟、哈奇森、斯密和其他一些学者也在自己的理论中给予美学议题以极大的重要性，至少曾给予想象力以如此重要性。

在沙夫茨伯里看来，智性反省的友伴就是美学体验。这些活动不仅仅相互强化，而且还共有某些维度。人们惊异于任何一个理解对象的美，而美好的事物自身也是等待心灵来把握的某种秩序的迹象。亚里士多德说过，最抽象的思维借助想象力就能够加以理解和表达，而沙夫茨伯里向来都意识到这种洞识。《特征》一书诉诸人的智性，也诉诸人的想象力，可是，沙夫茨伯里所做的远不止于此，他也许是第一位明白这个道理的人，即：现代世界可能主要为人的想象力所推动，无论他多么情愿接受理性的指导。的确，正是在这里，人们可以发现前面提及的那种情操的联结，因为情操与想象力本身都有内在的联结。

沙夫茨伯里相信现代世界将为想象力和情操所推动，因此，他的任务就是要创设一种方法，引导读者进入智性内省与反省，同时接纳想象力的参与。因此，这个美学维度就是智性与想象力之间的联系，是情操与判断力的联系。《特征》一书最值得称道的一个特点，正在于大量使用视觉形象，每一篇，每一卷，整个作品，都有这样一些图像。这些图像全都由沙夫茨伯里本人亲自设计，匠心独具、无可挑剔，他要用视觉语言表述其作品中最主要的一些论题。在包含这些图像的较早期的版本中，对应于各个段落的页码往往都包含在图像里面。

圆形卷首插画代表全书主图，它指的是书中"杂议"一篇里面的两段文章。这两段话原来都是用希腊文写的，有趣的是，这两段话原来都出现在脚注而不是正文里。第一段话引的是马库斯·奥勒留的话：

> 我们取什么样的视角相当重要，而我们的视角都在自己的能力范围之内。进行选择的时候，我们却应当去除这个视角，之后，就如同绕过海岬一样，宁静随即出现，那是一处无风波的海湾。

圆形卷首插图描绘的是海湾里的船只，这处海湾就是"无风波的海湾"的再现。那些船只就是所谓"绕过了海角"的船只。沙夫茨伯里引述了另一段来自爱比克泰德的话：

> 水盆与心灵，正如落在水盆上的光线与外表之间的关系。盆里的水动起来，光线似乎也发生了移动，但光线实则没有动。相应地，人在眼花缭乱的时候，发生混乱的不是艺术与德行，而是这两者所属的人类精神。人的意识恢复正常后，艺术与德行也都随之恢复。

读者在圆形卷首插图中看到一只水盆，一束光线就照在水盆上。这个图画上的希腊文本身可以译成："光线所能给予的"意义，这里再次指涉刚才引用的爱比克泰德的那段话。由于沙夫茨伯里为我们提供了翻译上的帮助，这个图画不仅为我们提供解读那段文本的洞察力，而且还提醒我们看到重要议题的文本内容。这些图画让人想起17世纪流行的配图画册，有了视觉形象的配合，说教的内容就更容易被人记住。沙夫茨伯里提供的这些图像促使读者进行更直观的反思。

目前由自由基金会出版的这个版本，把沙夫茨伯里制作的图画按照原来的位置插入文本，这差不多是 18 世纪以来已经出版的英文版中的首次尝试。当然，根据沙夫茨伯里本人的看法，这些图画跟《特征》一书的文字同等重要。在如此漫长的时期里，这本书一直都没有配上原有的图画予以出版，这可能是一个理由，说明为什么过去三个世纪以来，学术界对这部著作没有给予应有的重视。沙夫茨伯里当初希望共同发挥作用的东西，即文字和图画，到后世都是彼此分开和专业化了。今天所谓的"媒体混合"潮流，代表着向沙夫茨伯里当初在表达思想方面的洞见的回归。

配上那些图画，本意是想帮助读者对相当复杂的文本进行分类，可是，那些图画本身也相当复杂。例如，在圆形卷首插图中，读者看到一条蛇的尾巴伸进蛇嘴，有雅典娜的盾牌，还有一头狮子在咬圆柱，马勒与马嚼子、卷轴与一本书、狮身人面像，等等。在这幅图画以及其他许多图画里，所有符号都按照某种意图排列好了，并且应当能够体现沙夫茨伯里的某些意图。仔细研究这些图画，促使人认真阅读原文，反过来也是一样。可是，这些图画里的符号到底要表达什么意思，对于现代读者来说，并非总是那么清晰判然的。某些意象也许是沙夫茨伯里本人才能明白的，也可能只是他那个时代的人才有切身体会的。当前，对这个话题还没有专门的研究，仅只有费利克斯·帕克纳德尔的《沙夫茨伯里〈特征〉插图研究》算是一个有用的例外，该文发表在 1974 年的《沃伯格及柯诺尔德研究院报》第 37 期上。沙夫茨伯里使用的图画，比较早期的大部分插图绘画本图书使用的图画更复杂，也更抽象，但是，这个事实反倒使我们在研究沙夫茨伯里的个案时更添麻烦。很明显，其中的美学维度对于沙夫茨伯里来说具有极重要的意义。这次的自由基金版基本上是 1732 年的版本，包括了《论设计》及《赫拉克勒斯断案》这两篇文章。当这些文论合在一起时，让我们看到沙夫茨伯里极希望将图像与更广泛的哲学议题联系起来。

可是，说到底，沙夫茨伯里真正希望做好的一件事情，倒是让读者的自觉意识道路上有一线投射过来的光线，对于那些图画，那些文字来说莫不是如此。他邀请读者一起进行智性的探索，实际上也就是一种自我探索的邀约。最重要的是，这份邀约并不是强行让大家趋向自身之外的某一种真理。反过来，大家在阅读迷宫一样的这部著作时，每绕过一个角落，都可以看做是在自我探索之路上迈出了另一步。如这本读起来并不算太容易的著作的作者自己所说的："仅仅把可以称为人脸的东西显示给人看是不够的，每一张脸都必须是某一个人的脸。"

道格拉斯·登尤尔

作 者 序

　　假如本文论集的作者熟知序言写法，他一定已经按照以前单独出版的五篇文论的同样风格写就这么一个序言，可是，正如所有序言或题献一样，作者已经在他自称为"独白"的文章里彻底表明了自己的观点。鉴于许多人认为，这些开场白式的文章是一部完整作品极其必要的一个部分，本作者也因此心满意足，觉得应该站在其诚实的出版商的角度，以"序言"的名号说上几句，因此就有下面这段话："（依照其最佳判断力与权利）这份薄礼从整体上说，应该被理解和视为作者极满意的成果，符合其原初构想、用意，直接或间接投好社会公众、私家赞助者或任何一方人士。无论从真理还是理性的角度看，任何与之相反的东西并非作者本意。"本作者亲笔为证。

沙夫茨伯里

1710 年 12 月 5 日

目　录

第一卷

~~~~~~~~~~~~~~~~~~~~~~~~~~~~~~~~~

第二卷

~~~~~~~~~~~~~~~~~~~~~~~~~~~~~~~~~

第 一 卷

论宗教狂热

1707 年 9 月

第一节

索默尔斯大人：

鉴于您已返回驻地，过不久又会为国家要务缠身，因此，如果有意得一阵子安闲，掂量一下我这些闲极无聊的空想，哪怕只是为了自娱自乐，暂时抛开政务，您也不妨一抬贵眼，打量一下眼前这纸文字，万一发现有趣之处，岂不是可以抽空细读？

诗人历来都有一个旧习，往往在诗篇开始处高呼某一位缪斯之大名，古人留下的这一旧制，竟已形成金科玉律，以至于到了我们这个时代，人们还在竞相模仿，争先效颦。说到本人，并不敢寄予奢望，唯愿这种蔚然成风的模仿之举并时下众多成见，此时彼时能够引起尊大人注意，因您惯于以更高标准检阅事物，而不肯轻易为时尚或平庸品位所左右。您定然已经发现，在我们所说的这些诗人不得已摆出如此姿态时，已经处在极大的约束之下，您兴许还在奇怪：在古人披挂起来相得益彰的激越神情，竟何到了现代便绝少生气，感觉如此别扭。诚然，对于这样一个疑问，您略作思考便一定顿觉释然，而且会让您回味原来在许多场合都已烂熟于心的众多省察。世上最强大的，莫过于真理，一切的虚构本身，无不受真理自身的拒制，虚构只有与真理相似方才有吸引力。无论哪一种炽情，要能表达顺畅，非得有一种符合现实的外表，要使别人感动，我

3

们自己首先得有所触动，至少看上去应该如此，感动的因由还必须说得过去。一个现代人，人们知道他从未崇拜过阿波罗，也没有尊奉过像缪斯女神这样的神灵，他怎么可能说服我们相信他假装拥有的那种信奉，并借由对于一种过时宗教杜撰出来的热忱而打动我们呢？而在古人，人们向来都明白，他们的宗教和政体将来自艺术女神。对于任何一个时代的人，尤其是对于那些时代的一位诗人来说，满怀热情地诉诸人们确知是司智慧与科学的诸位女神，看起来是多么自然而然的一件事情啊！此时，这位诗人可能根本没有什么狂喜可言，但他仍可能装出这么一个样子来，假定那种狂喜的确是强作欢颜的结果，看起来还是像某种自然的东西，而且不乏感染他人的可能。

可是，提请阁下注意，这件事情可能还潜藏有另外的神秘。阁下鉴察：凡人皆有自欺天性，这天性时常令人乐此不疲，一有机会便沉溺其中。稍有一丝激动的理由，人们就不失时机地大加表演，甚至发展到自己都无法掌控的程度。因此，人们拿一些言情之事稍加渲染，辅以罗曼史或言情话本的套路，无论二八处子抑或年过半百的老男，定然生出一股天生的花花公子情愁，感觉充满真诚的美妙激情。哪怕生性良善、能容他人的人，假如碰巧略有不悦，为解心中忿恨，兴许勃然大怒，变成一尊复仇女神亦未可知。即便是好基督徒，本应该品德超人、凡事往好处想的，但由于已经大为收敛的小小的个人偏好，遇到这样的事情，兴许也让自己的信念大步前进，不仅仅从中领会了所有的圣经奇迹与传统的奇迹，而且还踏踏实实地看出"老妇人故事"的真谛。假如确有必要，我不妨提醒尊大人想到您以前认识的一位声望卓著、学识丰富和地地道道的基督教高位神职人员，他一定会原原本本地为您讲述他对于仙女们的信仰。窃以为，所有这些都有助于让您看到，古代诗人的信念与想象力，如何可能因此大加提升。

然而，身为基督徒，我们自己已经拥有丰富无比的信仰，

4

断然不会为可怜的异教徒们留下一丝一毫的地盘。他们无论从哪一层意义上看都是些不信者。我们不会允许他们相信他们自己的宗教，就是我们认为太过荒诞，除粗俗者外，任何人都不会觉得是一种宗教的东西。可是，假如有哪位值得尊敬的基督教神职人员是信仰方面的志愿者，竟然超出罗马天主教一般性规定而去信仰仙女，那么，一位异教徒诗人，按照其宗教的普遍方式，为何就不能相信缪斯呢？请阁下省察，按照异教徒的信条，有许多的神职人员都支持这个观点，按照他们的神学系统来说，这也是最基本的信条。众女神各有自己的庙宇跟崇拜信众，这跟其他神灵并无差别，不信九位缪斯女神，或不信她们的阿波罗，跟否认罗马的朱庇特神性质一样，在理智清晰的人看来，这一定是同样的渎神和无神论思想。一位古时的诗人，竟然如此谨守正统，借助其所受的教育以及谋取利益的良好愿望，拼尽全力鼓励自己持守对于一种神在与来自天启的灵感的信仰，到底有多大的利益可言呢？在那个时代，怀疑启示从来都不是诗人们投好的事情，启示毕竟对他们的艺术裨益甚多。反过来，他们会尽全力把他们的信仰摆弄得活灵活现，仅只做出一个样子，只要行为得当，他们并可以把自己推上天使之列了。

想象如此一种神在如何能激发一位天才，仅只从普通意义上的到场对于人类的影响便可略见一斑。现代人的智谋，多少会因为他们对自己同时代人的看法而得以提升，也因为他们借吁请的神灵而形成的对自身的看法而大为不同。一名普通的舞台表演者可以让我们明白，台下的观众水平越高、拥趸者数量越众，他们便越是觉得自己高于同类，有阳春白雪毕竟不同于下里巴人之感。阁下是高尚无比的出演者，在这个俗世的舞台上，您还分得凡胎所能配受的最崇高的一个角色，当你为自由和人类而表演时，有那么多人现场观摩，而且都还是您的友人，都激赏您所从事的事业，这难不会为您的思绪或才智锦上添花吗？是不是说，您当众表现出来的崇高理性或那种雄辩才能，仅只不过是您私下里或任何时候同样熟谙、无论是只身独处或与麻木不仁的同伴在一起，也就是在轻松冷峻时都可随时加以驾驭的那种品格？这的确是一种神授品格，我觉得是普通人等断然不敢奢望而有所企及的。

在我自己这方面，阁下请听，我当真极需要相当多的听众或友伴，借以在很多场合下提升自己的思路，在一身独处时，我必须竭尽全力凭借想象力的作用补足这个缺项，由于没有缪斯相助，就只能求助于超越常品的天才与伟人，令其想象出来的到场给予我以鼓励，借以萌生平常时刻想象不出来的某些点子。因此，阁下想必已经明白，这正是我求助于阁下的原因所在，尽管还没有签上自己的名字。就只当您是一位陌生人，随便点评一下这些文字，至于您是否有空看完全篇，是否会从一位友人的角度特别指出什么错漏之处，我只能一厢情愿地加以想象，有鉴于此，我会本着友人间的亲切感在以下章节里不揣冒昧地恣意发挥。

第二节

假如熟知如何暴露病态或恶德是与此相反的德性的足够保障，那我们身处其中的这个时代，会是多么美好啊！在我们这个国度，以前从来都不曾听说过这样的事情，即五花八门的愚行和淫奢之风会受到现在这样的严厉审视或更显智谋的讥讽。从如此良好的征象，人们至少有希望觉得，我们这个时代并未处在江河日下的境地，因为，无论我们的脾性如何，有了眼下的这些疗治办法，我们总还是会有所感触的。听人提及自身的错漏而不动怒，在许多人来说就是有药可医的最好标志，可惜对于社会公众来说，这很少成为人们的共同气质。假如国人的嫉妒心、一个伟大民族的病态生活或其他任何一种原因强大到了足以压抑任何一个部分的议论国是的自由，事实上就损害了全体的利益。假如任何一种特别的习俗或国民舆论要单列一边，不容受批评，甚至以种种巧言丽辞大加粉饰，那就不可能存在公正不偏和自由的时弊之砭。仅只在像我们这样的一个自由国度，欺骗才找不到任何藏身之处，无论凭朝廷的信任、贵族的特权还是教会的威严，都不能为欺骗之举提供保护，也不能阻碍人们对欺骗行为大加讨伐。当然，这份自由看起来有可能走偏，容易造成矫枉过正。人们也许还可以说这种自由容易被滥用。涉及每个人自身，当人们的意见受到人们自由审视时，则都有可能发出如此言论。可是，是不是自由审视，谁能够充当合适的判官呢？哪里应该行使自由，哪里又不应该行使呢？总体来说，究竟应该开出哪一种药方呢？人们对自由时有微词，但能够找到比自由更好的东西来吗？假如人邪恶、任性或喜欢滥用权利，治安官兴许能予以纠正，可是，假如他们在推理上发生错误，那也只有理性才能促使他们有更好的行为。思想与风格的正当、仪态的端壮、良好的教育以及各式各样的礼貌之举，这些都只能来自对美好事物的尝试与体验。让我们放开手脚大胆探寻，这样才能找到各样事物的准确尺度。以幽默起头的无论什么东西，假如失之自然天成，那总还是难以长久的，而嘲讽揶揄之举，假如一开始就放在了不合适的地方，最终总还是失之妥当、得不偿失。

许多有识之士，看到他们拿某些话题开涮时，总会表现出万分震惊，就好像已经无法相信自己的判断力一样，对此，我总是百思不得其解。有哪一种讽刺之语能够与理性相提并论并加以中伤呢？哪怕稍有正当思想的人，如何能够容忍张冠李戴的嘲讽之语呢？这事情本身都是荒唐可笑的。的确，庸俗者兴许能吞下任何一种恶俗不堪的笑柄（付之一笑往往比古板严肃更能强有力地决断分量极重的事物），容忍任何一种纯粹的插科打诨和滑稽之举，但是，有识之士和有深厚教养的人，往

7

往会有更精深实在的智谋。既如此，我们在推理面前竟如何形同懦夫，又如何那么害怕接受嘲讽的考验呢？我们说，唉，那是因为某些话题实在太严肃了。也许如此吧，可是，我们先来看看，这些话题到底是不是严肃到了那种程度吧。按照我们的料想，某些话题兴许在我们的想象中是极其严肃和沉甸甸的，然而，就其自身本质而言却可能是荒唐可笑和极不适当的。庄重正是欺骗的真正本质。它不仅使我们错看其他事物，而且还总是让我们对它本身形成错误看法。哪怕在普通的行为中，要让这种庄重特征长期保持在正式的行为所设的限制之外，那是多么困难的一件事情啊？假如我们得到人们的肯定，认为我们实则是自己宣称的那种人，那我们永远都不可能表现得太过庄重。假如我们认为并确信某些事情本身是庄重的，那我们怎么尊崇或敬重它们都不为过。这里的要点在于，一定要区分哪些是真正庄重的，哪些只是假装如此，这个要点只能是在作此判断时，我们要时常坚守一个原则，并自由地加以应用，不仅仅应用在我们周围的事物上，而且还要应用于我们自身。假如我们不幸失去了对于自身的思忖量度，则很快便会在其他诸多事物中失去这样一个标杆。除开事物本身真正的脾性之外，这个世界上还有别的什么尺度或标杆供我们发现哪些是真正严肃庄重的，哪些是荒唐可笑的事物呢？除开运用嘲讽这个手段，好让我们明白它是否实得其名之外，难道还有别的什么办法？但假如我们害怕应用这个尺度，那我们如何得到任何一种保障，以防止很多事物的外表和形式欺骗我们？我们纵容自己在一个地方成为形式主义者，而这种取悦他人的形式主义倾向也能左右我们自己的行为。

并非人人生性便有判断事物的能力，因此我们必须判别自己的脾性并相应判别置于我们决断之下的其他事物。但是，进行这样的判断时，假如我们已经放弃了判断事物的基本权利，并假定某些事物太庄重就纵容自己成为最值得嘲笑的人，甚至对本质上荒诞不经的东西尊敬有加，我们永不能假装是在判断事物或我们自己的脾性，至少对我们知道的事物决不能如此。假如我们不努力以赴，那就永远无法到达确切的认知。

这一点，我在阁下面前斗胆声言，其本身便真切可鉴，也是我们这个时代那些精明的形式主义者都熟知为真理的，他们宁可让自己的欺骗言行受到众人抨击，无论抨击的言辞多么凶猛，多么无情，也不愿意人们以别的任何方式轻轻提及，一笔带过。他们相当清楚，意见、方式与时尚无论多么荒谬透顶，人们若是严肃对待便能持存下去，而那些兴许在病态情绪中滋生出来、又在严肃悲切中为人接受的正式观念，除开在一种冷静的诙谐并通过一种更轻松愉快的思想方式加以根除外，并无其他办法加以消除。所有的激情都伴随有一种忧郁。无论是爱或宗教（这两种情绪中都有激情存在），没有什么东西能彻底祛除其中不断增强的戏谑成分，一直到忧郁消除，处在自由状态的心智能够听到对这两者当中均存在的极端荒谬性的批评。

因此，某些睿智的国度便独有一种智慧，任其民众保持随心所欲的愚昧，能够一笑了之的事情，决不会严加处罚，治疗傻瓜，只需要简单易行的办法便足矣。人类特有一些个幽默，总得要为它们找到宣泄的出口。人类的身心，两者天生都有发生暴乱的时候，由于血液里有一些奇特的酵素，在某些人体内总会引起超常的排放，同样，在理性一边，也有一些异质粒子必须要经由发酵的过程予以排斥。假如医生拼尽全力缓解这些人体内的酵素，那他们开出的就不是治病的良药，反倒是促发时疫，本来只是春寒与秋腻，反倒会弄成四处流行的有害高热。胡乱医治这些精神失常者的医生，从身体政治学来看就只能称做庸医了，他们打着消解迷信之痒的似是而非的旗号，声称要解救灵魂，使其免受激情感染的影响，最后竟然使一切自然的东西变成一场骚乱，并无大碍的小小粉刺，竟然被医成了致命的坏疽病。

9

我们在历史书上看到，畜牧神潘陪同巴克斯前往东印度群岛探险，发现有一种办法可以让一大群敌人胆战心惊，那就是让一小队人马发出吼声，利用林地山谷间的巨石和岩洞发出回声。岩洞发出粗粝的喊叫，在那片黑暗荒芜的原野发出凶险的回荡，结果令敌人心生惊惧，惶恐不安，导致其想象力发挥奇效，竟然听到万千军马嘶鸣，朦胧中无疑还看出鬼影隐约，大异常人。由于无法确定自己担心的到底是什么东西，结果使原有的恐惧大大增强，人人面露惶恐之色，结果恐惧像长了腿似的迅速传播，任何人类的语言都无法详尽描述。后世的人称这种情形为恐慌，应该跟这位潘神有一定关系吧。这个故事的确有一定说服力，让我们明白这样一种情绪的本性所在，这里面当然混杂有激情和属于迷信一类的惊惧。

在众人里形成并通过外表流露出来，或由于密切接触及感同身受而生出的每一种激情，人们都有十足理由称其为恐慌。因此，众人熟知的愤怒也许可以称为恐慌，此时，人心中的暴怒就如同我们有时候所了解的那样越出自己能够掌控的范围，尤其是当宗教牵扯其中的时候。在这样一种状态之下，他们的面容会产生强大感染力。愤怒从一张人脸飞往另一张人脸，还没等人看得清楚明白，这恶劣情绪便已经恶鬼上身。心态正常的人们，由于处在更好的一个境地里，他们看到众人处在如此一种激情的魔力之下，都认为他们在众人脸上看到的是某种更为可怕和恶劣的东西，远超出人们在最狂暴时表露出来的那个样子。这样一股力量让社会处在有时健康，有时又失常的状态下，因此，任何一种炽情，若是具备了社会性和交流性，其感染力便会变得强烈得多。

固此，尊大人须要明白，人心里有诸多的恐慌，远不止恐惧这一种。有鉴于此，宗教也可称为一种恐慌。在情绪忧郁时，任何一种激情若是被点燃，它便真会燃起。蒸汽天然会上升，而尤其当时运不济之时，人的精神状态会变得十分低落，因此无论面临公众灾难，还是气行不顺、饮食不妥，抑或是当大自然里面发生某种紊乱，如风暴、地震或其他令人惊异的非凡事件，人的恐慌便会油然而起，治安官也必然因此网开一面。或是施以猛药，或是刀剑相向，两者都必然使情形更显忧郁，雪上加霜。此时，若禁止他人天然的恐惧，或是以毒攻毒，用更恐惧的东西压抑此时的恐惧，都一定是最不自然的一种解决办法。治安官若稍通文墨，必然想出更缓和的法子，找到最柔和的香膏，而不是用烧灼、切口和肢解的大手术。他们定然会大动恻隐之心，尽力体恤民众疾苦，晓之以情，动之以理，使他们得到些许安抚后，再想别的开心办法转移其注意力，令其自行痊愈。

这是古人的治国之法，因此（正如我国一位著名作家所说的），人们也有必要形成一个公众团体，借以领导宗教事务。因为，否认对治安官的崇拜，或者取消国定宗教，跟实施迫害的那个观念一样只是一种激情。既有私家园林，为何就不能有公共走道呢？既行私家教育及居家私塾，为何就不能设公共图书馆呢？可是，要对虚构与猜测设一个界限，要管制人们的担忧和宗教信念或恐惧，要以强力压制天生的激情之焰，或尽力加以探究，或使其减少至一个种类，抑或使其处在任何一种程度的修正轨道上，实际上都不是什么上乘之策，也不值得认真考虑，反倒不如喜剧演员以戏谑口吻卖弄情色故事。

一方面，阁下明鉴，不止各类耽于幻想和激情的人享受了古人的宽容，而且，另一方面，哲学也因此大行其道，并作为与迷信抗争的平衡法器。某一些学派，如毕达哥拉斯派以及后世的柏拉图派都混同于时代迷信与激情，可是，像伊壁鸠鲁派、逍遥派和其他一些学派也得允利用智性和嘲弄与之针锋相对。这样，事物便找到了平衡，皆大欢喜，理性有自由发挥的空间，学问与科学也因此发达。这些彼此对立的学派反倒达成了奇妙的和谐与缓和气氛。迷信与激情就这样得到了缓和的处理，由于任其自由发挥，它们反倒不会酿成流血事件、战争、迫害和对整个世界的摧毁。可是，另一种新的政策延伸至另一个世界，并认为未来而非现在的人类生命与幸福促使我们大步跳跃，超越了天然人性的界限，出自一种迷信善心，唆使我们以最虔诚的方式彼此为害。这就生出一股嫌恶，往往不是现时的利益之争能够达到的，而且让我们彼此产生相互的仇恨，弥久难合。如今，"意见的一致"（真是大有希望的一个举措啊）被人看做是针对这种邪恶状况的临时补救之法。灵魂的拯救现在成为高扬的人类精神的勇猛激情，在某种程度上说也成为治安官最关心的事情，甚至成为设立政府的终极目的。

如果治安官在其他科学门类中竟然准许如此程度的介入，我担心我们的逻辑、数学以及各类哲学研究，都会跟法律规定了严格正统宗教的国家一样糟糕透顶，正如我们的神学研究经常处在的水平一样。政府规定才智上的事情，本来属于不易之事。政府只需要保持我们冷静和诚实，我们就有能力处理好现世事务和精神事务，只要我们得到信任，就会有足够的才智拯救自身，此时并无任何偏见挡道。可是，假如诚实与才智不足以完成这样的拯救大业，治安官插身也无济于事。假如他是一位德行深厚或足智多谋的人士，人们极可能拿他当另外一种人看待。我敢肯定，保持人类感觉能力，或发挥全世界人的才智，唯一的途径是让才智自由发挥。假如善意嘲弄的自由被剥夺，那才智就没有什么自由可言了，而要医治奢靡之风和怨恨性情，就没有比善意嘲弄更有效的办法了。

对于其他所有类型的脾性校正，我们的确已经拥有十足的办法，我们可以按照自己愿意的方法处理其他类型的激情。我们可以尽情嘲笑情爱、风流韵事或游侠行为，但我们发现，到后来讲求智谋的时代，这一类曾经风行一时的幽默已经江河日下。十字军东征、拯救圣地和这一类宗教性质的骑士行为，现在也不像从前那样招人喜爱了，但假如这一类好战的宗教、这种拯救灵魂的精神和圣徒远征的故事当中的某些东西今天仍在流行，那我们也不必大惊小怪，我们清楚自己看待这些狂热病的严肃神情，也明白自己为医治炽情走到了何等荒唐的境地。

我禁不住作这样一种幻想：假如我们设一处裁判所，或一处正式的裁判庭，推举神情严厉的警长与判官坐在里面，让他们限制诗歌破格，总体上压制他们进行幻想和作诗的气质，具体来说要压制最奢靡的情爱，就是诗人们用维纳斯和丘比特的异教徒外衣包裹住的那种炽情；又假如通过严厉处罚手段禁止作为这种异端思想魁首和教唆者的诗人以其押韵的风格迷惑他人；再假如，另一方面，通过类似的处罚手段禁止人们倾听这一类的靡靡之音，亦不使其注意戏剧、小说或歌谣中表达的这一类情爱故事，那我们一定能通过这等严厉逼迫再造一处牧歌式的阿卡狄亚田园。男女老少一定会为诗人气质所左右，情人和诗人将进行田野密会，林中一定布满浪漫气息的男女牧者，山崖间会回荡起献给爱之伟力的圣诗与赞歌。通过这样一种管理办法，我们极可能招回一大批异教的神灵，让我们寒冷的北方岛屿燃起烈火，因为众多朝奉维纳斯和阿波罗的圣坛将处处林立，如同先前在塞浦路斯、得洛斯和更温暖的希腊气候里常常出现的情形。

第三节

阁下兴许心生奇怪，既然谈的是宗教这么一个严肃话题，我如何竟然忘记正题，反倒在这里讲一大通有关善意嘲讽与幽默的闲话呢？我得说，这样安排并非随意之举。说实话，假如不尽全力让自己处在一种良好的幽默情绪中，我甚至都不想思考这么一个话题，更不用说就此写下长篇大论了。的确，只有气与胆汁，毫不能容忍中间脾性的人们，是很少了解宗教涉及的疑问与顾虑的，他们根本不会立即受到虔敬的忧郁或宗教狂热的影响，而这正好要求深思熟虑和小心实践才能使其本身置于一种脾性中并养成一种习惯。可是，无论这习惯是什么，假如必须付出言行轻率或胡言乱语的可悲代价才能了解个中真味，那可不是我想挺身一试的。我甘愿在宗教的事情上历尽艰险，而不愿以消遣态度甩开对它的种种思虑。我想尽力做好的一件事，也就是以适当幽默感来思索此事，能够做到这一步，那就离正当思考此话题不远了，这些就是本人准备接下来用心说明的。

良好的幽默感不仅仅是防范宗教狂热的最好保障，而且还是虔敬之心与真实宗教最好的基础，假如关于终极存有的正当思考与有价值的理解，对于所有真正的崇拜与敬神行为是最基本的，那我们在这个方面就绝不会犯下错误，仅只除开不当幽默这唯一的例外。除了不当幽默之外，无论是天生的还是外力强迫的，任何东西都不会使人真以为人世为邪灵或恶意力量所控制。除开不当幽默，到底还有没有别的任何东西会成为无神论的原因，对此我深表怀疑。有如此之多的论证说服一个好心情的人，从大体上看，所有事物都有良善的倾向，人们会觉得，不可能对事物产生如此之大的嫌恶，以至于想象万事万物都彼此冲突，亦不会觉得外表看起来值得尊敬和充满智慧的人世，竟然没有一种内在的理智或意义。但我已经被说服，除开不当幽默之外，没有别的任何东西能让我们对终极管理者产生害怕或不当的思绪。除开前述萌发于我们内心的这类实际感觉外，没有任何东西促使我们想到这个存有的愠怒或乖僻性情。假如我们不愿意把良好的幽默感带入宗教，也害怕在像上帝这样的话题上带着自由和愉悦心情进行思考，那是因为我们以为这个话题跟我们自身极其相像，根本就没有崇高和伟大的观念，没有与之相随的威严与严厉观念。

但这正好与我们认为必然属于神善的那种品格相反，我们在位高权重的人当中往往就能发现这样一些品格。假如它们是装扮出来的真善，那我们就敢于自由地加以处置，而且肯定他们并不会因为这种自由而心生不悦。他们会因为自己的这份善意而获得双倍的益处。人们对这些东西的研究越是深入，越是使用熟悉的检审手法，它们的价值就越发突显出来，发现者陶醉于自己的成功，当他证实了优越者的这份额外的恩惠后，会更加珍视和喜爱这份价值，并就自己体验到的这种率真与慷慨进行反省。阁下对这种神秘之处的理解，一定超过常人。除此之外，人还有别的什么办法能够在身处权力高位时有人拥戴，无权时亦有人跟随，甚至敬爱有加呢？

谢天谢地，在我们自己这个时代，竟然还有这样的一些例子！在以前的时代，倒是有很多这类事情。我们听说过威加四海的君王，甚至有过统治世界的皇帝，他们不仅仅毫不担心就他们的行为提出的自由批评，而且还能容忍最恶毒的责备与中伤，甚至容忍人们当面斥责。有些人可能希望异教徒中从没有出现过类似情形，尤其希望这样的事情并不是基督徒肇始的。罗马早期的一些皇帝都是实行暴政的怪兽，他们不仅仅对信教的人严加逼迫，而且对所有持有价值观或有德行的人都施以暴行，这更多是由人类总体的不幸而造成的，并非基督徒特别要搬弄的一种是非。除开遭受尼禄的逼迫之外，还有别的更高荣誉或对于基督教的利益吗？可是，后世一些更高明的君王都听从劝告，再不实施如此严厉的苛政。一种新的观念产生了，治安官也许因此大感意外，因他本可以宣称这种新观念不仅仅会动摇其权威的神圣性，而且还会拿他本人和其他所有不进行某种特别形式的崇拜活动的人当做渎神者，不虔敬者和值得谴责的人看待，而在以前，数以千计的崇拜方式都是人们所熟知的，在这个时代以前一直都是各方接受和广受欢迎的。然而，后世的宣教者饱含智慧，逼迫之风威力巨减，哪怕被认为是基督教宗派大敌的那位君王，也因此严厉限制迫害行为，哪怕他本人也接受过此类教育。他允许恢复教产和公立学校，但不得

15

超越此限，哪怕为国定宗教打上烙印，并以冒犯公众崇拜邀功的人或事，他也不为所动。

在我们的宗教中，有一位神圣作者的权威给予我们以确信，知道爱与人性的精神高于殉道者的精神，这可真是一件好事，不然的话，在人们听说早期许多认信者或殉道者的历史时，可能会感到些许愤慨，哪怕按照我们自己的叙述也是如此。（假如我们把下面的事情当做一个良好基督徒标志的话。）现世很少有这么一个好基督徒，假如他碰巧生活在君士坦丁堡或其他由土耳其人保护的地方，他竟然会以为扰乱土耳其人在清真寺里的崇拜活动是一种适当或体面的行为。阁下知道，你我都是良好的新教徒，假如有人出自对罗马偶像崇拜的仇恨而在大弥撒进行过程中（在那些地方，做弥撒也许是法律规定的崇拜行为）高声喊叫以扰乱神甫，或玷污其圣像或圣物，我们会觉得他与臭名昭著的宗教狂热者并无差别。

看来，在我们的好弟兄当中有一些人，就是最近来到我们身边的那些法国新教徒，他们极端热衷于这些原始的方式。他们在自己的国家发动了一场令人惊异的殉道者运动，又极希望在我们英国也加以尝试，假如我们给予他们以机会，他们当真希望大加利用，即是说，假如我们帮他们一把，或是绞死他们，或是监禁他们，假如我们言听计从，照他们的愿望并按照他们那个国家的习俗打断他们的骨头，熄灭他们的烈焰，并重新燃起逼迫之风，那就称了他们的殉道者心愿。可是，他们休想在我们这里称心如意。我们都是铁石心肠，哪怕他们自己的暴民愿意本着善心将他们往死里整，并在市井街头时不时给予他们石击之苦，哪怕他们自己的神甫会高高兴兴地给予他们奢望的调教，并为他们点上缓刑之火，我们英国人却是自己国家的主人，决不会让宗教狂热者遭受如此虐待。我们决不能被人看做是嫉妒这些凤凰涅槃派而恣意妄为的民族，因这个派别似乎是从烈焰中诞生的，他们愿意按照与老教会同样的增长办法成长为一个新教会，这个老式增长的种子，的确就是在殉道者的血泊中萌芽的。

可是，我们容忍英国人的方式有多么野蛮，甚至比异教徒更加残酷！我们不愿拒绝给予这些发出预言的宗教狂热者以逼迫的美名，因此就使他们蒙受了世上最残忍的蔑视。有人确凿地对我说，此时此刻，他们已经成为巴特罗缪市集上滑稽表演或木偶戏的精选节目。毫无疑问，在这些地方，他们奇怪的声音和不由自主的激动被模仿得惟妙惟肖，或是摆弄铁丝发出噪声，或是吹管奏笛、淋漓尽致。先知进入预言状态，他们的肉身就不再受自身控制了，而是（按照他们自己的说法）变成了被动的器官，会受到外力激发，他们发出的声音或做出的动作不再有天然的意味，一点也不像现实的生活，因此，无论在木偶表演模仿其他动作时有多么别扭，它将这样一种激情活灵活现地表现出来是确定无疑的。虽然巴特罗缪市集具备这样一个优势，我却敢于为我们的国教做担保，即是说，没有哪一个派别的宗教狂热者，无论哪些兜售新预言或神迹的人，能够在我国轻易得手，亦无法找到机会来考验我国在这方面的容忍度，在任何情况下他们都不可能得手。

天主教会占据了史密斯菲尔德肉市场，结果使这里做了更悲剧性的用途，这对我们倒是可喜之事。人们担心，我们早期的许多宗教改革者比宗教狂热分子好不到哪里去，天知道这一类的热忱会不会极大促使我们推翻那种精神的暴政。因此，假如不是因为那些神甫像平常一样更喜爱流血而较少诉诸其他激情，他们极可能更欢喜地避开了我们的改革精神中最强大的力量。我从未听说古代异教徒接受过聪明建议，为实现在基督宗教刚刚露头时便大加讨伐的罪恶目的，他们竟然会想到利用巴特罗缪市集上的方法。我倒是相信，假如福音的真理能任别的任何东西凌驾其上，假如他们选择以更愉快的方式把我们早期的开拓者拉上舞台，他们一定想出了更公平的办法来熄灭福

17

音，而不是诉诸熊皮与沥青和羽毛。

犹太人天生就是性情忧郁的民族，他们不愿容忍哪怕一丁点善意的嘲讽，更不用说对属于宗教教条或意见的讥讽了。他们以阴沉的眼光看待宗教，若有人提出什么新的启示，绞杀无赦就是他们开出的唯一药方。最高水平的辩论就是"钉十字架"，"钉十字架"。虽然他们对我们的救主和救主的门徒愤恨不已，积怨甚深，假如他们发挥一丁点想象力，尝试一下蔑视基督的木偶表演，正如时下保皇党们打着救主的旗号所做的事情，我不禁想到，那他们极可能对我们的宗教造成了更大伤害，远远超出他们能够想出的其他严厉手段。

我相信，我们最伟大和最有学问的使徒发现，对雅典敌手的轻松处理方式所得益处，远不如在逼迫最严重的犹太城镇里实行的粗暴和诅咒之风来得大。对于罗马法官率直坦诚与端庄言行的改进，远不如对犹太会堂内的热忱和国内圣品的激情的改善来得明显。当我思考这位使徒或者出现在机智的雅典人面前，或者挺身罗马裁判庭，并直面那些优雅的绅士淑女时，我看到他优容自得，对于更懂礼貌的那些人内心的忧惧和脾性毫无畏惧，可是，我觉得，他也并没有拒绝使用智巧和适当幽默的手段。他不怀疑自己的事业，却愿意慷慨大度地让自己的事业接受证据的检验，并在所有尖酸刻薄的嘲讽面前考验它。

犹太人从来都不乐意以这种方式在我们救主或其门徒面前考验他们的智巧或恶意，但是，异教徒里并无虔诚心的一部分人，却早在很久以前便以自己的智慧来对阵最圆熟的教义和他们当中从未有过的最优秀的人品。这样做到最后并没有造成任何伤害，反倒使那些人的品格与教义获得最大益处，由于经受住证据检验，那些教义与人品证明是切实公正的。异教世界里出现过的那位最超凡脱俗的一位，就在那个智慧时代的顶点，竟然遭到所有诗人中最有智慧的一位的无情嘲讽，而且还专门搬弄了一台喜剧实施此目的。可是，他的声名不仅毫发无损，他的哲思也并未遭到压制，反倒为这两者都增光添彩，从而使他更加成为其他人类导师嫉羡的对象。面对嘲讽，他不仅从容以对，他还尽力帮助嘲讽自己的那位诗人，他亲自去戏院里亮相，好让自己真实的身材（对他自己非常之不利）与那位诗人特意在舞台上安排的演员相互比较。这就是他的适当幽默！要说明人性有不可克服的善，世上不可能有比这更好的证据，要说明他的人品或意见并无欺人之处，世上也没有比这更强有力的说明。怪不得那样一种欺骗竟然敢面对一个大敌的挑战。欺骗者明白，庄严的攻击并不会对自己构成威胁，它最害怕的莫过于轻松愉快和适当幽默。

第四节

简而言之，阁下应该已经明白，处理宗教事务的阴郁方式，按照本人的理解，正是使其充满悲剧性的原因，也是它实际上在世上酿成悲剧的诱因。我的想法是，只要我们本着适当幽默处理宗教事务，再怎么幽默也不会出格，也可以说，我们本着何等样的自由与随和态度来检视它都不为过。假如是真心诚意的，那就不仅能经受住证据考验，而且还能从中获得成功与极大益处；假如是伪造的，或混杂有欺骗成分，那就会被检测出来，予以揭露。

我们在阴郁气氛里接受了宗教，因此很不容易本着适当幽默感对待它。人之求助于宗教，往往主要是遇到灾难，或者身体出了问题，或者遭受痛苦，或者思想出了大麻烦，或者性情出了乱子的时候。这是人生极其沉重的阴暗时刻，可是，人在平常也不一定就不能思考宗教的事情。假如人处在不利于打探自身的境况，也不能平心静气地检视自己的心智与激情的状态下，就不适合于思考远在我们切身利益之上的事情，因为在这样的时刻，人往往只看到愤怒，还有复仇，还有敬畏，还有对神灵的恐惧,人的内心里充满混乱与不安及恐慌,由于痛苦和焦虑而失去平日常有的镇静与轻松脾性。

我们不仅仅应当保持平日的适当幽默,而且还要保持上乘的幽默感,应当保持我们一辈子最甜蜜,最仁善的性情,这样才能极好理解真正的善是什么,也明白那些属性到底意味着什么,这些属性,我们本着欢欣与敬仰把它们归之于神灵。此时,我们将看到最美妙的一切,看看各式各样的公正、不同程度的处罚、那种怨愤情绪,还有冒犯与义愤的不同尺度——这些都是我们以庸俗的心态归之于上帝的,是不是适应于善的原初观念,而这个观念是由同一个神圣存在者及在他统辖之下的自然植入我们内心的,而且也是我们必须事先假定的,这样才能在任何一种程度上赞美他,敬仰他。阁下明鉴,这就是防范各式迷信的保障。我们应当记住,在神那一边,除开属神的东西以外就没有别的了,他要么根本就不存在,要么就是真实和完美的善。可是,如果我们不敢自由地运用理性,哪怕在"他到底存在与否"这个问题上也是如此瞻前顾后,那我们实际上就是在假定他并不善;假如我们发现对他的脾性不信任,并担心他面临如此自由发问时会发烈怒,会有怨气,那就与声称的善与伟大品格背道而驰了。

在我们最神圣的一位作家那里,我们可以找到一个值得一提的例子来说明这种自由。约伯甚有耐心,但也不能否认,他也曾在神的面前有大胆言行,并对神意的存在发出严厉责备。他的友人们恳请他,利用或对或错的各种论证来说服他,希望消除他的反对意见,好让神意上面的事情处在同等的条件下。他们尽全力说些赞美上帝的话,用尽了他们全部的理智,有时候甚至越过了理智的界限。可是,在约伯看来,这只不过是在诌媚上帝,接受了上帝的位格,甚至可以说是在嘲笑他。这也毫不奇怪。如果是在无足轻重和虚弱的立场上信神或相信神意的临在,那有什么功绩可言呢?提出一种与事物的外表相反的意见，然后听不进任何与之相反的话，那又有何美德可言呢？代表真理的上帝具有优秀的品格，怎么可能因我们不过是拒绝让悟性接受谎言而动怒，又怎么可能因为我们违背理性而信了极可能是世上最大谬误的东西而高兴，因为任何东西，我们都有可能找到相反的证明或证据！

除开天性出了毛病的人，任何人都不太可能希望神的存在不是事实，因为这是违背公众利益的愿望，假如我们理解正确，这甚至违背了一个人私下里的利益。可是，如果一个人并没有窒息其信念的不良意愿，假如在遇到需要思考的无论什么事情时，他都想象自己的理性不偏不倚的运用会使自己在来世遭受风险，那他一定会对神形成不良的看法，并相信他并不如自己本身那么善；他一定认为，在任何一个时候强硬地否认自己的理性，并装出对自身悟性不能容忍的某些东西的信仰，会使自己在另外一个世界里获得好处。这就是宗教中的阿谀者，是信仰上的寄生虫。这是对上帝的利用，正如花样百出、手段高明的乞丐利用他们自己的神灵，而事实上他们都不了解各自神灵的品格。他们当中的新手在刚出道时，兴许会喊几声"好心的先生"或"行行好"；在那些老练的家伙来说，他们遇到马车上的无论什么人，一律高呼"尊贵的大人"或"大人阁下"。假如遇到的的确就是一位大人，那也不会有什么大过，只不过是没有说出具体的名号而已；但假如遇到的根本就不是什么大人，那也不会冒犯任何人，别人毕竟不会拿它当真。

宗教中也是同一个理。我们极关心如何发出正当乞求，认为一切都取决于撞上合适的称呼，取决于聪明的猜测。人们大肆吹嘘，并成为众多能人恪守的格言的东西，往往就是这种能够想象出来的最卑微的避难所。"他们竟然奋力拥有信仰，并全力相信它，因为，毕竟，万一什么都不存在，受了这样的欺骗也无大碍，但如果有什么东西存在而自己又没有全力相信，那他们就会承受灾难性的后果。"然而，他们的错误可不是一丁点啊，因为他们一旦有了这样的想法，就一定不能满意地相信，也不能在此世享受幸福，更不能因为推荐给别人获得任何益处。我们的理性明白欺骗行为，因此决不会在这样的基础上让人感到满意，而是会时不时走偏，让我们跌入怀疑与混乱之海，我们也只能在宗教事务上感觉越来越糟糕，并对终极神灵形成更糟糕的看法，而我们的信仰也会基于对他的如此有害的一种想法上。

热爱公众，研究普遍的善，并在力所能及的范围内促进全世界人们的利益，这才是最高的善，并构成我们称为神性的性情。阁下明鉴（您当然明白这其中的道理），有了这样的性情，我们理所当然地希望他人也分享我们的看法，因为我们举的这个例子真切可信，令人诚服。我们理所当然地希望自己的功绩为他人所知，特别是假如我们有幸以良好的牧者、一国的君王或地方父母官的身份服务于国家，从而使人类处于我们关照之下的相当大一部分因此而幸福。但是，万一这其中有一部分人因教养缺乏，又处在偏远地区，他们既没有听说我们的名字，也不了解我们的行为，又在听说有关我们的一些奇怪和相反的流言时深感困惑，他们不知道作何感想，不知道世上是否当真存在我们这样一些人，此时，假如我们为此勃然大怒，难道不是极其可笑的事情吗？假如我们不是怀着对待善意嘲讽的态度处理此事，而是极其看重，想着如何报复这些有了过错的人们，而这些人不过是出于乡下人的无知、不当的判断力或轻信而听错了关于我们的传闻，那我们不是会落下性情阴郁、脾气恶劣的坏名吗？

那我们到底应该怎么说呢？对此如此上心，难道真值得赞扬吗？为了光荣本身而行善，难道是如此神圣的一件事情？或者说，在有可能被人认为是不体面之举的地方行善，甚至对恩将仇报或者对自己接受的善举根本都没有意识的人行善，难道不是更神圣的事情？在我们看来如此神圣的事情，到了神那里怎么竟然失去其原有的特征了呢？按照一些人向我们表述的神的形象，他竟然更像弱者，更有女性特征，更接近大自然中无能的那些部分，而不是一个宽宏大量、有男子汉气息和属神的存在呢？

第五节

阁下明鉴，人们常常认为，一眼看出自身弱点，区别人性脆弱中的特征，事实上并非难事，因为这些弱点是我们如此熟悉的。挑衅与冒犯、愤怒、报复心理、声誉和权力方面的嫉妒、趋附声名、荣耀等，都属于有限存在，这是相当容易理解的，对一个完美和普遍的存在来说，这些都不会有。可如果我们从来都没有确定到底什么是道德完美的概念，假如我们不能够相信理性告知我们的一切，不相信除开已经如此的一切之外，没有任何东西能在上帝那里找到一个位置，那么，我们同样无法相信别人所说的跟他有关的事物，也不能相信他自己显示给我们的一切。我们只能事先满足于这样的想法，即他是善的，他不可能欺骗我们。没有这个想法，就不可能有真正的宗教信仰或信念。可是，假如启示之前确有某种东西，有某种先在的理性演示，告知我们说，上帝的确存在，而且他还是如此之善，以至于不可能欺骗我们，那么，同样的理性，假如我们也信任它的话，会向我们展示，上帝之善超越了我们当中最优秀者的那种善。如果按照这么一个办法，我们就不会有害怕或怀疑使我们不安，因为让我们产生恐惧的，只有恶意而不是善。

有一种奇怪的推理方法，会在运用它的人出现脑热病的时候出现，就是这样的："除非利益发生冲突，否则不可能存在任何恶意。一个万有的存在不可能有相反的利益。因此也就不存在恶意。"假如有一种普遍的心智，那就不存在特别的利益。可是，普遍的善，或称全体的善，及其自身私有的善，都必然是一模一样的。它不可能有别的企图，也不会针对除此之外的其他任何东西，更不会受到与此相反的任何东西的激励。因此，我们只需要考虑这么一个问题，即到底有没有一个与整体有关系的心智可言？假如不幸真的不存在一种心智，那我们不妨这样宽慰自己，认为自然并无恶意可言。假如确有心智存在，我们也可以保持这份满足，认为这是人世间最符合自然的一种心智了。人们会觉得，这最后一种，应该就是最让人安逸的一种了，共同父母的观念，较之荒凉无人的自然较少让人害怕，也比一个无父的世界好得多。当然，我们当中也有一些品德高尚的人在思考宗教问题时觉得，就这样暴露出来也没有什么害怕的，而且，在他们看来，假如当真只有几率可以信赖，他们反倒会感到更自在。没有人在发现竟然没有上帝的时候双腿发抖，他们只是在发现竟然有一个上帝的时候才会如此。但是，假如上帝被人好心地看做人性一样的东西，事情就会是另外一个情形，而且我们会信服，假如当真有一个上帝，那么，最高的善就一定归属于他，而且丝毫不带激情的瑕疵，也没有我们人类承认自身无法免除的那些粗野脾性及缺陷，作为上进的人，我们竭尽全力克服身上的这些缺陷，我们每天进步一点，就发现所克服的缺陷更多一点。

尊大人须知，在我看来，进入更高的神性领域之前，我们先屈尊俯就，打探一下我们自身，稍许花费一点精力思考一下简明、纯粹的道德律条，这样会有益于大家。假如我们先看看自身，认明我们情感的本质，那我们可能会成为更适当的裁判，判明一种品格所含的神性，并更好区分哪些情感适合于，或不适合于一个完善的存有。之后，我们才可能明白如何爱，如何赞美，因为此时我们已经获得值得称赞和令人愉悦的东西的首尾连贯的观念。不然的话，我们极可能在尽力增添上帝荣耀的时候，做了适得其反的事情。道理在于，很难想象，到底哪一种荣耀能够从造物发出的赞美上升到神灵的高度，因为这些造物甚至都不能判别他们自身那一种值得赞美的或卓越的东西。

假如一群没有音乐天赋的人将一位音乐家吹到天上去，这位音乐家一定脸红耳热，他沉着镇定，却不会接受这批听众的好意，除非这批人已经获得对他更深层的理解，并根据他们自身的判断力发现他的表演的确有某种优秀的东西。除非发生这样的情况，否则，这里面根本就没有什么荣耀可言，而那位音乐家，哪怕向来注重声名，也不会有一丝一毫感到开心的理由。

那些山呼万岁的人，我们与其给予他们不当的欢呼，倒不如干脆置之不理。我不知事情如何竟至如此，但是，声称毫无自私之虑而行善的人，竟然被看做是极希望众人高声赞扬的人，为了像无知的赞扬和勉强发出的欢呼这等低贱廉价的东西，他们竟然会开出极高的价码。

善的品格毕竟与我们熟知的其他品质不同，我们对它十分了解，目前却还并不具备。我们也许生就一双听音乐的聪慧耳朵，却不一定有本事把玩任何一样乐器。我们或许有良好的诗歌鉴别能力，自己却不一定就是一位好诗人，也不一定具备任何一丁点诗人气质。但我们不可能拥有最起码的善的观念而不能够行最起码的善举。因此，假如对神圣存有的赞美是我们崇拜生活中如此重要的一个部分，那么，窃以为，我们应该以最起码的方式学会如何赞美，假如这是某种可以习得的品格的话。不然的话，一颗言之失据、言语空洞的心灵发出的善的赞美，一定会成为人世间最不谐调的声音。

第六节

阁下明鉴，还有其他诸多原因说明，为什么这种反躬自省的简朴哲学，在纠正我们的宗教错漏时能够收到奇效。道理在于，还存在一次二手的宗教狂热。假如人发现自己并不存在内心的混乱骚动，并不存在蛊惑他们并使他们产生偏见的恐慌，他们还是有可能被他人的证明所哄骗，并由于轻信而相信许多荒谬的神迹。这习惯使他们动摇多变，形成反复无常的信念，很容易由于教义风向的转变而迷惑，并执迷于突然时兴起来的宗教派别或迷信。可是，如果摸清了激情的终极根源，把握住宗教狂热的形成与发展，并精明地判断其自然的力量，知晓它对我们的感官会产生何等影响力，我们就能学会如何成功地抵挡住打着华而不实的道德实在论和事实旗号的妄想症。

我在上面特别提到的那种新兴预言派，除开其他众多神迹论之外，似乎还假装拥有最显明的一种神迹，它在数以百计的人面前进行有预谋、有警告的表演，这些观众事实上就证明了这种神迹的真实无疑。可是，我只想问，当时在场的人当中，有没有既不属于他们那个宗派，也不为他们的表演方式所迷惑的任何一位，愿意就自己看到的奇迹站出来作证？我不能仅仅满足于问，这样一个人到底是不是完全脱离了他们展现出来的那种宗教狂热，而是要问，在那之前，他是否已经证明自己有良好判断能力和清晰头脑，因此完全脱离了忧郁情愁，无论如何也不会落入其他类似的宗教狂热的陷阱？不然的话，恐慌情绪可能染上他了，判断力的证据已经消失，就如同在梦中，他的想象力会燃起大火，刹那间焚尽判断力和理性的每一个颗粒。可燃烧的物质在人心里蛰伏，随时准备好迎接星星之火，但最容易被感染了同一种情绪的一大群人所鼓动。怪不得大火一旦突然冒出，当无数双眼睛闪出激情之光，起伏的胸腔为灵感所充塞时，不仅仅人的外貌，而且每个人的呼吸都具有那么强的感染力，那种使人畏惧的疾病会在看不见的蒸腾中传之千里。我并不是什么能干的神职人员，制服不了那个幽灵，古代的先知也容易受这种幽灵的蛊惑，哪怕是向来大不敬的扫罗，竟然也被这幽灵所降服。可是，我从圣经里得知，发预告的有善灵，也有邪灵。根据无论圣俗的全部历史和当前的体会我都发现，这个幽灵对肉体器官的影响无论在哪里都是一样的。

近来有一位绅士撰文为预言复兴而辩护，他自己也自此落入这种预告式的狂喜，他对我们说，"古代先知处在狂喜状态下的时候，往往为圣灵所沐浴，因而会表现出各式各样奇异的举动，看上去如同疯人（或我们所说的宗教狂）"，他说，"看上去明显就像巴兰、扫罗、大卫、以西结、但以理等"。他进而以使徒时代的做法和使徒自己用来控制这种看起来异常的天赋为此论点辩护，而那样的天赋在初期教会，在基督教初兴和发展的时期那么常见，那么普通（这是我们这位著作者的看法）。可是，至于他的方法与使徒的方法有何相似之处，我留给他自己尽力去做。我只知道，他所描述的以及（这位可怜的先生！）他自己处在其影响之下的那些症状，尽管他百般强装是基督教的，实质却是异教之论。我最近发现他处在这样一种受激发的状态下（他们就是这么说的），以浮夸的拉丁风格发出预言，从他所处的那种狂喜状态中流露出来的预言，看起来是他自己完全无力实现的，这不禁使人想起那位拉丁诗人对女先知西比尔的描述，而西比尔所处的痛苦状态，与我们这位绅士所处的状态何其相似！

> 她立即面容大变，面色潮红，头发散乱，胸膛起伏，她的心因一阵狂乱的激情而膨胀，使她看上去比平时更高大，而且她发出的不再是人声，因她已经被临在的神灵气息所包围。

不久之后，

> 这位女先知在洞穴里魔鬼一样表现出精神错乱的样
> 子，想把胸中所怀伟力之神抒发出来；而他却在里面催促
> 她狂热病样的嘴唇，主宰她狂乱的心，以强力恢复她的原
> 样。

这正是我们这位经验丰富的作者所展现出来的风格。他说："受圣灵激发者经历了一个缓释阶段，在此期间，圣灵通过不断激发而为器官做好准备，一般来说要经历一两个月之后才开始发话。"

那位罗马史家论及在他之前很久发生在罗马的最可怕的宗教狂热时，也提到了这种预言风潮。人们发出好像失去理智的预言，他们的身体还会疯狂扭动。这位史家所说的与这些宗教狂热者相关的其他一些可恶之事，我都不愿在这里多费笔墨，可是，元老院就此可憎之事所作的一项轻微判决，却是我无法不在这里抄录下来的，窃以为，哪怕您先前已经看过一段，还是不妨一再欣赏的：

> 元老院裁定，往后，若有人竟然相信这种祭仪是自己
> 的宗教生活所不能缺少的，而且放弃这祭仪便是反教和不
> 虔敬，他应当告知该城执政官，并由执政官报告元老院。
> 假如在场人数不少于一百，并获得元老院许可，这种祭仪
> 就可以进行，但协助献祭的人员数不得超出五人，也不得
> 挪用公共财物从事此事，不得设专门的祭仪司仪或神职人
> 员。

为这种宗教狂热病让路如此必要，竟至于一位全力倡导反

迷信哲学的哲学家，看来也为预见性的幻想留下了余地，而且间接地容忍了宗教狂热。很难想象，像伊壁鸠鲁这样根本没有宗教信仰的人，竟然会有如此粗俗的一种轻信，以至于相信空中会出现军队和城堡以及诸如此类的现象。可是，他容许这些幻象，之后以为自己能够通过变形说、空中镜像和我所不知道的其他什么理论来解释这些现象，而且，他的拉丁诗人还以向来生动无比的笔法大加描述。

> 彼此十分相像的一些东西，薄薄的，数字和形状都很多，它们以各式各样的方式东奔西跑，在空中相遇的时候，很容易纠缠在一起，就如同蛛网或金箔……这样，我们就看到了人首马身兽和海妖的肢体、看上去像冥府守门犬一样的狗的外形、尸骨与泥土混在一处的亡灵的幻影。到处都漂浮着种类不同却看上去差不多的东西，一部分是在空中临时混合而成的东西，另一部分是各样东西抛撒出来的。

这个迹象表明，这位哲学家相信有很多有预知能力的精灵，原本就潜藏在人的本性里。他确信人有看到异象的倾向，因此，与其让人们根本看不到异象，他干脆把异象送到他们手里。尽管如此，他还是否认宗教的原则是自然的，他被迫默默地承认，人类对超自然的物体有一种奇妙的癖好，就算这都是些空洞的想法，但仍然是天生的，或者说人生下来就想要打探这样的事情，因而任凭什么办法也无法避免。从这个让步处出发，窃以为，一个神职人员就可以拿出极好的论证来反驳他，为宗教的用处和真理进行辩护。可是，事情竟然是这样的：无论幻影的事情是真是假，症状总还是一样的，而一个为异象所感染的人，他所表现出来的同样强烈的激情也是如此。拉丁人的宁芙崇拜者也就是希腊人所说的仙女崇拜者。这些人据说是

29

曾看到过某种类别的神灵的人，要么是乡间的那些神灵，要么是仙女，这些神灵经常让他们处在狂热状态之下，以至于蒙蔽了他们的理性。狂喜状态通过颤抖、震动、头手上下起伏表现出来，或者周身激发，正如利维所说的，全身会发生发狂似的甩动与扭曲。他们发出即兴的祷告，出预言，歌唱等行为。所有国家都有这类那类的宁芙崇拜者，所有教会，无论是基督教的还是异教的，都有它们自己针对宗教盲信的怨言。

人们不妨想到，古代人想象，这种病症与他们称为"恐水症"的那种情形有某种联系。古代的宁芙崇拜者是否通过像咬人这样的行为来表达其愤怒，我并不能十分肯定。可是，自从古代以来，一直都有这样一些狂热分子，他们展现出传达牙口之福的特别强大的本领。自从宗教中的暴躁之风兴起后，所有派别都争相效仿，大家正如常言所说的那样以牙还牙，除开以更凶残的办法折磨对方之外，真是找不到别的任何办法平静下来。

的确，到目前为止，狂热分子中比较天真的一类也在潜移默化地发展，如果这群人因看到的幻象而激动，他们会禁不住奔走相告，把别人心中的烈火也照样点燃。这样一来，诗人也就是狂热者。也因为这个理由，贺拉斯要么就是一个宁芙崇拜者，要么装做是一个宁芙崇拜者，并描述了看到宁芙和酒神巴克斯之后对自己产生了何等样的影响：

> 我在怪石嶙峋的偏处看到酒神巴克斯在教人唱歌（请相信我，还有源源不断到来的！），宁芙在那里勾引他们……啊呀呀！我的心因至今不能忘怀的恐惧而颤抖，我的胸膛充满了酒神，并为此而疯狂。（正式的读法是"利塔都尔"，意即欢呼。）

（如我在一开始便对您说过的）没有哪位诗人能在没有想

30

象或假定神在的情况下凭自己的老套路成就任何伟业，因为神在能提升他，使他具备我们在这里一直在谈论的某种程度的激情。哪怕是冷静的卢克莱修，他也利用灵感，虽然他的写作是反对灵感说的，他被迫利用披着神性外表的自然幻象，借以活化和引导自己从事贬低自然的勾当，并剥夺了自然一切似是而非的智慧与神性：

> 滋养万物的维纳斯，她在天穹流光溢彩的异象里为任由船只航行的大海与硕果累累的大地注生命……仅只有你统治着地上万物，没有你，任何事物也无法升华至光线的边缘，任何欢乐的事物也无法有所增添，亦无法为爱而相逢，我愿意请求你的帮助，为那迈米诗行的后续者吟唱颂歌。

第七节

尊大人明鉴，说了这么多，我只想作出这样一个推断：宗教狂热影响力之大、范围之广，着实令人惊异，要全面和确切地了解它，不仅仅需要良好的判断力，而且还是这世上最难的一件事情，因为哪怕无神论也无法免除这件麻烦事。正如许多有识之士已经说过的一样，向来都不缺乏宗教狂热式的无神论者。属神的灵感也无法仅仅通过外在的标记轻易地与它区分开来。灵感是神在的真实感觉，而宗教狂热则是虚妄的神在感。可是，它们唤起的激情却是大致相同的。当人的心智为异象所占据，并且无论其视角固定在任何实在的物体还是神性幻象上面时，它所能够看到的或者以为自己看到的任何超出人类经验的奇妙事物，就是恐慌、喜悦、混乱、担忧、赞美或属于它的任何一种激情，或者在遇到这一类事情时往往变成最最重要的，它会看到某种广大无边、无处不在和（像画家们所说的

31

那样）超越生命。这也就是宗教狂热这个名词的由来了，因为古代人是在它最原始的意义上使用这个词的，因为幻想会使人的心智进入迷狂。

当形成的概念或看到的形象太大，超出人狭窄的心智能够接纳的范围时，某种淫奢或愤怒就会出现。因此，灵感极可以正当地称之为"神性的"宗教狂热，因为这个词本身就表明神在，最早期的教父们称之为圣品的哲学家们一直以来也是这么使用这个词的，借以表达人类激情所认识的最为崇高的任何事物。这也是他赞扬英雄、政客、诗人或演讲家及音乐家的用词，甚至是哲学家本身。我们也不可根据自己的意思禁止将这些圣品们精心表演的一切称为一种高贵的宗教狂热。因此，我们差不多所有人都了解这个原则当中的某些内容。可是，尽管我们应该多加了解，并区分我们自己或他人身上的不同种类。这是相当了不起的一件工作，我们仅仅根据这一点就可以希望避免产生错觉。要想判断这些属灵的事物，无论它们来自上帝与否，我们都必须事先判断我们自己的精神，无论这精神源自理性还是确实的判断力，也无论这样判断本身是不是合适。我们必须冷静、沉着、不带偏见，不能含有任何一种先入为主的偏私，不能有含糊不清的态度，也不能因情绪不对劲而大发脾气。这就是第一知识，也是先前判断："要理解我们自己，明白自己都是哪一种气质类型。"此后，我们才能判断他人的思想，考虑他们个人都有哪些长处，并根据其大脑的清晰与否来证明其证词的有效性。通过这样一个方法，我们就可以做好自身准备，拿出针对宗教狂热的解药。这也就是我斗胆放言，说是最好用幽默办法加以解决的事情。不然的话，解药本身可能会加重病情。

——大人，我多少在一定程度上为宗教狂热作了一些说明，并承认了这个说法。假如我跟你这么说话的方式看起来妄自尊大，您一定得原谅我言行冲动。你得假定（我相信您一定会这么做的），我是您忠实的信徒，而且您向来表现出来的仁爱一定得用来对待您的像我这样一个炽情的朋友，而且应当相信，我对您永远都会充满最高的敬意。

　　顿首敬拜！

论智慧及幽默之自由

第一篇

第一节

　　我一直在考虑，我的朋友，那天我碰巧在你面前称赞起善意嘲讽时，你出自何种想法竟然会表现出那样惊异的神情来。有没有可能你以为我向来是一个神情严肃的人，以至于不喜欢所有这类轻松的谈话？你是否担心，假如你愿意让我接受一项考验，怕我根本就经受不起考虑，无法拿自己做一个实验的例子？

　　我得承认，假如你想象我骨子里其实是不折不扣的狂热信徒，根本不容许别人对我自己的意见发表任何善意的嘲讽，那你这样小心行事是完全有道理的。我明白，这在许多人的情况下的确都是这么一种情形。他们认为相当严肃庄重的无论什么东西，他们都假定不能以任何不严肃庄重的方式对待。尽管别人也持同样的看法，他们却安心地另行对待，并随时准备好针对除开自己的意见之外的其他任何看法一展嘲讽机锋。

　　问题在于，这样是否公平呢？对我们自己的意见持一套看法，对他人的意见又持另一套看法，这样做是不是有失公正与合理呢？在这个问题上如果存而不论，则可以看成是自私的例子。人们也许可以批评我们存心装聋作哑和盲目崇拜，因为我们这是把意见建立在信任的基础上，在我们内心里把某些偶像

34

观念视为神圣的东西，而揭开这些偶像观念，或者在光天化日之下打量这些观念，总是对我们有益无害的。我们以如此精挑细选的方式在自己意识的某个黑暗角落里隐藏起来的这些偶像，极可能是怪兽而不是什么神灵，更不是什么神圣不可动摇的真理。幽灵也许欺骗我们，而我们却不愿意从各个角度来看清这些东西的外形或表情。对于只能在某个角度加以打量的东西，那一定是存在问题的。人们假定，真理必须经受得住所有角度的检验，而检验事物以获得彻底认识的最主要或最自然的媒介，往往就是嘲讽本身，或可称为这样一种证明方式，即，人们借此可以辨别就任何话题所做的公平嘲讽。对于在任何时候都求助于这个标准的任何人来说，这是最基本的一个要求。最严肃庄重的绅士，哪怕是在谈论最严肃的话题时，也应该承认这个观点，人们一般也认为，任何人都无权剥夺其他人求助于这个标准的自由。而当他们可以像其他人一样自由而无拘束地批评他人时，他们难道从不费心问一问：这难道不是很让人发笑的事情？

因此，在这件事情上面，我觉得你应该充分明白我的想法。通过这个方法，你就能对我下一判定，看看我那天在为善意的嘲讽进行辩护时，到底有没有诚心，也可以继续为那些天资聪颖的朋友的观点进行辩护，而这些人常常因为他们这一类的气质而受人诟病，也因为他们在如此充满幻想性质的谈话与写作中随意发挥而受到批评。

第二节

从实而论，当人们思考这种特别才智时不时受到什么样的利用，以及它最近在我们这个时代的某些人物那里发展到了什么样的程度，不免略感惊异，心生疑惑，不知道应该如何看待这种做法，也不知道长此以往，这种挖苦之风会把我们带往何方。说话冷嘲热讽的风气，已经从娱乐界人士漫延至企业界人士，政客也脱不了时俗，人们竟然以戏谑和嘲讽口吻谈论国家大事。最有能耐的磋商能手，往往都以最知名的小丑为众人所知，要么是知名作家，要么是诙谐能手。

的确，有一种防御性的善意嘲讽（请允许我用这个字眼）是我愿意在无论哪一个场合广泛使用的，此时，人的好奇心会迫使大家去发现更多往往不方便说出来的真理。真话说得太直，往往是对真理的损害，而且，在某些情况下，没有比这更能损害真理的东西。人的悟性与人的眼睛往往也是同一个道理：对于某一种身材与某一种类型的人，仅仅只能容许那么多光线，再多一些，反倒会带来黑暗与混乱。

残酷的事实，往往要避免被人看见，这就是真正的人性与仁爱。要做到这一点，通过逗乐的方式往往容易一些，远胜于矢口否认或闭口不言。可是，以神秘的方式费尽力气让人摸不着东西而难堪，并以模棱两可的谈话方式从人的这种难堪里找乐子或加以利用，跟板起面孔来装正经或强装严肃进行欺骗一样是一种不雅的善意嘲讽。不论是当前还是在以后，聪明智慧的人以打比方的方式讲明事理也许是必要的，这样可以让自己的话里含有双层意思，对手可能觉得好笑，只要有耳朵可听的人就能听到。但是，把所有人当做同等对象加以嘲弄，并让思路清晰的人，甚至是一位朋友也同样处在疑惑之中，不知道一个人在谈论任何一个话题时到底心里在想什么，那肯定是一种可鄙、无力和枯燥无聊的智慧。

这是那种相当过分的善意嘲讽，在好友中很容易伤人。一种嘲讽与另一种嘲讽之间的确存在很大不同，在公平处置与伪善，在最文雅的机智与最粗鄙恶劣的滑稽表演之间，也都存在很大不同。可是，在会谈的自由中，这类不入流的机智会丧失其荣誉。机智是其自身的解药。自由与商业会使它归入自身真正的标准。唯一的危险是设立禁令令。这里发生的事情与在贸易中是一样的。强迫接受与横加限制会使其退潮，自由港才是对它最有利的。

在我们自己这个时代，已经见证了一种荒谬的机智如何衰败下去，那种机智曾使我们的祖辈得到那么大的快乐，他们的诗歌与戏剧以及布道辞里全是这些东西。所有的幽默，全都含有某种双关语在里面。就连法院的用语也一语双关。可是，在城镇与所有教养深厚的人群中，已经不再流行这种荒谬的机智了，仅只在部分乡村地区，还有部分遗迹留存下来，而且，现在看起来好像终于限制在青年教化场所中，主要供那里的书呆子及其带领的学生娱乐之用。因此，在其他一些方面，智慧能改进我们的手段，而幽默能自行修复，只需要我们格外小心，不要轻易扭曲它，通过严格的使用和具体的规定，便可以使它处于约束之下。所有礼貌之举，都因为自由而起。我们彼此增益，通过充满友好气氛的碰撞磨去我们的棱角和粗俗的地方。如果禁止人们这么做，一定会使人的悟性生锈。那将毁灭礼貌之举和良好的教养，甚至会是打着维持旗号破坏仁爱本身。

第三节

要说清楚到底什么是真正善意的嘲讽，就跟要说明什么是良好的教养一样是很不容易的一件事，而且并无用处。除了思辨者本人，别人弄不清楚这种思辨是什么。可是，人人都认为自己才是教养好的人，而最刻板的书呆子总想象自己能以雅致与幽默感嘲讽别人。我曾认识几位言行端庄的绅士，他们试图纠正为善意嘲讽进行辩护的一位作家，而在纠正的过程中，他们自己却每到关键处也利用这同一种武器，尽管他们并不擅长于此。我相信，这种情形在许多宗教狂热者那里也可以观察到，这些狂热信徒就是利用这个武器来反击我们的现代自由作家的。那些喜欢制造的先生们，他们板起宗教裁判所的判官一样的可怕面孔，在他们屈尊放下架子，做出一种诙谐可爱的样子对待他们故意以不同的态度对待敌手的时候，看上去也只是那种笨拙的雅姿。公平而论，假如他们能按照自己的心愿行事，我毫不怀疑他们的行为和举止一定大同小异。他们一定会很快就停止作弄，立马制造一起悲剧。可在当前，没有比像两面神杰纳斯一样的作家们更可笑的人了，他们一面强装笑脸，另一面又只看得见愤怒和咆哮。由于已经列在了名单里，而且已经同意按照机智与论证的公平争论法行事，他们刚刚证明自己的武器，我们就听到他们大喊救命，然后就向常规的武器举手投降。

没有比行刑者与小丑扮演的这位行刑者的角色同台演出更荒唐可笑的场景了，可我相信，任何人都会发现，这就是某些现代的狂热信徒在其引发争议的文章里表现出来的真实场景。与其说他们更能装出古板的模样，还不如说他们保持良好的幽默感的能力也差。前者总是失之过严，而后者却又流于笨拙的滑稽表演。因此，在愤怒与快乐、热忱与滑稽之间，他们的写作对雅致的把握程度，就跟闹笑的儿童剧差不多，这些孩子们能在同一时刻又撒娇又胡闹，可以同时大笑和大哭。

这些作品最后是否招人喜爱，在争取或说服那些所谓有错漏的人的时候能够起多大作用，我根本都不想费心去解释。我同样也不会奇怪，在这件事情上，我听到公众为那些宗教狂信者感到悲哀，虽然辩论对方的著作十分流行，他们自己的应对之作却根本无法问世，或即使出版也少有问津。卖弄学问与执迷顽固都像磨石，能把最好的著作沉入水底，而且这还只是它们能造成的最小危害。假装博学的人，他们的脾性并不会随着时代的变更而有所变化。但是，无论世人接受的是什么样的教育，他们都不肯改变。假如哲学家拿出说教，人们也愿意听他说，只要他保持自己的哲学就行。基督徒也是这样为人接受的，只要保持自己公开宣称的仁爱与温顺就行。要是一位绅士，我们可以容忍他的幽默与玩笑，我们认为那是本着良好教养产生的行为，从来都不会太过分，也不像滑稽的表演。可是，假如只是远离这些特征的普通学者，而且写作的风格从一种跳到另一种，总体上看起来不能够保持基督教的性情，更不能利用一位哲学家的理性，更不用说一位有着良好教养的人士的善意嘲讽能力，那么，假如这颗乱成一团的头脑里冒出来的野蛮结果在世人看来荒唐可笑，那又有什么值得奇怪的呢？

我的朋友，假如你认为我通过这样的描述错待了这些在宗教争议中成为宗教狂热信徒的作家，那就请你去看看其中任何一位的作品（哪怕这项竞赛并未超出国界，而只是在很小范围内展开），然后再发议论。

第四节

关于作家与作品，我已经说了这么多，正如你所期望的，你应该已经明白了我在谈话这个话题上的想法，尤其是我们最近开展的一次自由性质的谈话，你记得我出席了这次会谈，因为有你的朋友在场，也因为你一定觉得我会在会上对你这些朋友口诛笔伐。

应该说，那是相当有趣的一次会谈，会谈戛然而止的方式也让人觉得十分有趣，现场一片混乱，会前确定的议程，竟然一项都没有完成。会议中间发生的某些特别事件，也许不适合在这里形诸笔端。我觉得，大致介绍一下会议的内容便足矣。的确，有许多相当不错的方案被迫搁置，许多严肃的推理过程也被中断，但这些事情并没有对任何与会者造成伤害，反倒是使在场的人的优良气质得到改进，使人们对类似会谈的兴趣反而大增。我相信，假如理性本身前来为自己的利益进行判断，她一定会认为，她从这种轻松和熟悉的方式中得到的利益，远远大于像平常一样坚守某种特别的意见。

然而，也许你还在并不拿我说的话当真的那同一种心绪中，你也许想继续对我说，我只是装出吊诡的样子，哪怕那次会谈最终以对理性看来已经如此牢靠地确立的东西如此不确定的方式结束，我还是赞扬那种会谈对理性的益处极多。

对此我作出这样的回答，根据我对理性抱有的观念，那些学富五车的人书面的文论和口若悬河者现场的雄辩，其本身都不足以教导人们如何利用理性。仅仅是推理的习惯本身才能造就一位推理者。要想养成推理的习惯，最好不过的办法莫过于从中得到快乐。善意嘲讽的自由、用优雅用语自由地发问、允许就任何一个论证进行阐述或反驳，同时也不冒犯提出论证者，这都是使这些思辨性的谈话受人欢迎的唯一条件。把话往实在里说，由于人类颁布的法律条款规定甚严，主管法律的那些人又喜欢卖弄学问或冥顽不化，并假定他们自己是所有这些领域里说了算的人，因而使所有这些条件反倒成为某种负担。

难道我永远只能当一个听众吗？这在神学、道德与哲学方面是一个极其自然的抱怨，就如同过去诗歌当中的讽刺诗作者经常抱怨的一样。时势变迁是强有力的谈话法则，也是人类长久的渴望。在理性事务上，更多事情往往是在一两分钟内完成的，更多是通过问答方式而较少通过长达数小时持续不断的长篇大论完成的。演讲仅只适合于煽动激情，难辩的强力在于恐吓人，激发人的情绪，使人出神或愉悦人，而不在于满足人或给予人以指导。自由的会谈属于近距离作战。与之比较而言的另一个办法，却仅仅是手舞足蹈，或者叫击打空气，与幻想之敌斗争。因此，如果在会谈中受到阻碍或威吓，或者仅只能听某些话题上的演讲，那一定会使人觉得甚是无聊，使讨论的话题控制太过，如同蓄意安排者本人一样让人讨厌。人宁肯在枝微末节的事情上动用理性，从而让自己自由地推理，不受权威的欺骗，也不愿意在受到约束和胆战心惊的情况下讨论世上哪怕最有用处和最好的话题。

　　我们也不应该奇怪，为什么人一般都是软弱无力的推理者，他们并不在乎与同伴一起严肃认真地谈论无关紧要的事情，而在更重大的事情上，他们却不敢真正调动自己的理性，因此被迫进行无力的推论，因为这种推论需要有最大量的活动能力与力量。在这里发生的，与在某些意志坚强和身体强壮者那里发生也是同样的事情，因为这使他们天生的锤炼派不上用场，并且也局限在一个狭小的空间内。他们被迫使用奇怪的手势与扭动的身体传达意思。因为如此健全和充满活力的肢体里面的活力无法静止不动，也不能闲置在一边。这样，如此机灵的人们，他们天生的自由精神如果受到局限和受人控制，就会找到其他的活动方式以舒缓局促的身体。无论是通过游戏诗文、模仿之作还是滑稽表演，他们都会因为多少舒缓了不自在的身体而大感开心，也是对造成局促环境的人的一种报复吧。

　　假如不允许人们就某些严肃话题一吐为快，他们就会以戏谑方式达到同样的目的。假如完全不允许他们就这些话题发表任何意见，或者人们觉得这么做当真属于危险之举，那他们会加倍隐蔽自己，让自己去从事神秘事务，说起话来没有人听得懂，至少不会让促使他们这么做的那些人那么容易就听明白。因此，善意的嘲讽反倒更加时兴起来，并走向极端。压迫过甚，人就想起用诙谐方式达到同样的目的，没有了真正的自由，也就不会有真正的礼貌端庄，这可以解释为什么人们会以错误的方式利用或败坏玩笑和幽默。

　　在这个方面，假如我们在称为文雅的东西上面收紧公正的尺度，有时候乐于显出滑稽表演式的粗俗之气，那我们也许要感谢假博学者的那种嘲讽式的庄重和酸溜溜的幽默，或者不如说，假如他们遭受了如此待遇中最严厉的一种，那他们就应该感谢自己了。假如某个地方的局限向来都是最严格的，那么，它当然也会是最沉重的一种。重负越是大，人的嘲笑劲头就越是足。屈从的程度越是高，嘲讽之气便越是难以察觉。

41

在一些乡村里，精神专制往往是最强烈的，看看这些地方，我们就可能明白为什么事情极可能如此。论嘲讽式的表演，意大利人是最棒的，在他们的作品里，在他们更自由的谈话里，在他们的文章中，在他们的大街小巷里，滑稽表演和讽刺诗文都是最高的时尚。只有通过这样的方式，那些穷困潦倒者才能宣泄自己的情绪。在这一类机智的优越性上面，我们应该承让自己略逊一筹。我们这些人拥有更高程度的自由，假如我们不能够在出格的善意嘲讽和讥笑的本领上显得更机灵一些，那又有什么值得奇怪的呢？

第五节

正是这个原因，我才确实相信，古代的人根本就没有发现这样一种精神，在更文明礼貌的时代里写作的那些作家那里，就连讽刺诗文这样的东西都难以找到。他们处理严肃话题的那种庄重方式，跟我们这个时代确有不同。他们的文章一般来说属于自由和随便的风格，他们情愿把真实的辩论与会谈原样传达给我们，也就是通过对话与自由辩论的方式处理他们的话题。一般来说，大家围着一张桌子进行谈话，也可以在公共走道或聚会地点进行。他们在真实会谈中表现出来的机智与幽默往往就在自己的作品里传达出来。这也是相当公允的做法。假如没有机智和幽默，理性根本都难以找到证明，也显不出与其他方式的不同之处。威严的声音与假装博学者施加的高度限制，往往要求人们摆出敬意和畏惧的样子。这是极可憎的一个办法，往往使人的悟性遥不可及，或者令人敬而远之。但是，另一种相反的办法却让人甚觉公平，让对手利用全部力量在公平立场上全力反驳。

假如作者愿意与读者处在一个公平的舞台上，拿悲惨阴沉的东西去交换更轻松自然的方式与习惯，那么，读者在这样与作者交流时能够得到的益处有多大，可真是难以想象啊。痛苦的表情与说话的腔调很容易骗人。许多形式上的诡辩之作往往经受得住严厉目光的检验，而用轻松戏谑方式编织出来的，往往都过不了关。古代有一位圣贤说得在理："幽默往往是庄重的唯一检验，反过来亦如此。经不起善意嘲讽的话题，一般都是可疑的，而经不起严肃认真检验的戏弄，往往就是一种不当的机智。"

可是，我们就有这样一些充满冥顽不化气息和怀着荒谬热忱的人士，每当听到一些原则受到检验，听到科学与艺术有人质疑，重要的事项竟然有人用坦率的幽默感对待，他们立即惶惶不安，以为所有职业都必然由此坠地，所有传统必然为之所毁，任何有秩序或体面的东西再无法留存于世了。他们担心，或者假装担心，认为宗教本身也会被这种随意的自由风气所威胁，这样，他们就对这种谨慎布置的私人谈话中表现出来的自由大感惶恐，好像它在公共场所或庄严的集会中也会受到不当利用似的。可是，如我所了解的，实际情形全然不是如此。你应当记得（我的朋友！），我给你写这封信，是要为那个俱乐部的自由进行辩护，也是为绅士和友人中存在的那种自由进行辩护，这些人彼此可是十分熟知了解的。我为自由辩护是以这种限制为基础的，这也相当自然，这你可以从我给自由这个词下的定义中看得出来。

在公共集会中，假如一个人不是因众人召唤或邀请而占据主席位置，那肯定是对自由的一种冒犯。就普通公众听不顺耳的议题发问，或者安排辩论事宜，就缺乏因社会要求而必须有的适当。这样的议题要么不要当众处理，也不能以有可能引发丑闻或骚乱的方式进行。无论何种理由，都不能拿公众当面开涮，也不能指责公众愚蠢而使他们觉得自己受到轻慢。与良好教养相反的东西，在这种情况下也就是与自由相反的东西。装出对粗俗者的优越模样，厌恶普通民众，那都是自甘为奴者的行为。热爱人类的人尊重和服从人类传统与社会。假如成员混杂，男女不分，兴趣各异，那么，强迫众人倾听自己不喜欢听的话，并用很多现场听众极不习惯的方言说话，都属于强迫之举和故意为难。以超出众人能力的方式处理事务，让人无话可说，并剥夺别人闭耳不听的权利，都属于破坏公共谈话之和谐气氛的行为。可是，至于私人性质的社团，情形则不尽然，在这些地方，其成员经过挑选，彼此互相熟知，聚会的目的就是要锻炼自身机智，并就各种话题进行自由讨论。此时，我看不出任何人有任何一种因善意嘲讽和幽默玩笑而受到冒犯的理由，因为这正是此类谈话的要旨。要交结良师益友，要免除俗务之累，要抛弃学校里的那一套说教，这是唯一能够做的一件事情。

第六节

我们再回到所论证的话题上来。假如我们现代最优秀的谈话往往流于琐屑之事，假如理性辩论（尤其是要求更深思辨的那些辩论）失去了信誉，而且因为流于形式而蒙羞，那就有理由给幽默和欢乐留下更大空间。处理这些话题更轻松的一个办法，会使它们更受人喜爱，感觉更亲切。为此进行争论，就如同就其他事务进行争论一样。这些事情不会让好友心生芥蒂，更不会让一场礼貌谈话少有轻松与愉悦感。这些谈话更新得越是频繁，其效果就越是会彰显出来。我们会成为更有理性的人，因为我们总在轻松愉快的环境里从事这样的活动，也是以自己的轻松方式进行的，或拿起来研究，或放下休息，都按照我们自己的心思进行。我要对你说，这样一来，总体上说，就不会因为你所注意到的善意嘲笑或它在我们的好友当中产生的效果而落下骂名。幽默总是逗人喜爱的，会谈以混乱结束的方式，在这时总是让我回忆起来感到愉快，我会考虑到，与其打消重启这场辩论的念头，反倒不如在任何时候再次相会，就同样一些议题再次争论，甚至在比以前更轻松和更满足的气氛里进行争论，那样反倒更快乐一些。

如你所知，我们在道德与宗教这个主题上讨论了许久，与会的几位人士提出多个不同观点，并得到富于生气与独创性的讨论，其中几位时不时自由发挥，他们诉诸常识进行辩论。人人都容许他们这样做，而且愿意经受考验。没有人不确信常识能够为他的观点作辩护的。可是，在一些议题进入讨论阶段，并受到公开质询时，却无法作出判断。提出观点的几方在紧接着的发言中继续提出新的诉求。没有人主张诉诸所谓的法院权力来解决问题，直到后来，一位德高望重、其悟性从来没有人怀疑过的绅士很严肃地提出要求，要他们把常识的意思讲清楚。

他说："假如理解力这个词指我们借以理解意见与判断的能力，而共有这个词指普遍性或人类中的很大一部分，那就很难发现常识这个主题应该位于什么地方，因为人类一个部分的理解力可能与另一个部分的理解力相反。假如由大多数人来确定什么常识，那么，常识就会随着人的变化而不断变化。今天按照常识所说是正确的东西，到明天或不久之后便成为相反的东西。"

"可是，尽管人类在绝大多数主题上有不同的判断，但毕竟有一些判断是共有的，人们对此会产生相同的想法。人们仍然会问这样一个问题：到底在哪些地方人们有共同的判断呢？因为任何一个时刻存在的东西，人们一般假定，放到宗教、政策或道德的条目下面，都可能会大打折扣。"

"没有必要谈起宗教中存在的差别，这件事情众所周知，基督徒对它的理解尤其深刻。他们彼此做过确实的实验，各个派别轮番进行。无论是哪一个宗派，无不尽其最大努力。无论哪一个派别碰巧成功，都想办法将所有的方法付诸实施，希望

45

自己一方的理解会变成公众共同的理解。但一切都是白费力气。常识正如同天主教或东正教一样难以确定。在一方看来是无法想象的神秘事件的东西，在另一方看来却是太明白不过的事情。对一方来说是荒谬透顶的事情，在另一方看来是明白无误的演证。"

"至于说政策，什么样的理解或谁的理解可以称为共有的，这同样是一个问题。假如一种简明的英国或荷兰的理解是正确的，那么，土耳其和法国的理解就一定错得离谱了。由于被动的服从看来是纯粹的胡扯，我们却发现它是我们当中绝大多数人的常识，在欧洲如此，也许在全世界也是如此。"

"谈到道德，假如能够加以分辨的话，其中的差别就更大了。我们先不考虑许多野蛮无知民族的意见与习俗，哪怕是少数几个已经达到较为成熟的阶段，已经熟知哲学的民族，也不能就同一个道德体系达成一致意见，更不能确认同样的道德原则。甚至是我们最敬仰的一些现代哲学家也曾公平地对我们说过，所谓美德和恶，跟纯粹的时尚和时髦一样，并无特别的法则或尺度可言。"

在我们的朋友当中，假如他们按照这个方式探讨过更严肃的话题，或者忍受不住更轻松的话题而逃走，那么，这在他们看来也许显得很不公平。因为在人生更欢乐的一个部分，我们的愚蠢跟在最严肃的那个部分是一样严重的。错误在于，我们只是把笑声带到了半途。不实的诚挚受人嘲笑，而不实的说笑却安全通过，跟彼此一样成为不实的欺骗。我们的娱乐，我们的戏剧，我们的开心活动都成为庄严肃穆的东西。我们梦想幸福，还有财产和娱乐，而对这些东西，我们并没有领悟力，没有确切感，可是，我们却追求它们，就好像它们是世界上最熟知和最确切的东西。没有比偏执的怀疑主义更愚蠢，更迷惑人的东西了。虽然怀疑投向了事物的一面，确切性却在另一面旺盛生长。虽然只有愚行的一面看上去极其可笑，另一面却看起来甚是庄严，极具欺骗性。

可是，在我们的朋友当中，事情却不是这个样子的。他们似乎是更优秀的批评家，更具创意，在质疑所听到的意见时显出相当的公平来，在揭露可笑事物的荒谬时亦是如此。假如你允许我承续他们的那份幽默，我敢斗胆将这个实验贯彻到底，尝试一下哪些确切知识或对事物的牢靠把握可以找回，我所借用的这个方法，你认为，就是使所有确切知识尽失，而无休止的怀疑主义借机潜入的方法。

第二篇

第一节

一个埃塞俄比亚的本地人，如果突然之间送往欧洲，在狂欢节期间将他安置在巴黎或威尼斯，由于这时候人人都化了妆，差不多所有人脸上都戴有面具，他极可能在一个时期内不知所措，之后才会发现其中的真相。他无法想象，竟然有整整一个民族根据一个约定而在同一个指定的时刻，按照其五花八门的习惯使自己变形，让彼此的性格与身份造成一致的混乱，并使人们之间的彼此欺骗成为一件庄严肃穆的事情。他最开始极可能带着严肃神情看待此事，看到眼前发生的一切，他肯定无法保持正常的面容。另外，欧洲人看到如此单纯木讷之人，一定会大笑起来。可是，我们这位埃塞俄比亚人一定也会发出大笑，而且他的大笑会有更充足的理由。很容易看出这两种人当中哪一种更可笑。为此发笑的人，本身就值得嘲笑，而在这样的情形下就更让人觉得可笑了。但是，假如我们这位埃塞俄比亚人因为并不知道欧洲人真正的可爱面容和常见的服饰，一直还在尽情嘲笑，但在他发现欧洲人天生的面孔和明白当地习惯之后，仍然像以前一样发出开心大笑，如果确曾发生这样的

47

事情，那么，由于他的嘲笑走过了头，现在不就轮到他自己值得人嘲笑了吧？由于愚昧的假定，他把仅仅是艺术的东西当成了天然的东西，也许还错把清醒的人看做逗笑的哑剧表演者。

曾几何时，人只需要对自己的行动和行为负责。他们的意见只是他们自己的事情。他们可以自由地在意见上保持不同，正如每个人的面孔可以各不相同。每个人脸上都是天生的表情和面容。可是，随着时间推移，人们觉得掩饰一下面容是比较文雅的举动，人人脸上都挂着某种学究气。因此，地方治安官就成为一位化妆师，轮到他本人的时候，他也恰如其分地被别人化上妆，此时他已经放弃了化妆师的权力，交给了新的化妆师。可是，虽然在这种超常的危机中大家都同意只能有一位确切和真实的化妆师，只能有一种特别的神情，所有人都同意这个新规则，可是，悲哀的事情在于，治安官和化妆师本身都不能够解决，到底哪一种才是真正准确和真实的模式。现在来想象一下，这样会产生什么样的结果。假如人因为他们的神情和面部特征的各个方面而受到迫害，因此而被迫根据正确的模式而加以调整，但此时，有上千种不同模式和上千种不同的服饰正在流行，而且每隔一段时间就会根据当时的时尚和幽默发生变化。我们此时来看看，人的面容会不会看起来大受拘束，人类天生的面容根据这个习惯是否会发生扭曲、变形，甚至到一种难以辨认的程度。

可是，这种令人不快的装饰之爱，以及为了面容之可靠而显示出的过分柔情，可能会让事物普遍的外貌变得极不自然和矫揉造作，因此我们不能想象所有的脸面都应该如此涂抹得一塌糊涂。并非一切都是颜料或粉饰物。真理的面孔尽管堆上了许多的赝品或套上了面具，也不会因此而少一些娇艳或漂亮。我们必须记住那场狂欢会，还有参与其中的狂乱人群，就是这些五色人等订立这个狂欢制度的，还得记住人们设立这种习俗想要达到的娱乐和忙碌目的。我们可对最初的欺骗报以足够嘲笑，而且，假如怜惜会使我们遭受痛苦的话，我们极可能使自己因为卷入其中的那些人的愚蠢和疯狂而成为嘲笑的对象，并成为那些欺骗活动的目标。但我们同样应该记住这位埃塞俄比亚人，谨防自己拿天然的东西当成面具，不要让自己成为比我们所嘲笑的那些人更可笑的人。如果一种受到如此约束的玩笑或嘲讽竟然能使人的判断力离题万里，那么，过度的恐惧或担忧也能达到同样的效果。

我的朋友，假如你有幸生活在那个时候的亚洲，其时，那几位法师利用一场臭名昭著的欺骗活动迷惑了整个帝国，你一定对那种行为产生了极大的厌恶。那几个人本身都有可能让你觉得臭不可闻，尽管他们犯下了欺瞒和胡作非为的大过，你也许会看到他们遭到无情遣送，正如后世的欧洲祖先以同样无情的冷眼看待一个类似的政治魔术师团体的毁灭，那就是圣殿骑士团，几乎超越了民事主权的一个政治组织。听闻这样的事情，你的愤怒也许会促使你提出要求，要把所有这些魔法师的纪念碑和纪念馆全都拆毁。你可能下定决心要把他们的房子尽数踏平。可是，假如事情是这个样子的，即这些魔法师在他们当红的日子里曾经编辑过许多作品，甚至由他们自己编过一些书，他们还在那些书中谈论过哲学或道德或其他学科，或部分学问，那么，你会允许自己的怨恨发展到这样一个极端，竟然连这些作品也连根拔除，并反对他们支持过的任何一种意见或教义，理由不在于别的，仅仅因为他们曾经支持过这些观点吗？斯基台人、鞑靼人或哥特人也不会有如此荒唐的举动或推理。更不用说你绝不会怀着野蛮情绪进行迫害祭司或杀僧侣的行为。说实在话，出于对人的仇恨而毁灭一种哲学，意味着一种野蛮人的观念，以为毁灭或谋杀一个人就可以夺走他的智慧，并收取他的领悟力。

我的确应该承认，假如这种古代等级制度中的所有制度、法令和规定属于基本法，出自秩序本身的要求，那么，它们早可能被压制下去，而且不无理由，因为当人们看到他们确立的那些法律时，无不感到极大的嫌恶。

因为术士也是人生父母养的。

我们情愿做这样的一个假定，即那些魔术师也曾考虑过，按照他们的原则，也应该在世人面前尽量显出公平的样子来，最好能够隐藏自己的行为，他们发现，支持某些优良的道德规则，确立最好的一类格言是最符合他们的利益的。也许他们觉得，着手行动的时候，赞扬宗教最大的纯洁性，讲求人生及态度上的诚实，都符合他们自己的利益。总体来说，他们兴许还就仁爱与善意进行过说教。他们也许决心要看到人性最美好的一面，它与人类的基本章程以及政治制度一起编织起最诚实的道德规条和世界上最好的教义。

在这件事情上，我们本应该有什么样的行为呢？当我们发现他们的欺骗行为，看到他们那个帝国毁灭时，应该如何对待这种人为的秩序呢？我们是否应该立即参与他们这个制度，不加分别地驳斥他们的意见和教义，顶着他们的反对意见再创一种相反的哲学呢？我们是否应该抨击每一种宗教和道德原则，拒绝任何一种天生和社会的情感，尽可能把人看做彼此为狼的动物呢？当我们这样描述他们，并努力迫使他们以比这更野蛮和更腐败的方式看待自身时，是不是要以他们当中最恶劣的一部分尽可能有的不良意图来看待自身？你会说，这一定会成为最荒谬的一部分，就连其他最卑鄙的人也不屑一顾，而这正是使那些魔法师敬畏有加，过度惊吓的东西。

可是，我们知道，在我们这个时代，最近几年就有一位能干和机智的哲学家为这种恐惧心理所折磨，出于对政治与道德的尊敬，他直接表现出这种屠杀精神。看到当时处在统治地位的强权人物他就感到害怕，因这些强权人物不公平地假定自己拥有人民交托的权利，这种担忧让他对所有受人欢迎的政府以及自由这个观念本身都心生畏惧，为了一举永久性地加以扑灭，他建议毁掉所有文字，并劝告世上君王不要留下哪怕一位古代罗马或希腊史学家。这在本质上难道不是哥特人的做法吗？我们的哲学家从外表上看，难道不是拥有某种生番的东西才利用哲学和学问，正如斯基台人据说曾利用阿纳卡西斯和其他人，谴责他们曾去拜访希腊的智者，并学会了一个礼貌民族的风范？

他与宗教的争论，和他与自由的争论是一样的。同样的时代给予他同样的恐惧，虽然这次的种类不一样。除了宗教狂热造成的破坏作用，除了培育和引导这种精神的那些人的诡计之外，他的眼里看不到别的任何东西。尽管他在自己的哲学里让他自己和所有人类看起来都像是生番和无法交往的人，但这位极善交际的人却在他自己的一生里透露出自己的本质，他费尽心血要做到在他过世以后，我们能够有机会免除这一类的恐怖。他尽其所能让我们明白："无论在宗教还是在道德事务上，我们都受了治理者的哄骗，我们的本性并没有任何东西使我们倾向于任何一个方向，没有任何东西天生就能吸引我们去爱根本都不存在的东西，或者超出我们自身的东西。"我们热爱伟大的真理，我们热爱至高的格言，他自己也希望这些都是真理和格言，这种爱却使他成为所有人类中最勤劳的一位，他一定要为我们创造出这样一种制度供我们利用。尽管他有天生的担忧，这种爱还是迫使他冒了最大的风险而成为一名殉道者，旨在谋求我们的解脱。

我的朋友，请容我暂停一下子，以防止你太过严肃，并让我向你保证，这些执迷于迷信的人并不会构成我们易于想象的那么巨大的危险，哪怕他们对每一种宗教和道德的原则充满嫉妒。无论他们在哲学里显出何等的野蛮形象，他们仍然具备作为普通公民的如我们所希望的平常能力。他们自由地交流他们的原则，这也许能够为他们作证人。能够如此友好和保持交流能力，这已经是最高的社交水平了。

的确，假如这些原则隐藏起来，使我们根本都看不见，并成为一个秘密，那可能值得认真考虑。事情往往是人为如此的，假如它们为一个宗派或一个政党保守为秘密的话，而一个相反政党的憎恶与羞怯，往往最有利于这种情形。假如我们听到被认为是有毒害作用的格言而立即显得惶惶不可终日并惊惶失措，那我们的性情就很不利于利用理性最为我们熟悉和轻松的一部分，而这一部分正好就是最好的解药。理性唯一的毒药是激情。激情消退的地方，正好就是不当推理得到匡正的地方。可是，假如仅仅听到某些哲学命题就足以消除我们的激情，那么，相当明显的事情是，这毒药就逼近了我们，我们最终就无法恰当地行使理性能力了。

假如没有这种偏见，那么，有什么东西能够妨碍我们从一直在谈论的这些现代改革者的奇妙想象中得到欢乐呢？这些反宗教狂信者怀着对一种冷静哲学的热忱，真诚地向我们保证："我们是这世上犯错最严重的一群人，竟然想象有什么自然信念或公义的人，因为只有强力和势力才构成权利。现实中并不存在什么美德，无论各处都不存在什么秩序原则，也不存在秘密的魔力或自然力量，不存在每个人都借以情愿或不情愿地趋向公共利益、若非如此便会遭受惩罚与折磨的秩序原则。"对这些人，我们应该说什么呢？这话本身难道不是一种魔力？我们这位先生此时此刻不正处在这股魔力的控制之下吗？"先生！您屈尊透露给我们的这种哲学极不平常，能够聆听您的教诲使我们感激不尽。可是，请问，我们身上的这份热忱究竟从何而来呢？我们在您看来是什么呢？您是我们的父亲吗？或者说，若您是，为何如此担心我们？这么说，是不是有一样称为天生情感的东西？假如没有，为何要费如此力气，为何觉得我们面临如此危险？为何不把所有这些秘密保守在您自己心里？或者说，把我们从欺骗当中解脱出来，对您个人有何益处呢？为欺骗所惑的人，本应该是越多越好啊。使我们醒悟过来，让我们明白只有私人的利益主宰着您，并没有任何更高尚的东西，或更宏大的一种性质来主宰您与之对话的我们这批人，这可是与您的利益直接相背离啊。让我们自行其是，让我们接受我们向来很开心地接受其训导，并成为如此软弱者的那种知名艺术吧。让我们明白我们天性都是狼，这并不合适。一个真正发现自己如此的人，有可能费尽力气把这一发现告诉他人吗?"

第二节

我的朋友，在现实中，一个神情严肃的人在这样的场合完全应该予以体谅，促使我们如此为普通的诚实进行辩护的，就是这些公正诚实的绅士，他们的实践与他们的思辨极其不同。我知道，有些人在观念、原则和实践中都是恶棍，他们认为所有诚实以及宗教都只是一种欺骗，他们的推论向来前后一致，无论什么事情都有意极尽所能地施展强权与手腕，一切都以私利为指归。可是，这些人在对他人的友谊中从来不会向他人开放内心。他们并无针对真理的激情，也缺乏对人类的爱。他们与宗教或道德都不存争议，但他们明白如何一有机会便两者都加以利用。假如他们从未发现自己的原则，那只是事发突然。他们当然会大谈诚实，也会继续上教堂。

另外，我一直为之辩白的那些绅士，却不能称之为伪君子。他们对自己也是毫不留情的。假如他们对人性怀有冷酷的想法，那仍然是他们人性的一个证明，因为他们还在向世上发出这样的警告。假如他们说人心险恶，生性粗野，那也是出于对人类的关爱，他们担心，假如人太温驯和轻信，极可能轻易受骗。

欺骗者往往大谈人性美好，这样往往会使滥用人性更加容易。反过来，这些先生总谈人性之恶，哪怕因此受到他人的抨击，也不愿让少数人借机欺骗利用多数人。人前说尽好话，往往最容易骗取信任。我们被信任背叛，从而落入手腕的掌握，我们的理性因此而被这样一些人所俘虏，我们不知不觉间就对他们产生了隐蔽的信任。可是，人们若彼此假定生性都是野蛮人，我们就会多加小心，较少落入他人的掌控中，由于我们明白所有人都对权力有贪婪欲望，我们会更谨慎地防范邪恶，我们不会把所有鸡蛋都放进一只篮子（而拥护这一做法的人正希望我们如此），反过来，我们会对权力进行适当的划分，保持一定的平衡，同时通过良好的法律和限制措施加以约束，这样才能保障公共自由。

假如因此而发问，说我是否当真认为这些绅士完全被他们在友人经常倡导的那些原则所说服？我应当告诉你，虽然我不会绝对怀疑这些绅士的真诚，可是，在这种情形下，总有一些神秘因素是超出人的想象力的。为什么这些充满机智的人热衷于支持如此吊诡的制度，其理由并不在于事实上他们对这些原则完全满意，而在于一种观念，即它更利于反对别种制度，他们觉得，根据它们公平的外表，这些制度有助于使人类处在奴役状态下。他们想象，有了这种他们愿意引人的普遍怀疑，他们就能更好地处理笼罩在某些特别主题上的教条主义。当他们使人习惯于主体部分的矛盾，并听到事物的本性总体上说有人争论，那么，他们的结论是，就他们并非完全满意的某些优点进行分别辩论也许更安全。这样，从这里开始，你也许能更好地理解，为什么在会谈中，善意嘲讽的精神如此流行，而一些观念之所以能被人理解，不是因为别的原因，而仅仅因为它们的新奇，因为它们不同凡响。

第三节

如此描述的一种幽默，谁愿意谴责就去谴责吧，在我这方面，这种怀疑主义式的机智，我并不存忧惧。的确，人在很大程度上很容易因为不同意见，由强权强加的不同制度和不同体系而困惑，而惊慌失措，极容易完全丧失所有真理观念或对于真理的理解。我很容易就能明白敬畏对人的领悟力会造成什么样的影响。我还可以相当有把握地说，人很容易因为害怕而失去其机智，但是，我并不认为一些人因为有这样的行为就该遭到嘲笑。我无法想象，人们如何听到顺耳的话之后，竟然会放弃他们对社会的爱，或听别人说理后反倒失去人性和常识。客客气气的机智之语不可能损害任何一种事业，也不会损害我最少担心的任何一种利益。哲学思辨如果进行得当，永远也不会必然使人变得更不具有社会性或较少有教养。我不可能预计会有野蛮与残忍的攻击从这个领域产生。根据我最好的观察结果，我得知，德行并不会因为有人争论就发生损毁，反倒是容易遭人利用。我的担忧并非来自于它机智的敌手，因为敌手使美德得以操练，并使其防范自身，我的担心倒是来自美德温柔的守护者，这些守护者使美德包裹太严实，会因为过度的关照和抚育而闷死它。

我知道有一栋楼，由于施工人员多管闲事，认为该楼朝一侧倾斜了，就在那一侧加支撑，上螺钉，结果使楼房朝相反的方向倾斜过去，最后竟然倒塌了。在道德事务中，时常也会发生这样的事情。人们并不满足于显示诚实与美德自然的益处。他们认为，这方面的东西越少越好，便于倡导另外的一个基础。人们把德行变成一件唯利是图的东西，总在谈论它的回报，人们竟然无法分辨，德行里面到底有什么东西真正值得有所回报。无论是因为贿赂还是因为恐吓而发生的诚实行为，根本都谈不上真正的诚实或价值。的确，我们不妨讨到任何我们认为合适的便宜，也可以把我们多余的东西赠送给特别的人。可是，主动地奖励某种既不是值得尊敬，也不是真有所值的东西，这里面并没有什么卓越之处，更没有智慧可言。假如美德本身的确并无可称道之处，为了讨到一个便宜而追求美德，那我看不出这里面有什么可称道的。

假如热爱行善本身并不是一种良好和正当的性情，那我看不出如何可能有称为善或美德的这么一种东西。假如这性情是正当的，那么，把它应用于仅仅为了谋取回报，并让我们想象陪伴着美德的恩惠和好感的种种奇迹，这同时又没有显示这个东西自身的内在价值，那就是对这种性情的败坏了。

我禁不住要产生这样的想法了：在我们神圣的宗教里，为什么那么多惊人的德行竟然少有人注意，其中真正的原因是，假如这些德行使人有权享用无限的回报，那就没有任何余地留下来给大公无私了，而这回报，神意本来是通过启示要分配给其他职能的。私人友谊以及对于公众和我们这个国家的热忱这样的美德，在一个基督徒身上纯然自愿，它们并不是他的爱心的必要部分。他与此生俗务的联系并非那么紧密，他也并非非得参与这个低俗世界的诸多活动才行，因为这样并无益于他进入更好的一个世界。他的谈话在天堂发生。他也没有必要卷入俗世如此冗繁的琐事与难缠之事，否则便会阻挡他通往彼岸的道路，要不然也会减缓他实施自我拯救的要务。不过，假如回报的任何一个部分为一位爱国者或一位真心朋友高贵的一面保存下来，那么，等时机到来时，我们是否更值得拥有它，这个问题仍然悬在窗帘之后，目前幸好还不为我们所知。

看起来，所有这些德行只有在犹太人的制度中才涌现出杰出典范，在某种方式上说还作为值得尊敬的东西推荐给我们，很值得我们加以模仿。扫罗本人虽然被描绘成一位昏聩国王，生前死后都因为爱国热忱而备受赞扬。他的儿子和继任者之间非凡的爱给予我们一个高尚的观念，看出什么才是无私的友谊，至少在一方是如此。可是，这些人物惊人的德行仅只得到平常赞扬的回报，并没有在一个并不谈论未来国度，除开现世回报之外也不展示任何奖赏或惩罚却又遵守文字法的宗教里得到未来奖赏的许诺。

因此，犹太人和异教徒只好听任他们的哲学来指导他们，告诉他们什么是最崇高的德行，从来都不是通过诫命吩咐给他们的东西，他们只能在理性的感召下慢慢明白。在这些情形当中，并不是通过奖金或罚金强迫完成的，无私的部分留存下来，德行全然是一种自由选择，而行为的高贵一直是全心全意的。高贵的人，总会找到高贵的办法。愿意真诚地为朋友或国家服务的人，哪怕以自己的生命为代价，极可能找到公平的办法完成心愿。"甜蜜和荣光"就是他唯一的理由。那是诱人的，也是合适的，是善的，也是诚实的。而且这仍然是很好的一个理由，也符合常识，我会尽力满足你的要求。假如我不能解释自己的诚实，也不能显示自己跟一个恶棍的差别基于什么样的原则，此时如果有人认为我不诚实而我又对他生气，那我会觉得自己十分可笑。

第三篇

第一节

罗马的讽刺文作家谈论贵族与宫廷时，也许可以看做是有超凡讽刺天才的作家，他不仅仅不会让这些人成为礼貌与缜密判断力的标准，而且反倒使他们成为完全相反的人。

在这个等级的人当中，常识是极少见的一种能力。

然而，一些极具创意的评论家，却以与普通人的理解完全不一样的方式加以解释。他们通过一个希腊派生词让诗人所说的常识指公共福利，也指共同利益，或者指对社团或社会的爱护，指自然的情感，指人性、责任或从人的共同权利的恰当意义里产生出来的那种礼貌之举，还指同一种类里存在的天生的平等权。

的确，假如我们恰当地思考这件事情，那么，在诗人一方，他们要想否认像罗马宫廷这样的地方存在机智与能耐是非常不太容易的，哪怕当时的罗马宫廷处在提比略或尼禄的统治之下。可是，说到人性或公共利益感，还有人类的共同利益，质疑这一点到底是不是那种宫廷精神的话，那就谈不上什么高深的讽刺了。很难理解朝臣中存在什么样的一个团体，也不容易理解专横的君主与他的属民之间存在的公众。对于真实的社会来说，这两极之间什么都不存在，除开个人私利以外，并没有其他意义。

这么说来，我们的诗人提出那样的责难看来并无不当之处，我们要考虑到，他责备的是人心，而非头脑。反思宫廷教育时，他认为提出针对国家的情感是不适当的，他认为年幼的君主、贵族都是世界年幼的主人。这些人如果耽于激情之误，并在各种放浪形骸的活动中长大成人，就是对人类完全的蔑视和轻慢，而那也是人类在某个方面所应得的，假如他们纵容这种蛮横的专权，假如一个暴君受人崇拜的话。

对于这样一个因为狂傲和野心膨胀以及与尼禄的种种关系而累于声名的年轻人，我们就说这么多吧。

公共精神只能够来自社交感觉或与人类的一种伙伴感。离这重意义上的伙伴或这种共同情感的分享者更远的，莫过于根本都不知道同类，也不认为自己从属于任何友伴关系或任何共同体法则的那些人。因此，道德与良好的治理总是并行不悖的。如果不知道公共利益，根本就谈不上真正对于美德的爱。哪里有绝对权威，哪里就没有公众可言。

生活在暴政之下，并学会崇拜其权威，认为这种权威是神圣不可侵犯的那些人，他们的道德和宗教同样堕落。根据他们的理解，公共利益既不是国家的治理尺度，也不是宇宙的治理法则。他们对于什么是善，什么是公正并没有形成任何一种观念，仅只知道意志与强权所决定的一切。他们觉得，无所不能根本都无法自圆其说，假如它无法随意处置平等法则，假如它不能随意变更道德正直的标准的话。

但是，除开这种偏见与堕落之外，很明显可以看出，仍然存在一种公共的原则，哪怕在这个原则受到践踏和压制最甚的地方。哪怕最恶劣的治安官，就是最专横的那种，也会显示出对它的足够的热忱与情感。在不知道别种治理的地方，人们也从不忽视践行这样的忠诚与职责，那是因为还有更好的一种治理形式。东方的国家，还有许多野蛮国度，一直都是，并保持为这种治理的范例。但是，他们对自己的君主怀有个人的敬爱，无论这君王如何对待他们自己，这说明，人类心里对治理与秩序有一种多么天然的情感。就算真没有共同之父，没有维护共同利益的治安官来保护他们，人们仍然会想象自己拥有这样一位，而且，就像刚刚出生，而且从来没有见过母兽的小动物一样，他们也会为自己想象一位，并靠近类似外形的母兽，以期获得关照与保护。如果是在继父和酋长家里，他们会模仿错误的对象，如果是在一个合法政府和公正的君主那里，他们甚至会顺从一个暴君，并忍受这个暴君世世代代的统治。

至于我们不列颠人，谢天谢地，我们有祖先传给我们的更好的治理感。我们有公众观念，还有一部宪法，知道立法机构和执法机构以什么为依据。我们明白这方面的分量与尺度感，可以就权力与财产平衡进行公正的推断。我们从中得出的金科玉律，就跟数学里面的公式一样清楚明白。我们不断增多的知识每天都告诉我们，并且越来越多地告诉我们，让我们明白政治中的常识指的是什么。这一定能引导我们去理解道德中的类似意义，这也就是它的基础了。

如果说，人类有责任在一个后天形成的政府而非一般称为自然状态的政府下采取彼此友善和诚实的行动，那是相当可笑的，因为，按照我们现代哲学最时髦的话来说，"社会基于契约，人人都放弃私人的无限权利，好交托给绝大多数人或这绝大多数人指定的某些人手中，这种交托是自由选择的结果，并通过一种允诺完成"。现在，在自然状态下，这种允诺是自行完成的：能够使一个允诺在自然状态下具备约束力的东西，必须使人类所有其他的行为成为我们真正的职责和天然的部分。因此，信任、公义与诚实以及德行等，都一定早在自然状态时期就已经存在的，否则它们根本都不可能存在。民事团体或称为联邦假如以前不存在，那它们永远都不能决定谁对谁错。订立契约之前曾作奸犯科的人，将会，也应该在订立契约之后并在其认为合适的时候保持同等自由。天生的恶棍有同样的理由当一个良民，也可以择机随意处置自己的政治能力，只有他自己的话能够阻止他。是人都有责任说话算数。为什么呢？因为他已经说过要说话算数。关于道德公义的起源，关于民权政府及其忠诚的兴起，这难道不是相当值得注意的一种解释吗？

第二节

要避开这种奢谈自然却绝少意义的哲学在这里吹毛求疵，我们不妨相当肯定而且不无理由地确立这样一个原则："假如有任何东西是自然的，无论对哪一个动物种类来说，它都必然是那种能够保存自身，并有益自身福利和自我持存的东西。"假如在起初与纯粹的自然里，违背一个允诺或成为不忠者是错误行为，那么，在任何一层意义上无人性，或缺乏对于人类自然部分的尊重，都同样是真正错误的。假如饮食是自然的，那么，群居也是如此。假如任何一种胃口或感觉是自然的，那么，友情的感觉也是一样。假如两性之间的爱纯属天然，那么，这种爱朝向作为两性之爱结果的后代也是相当自然的，后代之间的爱亦是如此，他们是亲戚和同伴，在同一种训练与家教中长成。氏族或部落因此缓慢结成，一个公共体得到确认，除开在社会性的娱乐、语言和谈话中能够找到的快乐之外，明显还有必要继续这种良好的往来与联合，没有这种感觉或感情，没有对国家、社团或任何共同性质的东西的热爱，那就跟对自存的简明手段和自娱自乐的最起码条件毫无知觉一样。

人的机智如何让这个事业困惑不已，竟然使公民政府以及公民社会看起来如同某种发明和艺术创造物，对此我一无所知。在我这方面，我觉得，这个群居原则，以及相关联的性情，被认为是大多数人的天生品质和强烈感觉，人们不妨随时宣称：普遍的人类社会中产生的很多失序，甚至都源自这种激情的爆发。

普遍的善或世界的整体利益，是一种遥不可及的哲学对象。这个更大的整体往往不易为人看到。国家利益，或整个民族的利益，或一个政体的利益，也不是那么容易被人理解的。在较小的团体中，人们彼此熟知，无话不谈，他们能在这样的地方更好地品味社会之乐，他们喜欢一个更简约的公众团体中的共同之善与共同利益。他们能看到那个社团的全部和整体，他们尤其明白到底为谁服务，出自什么目的才相互联系与谋划。所有人天生都分有这种合并原则，心情最快乐、精神最活跃的那些人，他们分有了这个原则极大的一部分，除非有幸受到正当理性的引导，否则的话，哪怕在像总体意义上的政体这样相隔甚远的领域里，这样的原则也找不到自行运用的机会。因为在这里，利害相关的人当中，也许少到只有千分之一的人彼此认识。并没有形成可见的团队，也没有严格的结盟，这样的联合是由不同的人，不同阶级和不同等极的人构成的，不是通过感性方式，而是通过思想联合起来的，他们依据的是对国家或共同体的普遍看法或观念。

这样一来，由于缺乏某种范围，社会的目标就被打乱了，由于在如此宽泛的一个地方失去了方向，那种密切的同情与合谋的德行也容易失去自身。无论在哪里，那种激情再不如在实际的密谋或战争中那样强烈地感受到，或精神饱满地施展开来，因为在实际的密谋或战争中，最高的天才经常是以善于利用自身而闻名的。最高贵者也就是最有合并能力者。他们最喜欢的是整体行动，我还不妨说，他们也喜欢以最强烈的方式感受结党密谋的魅力。

战争是所有事务中看起来最残忍的，但它竟然成为最勇敢无畏的一些人的激情所在，想象起来的确有些奇怪。可是，正是在战争中，友情的纽结扎得最紧，正是在战争中，相互的救助最及时、相互的危急得以解救，共同的情感得以发挥和表达。英雄主义与慈善精神差不多是同样的东西。可是，仅仅由于情感小小的错误引导，一个热爱人类的人就可能变成一个劫掠者，一个解救者也成为一个压迫者和毁灭者。

就这样，人跟人还有其他方向的区别。因此，在和平与公民政府的方式上，在对党派之爱上，在根据政治集团进行的细分上，都存在这样的分别。骚乱是早已经在一个国家内开始的某种分区。当一个社会发展到很大规模时，就必然会出现这种分区，一些强大的国家发现，在海外拓展殖民地还有其他益处，而不仅仅像在国内一样找一些伸展手臂的空间，也不仅仅只是为了把自己的统治延伸至遥远的异国他乡。庞大的帝国在很多方面不符合自然，但尤其在这方面不自然。虽然它们都有很好的建制，但许多地方的事务，按照这样的治理方法，一定会落在极少数人手里，这种治安官与民众之间的关系会变得不那么明智，甚至从某个角度来说消失殆尽，躯干与四肢的关系不再那么适应彼此，肢体相互之间也遥不可及，全都远离首脑。

正是在这一类的政体里面，最容易结成紧密的派系。彼此沟通串联的那些人，由于找不到施展机会，就发动新的运动，在他们谋取更大范围内的行动时，会找到较小的一个活动范围。这样，我们就有了轮中之轮。而在某些国家组织中，尽管从政治上看是荒唐的，我们还是有了帝国中的帝国。没有什么比吞并更让人快乐的了。人们就此发明各式各样的区分。宗教社团由此形成。修会得以建立，它们的利益也得到扶持，激情所至，空前绝后。人们从来都不愁找不到这一类的创始者和赞助人。在这种错误的社会风气中，不同团体的成员全都出来行奇迹。人类善于串通的天才，在这些社团里得到了最好的证明，此类社团的建立，是与人类总体的建构相反的，也与国家的真正利益相矛盾。

简言之，派系风气本身最主要的看来还不是别的，正是对人类与生俱来的社会之爱与共同情感的一种滥用或失常现象。社会性的反面正是自私，而在所有人中，彻底的自私者往往是最不愿意结成团体的。这一类的人，从这个方面看，才是真正讲求中庸的人。他们的脾性把持得很好，很会照顾自己，从不热心投靠任何一个事业，也不当真站到哪个派别一边，从而总能化解危险。

第三节

我的朋友，你一定听说过这么一句常言，利益主宰世界。可是，我相信，无论是谁，只要认真仔细地看看这个世界，就一定会发现，与自我利益相反的许多东西，往往像弹簧一样构成这台世界机器相当大一部分运转内容，比如激情、幽默、任性、热忱、派系及其他上千种情绪。这台引擎所含轮子及支撑之物的数量之多，往往超出我们的意料。这事太复杂，不可能一览无余，也不能用一两句话简单打发。研究这机制的人一定有褊狭眼光，因此只知道最底层和最狭小部分的运动而忽视其他运动。这的确不是一件容易的事情。在设计或描述这种钟表结构时，不能在较好和增大更多的情感一方加装轮子或配重物，任何东西都不能理解为是在仁爱或高贵中进行的，不是出自纯粹的好心或友情，也不是通过任何一个种类的社会或自然的情感进行的，此时，这台机器的主弹簧也许既不是这些天然情感本身，亦不是从中导出的、保留了一半以上本性的某种合并物。

可是，我的朋友，你不能指望我会在这里为你画一幅正式的各类激情图，也不能假装有能力为你提供其家系和相互关系，不能为你解答它们如何彼此纠缠在一起，如何干扰我们的幸福和利益。要搭建一个合适的框架或建立一个合适的模型，借以用准确的眼光观察友情和天生情感在这种建筑级别中占到了多大比例，那可不是本人可以凭借这封信就能完成的任务。

我知道，现代的设计师都愿意甩开所有这些天然的材料，他们愿意按照更一致的方式进行建造。他们愿意重塑人心，他们有很大的一个幻想，希望将所有这些运动、平衡与重物缩减为一条原则或一个基础，就是冷酷无情和有意为之的自私。看起来，人都不愿意认为自然比自己更有智慧，不愿意认为自己能够为自然所骗，以至于去为自然而不是为达到自己的目的而努力。因此，人耻于远离自身，耻于被迫放弃自视的真正利益。

各个时代以来，一直都有这样一类思想褊狭的哲学家，他们想着如何克服自身的本性以纠正这样的差别。在这些哲学家当中，有一位原初的父亲和创始人，他看到了这股自然之力，也非常清楚它的作用，因此真诚地劝导自己的跟随者既不要生孩子，也不要为国家效力。看起来，有这么多诱人的目标挡在路上，那就无法跟自然做任何一种交易了。关系、友人、同胞、法律、政治制度、秩序与治理之美，社会与人类的利益等，都是这一类的目标，他非常清楚，这些目标能够唤起的情感，远较仅仅依靠自我这个狭窄观念唤起的情感强烈得多。因此，他的忠告是，不要结婚，也不要参与任何公共事务，这是聪明的劝告，也符合他本人的设计。要成为这门哲学真正的门徒，人们只有离开家庭、友人、国家和社会才能坚守，除此别无他法。说实话，假如这样做给人带来幸福，谁又不会这样做呢？可是，这位哲学家心地善良，把他的话都告诉我们了。这是一个象征，说明他对人类的父爱。

> 您，父啊，是万物的发现者。您给予我们为人的规矩。

可是，到了后世，这一哲学的复兴者看上去才气不够。他们看来较少明白自然的伟力，竟然想到通过更改名称以改变事物本身。他们对所有这些社会激情与自然情感的解释方法是，全部称之为"自私"。因此，礼貌之举、好客以及对陌生人或处在困境中的人们怀有一份人性，只不过是更明显的自私罢了。一颗诚实的心，只不过是一颗更狡猾的心罢了。诚实与良好的性情，也只不过是更有目的性，或受到更好调节的自我。对同类、儿童与后代的爱，都是纯粹的自爱，也是对直系亲属的爱。似乎通过这样的确认之后，并非所有人类都包括在内，所有存在者都出自一个血源，通过内部通婚和联盟而结成一个整体，就如同他们曾以殖民地形式转移至别处，然后彼此混合。这种对国家的爱和对人类的爱，必然也是自爱。高尚与勇敢，无疑是这种无处不在的自爱的修正！我们现代的哲学家说，勇敢就是持续不断的愤怒。而另一位机智的诗人说，所有人只要胆敢尝试一下，都可以成为懦夫。

我们也许无须争论就能得出一个结论，即这位诗人和哲学家两者都是懦夫。他们也许把自己理解得最好的那部分知识讲出来了。但是，真正的勇气与人的愤怒并没有任何关系，勇气最甚的地方，人们向来持有强烈怀疑。真正的勇气是冷静与镇定。最勇敢的人很少专横无礼的傲慢，在遇到危险时，他们往往是最沉着、最可爱、最自由的人。而我们知道，愤怒往往使一个懦夫忘记本性而挺身作战，可是，在愤怒或狂怒中成就的事情，从来都不能与勇敢相提并论。假如事情是另外的样子，女性兴许会成为更强壮的性别，因为她们的仇恨与愤怒从来都是最强烈，而且持久不忘的。

还有另一类次等的作家，他们是这种机智的分销商和零售商，他们就这个自爱条款做过一些无目的的变更与划分。同一个想法用上百种方式表述出来，编织在箴言里，用尽计谋来解释这个谜团。"人尽可以无私或高贵地行为，但自我仍然在其行为底部，并没有别的任何东西。"这些先生如此着迷于玩弄字眼，又在定义上面紧抓不放，十分小心，要是他们告诉我们什么是自利，并确定幸福和善，这种不可思议的机智就能马上结束。我们所有人都应该就此达成一致，即幸福就是人要追求的东西，事实上它向来都是人们在追求的东西，但是，到底顺着天性并依从共有的情感找到幸福，还是靠压抑人的天性，并把每一种激情都朝向私利，朝向一个狭隘的自我目的或仅只是生命的保存来找到幸福，这是我们两个要认真争论一下的事情。问题不在于，"谁爱自己，或谁不爱自己"，而是说"谁以最正当和最真实的方式爱自己并为自己服务"。

实现正当的自私，那无疑是智慧的高点，就人生是美好的这一面来说，评价生命的价值，既属于勇气之举，亦属于慎重之举。但凡聪明人都不会希望自己的一生过得一团糟。人缺乏诚实，事实上就是缺乏自然情感或任何一层意义上的社会性。没有自然情感、友情或社会性的生活，只能在一团糟的生活中找到，假如人们果真去找这样的生活的话。这些感觉和情感都有内在的价值，因此，自利才被人珍视。一个人，通过他的脾性和他的激情与情感的特征最容易确定自身。假如他失去了这些品质里面具有男性品质或价值的东西，那他就失去了自己，就如同他失去了记忆或领悟力一样。朝恶棍或卑贱的方向迈出一小步，就会改变一个人和人生的价值。以无论何种代价保存生命的人，他虐待自己一定使任何人虐待他还要多。假如生命的确是一件珍贵的东西，一个不愿意为恶，宁肯死也不愿意作恶的人，他在这场交易中已经成为一个赢家。

第四节

我的朋友，在你的教育中，没有与当今哲学或哲学家有任何关系，这可真是一桩幸事啊！一个好诗人，还有一位诚实的史学家，有可能为了当一位绅士而孜孜以求。这样一种人，他把看这些作家的作品当做一种消遣，因此对他们的判断力有更真实的体味，比一个空谈家更能理解这些作品，一方面因为他勤奋，另一方面也因为他有大量评注家的作品可以参考。我察觉到，从古代以来，人们一直都有一个习俗，总是把最有天资的青年送往哲学家那里塑造成人。在这些哲学家的学校里，有了这些哲学家为伴，有了那么多规定和榜样，那些出色的学生就习惯了艰苦生活，学会了最严酷的节制和自我否认。由于早年便接受这样的训练，他们就很适合于接受他人的指令，要么是在战争中捍卫国家的尊严，要么是在国内进行智慧的统治，要么是在繁荣昌盛与和平的时代遏制奢侈与腐败之风。假如所有这些艺术都在大学学习期间就掌握了，那是再好不过。可是，世上有些大学现在都是按一定模式开办的，对于上述目的似乎不是太有效，在世人正当行为的训导和对人对事的知识方面也不是很走运。假如你在那样的学校里塞满了一肚子的伦理学和政治学，那我根本就不可能想到给你写这么一封讲常识的信。我不可能引述那位诗人的"甜蜜和荣光"，假如像他对他高贵的友人所做的那样为一位友人竖一块纪念碑，我也不会拿他那样的碑铭放在你的头上。

他不惧为亲爱的朋友和祖国而死。

我们当今的哲学，附随的是那位十分能干的诡辩家的理论，他说："皮对皮，肉对肉，一个人拥有的一节，他愿意全都拿出去换取自己的性命。"在某些人看来，根据令人愉悦的感觉的次数与强烈程度确定生命的代价，不仅仅是牢靠的哲学说教，也是正统的神学。他们就是以这个论点来对抗并考验美德与诚实的。从这个立场上看，他们觉得把所有人称为傻子是适当的，因为这些人愿意让生命受到威胁，甚至要远离这种愉悦的感官刺激，当然条件是，他们要得到同等的回报，使他们这次交易能够得到很大利益。因此看起来，我们必须通过放高利贷学习美德，要强化生命和感官快乐的价值，目的是要做聪明人，要过上好日子。

可是，我的朋友啊，你在这一点上观点十分固执，你不愿意跟随众人的想法把死亡看做是值得伤悼的东西，也不愿意就你有时候因为诚实而大受威胁的那些东西的损失而懊悔，你尽可以对这一类的箴言大加嘲笑，并以经过改进的自私自利和这些时髦的道德学家们的哲学怯懦来转移自己的注意力。你不会跟他们一样按照他们的价码确定生命的价值，也不会像他们一样让诚实一钱不值，因为那些人只是给予它一个名称而已。你被说服，这件事情当中还有比时尚和众人欢呼更重要的某种东西，你知道价值与功绩都是实在的，根本不可能通过幻想或意愿加以变通。你还知道，荣耀在付诸实施的时候跟它自身一样，看得见看不见，世人是不是欢迎都是如此。

有没有哪位有绅士派头的人这样问我："假如没有人在场，我为什么还要干干净净的呢？"首先我就可以十分肯定地说，这位绅士如果发出这样的问题，本身就说明他是个可恶的人，我可以说，让他思考什么是真正的清洁，对我来说是相当不容易的一件事情。可是，尽管有这样的事情发生，我也许满足于给他一个简单的答案，说："那是因为我有一个鼻子。"

假如他再找麻烦，又问我一个问题说："要我感冒了呢？假如我天生就没有一身好体味呢？"我也许会这样回答："我不在乎别人是不是觉得我很脏，我自己更不会这样看待自己。""可要是在黑暗中呢?"哪怕在那个时候,哪怕我没有了鼻子,也没有眼睛,我对事物的感觉仍然会是一样的,我的天性会在想到某种肮脏的东西时自然唤醒,要不然,那我的本性一定相当可怕,我一定会恨自然形同野兽。我永远都不敢自吹自擂,虽然对别的事物不一定有良好感觉,但现实中,我对自己还是有把握的,对什么构成我,构成一个人类有把握。

同样,我也听到有人问过这样的问题:"人在暗处为什么也要诚实呢?"什么样的人会提出这样的问题,我都不想说了。可是,有很多人,他们之所以诚实,其理由仅仅是害怕上绞架或坐牢,并没有更好的理由,对于这样一些人,我得承认,自己并不急于跟他们为伍,更不渴望结交他们。如果我的监护人向来保守着他的信任,在我成年时将财产交还我了,结果被发现一直都有这样的行为,就是说,他这样做仅仅是害怕不这样做带来的后果,在我自己这方面来说,我无疑会继续对他保持民事关系,对他表示应有的尊敬,但至于我对他的价值的看法,那就如同皮提亚的阿波罗神与其崇拜者之间的关系,人们怀着虔诚敬畏他,因此就把交由他管理的东西交还给了一位友人。

因此说,他之所以交还,是出自敬畏而非出自原则。可他仍然证明那神谕是真实的,也适合神的声音,因为他和他的庙宇连根带枝尽数毁灭。

我非常清楚,为公众提供的许多服务,仅仅是出自奖赏的缘故,告发者尤其是值得特别照顾,有时候应该列为领取政府养老金的人。可是,对于这些先生的功劳产生的一些特别想法,我必须请求大家原谅,我永远也不会让自己去尊敬除开主动发现恶行的人之外的别人,还有那些真诚服务于国家利益的检察官。在这个方面,我知道最伟大和最高尚的事情,就是从事与管理某些重要的起诉工作,有了这样的起诉,一个国家的江洋大盗和一些损害公众利益的阴谋集团才能受到控告和处罚，这一切都通过一个私下里的人最诚实的热忱和对公众的热爱而完成。

我还知道，人类当中的一些粗野者经常需要在他们眼前摆上一个纠偏用的物体，如绞架，可是，我并不相信，一个接受过普通教育或具备普通诚实心的人，竟然需要在自己头脑里诉诸如此的念头，这样才能更好地约束他自己，从而避免扮演恶棍的角色。假如一位圣贤并无其他德行，仅只有在一个遥远国度通过同样的赏罚目标培养起来的东西，我就不知道他还会获得谁的爱或尊敬，可是，在我这方面，我永远也不会认为他是一个值得我爱或尊敬的人。

假如我的奴隶对我说："我没有偷东西，也没有逃跑。"我会回答说："你得了你的奖赏，没有人拿鞭子来抽你。""我没有杀一个人！""乌鸦不会在十字架上吞食你。""我是个好人和诚实的人！"我的塞宾管家就摇头否认。

第四篇

第一节

到这个时候，我的朋友，我希望你可能已经看出来，由于我真心为善意嘲讽辩解，因此在使用善意嘲讽时也会有分寸，不会乱来。学会把握和调节自然给予我们的这份幽默感，把它当做对付恶行的较缓和的疗方，当做解决迷信和抑郁型妄想的特效药，事实上是一门严肃的学问。想办法从普通事物中引发出一阵大笑，与在普通事物中找出正好值得一笑的东西，这两者之间存在很大差别。除开残缺变形的东西之外，没有什么东西是值得嘲笑的，也没有任何东西抵挡得住善意的嘲讽，除非这东西适当和恰到好处。因此，剥夺公平诚实者使用这个武器的权利，当真是世上最困难的一件事情，因为这东西从来都不会伤害到自身，而对于任何相反的东西倒是一针见血。

在这样的情况下，假如那些意大利的滑稽表演者可以给我们提供一条规则的话，那我们就可以从中了解到，在他们最低俗和最粗劣的机智中，表演得最成功的还是人的怯懦和贪婪这两种情绪。把真正的勇敢或高贵变成值得嘲笑的东西，那是在藐视整个世界。一个贪食者或仅仅是一个好色者，可能也跟另外两者一样好笑。除开人类中极粗野和最可鄙的人之外，不做作的节制也不能成为蔑视的话题。现在，这三种成分构成了一种德行特征，就如同那相反的三个成分正是恶行的特征。因此，我们如何能够把诚实变成一场玩笑呢？两种情况下都笑，那是没有意义的。假如嘲笑针对的是粗鲁、贪婪和怯懦，那么，只要有可以想象的机智的人，谁又会去讥讽智慧，或嘲笑诚实和良好风范呢？

一个真正有良好教育的人，无论他是干什么的，都无法做一件粗鲁或残忍的事情。在这种情况下，他永远都不会本着自利或优势的谨慎规则来处心积虑地思考此事。他依据本性，按照必要的方式，不带任何思考地行事的，假如他不是这样，那他就不可能符合自己的性格，亦不可能被发现是一个在任何情况下都保持是真正有良好教养的人。在诚实的人那里也是一样。在明白无误的恶棍行为中，他不可能认真思考。意外之财并不构成对他的诱惑。他太爱护自己，不可能跟那些腐败的恶棍同流合污，他们竟然把抢劫和掠夺国家得来的一大笔钱称为意外之财。一个喜欢思想自由，并是自己的真正主人的人，一定想都不会想到为龌龊和卑贱的东西低头。另外，一个有心去低头的人，一定会放弃对人对己时的刚毅、决心、友情、价值以及身份。可是，为了追求这些好东西和利益，还有一种放纵原则的种种益处，为了假装热爱社会和自由思想，又带有一颗恶棍的心，那就是相当可笑的事情了，正像一些小孩子把饼吃下肚子之后又哭闹着要那张饼。当人一旦开始为不诚实的事情

71

动心思，并且发觉这样做并不让自己的胃口有什么难受时，就会提出这样愚蠢的问题："那么大一笔钱，怎么还会有人对一件小小的恶行犹豫不决呢？"应该有人告诉他们，就像对孩子一样，他们不能把饼吃了然后又要它。

的确，当人成为小有成就的恶棍后，他们就过了哭闹着要那张饼的阶段。他们明白自己是什么人，人类也是这样看待他们的。这可不是指那些受人羡慕或崇拜的人。有节制的那一种较容易为我们所接受。可假如我们有判断力，我们就会考虑，事实上这正是彻头彻尾的恶棍，就是非常熟练和违反自然的恶棍，他无论如何总可以跟诚实的人一样追求幸福。真正的利益总是完全在这一边或那一边的。所有中间的东西全都是前后矛盾、优柔寡断、懊悔、恼怒和寒战发作，或从热到冷，或从一种激情转向完全相反的另一种激情，是人生永久性的不和谐，是焦躁不安和自我厌恶的反复。唯一让人安定下来的，就只有通过一个确定和考虑周到的决心，一旦下定决心，就必须勇敢地坚守，那些激情和情感就必须归顺至其控制之下，人的脾性就必须接受思想的锻造和锤炼，人的性情也要服从判断力的指挥。两者必须要相符合，否则，一切就会变成一场混乱和失序。因此，人们若真诚地为自己思考，"为什么哪怕是一件小小的坏事也不能干，为什么哪怕一次背信弃义也不行"，这个问题就是世上最可笑的想象了，而且与人的常识相反。对于一位普通的诚实者来说，假如他是一个人独处，也没有哲学或其他就其利益进行的微妙的推理活动来打扰他，那么，想到一件坏事的时候他不会有别的答案，他会觉得内心里不可能有着手做这件事情的任何东西，或无法克服他本人针对此事的天生的厌恶。这就是自然和正当的。

真相是，正如道德方面的许多观念在世上的情形一样，诚实不太可能通过哲学或任何一种深刻的思辨赢得什么。大致说来，还是靠常识比较好，再不往前迈一步。在这件事情上，人的第一想法往往比第二想法强：他们天生的观念总是比由学问熏陶过或请教过决疑论者的观念好。根据普通的言论，也根据常识，诚实总是最好的办法，可是，根据经过熏陶的判断力，在我们这个世界上，唯一广纳众议的聪明人，就是那些游移不定的恶棍，只要他们才被认为是为自己效力的人，他们才会满足自己的激情所需，会满足他们最放荡的胃口与欲望。因此，看起来，这才是最聪明的做法，这才是这个世界的智慧所在啊！

一个普通人，以常识的方式谈起一桩恶劣行径来，说得非常自然，而且是心里话："他在整个世界面前也不会因这样一桩事情而内疚。"可是，善于思辨的人，对于这样一桩事情却有非常委婉的说法，他们会谈到种种借口、许多疗救的办法，还有缓解之法。适当发挥的天资、请求赦免的恰当方法、适时的济贫行动以及为合适的崇拜者建造的慈善机构，还有为正当信仰显示出来的极高的热忱，这些都足以弥补我们的一次错误行为，尤其是当这一行为使一个人升至权力高位（如他们所说的那样），借此可以行善并为真正的事业贡献力量的时候。

许多巨资与高位，都是在如此这般的一个基础上获取的。有些王冠也有可能以这种方式攫取，古代也有某些威披四海的皇帝（假如我没有弄错的话），也曾得到过这种想法或类似道理的助益，作为回报，他们往往对当日鼎力相助的那帮人和事充满感激。铸就这些道德说教的人因此获利丰厚，这个世界也就为自己的哲学付出高昂代价，因为人类最初的简明原则，以及和平与互爱的最诚实的规条，通过某种精神的化学作用而达至崇高地位，从而成为最大的腐蚀品，经过他们的蒸馏器以后，结成了相互仇恨和恶毒迫害的极高度数的酒精。

73

第二节

可是，我的朋友啊，我们的幽默感却不会使我们偏向阴郁的反省。让严厉谴责罪恶的人按照最适合他们的天才与性格的方式去从事他们的谴责吧！我乐于同他们一道庆贺他们辛苦劳动带来的成果，那是他们以人们允许的权威方式获得的成果。这同时，我就奇怪了，为什么别人就不能嘲笑愚行，并以开玩笑和嘲讽的方式劝荐智慧与美德（假如他们有能力这样做的话）呢？我不知道，诗人，或其他为娱乐自己和他人而写作的人，为什么就不能得到这个特权呢？假如我们坚定不移的改革家们总在抱怨自己的声音得不到时尚人士的注意，假如他们强烈反对耽于幻想的智者动不动就诉诸嘲笑作为保护，并在那个阵地上成功突围，为什么要剥夺这个人以同样方式面对劲敌，并自愿迎击如此攻击，而且他唯一的要求就是得允进行同一种公平游戏的权利呢？他毕竟只是这个事业中的志愿者啊。

我所说的时尚人士，指的是一种天生才气或良好教养的强势使其得到一种可以称为天资聪颖、优雅得体之感的人。有些人如此确属自然天成，另外一些人通过计谋与练习养成，他们是大师，或有音乐之耳，或有绘画之眼，或有奇妙想象力，把凡俗不堪的东西变成金碧辉煌和雅致入眼的东西，或者有对各种比例的判断力，还有一种总体的高雅品位，能鉴赏世上有创意的人能够得娱乐和喜悦的大部分东西。让我所说的这些先生在他们的品行上尽其所能地恣意发挥，或任其言行不一吧！他们一定会同时发觉自己前后不一贯，过着自相矛盾的生活，而且有悖于他们最大的快乐与享受基于其上的那条原则。

艺术能手所追求，诗人所吟诵，音乐家所歌唱，无论何种建筑师或画家所描述或塑造的其他美；最令人快乐，最让人迷恋和入神的，都是从现实生活中抽取出来的，也是从人的激情

中提炼的。只有纯粹源出自身的东西，只有从心的本质中产生
的，才能使人心受到最大激励，比如情操之美、行为的优雅、
性格的转变和人类心智的比例与特征。哲学，甚至是一部浪漫
故事，一首诗或一曲戏都能让我们明白这个道理，而富于幻想
的作家却引导我们带着欢乐穿过情感的迷宫，不管我们愿意不
愿意，都能让我们通过其男女英雄的激情而产生兴趣：

　　　　跟魔法师一样，他折磨我们，使我们愤怒，让我们宽
　　心，在我们心里填塞虚假的恐惧。

　　这一股自然的力量，就让诗人或其他讲求和谐的人去否认
吧！假如他们能够做到的话，或任他们去抵挡这种道德的魔法
吧！在这些人那里，这东西有一种双重的魔力笼罩着他们。首
先，给予他们以灵感的那种激情，其本身就是对于数、得体与
比例的爱，而这种爱的激情并不是从狭窄的意义上说的，也不
是从自私的角度讲的（他们当中到底有谁真正是为自己而创
作的呢？），而是从一种友好的社会视角上来说的，为的是他
人的快乐与利益，甚至是为子孙后代的利益。其次，在这些表
演者身上十分明显的是，他们首要的主题及话题，就是使他们
的天才得以最大限度的发挥，也借此有效感动他人的，完全是
礼貌之举，以及其道德角色。因为这就是最终效果，这也就是
其艺术之美。"通过音节的音步，还有声响，来表达一种内在
的和谐与数，再现人类灵魂的美，辅以适当的烘托，还有矛盾
物，这些东西都能达到绘画中美惠三女神的作用，使激情的音
乐听起来更澎湃，更引人入胜。"
　　赞扬女性之美的人，在听说女性恋情中的道德角色时一定
会捧腹大笑，但是，这在人心里会引起多大震憾！这是何等奇
特的情操探究，是何等温情的思考！这些爱好艺术的人乐于称
道的，不正是这种对幽默感，对一种判断力，对一种微妙机

智，以及对人的心智里所有这些魅力的称赞吗？让他们自行解决这件事情吧！让他们按照自以为适当的方式调节这些不同的美彼此所持的比例吧！但他们仍然必须承认，还有心智之美存在着，这在我们所说的这件事情中是必不可少的。一脸蠢相一开始就让一个情人厌烦，这难道还有什么别的原因？白痴一样的表情和仪态为什么会毁坏所有那些外在魅力，使她的魅力中可爱的一面荡然无存，哪怕她平常看起来总有那匀称的五官和娇好的面容相帮衬？我们不妨想象我们在美的切实部分到底喜欢什么，可是，假如对这话题进行认真评论，我们也许会发生，我们最称赞的东西，哪怕在外部表情的转变中，也只是一种神秘的表现，也是内在于脾性的某种东西的某种影子，当我们为一种高贵神情、活泼外表和剽悍或相反的轻柔及温情的美所感动时，让我们热情高涨的就要还是这些人物或品行的幻想，我们的想象力忙于构成美丽的外表和这种理性种类的形象，这是让思想得到愉悦的东西，并让人的思想一直处于赞美的过程中，而其他较低等的激情就以别的方式宣泄出去了。最初的致词、宣言、解释、信心、清场子的话；对某种相互之间的东西的依靠，就是通过报答感觉到的东西，这些都是一场风流韵事里必不可少的佐料，是那些举止高雅和讲求艺术的人士以这种激情方式踏踏实实地建立起来的。

讲求更冷调的激情与深思熟虑的追求的人士，也不能抵挡别的主题中展现出来的这股美的力量。每个人都是一位鉴赏家，只不过程度有高低之别而已，人人都追求一种典雅，都喜好这种那种维纳斯。事物的美、善与端庄都会找到表现的途径。不肯在更高尚的理性与道德种类的主题上给予它一个范围的人，会在别处看到它的流行，在更次一等的事物秩序中表现出来。忽视行动的主旨，总体上讨厌人生中数字与比例的想法的人，在比较低俗的具体情形中也同样会被吸引并参与其中，要么是琢磨普通的艺术，要么仅仅研究机械美的呵护与培育。

房屋、建筑的模式以及配套的装饰、园林的布局以及其中的隔断布置、人行走道的顺序、植物栽培、行车道以及其他数千种对称布局，都会在心智更快乐或更高层的对称与秩序空间里完满实现。各种美好、高贵、俊俏的东西，都会有上千的机会展现自我，也会找到上千的表现话题。幽灵仍然会以这种那种外形缠绕我们，就算我们头脑冷静，将它拒之门外，它们也会在院子里会见我们，在我们的头脑里填塞进显赫、声名、荣耀以及虚幻的庄严与美感的梦想，而我们总是乐于为它牺牲我们最大的快乐与安逸，为了它的缘故，我们成为纯粹的苦工和最卑屈的奴隶。

看来最轻视这种哲学之美的快乐人士，时常也被迫承认其魅力。他们可以像其他人一样真心诚意地评论诚实，但同样也会被高贵角色的美所感动。他们崇拜那东西本身，而不是再现的途径。假如有可能，他们也会提出这样的要求，以便使廉洁与奢华相符合。但是，和谐的规则并不允许这样做，因为不谐调的声音太刺耳。可是，有人尝试这么做，看上去也不是什么太难受的事情。虽然某些沉溺酒色者为低贱和各式各样的腐败行为进行可耻的辩护，但是，另外一些人，一些更高贵的人，总会努力保持与诚实相宜的尺度，他们对快乐的理解更适当，他们总会让快乐处在某种尺度之内。他们谴责这样一种行为，而赞美另外一种仪态。"这样最好，再过一步就错了。这样不错，再过就不能容了。"他们在自己的快乐观念中引入一种公正和秩序。他们愿意把理性拉到自己一边，为自己的生活进行某种形式的解释，使自己处于某种协调和一致的状态；或者，假如他们发现这样做在某些方面不切实际，他们会选择牺牲自己的快乐，让与从一种更高贵的行为中产生出来的快乐，让与一种行为的规则，还有生活与仪态的前后一贯：

要了解真正生活的尺度与规则。

另外一些时候，我们又会想到：带有高贵特征的强烈价值观，总是与某种可恶的卑鄙观相对啊。因此才会有这样的情形出现：在诗人当中，讽刺文作家很少有不对美德有失偏颇的时候。而更高贵的诗人在这件事情上却少有虚假的。哪怕天资总是趋向勇猛与快乐的现代智者，在面临恶行当道并使人们只看到相反的东西时，总能高歌吟诵，赞扬简朴的诚实之美。

当我们与世人结成友情，与美好的事物相得益彰，因拥有其他的美而繁荣发达，我们恐怕会像平常一样轻视这朴素的情妇。可当我们在这件事情上明白，沉溺与过度在这个世界上会自然而然地产生什么东西，当我们发现，通过奢侈的手段并为了达到邪恶目的，一些恶人总赶在我们前面，而世上最邪恶的人总是比最诚实的人更逗人喜欢，我们就会以新眼光看待美德，在这种美饰的协助下，能够分辨诚实之美和这些魅力的现实，这些东西，我们以前以为既不是自然的，也不是那么不可抗拒。

第三节

话讲了这么多，说到底，世上最天然的美还是诚实和道德真理。所有的美也都是真，真实的五官构成面容的美，真实的比例也是建筑的美，正如真正的尺度也是和谐与音乐的美。在诗歌中，由于一切都是寓言，真理仍然就是完美。无论是谁，只要他是真正的学者，看过古代哲学家或其现代衣钵论述戏剧诗与史诗本质的书，都一定会轻松地明白这种对真理的论述。

一位画家，假如真有才干，就会明白真理与设计的统一，他会明白，假如离自然太近，并且严格的抄袭生活，那也是不自然的。他的艺术不允许他把所有的自然都带入作品，而只能加入其中的一部分。但是，他的作品如果是漂亮的，并带有真实的成分，其自身就一定是完整的，技法熟练，独立不依，同时照样尽可能地伟大和全面。因此，在这种情况下，局部必须服从整体的设计，所有事物都必须从属于原则性的东西，目的是要形成某种景致的宜人，一种简朴、清晰和统一的视界，任何奇特或相异的东西要在这里表现出来，就会打断或扰乱这个统一画面。

五色自然本来是这样的，它的各个部分互有区别，是由于其初始的特别品性原本不同，如果仔细观察，就会使它跟世上现存的任何东西都不一样。可是，勤勉的诗人与画家千方百计要避免的正是这种效果。他们不喜欢微细的部分，也担心奇异失常，因为这样会使其形象或人物看上去反复无常或离奇失真。的确，纯粹的肖像画画家与诗人少有共同之处，但是，跟纯粹的史学家一样，这样的画家原样照搬他看到的东西，细致入微地捕捉每一个特征和奇特的痕迹。这与发明创造和设计的人大不相同。这些天才构成其作品思想的手段，是从众多自然的物体而不是从某个单一物品中提炼出来的。因此，据说最好的艺术家总是不遗余力地研究最好的雕塑，认为那是最完美的人体也不能提供的更好的规则。因此，某些才气超人的智者推荐最好的诗歌往往比最好的历史更好，它们能更好地讲述人物的真实和人类的本性。

这样的批评还不能说期望过高。虽然很少有人真正局限于这些规则，可是，也很少有人从来都不考虑这些规则的。无论我们把居心不良的诗人或其作品失常有如昙花一现的作曲家摆放到哪个角落里去，我们都相当清楚，优秀艺术家历久不衰的作品一定是按照某种齐整统一的方式形成的。他们的每一份恰到好处的作品，都按照比例和真实的自然规则创作出来。他们大脑的产物一定如自然之天成。他们的躯干与肢体一定存在一定的比例关系，否则，连庸俗者也能对其作品指手画脚，就算这样的作品既没有头也没有尾。正是这个原因，根据恰当的哲

79

学，常识会判断那些尽管细部特别新奇准确但缺乏整体恰当的作品，并说明其作者主要还是拙劣的艺术家。

　　　　对其作品的整体仍然不满意，因为他将无法解释这个整体。

这就是诗化的真理，（假如我能够这么说的话）这也就是图解的或塑像的真理。叙事或历史的真理，一定是值得高度敬重的，尤其是当我们考虑对真理的兴趣如此高昂的人类，曾因为缺乏真理的清晰性而深受其害。这本身都是一种道德真理。要在一者中充当判官，就必须在另一者中有一个判断。作者的道德、品性以及才气必须细加考虑，史学家或讲述人类重要事件的人，无论他是谁，都一定会在许多方面证明他自身，如他的判断力、坦诚和无私，因为我们向来只能依重他的权威来判断很多事物。至于批评的真理，还有一些评说者、译者、阐述者、语法家和其他一些人面对如此之多的风格，如此不同的解读法，对原件如此之多的窜改和错讹，对抄写者、转录者、编辑造成的那么多错误，以及古书总会有的无数类似缺陷就此传达给我们的判断与结论，总体来看，就只能是聪明的猜测了。另外还必须考虑到，读者虽然也可以称为能干的语言学家，一定也会从编年史、自然哲学、地理和其他科学中得到其他的许多帮助。

　　因此，要恰当地判断历史真理，以及判断来自不同民族、年代与时代，其性格与兴趣也各个不同的古代作家遗留给我们的关于人类过往行为与环境的描述，还需要对先前的真理进行检验和理解。根据其自身尽管如此明显的某些道德和哲学真理，人们往往很容易就想象半数的人类向来如此疯癫，正好符合这一模一样的愚行特征，以至于无法承认任何类似真理的东西，而这一定与自然知识、基本理性和常识背道而驰。

　　我尤其提醒过这一点，因为现代某些狂热者对真理的认识看来并没有长进，判断知识的方式也没有进步，就好像只会点人头似的。根据这一条规则，假如他们能在一群人中点出一个无足轻重的数字来，假如他们能列出一组兰开夏的人头数、偏远乡下的头罩数或幻想中的集会者数目来，用以证实骑在扫把上的女巫在空中飞行的故事，那他们就拿出了他们这一新本领的铁证，并且会喊叫：真理伟大，而真理也会历此不胫而走。

无疑，宗教在很大程度上归功于这些充满奇才的人，在如此讲求辨别是非的一个时代，他们会将它置于流行传统的脚下，并且拿它放在与教区故事以及用来吓唬孩子和供赶鬼者及狡猾之人练习法术的鬼怪、妖精和疯人恶作剧等供闲聊的故事相同的一个基础上。你也知道，乡下的人习惯用这个名称称呼破解神秘的人，人们认为这些人能以诚实的方式念咒唤鬼，并借恶魔自己的法力挫败它们。

我的朋友，我觉得现在是时候结束这段长篇大论的反省了，假如再费心去进一步解释许多事物，我一定会有失幽默之道，就这些话题没完没了地深说下去。可是，假如你发现我在这里按照常识而且并没有装模作样的说教方式还能容忍下去，那我应该对自己的表现满意了，从而不用担心可能打扰了我们这个时代的某些苛责者，因为这些吹毛求疵者的言论与作品全然属于另一个类型。你也看得出来，某些时候我尽情大笑，假如我或者是笑错了地方，或者是过分严肃，我也乐于因此承受别人的嘲笑。反过来，假如别人对我大加指责，我也只能像以前那样大笑，当然对我想做的事情会有新的益处。尽管事实上没有任何东西比逗引某些狂热分子的怒气、恶意和愤恨更为可笑，而这些人近来正是以有了如此装备而为人熟知的，可是，由于治安官近来已经采取特别措施修剪了他们的魔爪，这事现在就变成了某种喜剧了。它使人想起那些奇异人物的幻想，还有龙脸，这些东西往往出现在山墙上，或者在老房子的柱石上。那些东西刻在上面，看来是想当做建筑物的防护者和支撑物，可是，尽管那些东西一脸鬼相，对于房子内外的人却既无害也无用。发一通烈怒却无济于事，那就会成为玩笑和滑稽的对象。过度的凶残配上无能和无力，就会成为最大的笑料。

　　此致，

　　　　　　敬礼！

独白或给一位作家的建议

第一篇

第一节

我常想，下面这句箴言是何等的居心不良，可是，有很多次，我听到一些悟性极高的人也在说这话："至于私下里的行为，没有谁更有资格给予别人指导。"可是，进一步审查之后，我自己有了一番领悟，觉得承认这句话并不会对人类构成严重偏见。按照指导这个词的一般意思，我觉得，人们错误地理解了这个词并不值得奇怪。有某种奇怪的东西使这件事本末倒置，反倒使给予者成为唯一的获得者。根据我在我们生活中的许多情况下观察到的情形，我们称为给予指导的东西，恰当地说，就是指乘机以牺牲他人为代价显摆自己的智慧。另外，接受指导，或者说按照通常为我们规定好的条件接受指导，简直就是温顺地为他人提供一个良机，使人利用我们自己的缺陷抬高身份。

在现实中，无论一个人的能力有多么大，或者多么愿意给予指导，要使指导成为免费礼物总还是一件难事。的确，要使一件礼物成为白白给予的东西，那里面就不能含有任何可以从别人那里取走而添加到自己身上的东西。在所有其他方面，给予，还有派发，就是慷慨大度，就是善意，但赠予智慧，就是获得一种不能轻易到手的掌控。人愿意学习任何教给我们的东西。他们愿意接受数学、音乐或其他科学方面的老师，却不愿接受领悟力和良好判断力方面的老师。

一位作家，要想在这方面显出并无傲慢不逊的一面，那是可以想象出来的最难的一件事情。广义上的所有作家，在某种程度上说都是一个时代默认的领悟力方面的老师。由于这个理由，在人类的早年，诗人们就已经被看做真正的圣贤，他们直言人生规条，传授仪表和良好判断力方面的知识。他们如何竟然失去了这个权力，这我说不好。他们有一份奇妙的幸福与益处，并不需要公开声张自己的这一份特权。假如他们伪称这只是为了逗乐，那他们也是在以隐蔽的方式给予指导，并下达指令，他们过去和现在也许都被尊称为作家中最优秀和最值得尊敬的人，而且不无理由。

这同时："假如直言和说教从本质上说，对于其他作家而言是如此危险的一件事情，那么，一位对作家本身直言的人又会是怎样的呢？"

对此我这样回答。与其说我的本意是要给予指导，还不如说我要考虑给予指导的方式和方法。我的这一门学问，假如可以称得上是学问的话，只不过是一位语言教师的学问，或者可以称得上是一位逻辑学家。我有一个坚强的信念，认为论证中有某种诀窍或称戏法，我们要利用这东西才能有保障地进入给予指导这个危险角色，确保我们的指导为人所接受这样的好运，假如这指导确有某种价值的话。

我的建议是，把这件事情看做是一次外科手术。我们都承认，一把好手，往往是反复练习的结果。"但是，在这个例子中，谁是拿来练习的人呢？谁会心甘情愿地成为第一名让我们试手，并为我们提供这种必要经验的人呢？"困难就在这里。假定我们有医院专做这种手术，而且总会有某些温顺的患者乐意在自己身上开口子，供我们随意研究与探查，这样的益处对于这种做法无疑是相当大的。这样一定会获得某种洞察力，到一定时候，一双熟手很可能练成，可是，那极可能是一双粗暴的手，不一定能为后来的外科手术提供什么东西。因为在这里，手的温情从原则上讲是必不可少的。没有感觉和同情心的人不可能称为外科医生。到哪里去找这么一样东西，在其中，起作用的东西极可能保存最大的温情，同时又能以最强烈的刚毅和胆识采取行动，这显然不是一件可以小看的事情。

我明白，在所有大型项目中，初一看，都存在某种幻想和自负的成分在里面，它很容易使从事这个项目的人看上去觉得好笑。因此，我要让读者做好防备这种偏见的准备，我要让读者明白，在我们所说的这个行动中，没有任何可以恰当地引人发笑的东西，假如有，这嘲笑倒头来极可能在人自己同意的情况下转向他自身，这正好就是我们将要说明的这门艺术或科学的一个范本。

相应地，假如有人针对上述提及的做法和外科艺术提出反对意见，认为"我们在哪里也找不到这样一位温顺的患者使我们能在他那里一试身手，哪怕我们事实上要为他保留最大的温情和尊重，"那么，我要提出另外的看法，比如，我会说，我们每个人都可以把自己拿来练习啊。"这才是狡辩啊（你会说）！谁能把自己变成两份，自己成为自己的试验者呢？谁能恰当地嘲笑自己，并在这样的情形下或是开心或是焦心呢？"去看看诗人吧！他们会为我们提供许多例证。这一类的独白在他们那里是再平常不过了。一个城府较深的人，哪怕是一个能力一般的人，有时候碰巧也会犯下一个错误。他为此事忧心忡忡。他独自走上舞台，四周看看，想知道附近有没有人。之后就大肆责备自己，毫不留情。我们禁不住好奇，不知道他会把自己数落到什么程度，也不知道他会把这种自我解剖的活儿干到哪一步。通过这样的自白，他就成为两个完全不同的人。他是学生，也是教师。他教别人，他也从中学习。在为我们现代戏剧诗人的道德辩护时，假如我实在没有别的什么话好说，那我也要替他们说几句话来反驳因为这样的做法而非难他们的人，因为戏剧诗人特别费心将这种独白的效果发挥到了极致。无论这种做法是否自然，从常见的习俗和用法来说，我都觉得自己有责任强调：这是一种诚实和值得称赞的做法，假如这做法现在看起来不那么自然了，那我们也有责任通过学习和应用使其变得自然。

"那我们不是要走上舞台接受教诲吗？我们必须从诗人那里学习问答教学法吗？而且，就跟演员一样，我们也必须大声讲话，把自己跟自己独自辩论的内容和盘托出？"也许并非绝对如此吧。不过，对我们自己说几句话，把一丁点气息和清晰的声音完全对准我们自己，这样做到底有什么害处，我是看不出来的。假如我们在方便的时候宣泄一些清晰的声音，并在独处的时候真的对自己说几句话，那么，我们在人前或许就不那么啰唆，而且因此受益不少。因为人多往往令人走极端，禁不住产生妄想，就如同园艺中的温床，很容易让我们的想象力走偏。可是，经过这种独白的预先治疗，我们就有可能有效地克服这困难。

历史上记载着好些民族，他们看来对于言语中空洞的浮夸之风造成的后果一直忧心忡忡，并因此下决心严格戒备这种不良习气。他们把我们所说的这种对策推广甚远，使它不仅仅成为他们的习俗，而且还成为他们的宗教和法律，即无论是在众人前还是一人独处，他们都以同样方式讲话、发笑、采取行动、打手势。假如在他们独处和不防备时悄悄走近，你会发现他们正在高声辩论，自己跟自己争执，或责备自己，或为自己提供参考意见，或对自己慷慨陈词，并以声情并茂的动人方式跟自己搭讪，嘘寒问暖。他们极可能曾是一个极善表达的民族，举国上下尽皆演说家和传道高手，全体人民都染上了一种我们今天称为"雄辩麻风"的疾病，直到后来，有一位贤明的立法者振臂一呼，巧妙地脱开了这一股犬热之风。他虽没有任何立即可用的招式抵挡住言辞的激流和话语的巨潮，却想出宣泄的办法疏导了饶舌洪流。

我得承认，我们当前的仪态，并不十分适合于这种独白之法，因而不能任由它成为全国性的做法。我极想借鉴并供给私人之用的，只是这方法的极小一部分，尤其是在为那些作家提供指导的情形中。我明白，对于许多值得尊敬的人士来说，一旦养成这样一个习惯，或在有活人听到的情况下主动练习这样一门技艺，反倒可能造成致命后果。尽人皆知，我们当中并没有多少人跟罗马人一样，他们恨不得在自己胸口也开上窗户，希望房子里面的一切都尽量敞亮，正是出于这个理由，他们的建筑都尽可能造得开阔。因此，我倒想建议我们的见习生第一次练习就钻进密林，或去高山上觅一处宝地，到了那里，除开一览四周可得安全之便利，而且还会发现空气纯净，适于所要求的呼吸，尤其是在培养诗歌天才的情况下。

所有作家都热爱森林，躲避城市。

令人称奇的是，所有才智超人之士都承认自己也有我们在这里所说的那种做法，他们一般描述自己是一种极可能招人嘲笑的人，要么喜欢在独处时自言自语，要么是在人前沉默寡言。不仅诗人与哲学家，而且演说家本人也经常利用我们这个方法。后来这个部族的首领证明也是一个经常钻进林子或跑去河岸的人，他在那里尽情吐纳，任由其幻想随意蒸发，使精神与声音两者里的激情尽数耗尽。如果其他作家觉得没有什么东西吸引他们去往这些隐修之所，那是因为他们的爱好还没有发展到足够强烈的程度。或者说，即使发展到了这个程度，他们也许会想象，他们的性格也不容他们坚持到底。因为，被仅适合于苦行者的奇怪行为、动作或声音所惊吓，对于出入上流社会的人来说，我得承认那是病态的冒险。但对于诗人和哲学家

87

来说，这样做却是家常便饭：

> 这人要么疯了，要么是在作曲。

我们看出，发疯和作曲一定有某种相似之处。对于按谱表作曲和从事幻想思辨的作曲家来说，他们应该是被庸人误看做是某种散文诗人。他们秘密的做法与习惯也经常这样被人注意：

> 他们咕咕噜噜、自言自语，一下子又一言不发。

这几类人都乐于这种闪避之法，人们认为他们的行为很是自然的，并假定这些奇怪的仪态符合他们的性格。但是，说到其他一些作家，人们就觉得他们应该更显教养。他们应当保留更健谈的习惯，不然对他们可不是小事。假如他们的沉思和浮想受到谈话中对一种不服从主流的思想的担忧而受阻，他们也许碰巧成了优雅的绅士，而作为作家可就差多了。他们热烈的想象可能跟诗人或哲学家是一样的，可是，由于被剥夺了同样的排遣方式，也得不到私下里减轻痛苦的适当机会，怪不得他们会在公共场所显出沉渣泛滥的样子。

可以观察到，回忆录和文论的作者主要受到这种空洞犬热病的侵袭。我们也无法怀疑，这就是这些先生们用与自己相关的东西过度娱乐世人的真实原因。由于没有机会私下里与自己对话，或操练自己的才智以熟悉或证明它的力量，他们立即在一个错误的地方着手下力，并在世界舞台上展示他们本该约束在私人范围内的做法，假如他们有心要看一看，这到底是他们自己还是这个世界更适合他们的道德。的确，谁真的能忍受他们就自己的体格、如何主宰和控制它、什么样的饮食最适合它和他的做法在自己身上有何效果等发表的一通江湖医生式的谈论呢？有句老话说得好，"好医生医不了自己的病"，但我认为，人若赶在进行这种肉体手术时到场，那一定是时机错得太远。一位读者，若是被迫协助正在练习中的作者进行实验讨论，那事实上一定也得不到更多乐趣，因为这作者在这期间实际上只不过是在当众服药而已。

出于这个理由，我觉得，任何人，发表沉思录、杂感、独白或其他归属于自言自语观念之下的其他任何作品都是不妥当的，这一类的作品，我能想得出来的最客气的一个名称，就是某一位作家所说的那个名称，这位作家称这类作品为"鸡肋集"。这些充满才智的人，往往并没有经过深思熟虑，而是在突然间想到，经过许多次的流产与堕胎之后，他们无法把任何外形漂亮或整体完美的东西带到这个世界上来，这可真是不幸啊。尽管如此，他们对自己的后代的喜好并不见减少，从某种意义上说，这后代是他们当众产下的。他们的脑子里充满公众意识，却从没有为自己找到一点时间好在私下里思考自己的特别利益与效用。由于这个理由，尽管他们离群索居，却从来都不是全靠自己的。世人总是他们生活的一部分。他们显出作家品性，而且总在思考这种或那种想法如何有助于完成某套沉思集，或充实某一本陈腐之作，指望从这些东西里面挖掘出来的宝藏会大量流入这个求知若渴的世界。

可是，假如我们这些即将成为原著者的候选人碰巧还是一些敬神的人，那么，他们的爱心会延伸至什么境界，那就不是一件可以想象得出来的事情了。他们对人类的痴心与温情如江河滔滔，竟至于根本不愿意让其虔诚练习中的哪怕一丁点有所损失。虽然这一类的独白已经有如此之多的定式与固定名称，可是，他们与自己的灵魂之间进行这种宗教交际和对话的方式，他们生怕其中的任何一个部分不为人知。

这类人也许可以归结为某种伪苦行僧，他们与自己，或与天堂都不可能展开真正的交谈，他们一边斜视这个世界，却又在沉思录里提及自己的书名与版次。尽管这一类的书根据惯用语都称为优秀著作，可是，这些作者却肯定是令人扼腕的一族，而宗教性的"鸡肋集"无疑是最糟糕的。有一位名留青史的圣贤作家，他最不以客套礼貌为然。他不屑于将他凭之写作的那种精神局限于批评的规则与世俗学问，他在任何一个方面也不愿对自己的作品展开批评，也不愿根据一群良友或更好一类人的标准规范自己的风格或语言。我们在比较狭窄的意义上所说的仪表方面的考虑，他更是不屑一顾。除开称之为罪过的那些东西之外，任何其他的错漏他也无心检查，尽管违背良好教养与体面法则的罪人，并不比一个违背语法、严密论证或缜密判断力的罪人更应该看做是好作家。假如言行克制和性情温和并不是一个作家应该遵守的金科玉律，那么，无论他的事业好到什么程度，我还是怀疑他是否能够把这项事业作为有益人类的东西推荐给世人。

出于这方面的考虑，我将从原则上把我们这种自我谈话的练习推荐给所有那些执迷于以圣事劝勉者风格写作的所有那些人，尤其如果他们不可缺少地需要成为同一类谈话者或长篇大论者。因为，经常性和竭尽全力地当众排遣，对于私下里的练习方法来说是一个巨大的阻碍，因为这种练习主要在于自控。可是，假如主要的才智练习不在于控制、辩论或论证，而在于无法控制和既不能有人质疑又不能有人反驳的长篇大论和推理，那就存在很大危险了，以免参与者通过这个习惯受到生涩、消化不良、肝气失调、苦胆，尤其是某类肿瘤或气胀的极大损害，结果使他成为最缺乏应用这种有利健康的自我练习法的能力的人。假如这批离奇古怪的新手数量增长到了荒唐的程度，那就不是什么怪事了，因为他们继续反其道而行之，而这种自我练习之法正是我们借以匡正冗余幽默、惩戒过多自负与妄想的唯一法宝。

从常见的高谈阔论者那里，我们可以抽取需要这种特效药的那些人的惊人例证，他们占去了这个世界上最大部分的谈话机会，而且在公共集会上发言时奋勇当先，无所顾忌。这其中有许多人性情活泼、天资聪颖，热情大度、富于幻想，可是，根据我们这门科学中得出的观察结果，那些当众高谈阔论的人，在一人独处时往往一言不发，也不习惯于我们这种居家疗法中的私下讨论。正是这个原因，他们的言谈常常空洞无物。即使是在发泄情感时，也不免夹带这份空洞。可是，假如他们持之以恒，越过了普通言谈的阶段，竟然一举成为作家，那他们的事情可就不太妙了。他们的书页里根本就不会包含任何有利于他们自己的文字，平日演说时的神情，他们是无法形诸文字的。语音的抑扬顿挫、动作的宜人得体，本可以掩饰残缺的思想和不连贯的句子，轮到文字里面就得搁置一边了，在这里，演说内容会拆成小块，放在一起比较，从头到脚一一分析。因此，除非参与者已经习惯严于律己，他一定很难经受住别人的批评。他的思想可能总是难得有正确的时候，除非早已经习惯于接受他们自己确实的矫正，并在付梓前经过了深思熟虑和仔细检查。如果不是严格的自律者和在这种独处的方式中成为考虑周全的对话者，要成为优秀的思想者，那是世上最难的事情。

第二节

可是，让我们把这件事情往道德方面靠拢些，我兴许很有理由在这里抓住机会，进入一个开阔的学问领域，说明这个意见古已有之。"我们人人都有一个恶魔、精灵、天使或守护神，是我们须臾不离、从理性的第一缕黎明之光或出生的时刻便承诺和信守的。"假如这条意见从字面上看是真实的，那它的用处实在是太大了，对我们建立这个制度和说教来说，无疑十分耐用。不肯与如此神圣的一位贵客进行唯一能使他成为我

91

们的顾问和向导的秘密交谈，轻慢它的到来，并以某种方式拒绝它进出我们的心胸，那是一种绝对无误的渎圣行为或不虔敬之举。可是，假如从这样一个假说着手，我觉得会是相当不公平的，有智慧的古人说以恶魔为伴，我向来认为最多不过是以神秘莫测的方式表述这一层意思："我们每个人内心里都有一位患者，可以适当地说，我们都是自己的练习对象，我们因此也成为实习生，此时，我们在一个隐秘处所发现某种灵魂的二重性，并把我们自己分身为两个部分。"他们的意思是说，这其中的一个部分，立即会证明自己是一位可敬的圣贤，他的权威神情使他自立为我们的忠告者和家庭教师，而另外一部分却仅只有卑贱和奴性，它会满足于人云亦云，言听计从。

鉴于这隐秘处所幽深莫测、外人难入，加之我们内心里实际久已有之的二重性，我们就应该在道德和真实智慧上大有长进了。他们认为，这是我们在内心里掂量事物，并借以确立仅凭它，我们才能与自我相符并在内心里达成一致的从属关系。他们认为，这件事情比任何一种祷告或神殿里的其他礼拜仪式更具宗教意味。他们建议我们时时牢记这一点，把它当做能够做出来的最佳奉献物。

敬神事人全在心智，心地纯正系于情感圣坛。

在古代人看来，这就是那著名的特尔斐铭刻"认识你自己"的真谛所在，也就是说：分裂自己，一身为二。他们认为，假如这样的分身活动应用得法，内心里所有的东西当然会得到恰当理解和适宜的管束。独白这种居家用语，是他们最有信心的。哲学家与圣贤都善于自我交谈，这是人们觉得他们特别的地方，他们自己也以此为荣。"即在众人面前，他们也喜欢独处。"他们认为，一个恶棍从来都不可能只身独处。他们认为，并不是说，他的良心总会在独处时让他烦忧，而是说他

对只身独处没有兴趣，并不想发挥这一份充裕才能，充当自己
的陪伴。若是公平地接纳为友伴，这个自我很快就能修复其同
伴，解决他的许多麻烦事。

人们以为，在生活林林总总的各类杂事中，没有比了解我
们的思想，明白自己的长处何在，什么是我们坦诚地全力以赴
的，什么是我们自以为正确的目标等更容易的。可是，我们的
思想总有某种难解的隐晦用语，因此，要想明明白白地加以表
述，往往会成为世上最难办的事情。由于这个原因，正确的方
法应当是让它们有语音，有重音。我们所缺乏的这方面的能
力，正是道德学家或哲学家努力想要传递到我们手中的。他们
像平常一样举起一面声音之镜，把我们心胸里的声音抽取出
来，教导我们以最平直简明的方式扮演自我。

> 人大声祷告以求表达可靠的思想与信用，内心里秘密
> 发出的祷告却是希望有钱的叔父速死。

当前讲求时尚的这个世界，流行一种玩笑与幽默之风，儿
子乘此歪风说父亲活得太长，丈夫在第一任妻子面前谈论第二
任，谈起来皆信心十足，面无惧色。然而，对他人言语轻狂的
这位先生，假如让他暂离众人，却不敢在私下里自言心中愿
望。一旦哪怕只有一次彻底进入自我，并通过问讯形成所要求
的如数家珍般的自我了解，那他就更无法忍受继续谈论自己的
思想了。因为这样一来，经过一番斗争后，我们也许觉得他应
该跟自己谈些什么话了。"我诚实的心啊，现在该对我说点什
么了吧？我当真是诚实之人吗？我当真是有点什么价值的人
吗？要么我只是做出了一个漂亮样子，从本质上来说我只不过
是个流氓恶棍吗？我在世人面前只不过是一个朋友，一个同
胞，或某种关系，或真是我自以为的某种人？假如阻挡我接纳
财产的人被绞死了，或者摔断了脖子，我事实上当真会十分开

心吗？为什么不开心呢？因为这样正对我的意思啊。假如这事完全在我的能力范围之内，那我为何又不乐于促成此事，扩大自己的利益呢？这是无疑的，除非我能确保干完此事后不受惩罚。自然界最大的恶棍有何理由不这么干呢？同一个原因，并无其他理由。说到底，我与他难道不是一样的吗？一样的，是一个声名狼藉的流氓，不过我也许还是一个懦夫，在我这个类别中还算不得顶尖人物。因此，假如利益为我指出这么一条道路，那人性和同情心会引导我去哪里呢？完全相反。因此，那我如何又如此珍视这些缺点呢？我为什么会同情他人呢？为什么要以价值和荣誉的幻想来娱乐自己呢？是一种品格，一个回忆，一件事情还是一个名称？这些东西如果不是良心的责备又是什么呢？我能把这种自利藏在哪里呢？让自己成为半条恶棍，我能证明自己不是彻头彻尾的傻子吗？"

这样一种语言，我们无论如何是无法忍受下去的，不论我们对别人使用哪一种善意的嘲笑。我们也许能在世人面前为流氓行为辩护，或者高喊愚蠢，但在自己面前却显出傻瓜、疯人或无赖的样子，并当着自己的面加以证实，说明我们的确如此，那可是无法忍受的。人人都对自己充满敬意，一脸清白地出现在密友面前时，他会说宁可当着众人承认自己最丑陋的事情，也不愿意听到自己的恶名在私下里从自己的嘴里说出来。因此，我们可以随时从这里得出一个结论：野心、贪婪、腐败与各种各样隐秘勾当的主要考虑，就是要防止面对和熟知自身的谈话方式，而这正好就是在隐退与内心探索时必然发生的事情。恶棍与下流者的诡异行径，以及迷信与顽固的欺骗行为，都是要使我们更加远离自己，自己跟自己俗套，从而躲避我们用以证实的独白方法。由于这个原因，形式主义者的指教与说教无论何其华而不实，他们使用的方法本身却是足够盲目的，从诚实与严密判断力的角度来说就是一个大障碍。

我能察觉到，假如我的读者碰巧是一位情人，在经历了爱的更深刻和更庄重的形式之后，他一定易于作出结论，认为他对我们提倡的独白方法并不陌生，因为他清醒地意识到，他曾热烈地探究过上面提及的荒芜之地，而在那里，独白派上了最大用场。他兴许会想起来，他有许多次以清晰可闻的嗓音对着林子和岩石喊话，似乎还以这种方式进行过一番推论，就好像他早已经真正掌握了那种必需的区分，并有能力以恰当的形式逗乐自己。可是，非常明显的是，虽然我们在这里所提倡的一切都是真实的，却并不能说明我们在这里讨论的问题。对于一位热烈的情人来说，他无论装出什么样的孤独模样，都不能真正独处。他的情况跟开始谋求公众青睐、着手安排一种足令他开心的私通，使自己超脱自身的作家有些类似。无论他一个人沉思默想的是什么，总还是会因为想象到自己追求的情妇在场而打断。不是一个念头，不是一种表达方式，不是一声叹息，那都只是为他自己的。所有一切都是专属的，所有一切都虔诚地为激情的目标所准备。由于这一类的事情无琐屑可言，亦非意外，他不希望这一切竟然会被他追求其美惠的那一方所见证。

使富于幻想的圣贤或神秘家不能够欣赏到这份娱乐的，正是这同一个原因。假如他仔细打探自己的本性与心智，他对自己可能就不再是一个神秘了，可是，他没有这么做，反倒着迷于思考其他一些他永远也不能够解释或明白的神秘本性。他在眼前就看到他这一股热忱的幽灵，熟悉他的方式、本质、身躯以及灵性的展示，就如同魔法师熟悉精灵或魔鬼的不同外表、种类和级别。因此我们毫不犹豫地宣称，跟退隐的宗教家不一样，一个崇拜者或隐士从来都不是真正的独处者。故此，由于情人、作家、神秘家或魔法师（这些人是唯一提出如此主张的人）都不能真正有权利正当地分享这样一份自娱自乐，真正有权利的人反倒是讲求判断力的人，是圣贤或哲学家。可是，由于在所有这一类人物中，我们一般最愿意偏向的是情人，我们希望，在这样的时候，叙述一段恋情故事并非不妥之举。

有一位美善的少年王子，气质勇猛，擅长于爱情与友谊，但他却发动了一场反抗暴君的战争，而这暴君在每一个方面都与这王子相反。我们这位王子向来都以充满仁爱与恩惠、同时也以武力和军事才能成为征服者而感到快乐。他已经赢得多位权势者和王子的支持，而现在已经加入他的阵营的这些人，以前都是从属于那个暴君的。在仍然依附于敌人的那些人当中，还有一位王子，这王子从长相到德行都占尽优势，近来因为赢得世上最漂亮的一位公主的芳心而十分快乐。事有凑巧，随着战事进展，刚刚婚配的这位王子也只得依依惜别新婚公主。他将她藏在一处隐蔽之所，是在乡下偏僻处的一个坚固堡垒，他觉得那应该十分安全。可是，在他不在她身边的这段日子，这地方竟遭突袭，公主也被那英勇王子俘获掠走。

营中有位青年贵族，是那王子最宠爱的，他们曾一同接受教育，到此时，这贵族与王子依然过从甚密，情同手足。王子立即派人请来这位青年贵族，把俘获的这位公主交由他看管，并交代了严格的规定。说这公主应该得到符合其高贵地位及价值的善待与尊重。当初，正是这位青年贵族在一群战俘中发现这位化妆成普通人的公主的，他也听说了她的故事，因此，这贵族也把听说的关于她的一些事情讲给王子听了。这一次，贵族在讲话时显得十分激动，对王子说她长得多么漂亮，哪怕当时她心急如焚。说虽然她尽力装出贫贱的样子，然而其气质与仪态还是使她与其他漂亮女性大为不同。可是，在我们这位青年贵族看来十分奇怪的是，在他讲述这段故事的期间，这位王子完全不为所动，没有显示出哪怕一丁点去看看这位公主，或者以别的方式满足这份好奇心的意思，而在这样的时候，产生一点好奇心是完全自然的。他提醒这位王子，但没有奏效。他深感惊奇，就说"都不见见她吗，阁下？她是那么可爱，超过您以前见过的任何一位美人啊！"

王子答道："正是这个原因，我才不想面见。假如我一听说她的美貌就入迷，在公务如此繁忙紧急的时候赶去看她，等看到她的时候，我兴许会更加着迷，更有理由在不那么繁忙的闲暇时候再来看她，如此下去，我断然不会再有时间处置公务了。"

青年贵族笑着说："阁下，那您能否让我信服，娇好的面容竟然有如此魔力，能够驱使人的意志力本身，对人造成束缚，使他在许多方面产生与他认为适当的东西相反的行为？我们难道要倾听诗人的吟唱，相信他们所书的燃烧之爱与不可阻挡的火焰？我们明白，真正的火焰，烧起所有东西来都一个样。可是，美的想象之火却只能伤及心甘情愿的人。除非我们允许这样的事情发生，否则根本都不会有这样的后果。在许多情况下，我们绝对是令其发生的，比如当两性关系与血亲关系处在最接近的程度上的时候。我们明白，权威与法律可成为它的主人。可是，在案子纯属自愿，我们的意志也是完全自由的时候，假如还有任何法律来多管闲事或胡乱干涉，那不仅无济于事，而且还有失公允。"

王子答道："假如我们是各项选择的主人，一开始可以自由地崇拜和爱慕我们赞同的东西，但后来又因为我们看到的某种原因而不再爱慕了，那该怎么办呢？这后一种自由，你决不会为之辩护。我并不怀疑，你听说过很多人的事情，这些人虽然在热爱自由之前习惯于先为自由设定最高的价值，后来却又因为迫不得已的原因而以卑屈的方式服务他人，他们发现自己受到更坚固的一道锁链的束缚与限制，这锁链比铁石所铸的东西更有约束力。"

青年贵族说："如此可怜的人，我倒是经常听人说起，假如您愿意相信他们的话，那他们的确也就是一批可怜的人，他们没有自助的途径与权力。您甚至还会听到他们以同样方式痛苦地抱怨人生本身。虽然逃避人生的大门敞开着，他们还是觉得留在原处更加方便。他们是同一批伪装者，往往打着事出无奈的旗号图谋属于他人的东西，并觊觎他人妻女。可是，照我的看法，轮到法律的时候，它对这些人也不讲客气，正如法律对待其他侵占他人财产的人一样。而您，阁下，您照样也不习惯于原谅诸如此类的不法行为。因此，您得承认，美本身是无辜和无害的，它并不能迫使任何人去行无良之事。放荡者迫使自己，然后不正当地把自己的罪过归咎于爱本身。诚实与公允之人，可以崇拜和爱慕任何美的事物，同时并不需要拿出任何超过必要的东西。故此，阁下，您的美德之一如何可能因为这个理由而处在痛苦之中，又如何可能担心这样一种诱惑呢？您看，阁下，我本人已经见过这位公主，现在不是好好的吗？我还与她谈过话，我在最高程度上崇拜她，但是，我现在仍然是我自己，仍然在履行职责，并且还会照您的吩咐继续恪尽职守。"

"你能如此把持自己，从头到尾都保持为同一个人，并且按照自己认为合适的方式尽职尽责，那当然是好，"王子说。"依照目前战局，这位漂亮战俘兴许能为我们派上大用场的。"

听完此话，青年贵族便起身离开，前去执行王子交代的任务。他立即着手悉心照顾这位被俘的公主及其随从，她看来完全服从，也恢复了往日属于她的一切风采，此时如同当公主的时候，也如同她最得意的时期。他发现她在各个方面都应得尊敬，看出她心灵高贵，甚至超出她其他的迷人之处。他想尽办法施恩与她，以图缓解其悲伤，结果令她极希望有机会表达感激之情，这一点他也看出来了。她一有机会便显示出对他所关心之事的真正兴趣，碰到他生病的时候，她还会亲自前往照料，还派佣人服伺，因此，他觉得身体之恢复得益于她的友情。

事情就这样开始，不知不觉间，自然而然地（这也很容易想象得到)，这位青年就萌生痴情、落入情网。起初，他主动隐藏对这位公主的激情，从不提起，他甚至都不敢对自己讲这样的话。可后来，他的胆子大一些了。她听完他的表白，没有露出丝毫假装出来的烦忧与不安，仍然像一个朋友一样与他谈话，尽力劝勉，希望他能打消这过分的企图。可是，等他口气强硬起来以后，她便立即派心腹禀报王子，恳求王子保护。王子听闻此事，露出非同小可的表情，立即派人请来一位大臣，要他与这心腹一道去见那青年贵族，并让他明白："对这位女士万不可动粗，假如他觉得合适，不妨试试劝告的方法。"

这位大臣与这青年贵族素不往来，因而并不曾用心避免夸大其事，他就此事当众责骂，并当着这青年的面痛斥他是王子与民族的叛徒和无耻之徒，其他能骂的话他都骂到了，认为这青年该当渎圣之罪、不忠之罪、背信弃义之罪。结果，这青年觉得事情无望，因此萎靡不振，并准备好接受他认为自己应该承受的宿命。

王子察觉此情，派人请他单独一谈。王子见他神魂颠倒，就对他说："我的朋友啊，我现在发现自己成为你十分怕见的人了，因为你既不能见我而不害羞，也无法想象我竟然不生怨气。可是，从今往后，让我们把这堆烂事抛到一边去吧。我明白，这件事情让你受了多大的苦。我明白爱的力量，我自己也绝不能说能够时时脱险，因此只好远避美色。这事错在我，是我不小心让你去面对这美色大敌，让你去做这难行之事与艰难历险，迄今为止，还没有人坚强到能成就此事的程度。"

"阁下，"这青年答道。"在这件事情上，正如同在其他许多事情中，您表达了您的善意，这也是您本性所在。您有同情心，容得下人心之脆弱，可是，其他人却不会停止责骂我。就算我有权力自我处置，我也不该轻饶自己。连我的密友都在责备我。我一定在所有人面前臭名远扬，只要有人认识的都会这

99

么看。我该当的罪，往最轻里说也得放逐他乡，永世不再与您谋面。"

"再不要提起此事了，"王子说，"你要相信我。假如你离开我哪怕一小会儿，我都会下达命令，让人欢迎你归来，哪怕是那些目前与你为敌的人，他们会发现，你为他们和我提供了多么有价值的服务。"

这样一番话足以让我们这位心灰意冷的青年恢复活力。他欣喜地发现，这一场不幸之事完全可以转化为这位王子的利益，他开心地着手思考王子安排给他的任务，看起来急于离身全力以赴。此时，王子问："你能下定决心离开那个迷人的公主吗？"

"啊，阁下，"青年答道。"我现在满心欢喜，事实上我的内心里已经有两个不同的灵魂了。这个恶毒的爱情诡辩家，我从他那里吸取了哲学的教训。人们不可能相信，拥有同一个灵魂，实际上又能既是善也是恶，可以对美德和恶行同时充满热情，可以同时希望得到相反的两样东西。不可能。必须有两个灵魂才行，当善的东西充盈时，我们就会有适当的行为，当恶横行时，我们就会有卑贱和恶毒的行为。我遇到的正好就是这情形。最近以来，恶灵成为完全的主宰。但现在，由于您的襄助。善的东西正在充盈，我现在也变成一个全新的造物了，有完全不同的另一种理解力，另一种理性，另一种意愿。"

现在看来，一个情人，凭着他自己天生的力量，能够在哲学的首要原则上探究极深，他明白我们在这里所说的原理，即两个不同的人容于单独一个自我之内。并不是说，我们这位朝臣像我们假定的那样自己就有能力恰当地，或者依照某种艺术形成这一区分。假如他确能做到，那他可能早就医好了自己的病，根本就不需要这位王子前来搭救。可是，他又足够聪明，能从此事中看出，他的独立与自由都是些表面的光彩，而他的决断也只是任人随意摆弄的东西。让意志自由吧，我们明白，幽默和幻想最终会主宰它。而这些东西，尽管像我们想象的那样的确是自由的，常常是以我们完全不明白的方式发生变化，并不征求我们的同意，也不对我们进行任何解释。假如意见是能够主宰的东西，并且能够促成这变化，那它本身也易于为他者所主宰，轮到它的时候也会发生变化。根据我对世人的看法，幻想和意见都立于完全相同的一个基础上。因此，如果我们在自己内心里确立一位检察官或审计员，并以合适的形式考量这些意见与幻想，谨慎地关注它们的发展，监视其一举一动，我们就不大可能本着同一个意愿过上哪怕一天，就如同一棵树，假如没有园艺师的协助，没有刀剪时时的修整，它就不可能在整个夏季都保持同一个外形。

宗教裁判所看上去是极其残酷的一处法庭，似乎我们也应该在自己内心里建立起类似可怕的一个法庭，假如我们也想维持意见的统一，这样才能使我们坚守同一个意愿，使我们保持同样的思想，日日如此。照这么看，哲学就应当被认为比迫害强不到哪里。在倾向与欲望的事情上面，终极的判官需要坚决抵制情感的影响。种种美妙的幻想为它所扰，大大小小的乐事也为它所搅。良好的幽默感也容它不下，机智的玩笑几乎绝对会排斥它。另外，对我们自己如此严苛，对我们的想象力如此挑剔，装出一个古板教师的样子，打着爱护与教育的旗号阴沉地看待这么多孩子气的幻想、不走运的欲望与奢求，看起来像是一种迂腐行为，而这些东西永远都在逃避责任，总需要予以纠正。

但我们希望，通过这样一种练习方法，还有我们已经承认透露出来的大奥秘的帮助，这种幻想的训练方法或学问最终证明不会跟想象的那样严酷和让人后悔。我们还希望，我们的患者（我们很自然会把读者看成这样的人）会自己认真思考一番，他在这次手术中忍受下来的东西，并非没有一个重要的目标可以实现，因为这是要为他谋取一个意愿，确保他有某种决断力，有了它，他就能明白去哪里寻找自己，确信自己的意义与意向，而且正如对他所有的欲望一样，他的意见及倾向都能够得到同一个人的保证，今天如同昨天，明天如同今天。

一个认真思考过人类本性，以及欲望与幽默感的成长、变动和演化的人，一定会认为这就是一个奇迹了。欲望是理性的兄长，也是长得更壮实的少年，在无论何种竞赛中，它都会利用一切机会把什么东西都拉到自己一边。而一直为人大加吹捧的意志，至多也不过是这两个年轻人之间的一只陀螺或一个足球，这两个年轻人不幸根本就不成一对，那青年一开始时不时地踢一脚球，或是抽打一下陀螺，根本就没有什么意义，直到后来，他干脆就放弃了足球和陀螺本身，回到他兄长身边去。到了这个时候，场景就发生了变化。对于兄长来说，他在遭到这待遇时就像逃学的懦夫，此时又很通人情了，此后他就按照自己的欲望为兄弟提供公平游戏的机会。

正是在这里，我们的独白万灵丹和健身法才正式起作用，通过某种内在修辞的有效手段，思想对自己的幻想采用了呼语法，使它们具备了适当的外形与人格，以亲昵的口吻称呼它，根本不用任何仪式或礼敬。通过这个手段，事情很快就会发生，已经形成的两方会在内心里安置下来。以这种方式圆满处理的想象力或幻想被迫宣称自己的存在，并选择一方。站在兄长欲望一边的，都是极微妙和曲折的，它们总有能力通过点头和眨眼说话。通过这样的练习，他们就能将一半的意思隐藏起来，而且跟现代的政客一样装扮成极有城府的人，并用最好的借口和能够想象出来的最虚伪的粉饰之词自我夸耀，等遇到使用更简明语言和表态方式的同伴后，他们就被迫放弃神秘外表，发现他们自己只是一些诡辩者和骗子，从而与理性和严密判断力的一方没有任何关系。

相应地，我们现在不妨着手以恰当方式明确地展示这个见习或练习的形式或方法，因为它涉及普遍意义上的所有人。可是，它尤其适合那些作家，按照我们的理解，它们的事情最为紧急，我们应当首先就把这条规则应用到他们这些先生身上，这方法强烈暗示对这些人很是了解，也明白人的思想的弱点和人心自然的力量与长处。没有这样一层领悟，历史学家的判断就会存在极大缺陷，政客的观点就会十分狭窄，而且流于空想，而诗人的脑袋里无论装了多少虚构故事，都会显得装备不足，这一点在我们接下来的文章里会十分明显。谈论别人品质的人，必然对自己的品性十分清楚，否则他便什么都不知道。想给世人带来这类有益娱乐的人，他自己一定首先就知道其中的益处。在这重意义上说，仁爱以及智慧也许就可以诚实地说都是从家里开始的。假如不首先盘点自己家里同一类货品的存储情况，不掂量一下自家的实力，那就没有办法估计仪表，也不能告知别人的不同幽默、幻想、激情与忧惧。稍稍具备一点这类的家庭实习经验，都有助于人得到重大发现。

居家过日子，人会明白自家家底到底有多厚。

第三节

观察过人体动作和气派的人，必然发现人跟人之间在这方面的巨大差异，有些人只接受过自然的教诲，而另外一些人则习惯于反省，而且还接受过艺术的熏陶，这些人学会了做出特别的动作，根据经验，我们发现那是最简便和最自然的动作。在前者，要么是那些心地善良的庄稼汉，他们生活长大的地方远离人类后天结成的社会，要么是那些朴素的工匠，还有下层社会的那些人，他们生活在城市和休闲疗养地，迫于无奈而必须从事低贱的职业，但他们一直希望有机会和手段按照更好的模范打扮自己。还有一些人的确非常走运，自然给予他们漂亮的外表，所谓天姿国色，哪怕头脑极其简单，也只接受过极少教育，他们的动作却有着天生的优美与合宜。另外有一些人接

103

受过更好的教育，可惜美惠女神弄错了对象，加之不谨慎的喜好，使这些人的动作离优雅最远。但不可否认的是，动作与行为的气派及合宜到达完美之境的，往往只是在接受过自由教育的那些人当中发现。哪怕在这群优雅之士中，最优雅的还是早年接受过训练，并在最优秀的导师指导下养成其动作的那些人。

这些大师与他们的训练课程对于一位文雅绅士的作用，正如同哲学家与哲学对一位作家的作用。在时尚与文化世界里，情形也是一样的。在前者，有人认为，由于有良友的帮助，以及仅仅凭借榜样的作用，人们就能养成体面的步态，动作灵便如同四肢的自由挥动，而在普通的情况下，这样的人却可能贬低自己作为一位绅士的模样。可是，再进一步的话，人们就要进行异乎寻常的尝试了，此时，更文雅的一类人的训练就要在公开场所进行了，事情很容易就看得出来，哪些人是靠基础知识形成的，他们私下里请了一些教师。另外，又可以看出，哪些人满足于自身局限，并且仅仅靠死记硬背偶然掌握了自己的角色。在作家里面也很容易找到这样一种比方。这些人跟学习躯干与四肢的运动、平衡及协调的学生一样，都必须掌握思想与激情的运动、平衡及协调。

优秀写作的首要条件是确切的知识，认真阅读苏格拉底学派的书籍就能让人得到这些确切知识。

行为雅致的人，无疑可能会给情妇写一封信，正如那位朝臣可能写一封恭维信给那位大臣，这位大臣也可能给地位比他高的权臣写一封信，信的内容无须涉及学问或哲学的深层。但是，对于这些有特权的先生来说，他们虽然兴起时尚并在其他情况下确定规则，在书信王国里却不是他们说了算的。人们一般也不假定他们是为自己的时代或后人写作的。他们作品的性质，不可能使他们得到作家这个称号，也不能因为在书信类作品出类拔萃而被称为有写作风格的作家。假如他们的雄心引导他们进入这样一个领域，那他们就必须具备其他的一些条件了。那些进入了公众人物名单表的人，都必须接受适当的训练和练习，比如装备齐全的武士、兵器行家，而且还必须熟悉其武器的用法以及战马的管束。光是装备齐全、配置优良还不行。只有战马永远都不能成就一名骑手，光有四肢并不能成就摔跤手或舞者。才气本身也不能造就诗人，或优秀的散篇也不能造就无论哪一种作家。如一位诗人所说的，写作技巧与华美文风基于知识和严密的判断力，而且还不光是那种可以从普通作家那里学来的知识，也不是世人普通的谈话，而是来自只有哲学才能展示的具体的艺术法则。

我们的这位诗人在他的《诗艺》中所说的哲理写作，其本身便已经是一类诗歌，就像哑剧或早期拟人化的作品，那个时候，哲学还没有流行起来，戏剧模仿也没有最后成型，至少从很多方面来看尚没有发展到完美之境。这些作品除了风格之俏美和隐含的韵律之外，还带有一种动作和模仿在内，这与史诗和戏剧诗是一样的。它们要么是真实的对话，要么是背诵出来的拟人化的谈话，在这样的作品里，人物自身的品格从头保持到尾，他们的仪表、幽默以及脾性及领悟力的不同变化都保持下来，符合最严格的诗化真理。这些作品处理根本意义上的道德问题，结果还指出了真实的品格与仪表，但这还不够。他们还以活灵活现的方式展示这些问题，让人的面容和脸色简明易见。通过这个手段，他们不仅仅教会我们如何了解他人，而且还教我们如何了解我们自己，这一点是他们身上有原则性和最高价值的东西。

这些诗歌里面有哲学思想的英雄，本身都是一个完美的人物，他的名字在诗歌里面和卷首都写明，他的才气与仪表正是这些诗歌想要再现的，可是，在某些方面已披上了厚纱，如隐

105

雾中，对于不仔细阅读的人来说，他似乎与自己实际所是的人相差甚远，这里面的主要原因，就在于属于他的仪表的某种精巧和细腻的嘲讽，通过这一手段，他就能够处理最高级的主题，同时又能让能力一般的人知道的话题得到一并处理，相互之间还能彼此阐释。因此，在这样一种写作技巧中，既可以出现宏大的，也可以出现简朴的，既可以有悲剧的特色，也可以有喜剧的特色。但是，一切都安排得井井有条，因而，尽管主要人物言行奇特，充满神秘感，但是，配角或次等人物会更明确地显示出人情味，而且贴近现实生活。因此，我们也许会在这里发现自己，就如同在镜子里看见自己一样，我们看到自己最细微的面部特征得到适当描绘，适合于自己去理解和识别。但凡做过哪怕短暂时期视察员的人，都不可能不很快熟悉自己的内心。而且，这些魔镜最值得称道的一点是，不间断和长时间的视察后，习惯于这么做的人还会获得一种奇特的思辨习惯，这就如同随身携带了一面袖珍镜子，随时可以取出来使用。在这面镜子里，有两张脸面可以自然地呈现在我们面前：其中一张，就像发号施令的才气，也像上述提及的领袖与首长，另外一张就像那粗鲁、没有受过教育、刚愎自用的造物，这样的人，就是与我们自己在天然状态下呈现出来的一模一样的人。无论我们从事什么工作，无论我们准备干什么，一旦染上这面镜子的习气，我们就应当通过这样的双重反省的途径将自我分裂成两份。在这样的戏剧化方法中，自我检查的工作就得以进行，而且会相当成功。

毫不奇怪，早期诗人在他们那个时代都尊为圣贤，因为看起来，远在哲学采纳问答体之前，那些诗人就已经成为驾轻就熟的问答体作者了。他们的哑剧或人格化谈话，跟他们最平常的诗歌一样受人珍视，而且也是一个机缘，使得后世的许多诗歌借以发展到如此完美的程度。诗歌本身被定义为主要是对人及其风度的模仿，而且是在崇高与贵族气层面加以模仿的，而其较低俗的表现方式，我们称之为模仿之作。正是在这一点，伟大的哑剧作家，也就是诗人之父和诗人王子创下杰出成就的地方，他塑造出来的人物是前辈大师的描述所不能企及的。他的作品富于情节，全都是构思精巧的情节系列，或是对话之链，它们讲述的是惊人的悲剧结局或事件。他并不描绘品质或德行，也不责备仪态，不赞颂，也不亲手塑造人物，他只是将表演者带到前台来，让这些表演者表现自身。这些表演者以他们独特的方式在台上说话，这些说话的方式使他们不同于另外一些人，使他们自己成为自身。他们不同的气质与性格如此正当地造就，而且通过动作的每一个细节同等地表现出来，这样的自我说明胜过世人所有的评说与溢美之词。诗人并不让自己显出发号施令、精巧娴熟的智慧神情，根本都不会显露头角，在诗中根本都看不出诗人自己的模样来。这才是真正的大师。他的描绘手段使他根本都不需要在人物的身上刻画任何字样，不需要向读者说明谁是谁，也不需要说明诗人需要这些人物表明什么意图。通过他引进来的随便哪个人物不经意的时候透露出来的几句话，都足以指明各自的风度与不同的品格。一抬手，一举足，他都可以在我们的想象中表现出整个身体的轮廓与姿态。他并不需要其他艺术手段就能够使他的英雄人格化，使它们栩栩如生。在他之后，悲剧再没有剩下什么事情需要做的了，需要的只是搭起舞台，把他的对话与人物引入情景，按照同样的方式讲述一个主要情节或事件，配以适合实际情形的时间与地点就行。哪怕喜剧本身也要根据这位超凡大师加以评判，因为喜剧源自戏拟或嘲讽之作，而关于这一类作品，他曾拿出一个标本，隐蔽的嘲讽中混杂有崇高的主题。这是危险的艺术大手笔！它要求有一只大师级的妙手，就像有哲学思想的英雄的那只手，他的品格在上述对话写作中再现出来。

　　或许我们可以在这里就这样的相似性形成一个观念，在那么多场合，我们都曾谈论过诗人王子与天才哲学家之间的这种相似性，据说只有天才哲学家堪与诗人王子匹敌，他与同一个派别的同时代人一起，完全以上述对话体方式写作。从这里，我们兴许也可以理解，为什么对话体的学习对作家有这么大的益处，为什么这种写作方式被认为那么艰难，但必须承认，这种体裁初看起来却是最容易的一种。

以前我曾百思不得其解，为什么论述大多数话题的文论中熟练使用，且在古代作家那里大获成功的一种写作风格，到了我们现代人这里就如此枯燥乏味，因此得不到人们的尊重。但后来我明白，除了这种写作风格本身困难，还有我们已经分析过的相对于我们自身的镜子功能之外，它对那个时代必然也证明有一种镜像或镜子功能。假如是这样，它当然（你会说）就是更受人欢迎和更令人愉快的。

的确如此，假如我们对自己真实的看法在我们看起来也许不是那么难看的话。可是，为什么在我们看起来比在古人看起来更难看些呢？也许因为古人更能容忍看到自己的面容再现出来，而且有很好的理由。那我们为何不能同样容忍呢？是什么东西阻碍我们这样的呢？难道在我们自己的眼睛里看起来，我们不是同样悦目？也许不是吧，当我们进一步思考这种镜像写作的力量，看看它与更婉转的流行写作方式有什么不同的时候，我们会明白其中的道理，因为在流行的写作方式中，一位作家不会把其他自然的人物摆到我们眼前，而是以极高的艺术手段把他自己塑造的人物摆在我们面前，借所有可想象出来的顺从与俯就态度赢得读者喜好。

以第一人称写作的作者，他有按照自己的喜好选择自己是谁，是什么人的便利。他并不是某一个具体的人，也没有任何确定或真实的性格，他只是依照不同情形让自己满足读者的想象，而按照时下的风气，作者往往想尽一切办法去取悦读者，哄骗他们的感情。一切都以他们的两个人格为准。就如同在恋情故事或情书交换里看到的一样，作者有特权可以喋喋不休地谈论自己，可以乔装打扮自己，同时又尽力讨得心目中的对象的喜欢，调起他们的幽默感。这就是现代作家的媚态，他的题献诗文、前言和给读者的致词，都是假装出来的点缀之词，目的是要吸引题献对象，让他注意自己，并让时髦世界的普通人明白，重要的不是他在说什么，而是他看起来是个什么样子的，或者他是什么样的人，他已经或希望塑造出哪些人物。

我们邻近的一个民族极好此风，尤其是他们称为回忆录的那种玩意儿。他们论述政治、哲学的文章与批评之作、他们对古今作家的评述、他们所有的文论，全都用回忆录的形式。可以说，这个时代全部的写作，全都是回忆录式的写作。然而，在古代人真正的回忆录里，哪怕是在涉及自身的任何一个时候写作，全部文章里也既不提"我"，也没有一个"你"。这样，作者与读者之间这种勾勾搭搭的火热关系全都拿掉了。

这一类的例子，更常见于对话体。在对话体中，作者完全隐退，读者也找不到一个用途，干脆就代表虚无。服务于自我的各方立即消失。情景会自我展开，好像是一种巧合，没有故意为之的痕迹。人们只需要作出冷静的判断，不带一丝热情，不仅判断作者想要表达的意思，而且还要判断说话者的性格、才干、辩论术和风貌。这两个人都是全然陌生者，我们并不需要偏向哪一边。作品里面介绍的人物光在每个转折处说得体和有严密判断力的话还不行，还得看出来他们是在什么基础上讲话的，他们依据的是什么原则，他们吸取的知识库或学术基础是什么，他们具备哪一个种类或品性的领悟力。在这里，领悟力必须带有自己的标记、特征性的提示，据此与其他种类区分开来。它必须是如此这般的一种领悟力，就如同我们说那是如此这般的一张脸，因为自然使每个人的脸面不一样，也使每个人的脾性和思想也各个不同。对一位以自然手法绘画的艺术家而言，把可以称为人脸的东西呈现给我们还不够，每一张脸还都必须是某个人的脸。

描绘基督徒、土耳其人、印度人或其他独特与奇异民族的战争或其他行动的一位画家，必然按照适当与现实的比例、手势、习惯、武器或以尽可能贴近的相似来描绘作品中的多个人物，因此，同样，无论是什么样的作家，在我们现代人当中，他应该着力将同时代的人带入对话，必须按照其适当的风貌、才智、行为与幽默感引入人物。这就是我们上述说明的镜像或镜子。

例如，我们一般认为，对话体应该按照我们古代作家的方式搭建框架。在这个框架内，一个蹩脚和外表委琐的哲学家，他悠游自在地朝神殿走去的路上，能够与同时代势力最强大、最机智、形象最好和最富有的贵族搭讪。人们称呼他的本名对他说："你这是往神殿里去，做你的礼拜去吗？""可不是嘛。""我怎么觉得，看你脸上的表情，像是心事重重啊？""怎么可能有让我心烦的事情呢？""可能是你的祈求，也可能不知道应该对神发出哪一种誓言啊。""这有何难？一个人难道能蠢到需要问天才明白什么东西不符合自己的利益？""只有明白什么是他的利益，他才不会问。""一个有常识的人，明白顺境和逆境的人，怎么可能弄错呢？""那你一定是要祈求顺境了。""那可不是。""例如，那个绝对主宰者，他凭着数不完的财富号令万事万物，并且仅仅根据他一己的意旨和快乐管辖万物的神，你认为他很顺利，也很幸福吗？"

我在这里抄录（这一切不过是从上述原本之一中借来的一个草案）时，可以看到上千个可笑之处从其风貌、环境和动作本身中涌现出来，可以拿来与我们现代的教养和礼数相比较。因此，假如可能的话，让我们对此事进行一番修补，还是请来这位哲学家，以更顺从的态度来称呼他，称他大人、阁下等不失最低礼数的称呼。我们或者还可以把这件事情弄得更有利于这位文人。我们可以假定他是一位隐姓埋名的人，没有任何一种人物外表，这在我们这个时代是极少有人推荐的。让他的装束和动作更时髦一些,为的是更好地引他进来,让他有一个听众。有了这些有利条件和预先的处理,我们还可以再想象一下,假如他确有一段闲暇时间可以不坐马车而独自一人在田地里行走,看看他应当以哪种态度在这场盛会里与他人搭话。考虑一下,有多少人向他点头致意,有多少人面朝他傻笑,有多少序诗、托词和贺词。然而,将这些贺词和礼节都放进一个对话体里,看看会有什么效果吧!

这可真是一件进退两难的事情啊!古代的写作风格,我们既不能模仿好,又不能移植好,无论我们在阅读这些古代原本时能够获得多大的快乐,或者得到多大收益。面对这样一个形势,我们能够做什么呢?万一这想象让我们着魔,结果使我们下定决心拿它来试一试现代的话题,那会怎么样呢?看一看后果吧。假如我们免掉礼仪,那我们会失去自然的模样,假如我们使用它,按照本来的样式出现,比如当我们互致问候,相会和彼此款待的时候,我们会非常讨厌那样的场景。除了不喜欢我们自己的脸面之外,这里面难道还有别的什么意思?难道这是画家的错?是他画错了,或者画得不自然,把古代与现代的混到一起了,不协调的形状荒谬地混在了一起,背叛了他的艺术?假如不是这样,那用的是什么媒介呢?除了扔掉铅笔外,难道他还有别的什么办法?再不能有生活之后的筹划,再不能有镜像式的写作,也没有任何一类人性化的写作。

因此,对话体是有一个目的的。古代作家能够看到他们自己的脸面,可是,我们却看不到。为什么会是这样的呢?为什么啊,不就是因为我们现在的美没有以前多了,我们的镜子也是这样对我们说的。可恶的东西!正因为这一点,它才特别招人忌恨。我们在对话中的交流,我们的对话方式,我们本以为是能够想象出来的最礼貌的,但其实是这个样子的,我们自己竟然无法容忍看到它如实地再现出来。在这里,正如在我们真实的肖像画中,尤其是全身肖像中,那可怜的画家想出千百种

111

办法表现我们平日并没有但此时强装出来的举止仪态，因为他描绘出我们本来的样子，那一定会使他的画作比照我们的自然模样和更相像的模样描述出来的更加可笑。

古代的事情，那些艺术规则，那个时代敢于冒险的天才借来掌握方向和管治轻率缪斯的那些哲学罗盘，我们全都就此打住。这些都是我们罗马的诗圣使用的药纸，是他吩咐我们摆在眼前的艺术作品，镜像和范例。

> 日夜赞颂我们的希腊典范。

故此，这就是诗歌及作家的艺术，就如同在许多方面它也类同于雕塑和画家的艺术，尤其是在这一方面，它原本的草稿和模板是用来学习和练习的，而不是拿来卖弄的，不是要拿到海外去显摆，也不是用来复制后供公众观看的。这些都是古代人的半身像，是雕塑的躯干，是解剖学的构件，是私下里保存下来的精巧的初稿，是秘密的学问，是神秘，也是艺术的基本知识。可是，在各类艺术的艺术家之间，的确还是存在很大差异的，仅仅依照身体模仿并构成外在美的人，永远都不能以他们的精确性或计划的精准来改造自身，也不能在人物刻画上增多什么。可是，对于从另一种生活中进行复制，对于研究思想的雅致与完美的人，对于是构成后一种科学的这些规则的真正大师的人来说，他们不可能不有所长进，不可能不会有更好的转变。

我得承认，不可能在别的任何地方找到比我们现代人满足于称为诗人的那些人更枯燥乏味的一族活人，他们本来已经掌握了一门精巧的语言，却在那里滥用机智与想象力。可是，对于真正配得上诗人这个称号的那些人，那些真正的大师或同类的建筑师来说，他可以描述人，也可以描述风度，可以给一个情节以适当的肉体和比例，假如我没有弄错，人们会发现一种非常不同的造物。这样的诗人的确也就是第二创造者，一个恰如其分的普罗米修斯，仅仅处在主神朱庇特的统治之下。就像那至高的艺术家或万有的可塑自然一样，他构成一个整体，自身能前后呼应，自成比例，有构成部分该有的从属与服从心态。他注意到激情的边界，也知道其准确的音调与尺度，他正是借用这些东西来适当地再现它们，标记出情操与行为的崇高，使美妙的与有缺陷的区分开来，使可爱的与臭名远扬的分开。道德艺术家借此模仿造物主，因此也了解同属造物的同胞的内在形式与结构，我假定，人们绝不会发现他缺乏自知之明，也不会对构成思想和谐的数目不知所措，因为恶棍行为只不过是杂音和比例失调。虽然恶棍也可能有很高的声调，也许天生有很强的行动能力，可是，真正的判断和智巧却不可能在不存在和谐与诚实的地方存在。

我们已经就作家关注的事情进行了如此严肃的讨论，也显明他们最主要的基础与长处、他们的预备学问和自我检查的胜任方法，在我们进一步展开这个神秘之前，我们应当考虑我们的作家兴许会遇到的源自海外的有利和不利之处、他们的才智根据源自世人的幽默或判断力的外部原因是应当有所压抑还是大加张扬。

在这个方面能够产生影响力的无论什么东西，都必然要么来自显贵和权势之人、批评家和美术家，要么是普通人自己、普通的听众以及凡夫俗子。因此，我们应当从显贵以及所谓的世界主人开始，我们可以自由不拘地站在作家一边，为这些权重位高之人提供某些建议，假如他们亦有可能按照如此随意的方式予以采纳的话。

第二篇

第一节

世人的行为，绝对是凭意志或随快乐行事的，他们不考虑别人的建议，也不采纳规则或规定的严格方法，但必须承认，求贤问士的良好习惯和值得称赞的行为，同样还是有人坚持的，甚至是颇为流行的，人们为此赢得美名，还有可敬的外表。我们看得出来，就连国君和独裁的君主也不以承认这种做法为丑事。

在这件事情上，我假定皇亲国戚都乐于在公开场所利用众所周知的讲话风格，即严格区分主词的"我们"和宾词的"我们"。并不是说他们应当与他们自己有什么性质的谈话，这样便如同我们在上面所说的有了成为多数和扩大其能力的天赋特权。我看得出来，政府里单一和专权的人，在道德上必然也是特立独行的专横之人。没有同居同起的人为他们挑毛病，或争辩他们行乐的事情。他们在外面的行为，也没有能够在任何时候学习居家成为自由人和熟悉自我的人的方法。这一类的倾向与意愿，根本都不接受像在公开场所一样，在私下里的思考中也有所限制或约束。世人就如同给次一等的人提供的辅导老师，他们对这些来自皇亲国戚的学生总表现出屈服的一面，这样的学生，打小就习惯于看到老师对自己卑躬屈膝，无论做什么事情都有人大声喝彩。

因此，由于担心对他们的纵容或某些受宠者的任性到必须有治国辨别力的成年期依然一发不可收拾，继续影响他们，并把这股风气带到国家的治理活动中去，人们认为召唤某些职业顾问前来协助这些人是适当之举，帮助他进行文牍、布告、专函和其他国书的写作。枢密院顾问官为此设立，这些人都是体态威严、外表睿智之士，他们不可能在国家治理中仅仅是充充样子的无足轻重之人，更不可能让皇家法规以复数形式错漏百出地呈现在我们面前，而实际上，一个独一的意旨或幻想才是真正的动力与动机。

外族的君主，其中大多数的确都有那种不幸的特权，他们能在不接受顾问的情况下对国家事务独断专行，可是，对于我们这个岛国合法和正当的君主而言，向来都以另外一种完全不同的情形而著称。他们身边围满了最好的顾问官，那就是法律。司法官员主掌民间事务，这些官员接受公众意愿与良知的指导，他们每年都要接受民众的效率极高的顾问与协助。我们之所以拥有最智慧和最优秀的君主，公正地说，应当归功于我们这种体制中极聪明的才智之士。这些君主有高贵的出身或接受过皇家教育，但仅凭这一点还不足以给予他们如此的美名，因为根据经验我们得知，其行为使海内外人士受益无穷的一些君主，往往有使人诟病的声名，他们在青年时期根本看不出任何帝王之相，反倒是离普通人的生活最近。

我们也有另外一类君主，他们也许不爱接受顾问，却以为他人提供顾问而知名。他们称呼自己为顾问，通过发布其警告性的作品而使他们自己列入我们在本文论中已经开始批评的人士。虽然我们的批评主要是为作家所做的辩护，也是为做学问的人进行的辩护，可是，在这一共同事业中，我们把皇族与平民文人混在一起来谈，却不能认为是我们这一方多大的过错。

假如我国君主竟然不肯容忍作家这个勤奋劳作的人群，那将是相当难办的一件事情，因为他们皇族的祖先以及先辈都从这个职业里获得巨大声名。他们光辉灿烂的皇冠之珠，也要归功于这一点，它是一位好战的君主换来的，由于他曾担起作家的身份，在学院派的论争之作中展示过自己的强项，因此认为，在这件事情上，保留信仰辩护者的声名是一件荣耀之事。

另一位君主，其生性更平和，思想更流畅，他把武器与军事学科交给学校，专事治国之术和深奥学问，结果使他的风格和言论成为其治理的神经与肌腱。他把自己的作品留给我们，里面全是写给其皇族儿孙和治下臣民的智慧训词与劝告之语，对于这样一位为臣民呕心沥血、殚精竭虑的作家国王，人们怎么能不充满崇拜与敬意呢？就在这样的时候，人们可能见证了这个民族朝气勃发、温顺好学、心地纯朴的时代，这使人民有资格像学者臣民一样受惠于皇室教师。他在议会里发表滔滔不

115

绝的演讲，宽厚地给予人民以教训，为他的大臣进行指导，熏陶了最伟大的教牧与神职人员。经过这些人的选举，他获得了至高的称号，是与最惊人的机智与最真实的领悟力相称的最高荣耀。从那以后，不列颠各民族得知要共同拥有一个所罗门王共同管理自己，他是最近刚刚完成的民族统一的缔造者。人们同样不能怀疑，归因于后续国王论述自我演讲的虔敬文论，也在很大程度上助益于他作为一位圣贤和殉道者无限荣光和永不褪色的声望。

无论会是什么结果，我都不愿意把向未来君主推荐这种作家兼人物的方法的任务揽到自己身上来。无论其著名的前辈在这个名利场里收获了什么样的皇冠或桂冠，我都会觉得，出于对未来的考虑，思辨领域最好还是专留给民众个人来做为好。假如我们民族的统治者满足于为才智人士提供赞助，允诺对有创意的艺术人士提供仁慈的照顾，对于学术界将是莫大的鼓励，也是民族文化水平增长和发达的确切保障。假如其首相也习惯于诸如此类的想法，那它本身也将足以改变事物的面貌。小小的惠顾都可以确保一个不幸和处在毁灭边缘的部族时运大转，因为其悲惨的状况易于使人们令艺术和科学蒙羞，也使他们远离礼教与美，而假如我们民族有抱负的天才略施恩惠或稍加培养，他们便会立即恢复礼教原貌。

人们会觉得，应该没有任何必要去恳求或劝说我们的显贵赞助艺术或文学，因为在我们这个国度，根据目前的实情和将来的发展，并不难看出，每一种艺术和科学都会得到改善。缪斯会有她们出手的时机，有没有各自的保护者都会获得信誉和尊重，因为它们迟早都会发展到更完善和卓越的境界。总会有这样一些人杰应时而出，只需要发现任何一位聪明的赞助者适时相助，他们就会把名声归功于他们的朝廷赞助者，从而使他们的英名远近皆知。

才不过四分之一世纪，我们的君王与臣民之间便达至人皆欢喜的权力平衡，这样，我们一直以来得不到保障的自由便有了着落，让我们再不用担心或因为宗教和崇拜、臣民的财产权，或因为皇室的名分之争而导致的内乱、战争和暴力。可是，正如人世最大的益处往往不能廉价购得，我们此时仍然在倾注心血，花费钱财，以确保自由政府和国家宪法这两样无价之宝可以圆满采购到手。我们国内如今有了这样一个制度，当然让我们欢喜，可是，海外的事情看起来却让人怎么也放心不下，我们永远都对那样一股强权忧心忡忡，当日罗马人的统治之后，紧接着就出现了无数野蛮的世代，人们饱受其苦，还没有从那个状态里恢复过来，这股强权便再次威胁世人，不免又要面对一个普世的君主统治，又要面临无知与迷信的深渊。

在这一片战争喧嚣中，不列颠的缪斯女神极可能处境堪忧、藏头露尾，尤其是因为她们尚且处在婴儿状态。到目前为止，她们都还没有幻化出一个人样来。她们口齿不清，就如同摇篮中的婴儿伊哑学语。她们结结巴巴的舌头到现在只能搬弄几句极差的双关语和俏皮话，除了因为她们年轻和没有经验之外，实在也找不出别的什么原谅的借口。弄戏剧的莎士比亚，我们的弗莱切尔、约翰逊和善吟史诗的弥尔顿都保持这一风格。哪怕是后来的一代人，终究也没有脱出这一股羸弱之气，他们企望达至一种虚假的崇高之境，明喻连连，暗讽不断，想要愉悦我们生涩的想象力与经验欠缺的听力，而这些东西自身都还没有成形，根本算不得是什么悦耳之音。

可是，那些可敬的吟游诗人，尽管像他们自己的时代与世风一样言行粗俗，却为我们提供了最丰富的矿藏。他们是哥特诗歌典范以来欧洲第一批尽力抛弃叮当作响的韵律发出的可怕的不和谐音的诗人，为此他们值得永久披戴一份殊荣。他们声张古时的诗歌自由，兴高采烈地为后人打破了坚冰，紧随他们的后来者就可以毫不费力地打磨我们的语言，引导我们的耳朵去体味更精微的愉悦，找出真正的神韵与和谐的音数，仅凭这

117

一点就能满足一种公正的判断力和缪斯一样的领悟之乐。

很明显，我们天生的才气明星一样照耀在耽于幻想的邻国之上，可是，必须要承认的是，由于这个民族付出了更真实的努力与勤勉，因此一直在寻找端庄礼貌之举止，除了端庄雅致、贞洁与风格之雅这样的自然装饰之外，还想出各种办法给缪斯以适当的躯体与比例。他们按照古人的朴素样式，培养出一位高贵的讽刺文作家。他们在史诗类作品的创作中成就不如在讽刺文创作中成功。在戏剧创作中，他们一直十分满意，竟然举全国之力而把舞台艺术推向了能够达到的完美之境。可是，缺乏自由精神的地方，悲剧的高尚情操就难以持存。这类诗集的才情在于活泼再现伟大人物的失序与悲情，其目的在于，人民和那些处于较差条件下的人可以得到更好的教育，满足于各自私人的生活，热爱较为安全的国家，并赞美其守护者与法律的平等与公正。假如我们发现这对于古人留给我们的正当悲剧模式是适宜的，那就不难想象，这样一个模式与这样一批人的能力或品位是何等的不相符，这些人差别悬殊，从最底层的农夫到皇亲国戚的仆从，都学会了把顶头上司偶像化，认为再没有比那无所限制的伟大崇高者与暴政力量更值得人尊敬，而暴政的形成则是以这些人自己为代价，并对他们行使。

第二节

由此一来，对于我们的高官显贵在艺术与文学事业上的影响，我们所能够形成的判断，很容易从已经形成的意见中收集而来。我们能够责难这些身居权力高位者，这自由本身似乎就可以说明，一些作家在艺术与天赋的增进上收效甚微而又拿这些高官显贵作为借口，那是多么不合理的一件事情啊。因为，在像我们这样的一个自由国家，还没有哪一个级别的人比作家更自由的，假如真有能耐和功劳，他们完全有机会在受到伤害时为自己正名，他们总是有各式各样的机会与手段让身居高位的人看重他们的意见。

我们往往可以根据一位作家写序言、题献辞和前言的模式来真实地判断一位现代作家的生活情境，这样做的时候，人们一般认为，当一位作家的作品杀青之时，会有某些不利于他的妖术汇集起来，一些残忍的不轨力量会联合起来摧毁他的大作，想把他宏大的计划一笔勾销。这作家便义愤填膺，怒不可遏，反倒硬起头皮来投入他的写作，根本不顾以批评形式对他提出的反对意见，而且对所谓的风范与艺术本身充满绝对的鄙视。

看到人类的虚荣心在不同的时代与不同的季节以何等不同的形式表现出来，那可真是一件奇怪的事情。出于上述种种考虑，我觉得自己绝对有责任谴责目前拿责备批评家当时尚的流俗，因为这些批评家并非公敌，并非害虫，亦不是创造力与文学这个共同体的纵火犯。反过来我倒是要说，他们是这个大厦的支柱，没有批评一族的鼓励与宣传，我们就会像以前一样保持为哥特建筑师。

在更脆弱和较为不完善的人类社会里，比如，由联邦制部落或混杂的殖民地组成、根基尚不牢靠的那些社会里，假如人民到目前为止证明全都是语言的大师，他们完全能够彼此理解，以便于表达自己的需求和共同需要，那可能被认为是足够的好运。一般认为，他们那个风雨飘摇、贫穷无着的国家既没有完全的闲适，也不具备轻松的气质，因而无法使其人民达到勤于思考的高度。不免暴力袭击，亦有衣食之虞的人民，就不太可能投身并不能满足生存之需的艺术活动。

自由社会是通过同意与自愿结社构成的，假如在这样的社会里，经过一段时期以后，一个人或少数人的权力膨胀起来而盖过其他人的权力，假如暴力占据了生活中心，假如社会事务的施行可以不由其他人的同意而发生，假如利用人的畏惧和担忧进行强暴统治，我们就会发现，这里处于病态的语言科学与艺术就得不到发展，因为这些东西已经失去其用处了。可是，假如劝诫是引导社会的主要手段，使其人民在行动之前先得到说服，那么，这里就会出现惊人的雄辩术，人们就会听到演说者和诗人的声音，那个国家最伟大的天才与圣贤之辈便会投身这些技艺的研究，人民也会更易于进行理性思考，也更容易受到博学与专精者的引导。艺术人才越是取悦于公众，就越是能对公众产生影响。在这样的社会体制里，让公众成为能力与智慧的判官，是符合智者与大能者的利益的。

我们也许能看到，事实上，在我们自己的国家，最成功的批评或反驳方法，就是那种接近最早的希腊喜剧的那一种。借古观今，我们都可以看出，批评家的动因与利益，与才智、学问，与良好的判断力的动因与利益是一样的。

第三节

很多人并不曾花时间增长学问，因此看不到人类更广泛的历史时期或世事的更迭，亦不曾看到风范的不断变化，以及端庄言行、才智与艺术的潮涨潮落，这些人无论看待什么事物，很容易就把当前的时代当做一个标准，除开与自己时代的风尚相反的东西之外，就想象不出还有别样的野蛮或残忍行为。同一批假正经的法官，假如他们在恺撒第一次侵袭我国时遍布不列颠，则一定会判定那一位先生是怪异的批评家，因为他竟敢责备我们的先人衣着不足，嘲笑当时十分流行的蓝脸颊和杂色皮肤。仅仅是时尚评论家的人，也一定会作出同样的判断。可是，公正的博物学家或人文主义者知晓作为造物的人，他们会根据人在社会中的成长和改善而评判人，对这样一批有学问的人来说，看起来十分明显的是，我们不列颠人在恺撒统治下的罗马人看起来是野蛮与残忍，正如罗马人在穆米乌斯统帅下攻打希腊时，在希腊人眼里看起来也是同样的野蛮与残忍。

可是，就让我们的作家或诗人去责备我们的人民缺乏才气吧，明摆着的事情是，我们并非是他们所描述的那样野蛮或哥特式的古怪。我们生长的这一片土地天生就不产怪物，假如这些艺术大师肯在他们的作品中展示他们的才华，我们这个民族的音乐天赋还能培植起来发挥很大用场。他们有能力对我们更好的倾向产生正面影响，也许还能根据某些标志了解到，他们的听众是愿意接受更高尚的主题的，他们愿意鉴赏更高雅的风尚，而远不止是他们因为更多沉湎于自我而不是世人，因而一般更愿意选择的那些低俗旨趣。

整体而论，在史诗与戏剧作品这两大诗歌发展阶段里，我们都可以观察到如此自然地弥漫着各处的道德才智，由于我们最喜欢的英雄史诗里既没有语言的软弱，也没有才智中的时尚之羁，而只有纯粹切实的思想、严密的逻辑、高尚的情操与持续不断的道德教义、虔敬以及劝诫它的德行的脉络，我们就可以切实可靠地推断说，真正需要匡扶矫正的，与其说是公众的耳朵，倒不如说是我们这些诗人的臭手与低俗风范。

在我们把这个时代的作家最后的避难所给预先排除以后，我们仍然需要对这些作家作出裁定。我们也不会责怪他们缺乏才智或幻想，而是说他们缺少判断力或精准性，这些东西只有通过勤奋学习和对自身进行不偏私的责备与审查才能得到。他们缺少的正是风范。这是道德必备的一种情操，仅只这情操本身就能使我们明白次序及比例的道理，并给予我们关于人类激情的适当品质与尺度。

诗人必然可以从哲学家那里借来许多东西，因为他们是道德共同话题上的大师。诗人至少必须是特别诚实的人，在他诗歌的各个地方，都必须在所有的外表上装扮成德行的朋友。善良与智慧的人都不会因此而责备他。人民尽管会败坏，总体来说还是会最满足于这样的行为。

121

有时候，一曲戏如果富于情操并在角色中得到很好体现，尽管并无语言的雅致与分量，也没有技艺可言，却能够让人们更加喜悦，注意力更加集中，远胜于空洞无物、琐碎无聊的诗歌。

第三篇

第一节

一个作家出了一本书，若有人对他说，"他无疑已经超越了他自己"，则这话一般会被认为是对一位作家最高的赞扬。假如我们观察这话多么受用，当真就会想象，这话里面包含着某些溢美之词。根据现代的礼貌风尚，若是普普通通地扭曲一下事实，则就达不到赞扬某种超出寻常的举措的目的。我们现在都明白，如果一些人的功绩在于他们的著作能力，他们一般不愿意因为这样的礼数而作出一丁点的牺牲。人们因此不免奇怪，看到他们那么醉心于这样一种形式的赞扬，而这话如果用普通的意思来理解的话，莫过于就是一个简单的肯定命题："他们在某个方面与自己有所不同了，因此比他们平常的情况或好或差。"假如最差的作家比平常更差，或者在无论哪一边都超出了正常的范围，那么，说他超过或超越了自己也属于正当。

同样，对于伟人与君王的一种方式的赞美，在很多情况下莫过于下面这样一句简单的话用得普遍，而且这话经常得到印证，甚至可以有保证地宣布为真理："他们的行为就如同他们自己，非常适合他们的爱好与品格。"必须承认，这句赞美的话听起来不错。没有人会怀疑它。没有人会想象自己竟然会不喜欢某种符合自己真实和原本的自我的东西，就像别人平时看待他的那个样子，他自己也乐于这样思考："此人是谁？"所有人在道德美与完善方面都有这样的天然情感，他们也从来不会不这样代表自己来作出这样的假定："他们天生便有某种值得尊敬的东西，跟其他同类比较起来更有价值，他们真实和自然的本我，是，也应该是，符合社会的真实价值的，因而应当因为这样一种价值和良好的品质而得到适当尊敬。"因此，他们得出结论，假如有人对他们说，他们的所作所为一点也没有违背他们的本性，或者在某一次特别的行动中他们超越了其品格的普通体现，那他们就是得到了人们的最高赞美。

可是，无论宗教的合适效果或效力如何，教导我们如何看待自己，使我们保持为同一个自我，并借以调节我们主要的幻想、激情和幽默感，从而使我们为自己所理解，并根据除面容以外的其他特征为人所知的，却是哲学的研究领域，这是人皆知晓的。我们之所以是我们自己，并不肯定地只是依据我们的脸来决定的。当我们的面容或外形发生变化时，发生变化的并不是我们。只有当那种全然变形并发生转化的东西出现时，我们才能说是真实地发生了转变或者失去了自我。

假设我们有一位亲密友人，他生过许多大病，去东方的穷乡僻壤或南方最热的一些国度旅行期间，进行过许多次不甚稳妥的冒险，回到我们身边时身形大变、面目全非，除非我们在一段时期里跟他交谈，否则我们就无法知道这个人就是我们以前认识的那同一个人。这事不会那么奇怪，我们对此事的忧虑也不会十分严重。可是，假如一位朋友带着原来的面相和身材回到我们身边，但他的想法和气质却透出奇怪的、异国的色彩，他喜好的东西、他的情感以及意见与我们以前知道的任何一个东西都完全不同，那我们一定会严肃、惊奇和忧心忡忡地说，这完全是另一个人，并非我们以前熟知的那位友人。我们事实上也不会再尽力去更新跟这样一个人的友好往来或联络，不过，他自己也可能在记忆中保存着以前在我们之间发生的相互交往的模糊印迹或标志。

123

　　我以前曾认识一位知名的狂热者，属于巡回布道师那一类人，他去某个国家进行大胆的灵修历险，而那个国家可不拿预言性的传教当笑话看。这人告诉我说，他被单独关押在一处看不到任何光线的地方，一连关了好几个月。由于既看不到文字也听不到人声，这人就非常聪明地发明了一种娱乐办法，完全符合他的意图，对健康和幽默感的保持也起了很大作用。人们也许会想，在所有季节或环境之下，这个环境和时机也许最适合我们经常提及的那种独白做法，特别是因为这位囚犯是我们这个时代里经常被称为哲学家的那一种人，他是帕拉塞尔苏斯的传人，也是奥秘科学方面的大师。可是，至于说道德科学，或者与自我对话相关的任何东西，他却是个新手。因此，他就这样着手开始了一项新的工作，而且用了完全不同的一个方法。他不是按照音乐家的方法对他天然的管乐进行调配，也不是按照那种方法练习和弦与悦耳之声，而是尽可能发出各种各样清晰可闻的人声。他用力扯开嗓门，按照喉头与嘴的多种不同搭配与组合发声，因而就弄出了怒吼、咆哮、嚎叫，或者其他尽可能以不同方式展示不同发声器官能力的声音，这样，他便尽力想发现字母表里面的哪些字母最适合哪一个种类，或哪些新的字母应当予以发明，这样可以标出尚没有发现的一些修正点。例如，他发现字母 A 是最纯粹的一个字符，是最原始和最纯粹的一个元音，因而值当放在字母顺序的首位。由于尽最大力量把下颌拉到了最上颌最远的地方，又把手指伸进嘴里防止两边的嘴角收缩，他就通过这种实验发现，人类的舌头在这样的情况下就不可能发出其他任何一种修正音，而只能发出由这个原始字母所描述的那个声音。元音 O 是由嘴的正圆形摆放而发出的，因而也被这个字符本身的形状描述得十分精当。元音 U 是嘴唇的平行突出形成的。其他元音和辅音也都是通过各自不同的口腔碰撞以及主动的舌头在被动的牙床或上腭上的活动形成的。我们这位囚犯所进行的这种深刻反省和长时期锻炼导致的结果，就是一篇《哲学文论》，是他被释放后写成的一部著作。由于他进行过的这种极端科学实验，以及他在声音方面的基本知识，他自视为人声和语言的唯一大师。可是，假如有人听信他的话去进行声音的改进，或指望他能够教自己如何发出好听或适当的口音或演讲技巧，那我相信，这些人一定会觉得自己上了大当。

我的意思并不是要对此大加谴责，以为这种反省式的发声科学就是无用之物。它无疑在别的学科里有它自己的地位，甚至有可能对语法有用，因为语法是要为修辞学和其他有关言语和写作的艺术提供帮助的。数学的可靠性，以及它对人类的巨大用处，在许多取决于它的有益的艺术及科学门类里的许多效果中得到印证，当然，占星家、看相的和其他这类人都乐于用数学家这个称谓来鼓吹自己。至于说形而上学，以及在学校里当做逻辑或伦理学进行讲授的那种学问，我很愿意让它充当哲学，假如无论在何种真实的效果中，它能证明是改善我们的精神能力，提升我们的领悟水平，或修补我们风尚的不足的话。可是，假如决定性的有形或无形的实体以及区分其性质与模式的方法推荐给了我们，作为发现我们自身天性的正当手段，那我一定会马上就产生怀疑，觉得这样的研究更有欺骗性，更让人糊涂，因为这里面包含着极大的夸张不实之词。

三角形和圆形的研究并不妨碍思想的研究，学生在学习过程中也不会假定自己在智慧或关于自我及人类的知识上会有多大进步。他所希望的一切，只不过是保持自己头脑的切实可靠，就跟以前一样好用。假如运气好，他发现这脑袋里面并没有裂缝，那他着实会觉得三生有幸。至于其他能力或关于人性或世界的知识上的进步，他会让自己去进行其他研究或练习。这就是数学家的谦虚和良好判断力。至于说哲学家，他总是假装自己完全醉心于思考其更高级的才能，并检查其领悟力的能力与原则，假如在现实中，他的哲学对于所说的事物来说隔山隔水，假如完全不着边际，并且离我们真正称为是自己的兴趣或关心之事的东西很远，那它一定会比纯粹的无知或白痴行为更糟糕。人要想当傻瓜，最聪明的办法是通过一个系统方法来实现。而阻碍良好判断力形成的最确切方法，就是用别的东西来占据它原本应该有的位置。什么东西与智慧越是想象，假如它不是这东西自身，那它就越是直接变成其反面。

一位学者，尤其是研究过思想问题，并以自然哲学的方法严肃认真地处理过激情问题的作家，几乎就不可能不想象他自己在这方面更聪明，对自己的性格和人类的才智更了解。可是，他时常在算计中出错，经验一般也会说服我们：还没有发现比这一类聪明人更不善于理解自身的人，他们控制自我激情的能力更弱，更容易受到迷信和无理由担忧的困扰，更容易受到常见的欺骗与错觉的影响。这也不是什么稀奇之事。一个人思考问题的方式，往往说明他行事的方法。要明白这一点，并不需要进行形式推导。只需要利用我们熟悉的独白方法就能解决这件事情，我们兴许还能以更有趣的方法决定这件事情。我们可以用更实用的方法来面对这一类超级反省哲学，这方法主要涉及我们的私交、友情与跟自己的良好对话。

假如一位路人碰巧进入一位制表匠的作坊，想着正好了解一些钟表方面的知识，因此就会问，每个部件都是由哪种金属、哪种材料制成的，如何给钟表着色，声音是怎么发出来的，但他并不想知道这样一种仪器到底要做什么实际用途，也不问钟表到底怎么运行以最佳实现其目标，以及如何完美地达到目的。那么，非常明显的一件事情是，这样一位观察者对这仪器真实的本性并不会产生真正的领悟。假如一位哲学家以同样方式研究人的本性，他只会发现每一种激情对身体会产生什么样的效果，如此会产生哪些面色或面部表情的变化，以哪些方式影响肢体与肌肉，这些，当然足以使他能够为一位解剖学家或画匠提供建议，但却不足以使他有资格向人类或他自己提供什么好主意。因为在这样的研究过程中，他关心的不是这个主题真实的运作或能量，也没有认真思考真实的人，而是把人当做一块钟表或普通的机器来研究的。

打个比方说。假如迷信是极压抑人的那种担忧的一部分原因，那么，在这样的时候，问血液或人的精神从哪些部位或哪些区域脱离开来，或者准备在哪些地方重新汇合，就不是一个现实的问题。因为这样并没有使我更加明白事情的原委，到最后还得由我自己去调节或改变。但是，假如这种迷信式的担忧的基础被认为是来自我们的看法，而它的主题都得到了彻底的研究与审查，这份激情自身就一定会消退，因为我越来越多地发现了从属于它的欺骗行为。

再说，我关于世界、快乐、财富、名声、生命的观念是什么样的呢？我对人类以及人类事务将作出何种判断呢？我该形成何种情操？保持哪些看法？都有哪些格言警句？假如一样都没有，那我何苦要花精力来思考有关自己的观念的问题呢？比如，如果我知道自己能够对空间形成什么样的观念，那么这对我意味着什么呢？一位知名的现代哲学家曾说："无论以什么尺度分解一个固体，分解的各个部分都不可能在其外表的范围之内活动，假如里面没有一个与该固体最小的部分同样大小的虚空的话。"

原子论者，或伊壁鸠鲁主义者就是这样为虚空进行辩护的。另外，充盈论者却会利用流体理论来说明问题，并喜欢用实体与广延的观念。"人们说，我有一个清晰判然的观念。""另一位说，对此，我可以确定。""我说，假如这整个事情完全不存在确切性，那会是个什么东西？"数学家们在此问题上意见不一，而机械师却着手一个假设一个假设地尝试。我乐于让自己的思想朝两个方向活动，因为我的思想并不真正关心任何一个方向。"哲学家！让我听听到底哪些东西对我是重要的。让我听听什么是生命，什么是恰当的观念，哪些是我在一定时候应当坚守的。这样的话，当生活看起来百无聊赖，或者生命快要走到无用的尽头，我们就喊：空虚啊！我们要谴责这世界，同时又会抱怨人生苦短！"是啊，假如人生不是那么甜蜜美好，又有什么长短可言呢？我为何两头都要抱怨？空虚到底就是空虚，抑或是一种幸福？或者说，灾难消失的速度还能太快不成？

这就是需要我认真考虑的重要问题，也是值得花时间去研究的问题。另外，假如我并不能在这里找到关于我的观念的一致或不一致意见，假如我在这里无法形成任何确切的想法，那其他的一切对我又有何关系呢？什么东西标志着我得到了某些观念，如何形成复合观念，哪些是简单观念，哪些又是复合观念呢？假如我对人生形成了正当的观念，或许此刻我又稍稍思考了一下这个观念，并对自己说："可以找到任何一个体面机会把这个想法告诉我的朋友或国家，"那就请告诉我，应当如何保存这观念，或至少告诉我，我又如何可靠地摆脱这观念，从而使它不再惹我烦恼，也不再引我走入歧途。请告诉我，我到底是如何得到这种关于价值与德行的看法的，它到底是什么，有时它被拔高到天上，一会儿它又被人说得一钱不值。这些烦恼与情绪的涨落到底是如何发生的。"是别的观念的发明、构成与干预造成的。"假如这就是哲学艺术的研究课题，我乐于运用它，乐于投身其研究中。假如这里面并没有所说的这些东西，我就不想花时间去了解这一类的学问了。我并不想知道我的舌头或上颚通过怎样一种运动形成了这些清晰的声音，我完全能够很好地发出这些声音，根本就不用知道这一类的科学或反思；我更不想知道我是如何形成或者合成这些由文字来标志的观念的。

第二节

因此，假如我可以全无顾虑地放胆沉湎其中的唯一快乐，就是那种诚实和合乎道德的一种快乐，假如理性与社会性的欢乐在其自身之中持续不变，而且还是幸福之不可或缺的一部分，那我为何不使我其他的快乐与之匹配，使其成为朋友，反倒在自己心里培植破坏这一基础，并与这一快乐格格不入的其他快乐呢？

在这样一个基础之上，让我来说明如何能够忍受幻想的折磨，并使自我保持在道德堡垒之内，防范在败坏的兴趣与不实自我那边培植起来的那些东西的攻击吧！每逢享乐的念头袭来，我就开始自问："在被这个念头俘获之前，有没有什么事情出了错？""没有。""那就打消这个念头，之后我就没事了。""但是，既然已经有了这个念头，想要的东西没有得到一定会有遗憾。""那就要看看，哪一种最有利于自己；要么被这需求所折磨，直到这念头被打消；要么满足这需求，不仅仅确认这念头，而且还要确认所有这一类的念头！"

在现实中，任何一种幻想，假如是凭借它自身的威力而为人所接受，不都有得以通过的类似特权吗？可是，假如有一大堆幻想念头结队而来，而大门又来之不拒，那该如何处理这样的事情呢？那就只有一个办法，这办法引导我们走入最狂放不羁和不检点的品格歧路，难道不是如此？反过来，除了直接相反的一种实践与行为之外，那种使我们产生任何一种价值与言行稳重感的东西又是什么呢？假如享乐的念头、幻想的暗示和欲望及奢求的强烈恳求并不是经常受到抑制，而人的想象力又受到切实的责备，并处在控制之下，那还会不会有一种思想的力量，有没有对于自我的控制力呢？

只要没有完全失控，一个人必然总还是会以某种规条和管理方法控制住自己的幻想的。纪律越是严明，人就越是理性，越是显出智慧。纪律越是松懈，人就越是空想连篇，也离疯子的状态不远了。这样的事情永远都不可能处在停顿状态下。在这场游戏里，我要么成为赢家，要么就当输家。要么我控制幻想，要么我为它们所掌握。我可以让步，它们却决不会。我们之间不可能有休战的时候，没有刀枪入阁的时候。这个或那个必须是上司，必须掌控。假如任意幻想随意行事，治理权就必然在它们那一边。此时，这样一种状态与疯狂之间难道还有什么差别可言？

因此，这个问题跟人们在家里问的问题是一样的："到底谁说了算，谁来统治这里？"

第三节

让人们喜欢土耳其史书而不喜欢希腊或罗马史书的，让人们喜欢阿里奥斯多而不喜欢维吉尔，让人们喜欢传奇文学或小说而不喜欢《伊利亚特》的，也是这同一种品位。我们并不看重作者的性格或才情，也无意好奇他对事实的判断，也不关心他的谎言质地显出何等的才智。哪怕是事实，讲得不出神的话，哪怕讲述者怀有最大的诚意及坚定不移的信心，也可以证明是最糟糕的一类欺骗。而纯粹的谎言，假如构思精巧，也能教我们一些事实的真理，效果好过其他许多种方法。既然有些作家不知道如何撒谎，又不明白如何讲实话，为了拿这些作家逗我们开心，不妨在里面找出这样一种我认为人们并不需要大加嫉妒的品位。可是，我们如此热衷于任何一位无心的冒险者所写的旅行回忆录，是他的性格也好，或是他的才情也好，反正我们才刚翻了几页就对他所说的事情爱不释手了。

这样一种幽默，看来是我们古老的悲剧诗人发现的。他给我们讲一个充满神奇色彩的摩尔英雄的故事，以此唤起我们的品位，他可真是一位绝妙的说书人啊！

可以肯定的是，对迷信的激情与对故事的偏爱存在着相当紧密的联系。对奇特故事的喜好，对非自然事物的特别胃口，与对超自然事物的类似胃口也有相近的关系，比如称之为神奇，或凶兆的那一类事物。这样的话，每当看到、听到异常的事物，人的思想便会产生预感。命运、机缘或天堂的愤怒，经人描述的时候，都似乎有奇异降生、惊人事实或可怕事件的预兆。由于这个原因，那些说书人或讲故事的人本身，只需要阴沉的举止、适当的表情与声调的一丁点帮助，便能在凡人眼里成为神圣与异能的人，而凡人从青年时代起便习惯于这样看待他们。那些少嫩的处女，在失去了天生的柔和以后，也染上了这种悲剧性的炽情，因为她们极容易受到这种情绪的影响，尤其是当一种合适的口才与行为正好与讲故事者的性格相符的时候。有上千的苔丝狄蒙娜就乐于奉献自己，不加掩饰地丢弃父亲、亲朋好友、同胞和国家本身，而去追随那些黑色部落的英雄。

人们会想象，我们的一些假装处理道德话题的哲思类作家，在推荐德行和表述公平与友好的人类行为时，应该比纯粹的诗人能干得多。人们会想象，假如他们把眼睛转向遥远的国度（他们倒是经常就此夸夸其谈），那他们就会寻找风范的朴素与行为的天真，这在纯粹的圣贤那里是经常为人所知的，远在他们被我们的商业败坏之前，也远在他们接受各种各样的背叛与不人道行为的说教之前。听听我们自身里面发生的这种奇特的败坏的原因，认真思考一下我们偏离自然，也远离了可以预料的风范的正当纯洁性，尤其是远离了一个被宗教所提携和启蒙的民族的情形，应当对我们有很大益处。谁又不会很自然地期望从基督徒这里，而不是从伊斯兰教徒那里，也不是从纯粹的异教徒那里预期更多的公正、忠诚、节制与诚实呢？可是，我们的一些道德学家远不是去谴责无论是我们自己这个地

131

方还是异国他乡的不合自然的邪恶之举或败坏风尚，反倒是让恶本身看上去好像是德行一样极其自然的东西。他们利用最恶劣的例子向我们说明："所有行为从其本性来说都是无关紧要的，它们自身都没有所谓好坏之分，只是因为纯粹的风尚、法律或任意的程度划分而有所不同。"这可真是奇妙的哲学啊！

假如论述音乐的作家对学习和爱好音乐艺术的人说，"和音的尺度或规则都是任意之举或人的意愿、幽默或时尚所致，"那么，人们拿他的话当真，或者严肃看待他所说的这番话的可能性就很小了。因为，和音就是和音，本质如此。只有人才会对音乐作出如此荒唐的判断。对称与比例也能在自然之中找到，只有人的幻想才会证明是如此野蛮的，或他们的风尚在建筑、雕塑和其他设计艺术中如此怪异。当人生与生活方式涉及其中时，情形也是一样。德行有同样固定的标准。同样的数字、和谐与比例也在道德中占有一席之地，并且能够在人类的性格与情感中发现。在这里面，有艺术与科学的基础，它高出人类其他任何一种行为或理解力。

我觉得，一位作家必须要明白这个道理，而且非常有必要。事物是顽固倔犟的，并不是我们所想象的那个样子，也不像时尚那样随时变化，它们就是自己在自然之中本来的样子。无论写作的人是一位诗人、哲学家还是别的什么人，他其实只不过是一位模仿者，是对大自然的模仿。他的风格也许因为所生活的不同时代而有所不同，或因为要满足那个时代或国家的不同幽默感而有所调整，如其风范、服饰以及着色风尚也许会变化。可是，假如他的描绘不是精准的，或假如他的设计有违自然，他的作品仔细检查起来一定会被人看成是荒谬可笑的。自然是不能被嘲笑的。违背自然的偏爱总是无法长久的。大自然的法令与本能是强而有力的，而她的情操也是天生的。

无论是什么样的哲学家、评论家还是作家，只有听信大自然的这一特权，都很容易就明白改造自身品位这一伟大任务，而假如不是根据大自然的正当标准来有意调整自我的人，则这一点有理由对此产生怀疑。这样的人，他只需要求助于自己的记忆便足以发现自己到底是不是这么一回事。习俗与风尚都是强有力的骗子，他必然要花大力气应对这些习俗与风尚，才能获得那种品位的正当感，而这是一个声称顺应自然的人必须要做的事情。可是，假如想不起来有任何这一类的冲突存在，那就是一个明显的标志，表明此人的品位与低俗者并无二致。从这一点上说，他应当立即着手进行本文论推荐的那种健康练习。

在这里，不妨有人会想，尽管我们在这里已经提供了特别的劝告，但这些都是相对符合自然的品格与风尚的塑造而言的，我们在行为当中仍然是有缺陷的，因为我们并没有谈及超自然的情形，也没有考虑到圣书中提及的那些风尚与品格。可是，这条反对意见很快就会消失，假如我们这样考虑一下：人类的智慧不可能订下这样的规则，即人从来都没有从人道的方式思考这些规则，反倒是由神授意给我们，并通过神加以启示。

由于这个原因，任何一位诗人或聪明的作家，假如他按照我们的圣书作者的模式去塑造人物，那一定是白费力气。在这一类的英雄史诗的结构上，无论哪一些批评家走到了何等先进的程度，我都可以斗胆放言，其成功与其预期一定是不合拍的。

必须承认，在我们的神圣历史上，我们有众多的领袖、征服者、民族创立者、拯救者与爱国者，哪怕在凡人的意义上，他们也从不会跟在古人高度赞扬的那些酋长身后。埃涅阿斯的故事中，没有任何东西是人们无法在约书亚或摩西的故事里找到对等物或被超越的。可是，尽管这些神圣的首领的行为堪称典范，却很难按照同样的英雄行为去照搬他们的行为。为他们当中的很多人描绘出一种感恩戴德的神情会是相当困难的，而这又是使他们在人类看来天生逗人喜欢所必需的，根据这样的想法，人类在哪里都有这样一种英雄主义精神，以及慷慨之举。

作为基督徒，我们本着极大的虔敬之心努力使自己区别于异教徒或异端的兴趣；我们或许已经用尽心思武装作为选民的心，以防范邻近信奉虚假宗教和进行不当崇拜的民族，尽管如此，我们还是发现自己内心里存有针对与我们一样有同样品性与外形的其他造物的偏见，这就使我们无法满意于看到人类之手针对教外人和偶像崇拜者施加的惩罚。

在纯粹的诗歌，以及智慧之作与文学作品里，有一种思想的自由和幽默之轻便惯坏我们，我们或许就因此而不能那么虔诚地思考神圣事务的判断，也不能清晰地看出这些方法之中的公正性，据说，这样的方法与我们的方法相去甚远，也高于我们最崇高的思想或领悟力。在这样的思想状态下，我们根本无法忍受拿异教徒当异教徒看，拿信仰者当做神怒的行刑者。我们内心里有某种倒错的人性，它在我们内心里抵制着神的命令，尽管这命令如此明白地显示在我们面前。哪怕最优秀的诗人，他的智慧也不足以让我们明白约书亚式的攻伐，或一种摩西式的撤退，那是在埃及的借贷帮助下完成的。凭借这一门缪斯艺术，我们也不可能让哪一位皇室的英雄在普通人眼里看起来十分可爱，而他在天堂之眼那里却格外受到青睐。这就是纯粹的人心，他们很难对那唯一的一位产生一丁点同情，而他只不过具备了与那大能者有相同模式的品格。

因此十分明显的是，圣书里描述的风尚、行为与品格，除非是供神职人员自身使用，绝对不可能成为其他作家的合适主题。它们是一些哲学里无法理解的事物，它们高于纯粹的人类历史学家、政治家或道德学家的极点，因而也太神圣，无法为诗人的幻想所把握，哪怕这诗人受到他那些世俗情妇即缪斯的激励。

我们有一位诗人，他高唱着人类堕落的虔敬之歌，但我却不愿意仔细审查他的表演。天堂的战争，以及最初的那一对生育了万世人类的夫妇造成的灾难，都是以深奥方式显明的事物，而且跟神话极其相像，诗人极容易觉得自己可以放手处置这些象征性的结构或幻想型的转折。可是，假如他再进一步，进入那些长老、圣徒和选种一族的男女英雄的生活与品格，假如他利用神圣机器、神性的展示与干预，就像圣书里所载的一样，用以支持其作品中的行为，那他很快便会发现他所假装的正统缪斯的弱点，并证明这些神圣模式根本无法为人类所仿效，并不像原版那样很容易拔高至崇高与神圣之境。

异教徒的神学或神谱可以容纳这一类不同的改写和象征性表达，因此适合每一位哲学家或诗人的幻想与判断力。可是，我们这一门信仰的纯洁性决不允许进行这样的变更。基督教的神学、神性的降临、过程、生发与人格化特征，全都是只能由那些创始者或担任圣职的人才能确定的奥秘事件，国家把监护与分布神谕的权力，专门交托给这样一批人了。那些没有接受上苍启示，也没有得到人间委任的人，不适合怀着好奇心去探究这些神圣礼仪与记录的原本，因为这一切都是根据法律确定的。假如我们斗胆一试，我们极可能会发现，越是深究就越是不那么令人满意。一旦放弃权威与法律的指引，我们很容易就会处于异端邪说和谬误影响之下，此时，我们就得不到我们神圣象征的权威保障，仅只有其编译者及登录者的诚心、坦率与公正无私作为保证。这种坦率与公正无私到了什么程度，我们并没有哪一段历史可以告知我们任何信息，而只能依靠这些人自己的授权或编造了。可是，以正式身份研究这些资料的那些忙人，甚至乐于从这里开始吸取证据，这些证据对于人类传承的名声与性质是极其不利的。而仔细阅读这些历史记载的人，很容易按照与古代教会态度不同的其他方式去作出判断，而不是后世的宗教大会以及现代的宗教会议赞同的方式。

135

假如我们想到一个阴沉的事实，即由于这一类的争端曾引发过何等样的骚乱，流出了多少鲜血，各地造成了多大的摧毁，由于种种基于跟这些奥秘中的条款极细微的差别而引发的争议，曾造成各个帝国的震撼与毁灭，则任何一位诗人或考虑周到的作家，都一定会认为，拿这些话题作为自己的创作材料，一定是徒劳之举，更不会让自己因此成为逗人喜爱或能够为人提供娱乐的作者。

可是，虽然这些深奥难解的奥秘以及宗教职责的解释权，已经划给了圣职人员的专门领域，可是，人们还是假定，其他的作家保留他们教化人类的古老特权应当是合法的想法，并且是以开心娱乐的方式进行教化。诗人们可以进行虚构，哲学家们得以利用他们自己的教化方法。假如听任握有宗教特权的人垄断跟人的风尚或谈话交流相关的所有说教及劝告事务，那会让人的生活百般艰难。也许应该允许舞台跟宗教道坛一样进行说教。严肃庄重有益，但智慧与幽默之道亦是如此。平直简明的理性方法以及崇高的启示之法各有裨益。最主要的是要使各自的领域相互分离，为彼此划定严格的界限。正是在这一点上，我们也费力向现代的作家们阐明以正确方式适当地加以划分的必要性。

假如法律确定的宗教得不到与掌管宗谱纹章的官员的职位那样的特权，我认为那也一定是比较难办的事情。所有人都同意，必须有特定的人在他们的能力范围内根据他们自己觉得合适的方式进行设计或涂漆，可是，他们的装饰只能按照公众的规定进行。他们的狮子或熊必须符合科学说明的形状，其基座和顶冠的制作必须显出祖先为他们规定好的智慧与华丽色彩。无论这些动物的外形是否与自然保持了适当的比例。无论是否有不同或相反的外形混在了一起。画家或诗人所否认的，在徽章里面却是可以接纳的。博物学家各有自己的专长和本领，他们也许会觉得，探寻事物的真实存在和自然的真理也许是合适的。可是，他们无论如何也不能与权威确定的外形发生争端。美人女和狮鹫是我们的祖先难以置信的，尽管如此，这些东西还是通过真正的传统和以上所述的描绘而传承到我们这一代。撒拉逊人的脸，其面部特征和尺度是我们征战南北的祖先在圣战中为我们留下来的，对此，我们不应提出任何一种批评，我们也不能就一条龙的形状或大小提出质疑，因为我们的国家捍卫者的历史，以及一个高层秩序的确立与王国的尊严都系于其上。

像卓越的克拉伦西奥和嘉德院长等英国荣誉及古老传统著名的维护者这样一些人，尽管他们值得人崇拜，人们还是希望，在像我们有运气生活其中的当前这样一个更文明的时代，他们不会像以前那样把自己的特权提升到同样的高度。由于法律或已经确定的做法使他们以前的权利有所降低，人们假定，他们不会违抗治安官或民众的权利而重新搭起舞台与竞技场，引入国内争斗的风尚，让我们重归血路。

结论：让我们有资格享受劝诫世人这一份崇高特权的唯一方法是，首先，在公众根据权威而准许我们享受它的时候，我们自己要以应有的服从心态接受它。如果依照我们个人的能力而有足够决心自我批评，并根据上述所说的独白方式质疑我们无端的想象力、俗丽的欲望以及徒有其表的情操，那么我们必定在事物自然的进程中越来越聪明，越来越少傲慢，并把那种谦逊、屈尊以及对于所有友好建议与劝诫的成功来说必不可少的适当的人性精神变成我们性格的一部分。一种诚实的自我哲学，必然教导我们完整的内在实践。认真阅读，与更优秀的人进行谈话，一定会使我们有资格从事正在进行的事业。

第 二 卷

论德行与价值

上部

第一篇

第一节

写这篇文章的理由。宗教与美德在许多方面看起来密不可分,一般假定它们是彼此不能分离的伴侣。我们对这两者的联合深信不疑,竟至于根本不允许人们分别谈论它们,甚至不允许分离思考这两者。然而我们或许可以发问,不知道世人在这方面的做法能否呼应我们在这里进行的思辨。我们都认识这样一些人,他们表面看起来对宗教充满热情,却缺乏人最基本的情感,而且表明他们是极其堕落和腐败的人。还有另外一些人,他们对宗教一点兴趣也没有,被人看做是纯粹的无神论者,但人们却发现他们在实践道德原则,在许多情况下与人为善,对人充满感情,让人禁不住必须称他们为有美德的人。一般来说,我们仅只发现如此分量的道德原则,在我们与人交往时,很少被他们在宗教方面的热情给予的哪怕最全面的保障所满足,直到我们听说他们在品格方面的一些事情为止。我们听说某人信教,还是会问:"他这人道德如何?"但假如听说某人有诚实的道德原则,而且是讲求自然公正与性情良好之人,我们很少再问"那他是不是一位信教和虔诚的人?"

　　我们这就有理由发问："根据其本意，到底什么是诚实或美德，它以什么方式受到宗教的影响，宗教在多大程度上必然暗示美德，说一个无神论者不可能是有美德之人，也不可能分有任何真实程度的诚实或德行，这么看问题是不是真有什么道理？"

　　在这里，假如解释事物的方法看起来有点异常，那就没有什么格外让人觉得奇怪的理由了。这个话题一直少有研究，思辨起来既让人觉得有趣，但又十分危险。人类宗教的这部分被近来一些作家的自由写作扰得如此惊慌不安，在这件事情上又唤起如此强烈的嫉妒，竟至于无论一位作家什么有利于宗教的话，他都无法在这件事情上赢得多大信誉，假如他还允许哪怕一丁点余地留给别的原则。另外，机智与善嘲讽的人士最喜欢取乐的，往往就是暴露宗教软弱的侧面，他们生怕就此展开严肃的思考，一个装出自由写作者的神情，同时却对自然宗教原则怀有敬意的人，他们会觉得这样的人犯有游戏不公的毛病。他们得到很多，付出却极少，一定要把对手的道德观看得十分低贱才达到以牙还牙的目的。看起来，他们彼此之间根本都不留下一丁点有利条件。很难说服一方，让其明白宗教中有一些益处，也难说服另外一方，让他们明白他们那个生活圈子以外也是有美德可言的。因此，在这两类人之间，一位作家的日子肯定不好过，无论他敢于为宗教和道德之美说些什么，都会使两者的长处有所减损，可是，假如给双方各留下一个合适的范围，还有适当的地位，那就能避免他们通过彼此诽谤而相互为敌。

　　无论事情最后会是怎样的，假如我们想在这个事先确定好的探寻范围内提供哪怕一丁点新见解，或者把事情解释得清楚些，那就有必要对事物进行较深的研究，并通过简明的方法努力表述跟神灵相关的各种意见的原本，无论是自然的还是不自然的。假如我们能有幸越过哲学中的这一棘手部分，我们希望，其余的部分将会十分简单易行。

第二节

意见归总。事物（或宇宙）的整体，要么全是符合一种良好秩序，或最切合一个总体的利益，要么存在别种本可能有更好构成、更聪明的设计，以及对存在物或世界整体的普遍利益更有利的东西。

假如存在的一切符合一种良好秩序，而且是为达至最佳效果，那么，宇宙里必然就不存在真正的恶这种东西，对于宇宙整体而言，没有什么恶的东西。

因此，无论什么，假如它一直不可能更好，也不能以任何一种办法呈现更好秩序，那它就是完美之善。在世界秩序里，无论什么可以称为恶的东西，一定在这事物的本质里隐含着一种可能性，使其本可以有更好设计或秩序。假如不能更好，那它就是完美的，它也应该是完美的。

因此，真正恶的无论什么东西，都一定是引发的，或是产生的，要么是通过设计，（就是说，有知识和智能），或者，假如没有设计，就是碰巧发生的，仅仅不过是意外。

假如这宇宙里有源自设计的任何恶的东西，那么，处置一切事物的那种东西，就不是一种良好的设计原则。要么是那个设计原则本身朽坏，要么是存有的一切里面有某种以相反方式作用的东西，那也就是恶了。

假如这宇宙里有仅仅源自意外的恶，那么，一种设计原则或心智，无论是好是坏，都不可能成为一切事物的原因。相应地，假如应该有一种设计原则，它只能成为善的原因，却又不能够防止恶从意外中发生，或者防止恶从一种相反的恶的设计中发生，那就可以假定事实上并没有这样一种作为较高级的善的设计或善的心智的东西存在，反倒是只有无能以及有缺陷的东西，因为不纠正或不能完全排除那种意外之恶，或出自相反的恶的设计的恶，一定是源自无能或恶的意志。

在任何一个程度上比世界更优越的东西，或者以洞察力及一种心智统辖自然的东西，根据普遍的一致意见，都是人类称之为上帝的东西。假如有多种此类优越心智，那就会有许多上帝。但是，假如只有单一的心智，或那些多重的优越者本质上并非善，他们就不如取恶魔这个词。

因此，相信一切都受一种必然是善和永恒的设计原则或心智的主宰、训令或管辖以获得最大利益，这样的人就是一位完全的有神论者。

根本不相信有一种设计原则或心智，也不相信事物有任何原因、尺度或规则，而只存在偶然，因此，在自然之中，整体的利益和具体事物的利益都不能在哪怕最低程度上说是设计而来的，应当追求或全力以赴的，这样的人就是一位完全的无神论者。

相信不是独一至高设计原则或心智，而是两个，三个或更多个设计原则或心智（哪怕它们在本质上是善的）的人，就是多神论者。

相信主宰的那个心智或多个心智并非绝对与必然的善，也不是局限于最优者，而是能够仅仅凭借意旨或幻想行动的人，他们是恶神论者。

对于像万物起源和宇宙治理或统辖等极其深奥复杂的任何话题，很少有人总是前后一致地思考问题的，也很少有人总是根据某一种假说看问题。哪怕是最虔敬的一些人，甚至是根据他们自己的坦白，也明显看得出来，总有某些时候，他们的信仰根据不能支持自己相信一种终极智慧的存在，他们经常受到诱惑，会对一种神意作出不利判断，不相信世界的整体有一种公正的管理存在。

因此，仅只这一点可以称为人的意见，它是人最习惯于产生的，而且在许多场合都会发生。因此，很难肯定地宣布某人是无神论者，因为除非他全部的思想在所有时候与所有场合都全力反驳所有认为事物中存在设计的假定或想象，否则他就不是一位完全的无神论者。同样，如果一个人的想法并非在所有时候都是稳定和决断性的，根本不容所有关于意外、命运或事物的不良设计的想象，他也不是完全的有神论者。但假如有人更相信意外和混乱而较少相信设计，他更多应该被看做是无神论者而不是有神论者，这要看占主导地位的想法，或者看一个人正处在上升时期的想法。万一他更多相信一种不良设计原则的普遍存在，而较少相信一种良好设计原则的普遍存在，那他就是一个恶神论者，而且根据他朝向这个方面的倾向而有得到这个称呼的极好理由。

恶神论、多神论、无神论以及有神论，所有这些种类都有可能彼此混淆。宗教只排除完全的无神论。无在宗教中，无疑有完全的恶神论者存在，因为我们知道很多民族崇敬恶魔或鬼神，他们奉献牺牲，求神拜鬼，理由实际很简单，就因为他们害怕这样的鬼神或恶魔。我们还相当清楚，在某些宗教里，有一些人公开承认的上帝观念不过是一种专横、恣意妄为、造成恶并制造苦难的存在者，这实际上是拿恶魔或鬼神来替代上帝。

由于存在上述涉及超级力量的多重意见，也因为有可能发现这样一些人，他们在这个话题上并无正式的想法，这可能是怀疑主义、思想的粗心或判断力的混乱造成的。我们关心的事情是，这些意见，或者说这种意见的缺乏，如何有可能跟德行和价值相关，或如何跟诚实或道德的品格相互兼容。

第二篇

第一节

一种构成。思考艺术或自然的任何一个普通结构或构成，或者想到没有对整体以及整体与部分的关系的足够了解，要谈论某个特别部分的哪怕一丁点都有多么困难，我们就不必奇怪，为什么在与自然本身的构成及结构相关的许多事物中，我们向来都摸不着头脑。许多事物，甚至是全部创造出来的物种，指向的是自然之中的什么目标，或者要服务于什么目的，这些都是任何人都无法恰当地予以确定的，可是，许多生物的众多尺度及各个部分的不同外形实际上服务于什么目的，这是我们在研究与观察的帮助下，有能力加以确切说明的。

我们知道，每一个生物都有一个私有的善和他自己的利益，自然通过在各个生物的范围之内实施奖励的益处来迫使他去追求这些利益。我们知道，事实上每一种生物都有一种适当与不适当的状态，适当的状态受自然的推动向前发展，并且是他自己孜孜以求的。由于在每一种生物中，都有某种利益或善，都有生物自己的利益或目的，因此，就一定也有某一种目标是其构成中的一切都自然地指向的。为了这个目标，假如无论他的欲望、激情或情感中有任何东西不利于这个目标，而且是朝向相反的方向，我们必然认为对他来说就是恶的东西。按照这个方式，他相对他自己来说也是恶的，相对与他同类的东西来说，他也必然是恶的，假使诸如此类的欲望或激情使他以任何一种方式伤害他人。这就是物种之利。根据任何理性生物自然的构成，假如使他构成对他人的恶的同样的欲望异常使他对自身也构成恶，又假如使他在一种意义上成为善的东西，即情感的同种规则性使他对他人也构成善，那就是善，因此，这种使他成为对他人有用的人的善，对他自己来说也是真实的善和利益了。因此，美德与利益终于有可能彼此契合了。

关于这一点，我们将在本文稍后部分专门考虑。我们最初的想法是，看看我们能否清晰地确定我们给予善或美德这个名称的那种品格到底是什么。

私有之善。假如一位史学家或旅行者给我们描述一种比已经听说过的任何一种生物更喜欢独处的某一类生物，既没有配偶也没有其他任何一种同伴，没有任何一种与他类似的东西是他易于感化或心之所向的，或者在他的身外也不存在任何他能够产生哪怕一丁点激情或顾虑的，此时，我们一定会毫不犹豫地说："这无疑是一种相当阴郁的生物，在这种不与他人往来和阴沉的状态下，他一定会过着郁郁寡欢的生活。"可是，假如有人肯定地对我们说，不看所有这些外表，这种生物还是过得非常开心，日子过得有滋有味，就他自己的善来说，他不缺任何东西，那我们可能会承认："对他本人来说，这个生物并不是恶魔，也不能说有一种荒谬的构成。"这就是私有的活法。可是，我们却很难这样说起他："他是个不错的生物。"但是，我们得注意这种不利于我们的看法的话："他这人尽管是这个样子，但就其自身来说仍然是完美的，因此应该被视为是善的，因为，他跟别人有什么关系呢？"从这层意思上说，的确，我们就被迫承认："他是一个善的生物，假如他可以被理解为绝对和完全地属于他自己，他与宇宙间的任何其他事情毫无干系。"假如在自然的任何一个地方存在一个体系，这就是物种的体系，这个活着的生物必然会视为这一体系的一个部分，此时，当他明显就是所属的这个体系里用做该体系或整体的害处而不是用处时，他就不再能够称为是善的了。

因此，假如在这个动物或其他任何一种动物的结构里有任何指向它自身之外的东西，而且它借此明显被发现是与自身之外的其他存在者或自然有联系的，那么，这种动物无疑就会被看做是其他某个体系的部分。例如，假如这动物有雄性比例，这显示它与一位雌性有关系。这雌雄两性各自的比例，无疑会被认为与它们之外的其他存在和事物的秩序有相互之间的关系。这样，这些生物两者都应该被认为是其他某个体系的部分，这就是一种特别种族或有生命生物的物种的部分，它们都有某种独一的共同本性，或者是由某种共同存在的事物的秩序或构成给予的本性，它们相互合作，实现持存及支撑的目标。

这就是动物体系。同样，假如所有的动物物种都合力求得其他物种的生存或福利，那么，这整个物种总体来说也就只能是其他某个体系的一个部分。

例如，对于蜘蛛的生存来说，苍蝇的生存绝对是必要的。这后一种昆虫粗心大意的飞行、脆弱的结构和易受攻击的身体决定并使它适合于充当一种猎物，而前者体格粗壮、小心谨慎、十分狡猾，因此适合于劫掠和设陷阱诱捕他者的角色。蜘蛛网与蜘蛛的翼彼此契合。在这些动物的结构当中，有一种明显和完美的相互关系，就如同我们人体之内也有一种肢体与器官的相互关系，又如同树枝与树叶的关系，但所有这些都有一个共同点，即它们有共同的树根和树干。

同样，苍蝇对于其他生物的生存也是必要的，如家禽和鱼。其他物种或品类也处于彼此之间的利用关系，都是部分与某一个体系的关系，并包括在一个，并且是同一个存在的秩序中。

因此，存在所有动物的一个体系，一种动物秩序或管理方法，根据这个秩序，动物间的事物受到调节与处置。

地球体系。假如整个动物体系以及植物体系和这个低级世界里的其他所有事物，都合适地理解为一个球体或地球的体系，又假如这个球体或地球自身看来也有对某种超越自身的东西的真实依赖，例如对太阳，对银河系或对其在行星系里的兄弟行星的依赖，那么，它事实上就只能是其他某个系统的一个部分。假如我们承认，同样存在一个所有事物的体系，还有一种万有的本性，或万有的体系，那就不存在任何一种特别的存在或体系对于这个宇宙的普遍体系来说既不是善，也不是恶的，因为，假如它既不重要也无用处，那它就是一个缺陷或不完善的存在，因而对普遍体系来说就是恶的。

因此，假如任何一种存在是全部和真实的恶，那它对于万有的体系来说也一定是恶的，因此，这个宇宙体系是恶的，或是不完善的。可是，假如个别体系的恶是其他体系的善，假如它对整个体系也是善的（如当一个生物靠另一个生物的毁灭生存，一个东西从另一个东西的腐烂中产生，或一个行星体系或旋涡也许会吞没另一个），那么，这个别体系的恶本身就不是真恶，按照人体体系的结构，牙齿出血造成的疼痛并不是恶，假如没有这疼痛，牙齿可能会承受更糟糕的后果，可能会存在更大缺陷。

因此，任何完全和绝对恶的东西，我们都不能说它是绝对之恶，除非我们可以肯定地显示和确证，我们称之为恶的东西没有任何一点善可言，无论是在其他任何体系里，还是在其他无论何种秩序或系统的关系中都是如此。

相对之恶。可是，假如世界上存在任何一个对其他所有动物物种都有毁灭性的完整的动物物种，那它也许可以恰当地称为恶的物种，如同在动物体系中的恶。假如在任何一个动物物种里（如人类），一个人的本性对其他所有人有致命毒害，那他在这个方面就可以恰当地被称为恶人。

善人与恶人。可是，我们并不会说，因为某人身上有鼠疫斑，或因为他时时发惊厥因而袭击和伤害接近他的人，他就是一个恶人了。另外，我们也不会说，由于一个人的双手被绑起来了，因而无法实现他本想搞的恶作剧，或者（这在某种程度上说是相同的）因为害怕某种即将发生的惩罚，或因为某种外在奖励的诱惑而禁绝作恶，我们就称他为一个善人。

因情感而生的善。因此，在一种有理智的生物中，不因任何情感而行的事，在这生物的本性中既不能构成善，亦不能构成恶，只有当他与之存在某种关系的那个体系的善或恶，是推动他的某种激情或情感的直接对象时，这种生物才能被认为是善的。

因此，由于一种生物只有通过情感才能被认为是善或恶的，自然或非自然的，我们的任务就是要审查哪些是善的和自然的情感，哪些是恶的和不自然的情感。

第二节

个别或自我的情感。因此我们或许首先就看到，假如有一种情感趋向任何被认为是个别之善而实际又不是如此，仅仅是想象之善的某个主体，那么，由于是冗余的，并对其他必须和善的情感的强度有所减损，这份情感本身即是有缺陷或恶的，哪怕在这个生物个别的利益或幸福上也是如此。

假如有可能在某一种生物身上假定这样一种趋向自我之善的情感，譬如实际上按照其自然的程度有益于他的个别利益，同时又与公众利益不符，那这种情感仍然可以被称为一种有缺陷的情感。根据这样的一个假定，一个生物就不可能在针对他自身的时候不是恶的或不自然的情况下，在他的社会或公众这方面又是真正善和自然的。可是，假如这情感只是在无节制时对社会有害，而在适度的时候又不是如此，程度适当且缓和，那么，这份情感在无节制的时候才是真正有缺陷的，但适度的时候却不是如此。这样，假如在任何一个生物那里发现超出普通范围的自虑，或对与该物种或公众的利益不符的个别之利的关心，那从各个方面说都应该被视为一种恶的和有缺陷的情感。这也就是我们常说的自私，并坚决反对的东西，无论这种自私碰巧是在哪个生物中发现的。

另外，趋向个别或自我之利的情感，无论它被认为自私到什么程度，假如它实际上不仅仅与公众利益相符合，而且在某种程度上还有益于公众利益，假如事情的确如此，即它有助于整体的物种利益，而且每个个体都能分享其利，那它就远离恶，也不能在任何一种意义上受到责备，甚至有必要承认这对生物之利是绝对必要的。因为，假如像趋向自我存持的情感一样的此类情感的缺乏对该物种有害，那么，一个生物也会因为这个缺陷而是恶的或不自然的，就像因为缺乏其他任何自然的情感一样。任何一个人，如果他看到有人对在前面路上的险境漠不关心，对食物、饮料、着装或跟他的健康及生存相关的别的任何东西都不加辨别，那么他一定会毫不犹豫地承认我们上面所说的话。假如有人的性情使他在与任何一位女性交往时令人生厌，因此也使他因脾性恶劣（而不仅仅因为体格上的缺陷）而不适合于繁殖后代，那我们也可以说同样的话。

因此，趋向自利的情感，要么是善的情感，要么是恶的情感。假如这种个别的情感太强烈（如当过度的生命之爱使一个生物不能产生任何慷慨行为的时候），那它无疑就是有缺陷的，而假如它是有缺陷的，受其驱动的那个生物也会受有缺陷的动机的驱使，当他受这种情感驱使时，他也就只能在某种程度上是有缺陷的，并不能有别的结果。因此，假如一个生物怀有如此诚挚而热烈的生命之爱，碰巧又行了善事（这与他碰巧作恶是一样性质的），那么，他因为所行的善事而成为一个好的生物的理由，并不比另外一种人更充足，这后一种人要么因为呼吁一桩正义事业，要么因为投身一项正义事业的战斗而是一个诚实的和善的人，哪怕他如此这般只是为了获取报酬或薪金。

这么看来，无论出于仅仅趋向自利的一种情感而做了什么碰巧对这个物种有益的事情，对于这个生物来说，并不暗含比这份情感本身是善的更多的善。无论具体的什么事情，让他尽力去做好吧，假如说到底推动他的是那种自私的情感，那他自身还是有缺陷的。假如趋向自利的激情尽管很有节制却还是他行事的真实动机，对他的同类怀有的自然情感按理也使他有这样的趋向，那么，我们对这样一种生物也不可能产生别种看法。

脾性。一个性情恶劣的人，无论他找来什么样的外部手段

151

或搬来什么救兵以促使自己做一件好事，都不可能在心里产生什么善，除非他的性情因此而大大改善，竟至于在所说的事情中，他真心希望受到某种即刻情感的引导，直接而非间接地趋向善，反对恶。

譬如，有些生物被认为天性温顺、驯服而且讨人喜欢，假如其中一个违反其天性而变得凶猛残暴，我们立即会说这生物违背了本性，并承认它已经失常和出了问题。假如此后任何一个时候，这同一个生物无论是因为好运气还是适当的管理而不再凶猛，变得十分温顺、驯服和易于对付，就跟它那个种类里其他的生物一样，我们就会承认，已经恢复到这个样子的这个生物变成好的和自然的了。我们现在假定，那生物的确温顺且举动驯服，但它那样仅只是出于对饲养者的害怕，假如消除这份担忧，那它占支配地位的激情又会立即爆发，如果是这样，他的温顺就不是其真实的脾性，它真实确切的天性或自然的脾性仍然跟过去一样，那么，这个生物就跟以前一样是恶的。

这么看来，一个生物或善或恶，适当地说，只能源自其自然的性情。"善的生物只能是根据其自然的性情而是善的生物，或其情感的倾向主要和恰当地，而非次要和偶然地超向善现时回避恶的生物。"而一个恶的生物正好就是其反面，就是说，"缺乏裹挟他直接趋向善并回避恶的足够强大的正当情感的生物，或他被其他直接趋向恶而回避善的情感所裹挟"。

总体而言，如果所有情感或激情适合如上所述的公众利益，或适合物种的利益，那么，其自然的性情便全然是善的。反过来，假如缺乏任何一种必要的激情，或假如有任何一种冗余、无力、在任何一层意义上有害于或相逆于那个主要目标的激情，则那种自然的性情以及那个生物自身从某种意义上说就都是败坏的与恶的。

没有必要提及嫉妒、怨恨与刚愎自用以及诸如此类的其他可恶激情在哪种方式上是恶的，并构成一种恶的生物，可是，也许有必要说，哪怕是最自然的一类仁慈与爱（如任何一种生物针对其后代所怀的那种情感），假如没有节制而超越了一定的程度，它无疑也会是有缺陷的。这种过度的温情会破坏爱的效果，而过分的怜爱会使我们无法实施救济。因此，过分的母爱也被认为是一种有缺陷的溺爱、过度的怜爱则是柔弱与虚弱，过度关注自存则是吝啬与怯懦，而不足则是轻率，完全没有或正好相反（如导致自我毁灭的一种激情）则是疯狂和绝望的全然败坏。

第三节

可是，我们现在从被视为仅仅是善的，而且处在所有明白事理的生物的范围与能力之内的东西，推进到只有人类才有的，我们称为德行或功德的东西上去。

不由自主的情感。在一种能够就事物形成普遍观念的生物中，不仅仅自我呈现于感官的那些外部的存在是情感的对象，而且这些机能本身以及通过反省带入思想意识的怜悯、慈爱、感激以及其相反的情感也都成为情感的对象。因此，通过这样反省而来的感觉，就出现了另一种趋向这些情感本身的情感，这些情感已经被感觉到，现在又成为一种新的喜好或厌恶的理由。

在精神与道德主题上，情形也与普通的身体的主题或感觉的共同主题一样。后一种主题的外形、运动、颜色和比例呈现在我们眼前后，必然会根据其各个部分不同的尺度、组合与布置而生产一种美或丑。因此，在行为与动作中，呈现于我们的领悟力之后，必然会根据主体的匀整与否而发现一种明显差异。

道德美丑。善于评判或审查别人思想的人，一定会有自己的眼光与感受能力，借此分辨比例，区别声音，并仔细检查所感受的每一种情操或思想。什么也逃不过它的苛评。它能感觉到人的情感中软和的与粗糙的，宜人的与令人厌恶的，也能发现不公平的与公平的，和谐的与不和谐的，而且如此真实确切，就如同在乐谱中或可感事物的外形或再现中一样。在与这些主体相关的事物中，它不能抑制其因一种事物而赞美与激动、厌恶与嘲讽而对另外一种事物又另眼相看。因此，否认事物当中常见和自然的崇高与美的自然感觉，在任何恰当思考这件事情的人看来都只是一种虚饰。

在可感事物对象中，身体、颜色与声音的种类或形象永远都在我们面前活动，并对我们的感官产生作用，哪怕在我们睡觉的时候，在道德与精神对象中，事物的外貌与形象同样也总是活跃于思想并对思想承担责任，哪怕在真实的对象本身并不在场的时候。

人的头脑必然会设想风范之游移不定的品格或情景，并时时在思考它们，人的心也不可能一点变化也没有，它总是以一种或另一种方式不停地参与其中。无论它本身何其错谬或败坏，它都能看出一个人心和另一个人心、一种情感与另一种情感，一个行为与另一个行为，一种情操与另一种情操之间在美与得体上的差异，而且相应地，在所有不存偏见的情况下，都能够以某种尺度赞同某种自然和诚实的，谴责某种不诚实和败坏的东西。

这样，生物在生命不同部分的多种举动、倾向、激情、性情与相应的姿态和行为就以不同视角或视点再现于人的头脑，人的思想随时分辨相对该物种或公众的善或恶，这样就会出现新的试验或新的锻炼，这要么会正当和有效地感动正当与正确的东西，或疏远相反的东西，要么以败坏的方式影响恶的东西，并疏远有价值的和善的东西。

作为对象的公共利益。当一个生物能形成公共利益的观念，并获得对于道德善或道德恶的东西、值得赞扬或值得谴责的东西、正当的或错误的东西的思辨或科学时，仅在这样的情况下，我们才称这个生物是可敬的或有德行的。我们虽然可以粗俗地称一匹马为有缺陷的，可是，我们却不能说哪怕生性温顺的一匹好马是可敬的或有德行的，也不能说任何纯粹的畜生、白痴或低能儿是这样的。

因此，假如一个生物是慷慨大度的、仁善的、忠诚的、富于同情心的，但如果他不能就自己所做的或看见别人所做的事情进行思考因而能够注意到可敬的或诚实的东西，并把可敬和诚实的观念或概念当做其情感的对象，那么，他就不具备可以称为可敬的那种品格，即善和美德，因为在这样的而不是别的情况下，他能够通过正当、平等和善的情感或其相反情感产生正当的或错误的观念、一种情操或对所做的事情的判断。

不稳定的情感，或不公行为。任何以不稳定的情感完成的事情都是不公的、邪恶的和错误的。假如这情感是公平的、自然的、善的，这情感的主体根据其相对社会的利益而以同样方式受到起诉或赞扬，它就必然构成我们称为行为的公正与正当的东西。因为，不正当并非仅仅成为损害原因的那种举动（因为假如是这样，一个尽职尽责、本意是攻击敌人，但因为失手或运气不好而碰巧杀死了父亲的儿子，也会构成一种不正当），而是指经由不合适或不正当的情感做的任何事情（如一个儿子并没有显示对父亲的关心，或在有救济需要的时候对他十分冷漠），才是不正当的本质所在。

智力欠缺或感官不完备也不能成为不公正或不正当的理由。假如思想的对象本身没有在任何时候以荒唐的形式构成，也不是在任何一个方式上不适当，而是适合的、公正的，适合于应用其上的意见与情感，那就只不过是感官受损。假如我们推想，一个理智与情感都健全完备的人，其体格或身体的构造如此残损，经过他的感觉器官透露出来的自然物体，就像通过破损的镜子一样受到错误的传递和表达，人们很快就发现，在

155

这个人的情况下，由于他的缺陷并不在其最主要的或最为重要的部位，就他本人来说并不能看做是不公正的或不正当的。

失当的意见。跟意见、信念或思辨相关的东西却不是如此。判断力或信念的滥用可发展至荒唐的程度，在某些国家，就连猴子、猫、鳄鱼和其他邪恶或毁灭性的动物，竟然也被认为是神圣的，竟然被当做神灵进行崇拜，在这些国家信教的人或持有这些信念的人看来，拯救像猫之类的生物，最好交给一个父母，那是正当的行为，而其他没有相同宗教意见的人就被当做敌人看待，直到这些人转信。这在信仰者那里肯定是错误的，而基于这个信念的任何行为，一定也是不公正的、邪恶的和有缺陷的行为。

正当与不正当。因此看来，引起关于任何一个对象的价值的错误观念或不当理解，因而减损一种应有的情感，或养成任何一种不应当的、异常的或不利社会的情感的任何东西，必须且一定是不正当的起因。这样，因为某种公认为体面但实际上有缺陷的东西而为一个人所影响或爱上他的人，其本身就是有缺陷的和恶的。这样的败坏可在许多事情中看出起源，譬如，一个有雄心的人因为他的大胆之举而声名鹊起，一个征服者或一个海盗因为他大肆吹嘘的惊人之举而知名，当他们在另外一个人的心里引发一种对那种不道德和非人性的品格的尊重和赞扬而不是厌恶，假如闻者背地里赞赏他听到的恶行，这听闻者就开始了他的败坏过程。可是，假如一个人因为相信另外一个人具备了自己所不具备的某种德行因而敬爱此人或尊重他，哪怕这德行只不过是假装出来的，那么，在这件事情上面，此人既不是有缺陷的，也不是败坏的。

因此，在事实上面犯一个错误，本身并不是病态情感之起因或标志，它不可能是恶的起因。可是，在正当的观念上犯的一个错误却是不公正情感的起因，就一定是有缺陷的行为的起因，这在每一个智慧或理性存在者那里都是如此。

　　可是，鉴于在很多情况下，人类当中哪怕最有分辨能力的人，也会在正当性的事情上觉得困难，难以作出决断，而在有可能损害一个有德行或有价值观的人的品格的事情上犯错，就不是一个轻微错误。可是，无论是由于迷信还是因为病态的习俗，如果在这种情感的分配或应用上犯下严重错误，当这些错误无论就其本性来说如此严重，还是如此复杂及频繁，竟然使一个生物无法在自然的状态下正常生活，也不能在怀着适合人类社会及公民生活的应有情感时正常生活，则这种德行的品格就属于伪造。

　　故此我们发现，价值与德行在多大程度上取决于正当与不正当的知识，这就是意见之恶。理性之运用，足以确保这种情感的正当应用，任何可怕或不符合自然的东西，任何不可仿效的东西，任何对某物种或社会借以持存的自然情感有毁灭作用的东西，无论以任何理由，也不管是通过任何原则或荣誉观或宗教的借口，在任何时候都不能作为尊重的善的和合适的对象加以接受和实施。这样的一种原则必须是全然败坏的，根据这条原则而采取的任何一种行动，一定也是与恶和不道德无异。这就是有缺陷的崇拜。这样，假如有任何东西对人传授背叛、忘恩负义或残忍行为，无论是打着神圣根据的旗号，还是以人类当前和未来利益的借口加以涂抹；假如有任何东西教人以爱的名义迫害朋友，或为娱乐而折磨战俘，或贡献人类牺牲品，或在其上帝面前怀着宗教热情折磨、浸泡、切割自己，或以任何一种野蛮或残忍行径为友爱和适宜的行为，则无论它是众人喝彩的习俗，还是给予核准的宗教，它就不是，而且永远都不可能是任何一个意义上和任何一个种类的德行，而会一直保持为可怕的堕落和邪恶的习俗。纵然有时尚、法律、习俗或宗教上面的差异，而它本身也许是病态和邪恶的，但永远也不能改变永恒的尺度和价值及德行不变的独立本性。

第四节

整体而言明白事理的与理性的对象。至于那些只能接受明白事理的对象所推动的生物，它们只能依据所怀的明白事理的情感而是善的或有缺陷的。而在能够构造道德之善的理性对象的那些生物那里，事情就不是如此了。在这样的一类生物中，假如明智的情感错漏百出，但又因为谈到的其他那些理性情感而没有时时如此，那就可以明显地看出，其性情在主体上仍然是好的，而这样的人就被所有人尊为有德行的人，而且不无道理。

德行的考验。远不止如此。假如有人因为脾性而充满热情、愤怒、担忧、多情，然而又能抵制这些激情，且尽管这些激情十分强烈，却又能坚守德行，在这样的情况下，我们一般会说，德行占了主动，而且我们这样说是很有道理的。不过，假如束缚一个人并使他坚持一种像是有德行的行为的东西，并不是趋向善或德行本身，而是趋向纯粹的私人利益的一种情感，他跟前述的情形比较起来实际上并不见得更有德行。可是，仍然十分明显的是，假如一种愤怒的情绪忍受住了，或一种多情的情愁受到了约束，因而没有迫使一个人产生残忍或无节制的举动，哪怕受到其体质的强烈诱惑，那么，我们会赞扬他的德行，远超过假如他并没有这种诱惑或习性时对他自然的称赞。同时，并没有人会说趋向恶的习性是德行的成分，或在任何形式上是完成有德行之品格之必需。

这事看来存在某种困难，但也只有这么难。假如脾性的任何一部分是病态激情或情感所居的，但同时在另一部分，趋向道德善的情感处于绝对主宰其敌对者的种种企图的地位，那么，这就是能够想象出来的最好的证据，说明一种强烈的德行原则居于基础地位，并使自己充满了自然的脾性。如果并没有病态情感的刺激，则一个人也许的确是有德行的，只是更廉价一些，这也就是说，他也许只是顺应已知的德行规定而不能与另一个人分享多少德行原则。可是，假如另外的那个人有坚定的德行原则，最终消除了他本有的那些相反的障碍物，他的德行肯定不会受到一丝一毫的损失，相反，由于他的脾性中仅只少了有缺陷的东西，他在德行面前就更加完备，并在更高程度上拥有德行。

德行的程度。因此，理性造物分享的德行有程度之别。这就是至少可以称为有理性，但又缺乏那种牢靠和稳固基础的理性的人所持的德行，而只有理性才构成正当的情感、自始至终统一和稳定的意愿与决心。因此，恶与德总是以各式各样的方式混杂在一起，在人类的多种品格中交替存在。从我们的研究中似乎可以明显看出，无论对于明智或道德对象的脾性或激情有多么病态，无论一个造物变得多么热情、愤怒、贪婪或残酷，无论人的思想可能存在多大缺陷，也无论人的思想依据的规则或原则有多坏，可是，假如存在趋向最小道德目标或最不明显的道德善（就如同存在像仁爱、感激、恩惠或同情）的外貌的任何易塑性或有利倾向，那就仍然有某种德行的东西留下来，而这个造物就并不是全然残缺或不自然的。

因此，一个恶棍出自某种忠诚感和任何一类荣誉感而拒绝揭发同伙，宁肯忍受折磨和死亡也不愿背叛他们，他肯定就有某种德行原则，无论他如何误用了这原则。一个恶人宁肯与同伴一同受死也不愿杀死他们，这情形也是一样的。

简单地说，就像很难对任何一个人说"他绝对是一个无神论者"一样，对任何一个人说"他是绝对败坏和邪恶的"也很困难，哪怕是在最可怕的恶棍当中，也很少有人完全不具备哪怕这种不完善意义上的德行。有一句人人皆知的话，恐怕没有比它说得更公正的了，"很难发现一个人是全然邪恶的，正如很难发现一个人是全然善的"。因为，只要哪个地方还有任何一丁点善的情感，就一定还有某种善或美德存在。

我们已经就德行以及德行本身是什么说了这么多，现在也许可以考虑它相对上述神灵的关系方面是什么意思了。

第三篇

第一节

恶之起因。一方面，德行的本性（如已经解释过的）在于理性造物趋向正当与不正当的道德对象的某种公正性情或相称的情感，没有什么东西能够在这样一个造物那里排除一种德行原则或使这原则不起作用，除非有什么东西，① 或剥夺自然与适当的正当与不正当感；② 或形成一种错误的道德感；③或使正确的道德感被相反的情感所阻碍。

论美德。另一方面，除非某种东西要么以某种方式滋生并促进一种正当与不正当感，或使其保持纯正的、未败坏的；要么压制与支配其他情感从而促使如此产生的这种情感遵照执行。

因此，我们要思考一下，上述针对神灵这个主题的意见当中，如何能够在这些例子中影响或产生下面这三种后果。

道德感的缺失。第一种情形即是。它指的是正当与不正当的自然感觉的剥夺。

人们肯定不会认为，这样说的意思是指物种或社会中存在的什么是善与恶的观念被剥夺了。这样一种善与恶的现实，没有哪一种理性造物有可能意识不到。人人都分辨和承认一种公众利益，也意识得到什么东西会影响其同伴或集体。因此，当我们谈起一个造物时说，"他已经完全丧失正当与不正当的感觉"，我们假定有能力分辨他那个物种的善与恶的人，他同时却既不关心善也不关心恶，也不关心与善或恶相关的任何道德行为中的高贵与卑贱感。这样，除非仅仅在与一种个别的和狭窄定义的自利相关的方面来说，人们一般会假定，在这样一个造物那里，并没有对某种风范的喜好或厌恶，并没有对道德美的任何东西的赞扬或热爱，也没有对任何道德恶的东西的憎恨，无论是不自然的还是丑的。

道德感。在现实中，并不存在这样一种理性造物，他不明白，当他自发冒犯或伤害他人时，他一定会造成一种对类似伤害的忧惧或担心，并因此而在观察他的每一个造物那里形成一种怨恨和憎恶。因此，这冒犯者一定意识得到应该对来自每一个人的这种态度承担责任，就好像他已经在某种程度上冒犯了全体。

因此，人人都明白冒犯与伤害应受惩罚，而称为功德的正当行为也因此值得回报和值得尊敬。活在人世的哪怕最邪恶的造物也一定有对此的感觉。因此，假如这种正当与不正当感还有别的进一步的意思的话，假如现实中一个绝对邪恶的造物并不具备的任何这一类感觉，那它一定就在于对非正义或不正当的真实反感或厌恶，在于对公平与正当的一种真实的情感或热爱，这样的情感全然为着自身的缘故，也只是出自它自身的天然之美及价值。

不可能假定这样的情形：一个纯粹明智的造物原本有如此恶劣的构成和如此之不自然，从他接受可感对象考验的那一刻起，竟然就不曾有过针对自己同类的任何一种好的激情，也没有形成怜悯、爱护、仁慈或群居情感的任何一种理由。完全不可能设想，一个理性造物第一次接受理性对象考验，并把公正、慷慨、感恩或其他德行的形象或再现纳入思想时，竟然不会产生对这些德行的喜好或对其相反者的厌恶，而且发现他对展现在他面前的这一类品行当中的任何一种都绝对冷漠。的确，一颗灵魂也许根本就没有任何一种感觉，就如同对于它有所知觉的事物也没有称赞之意。因此，在以这种新的方式讨论看见和赞扬的能力时，我们一定会在行为举止、思想和脾性中发现一种美丑，就如同我们在图形、声音和颜色中会觉察到美丑。假如在道德行为中根本就不存在什么亲切感或丑恶感，那么，至少存在一种想象的强有力的美丑感。尽管那种东西本身并不见之于自然，对它的想象或幻想则是有可能仅仅源出自然的。除开装模作样和刻意而为，并经过长期练习和思考，没有任何东西能克服这种有利道德区分的天生预防或思想的预先占有。

感官的损害。因此，正当与不正当感在我们看来如此自然，就如同自然的情感本身，也是我们的性格与品质里的一条首要原则，没有哪一种思辨性的意见、信条或信念能够立即和直接地排除或毁灭它。源出纯粹本性的东西，除开相反的习惯和习俗（第二天性）之外，没有任何东西能够予以代替。而这种情感由于是灵魂或有感情的部分原本和最初出现的东西，根据相反的情感或厌恶，除开相反的情感经常性的阻碍或控制之外，没有任何东西能够操纵它，因而要么部分减损它，要么整个消灭它。

在与我们躯体的体格与姿态相关的东西中明显可见，并没有哪一种具体的奇特面相或手势能够为我们直接的非难或我们意志中与此正好相反的偏好所克服，因为面相和手势要么是天生的，因而是品格中固有的，要么是附属的或从习惯中习得的。这样的变化不可能在没有特别手段和学问及方法、严密的关注和反复抑制的情况下发生。即便如此，我们发现天性也很难控制，它处在愠怒状态下，一有机会便爆发。人的思想在构成正当与不正当感的自然情感和预期幻想方面更是如此。假如没有强大的力量与暴力行为，而仅仅依靠意见，那是不可能让这样的一种情形立即磨去或从天生的性情中全然抹去的，哪怕通过世上最夸张的信念或意见也不行。

因此，在这种情形下，有神论和无神论、鬼神论及任何一种宗教性或非宗教性的无论何种信念，都不能立即或直接地产生作用，而只能间接地通过在不经意之间由诸如此类的情感激发起来的相反或有利情感的参与来实现。我们可能会在最后一种情形中谈到这个效果，到时候，我们会审查跟正当与不正当观念相联系的那种自然和道德情感的相符或不相符。

第二节

> 道德感的败坏。涉及第二种情形，就是说，正当与不正当的错误感觉或错误想象。

这只能从习俗以及与天性相反的教育的力度中着手，这在很多国家可以看出来，在那里，根据习俗或政治体制，某些天然是坏的和可恶的举止反复不断地受众人喝彩，还因此而将荣誉归诸他们。鉴于这一点，一个人也许能强迫自己吃下敌人身上的肉，这虽然不仅仅使他翻胃，而且有悖于他的天生，但他却可能认为这种做法是正当的和值得尊敬的，因为他认为这行为可能是对其社会有相当大的贡献，同时还能远播声名，使其民族的可怕之处令人闻风丧胆。

败坏的根由。可是，我们讨论一下与一位神灵相关的意见，并看看这些意见在这里会有什么结果吧！至于无神论，看起来它对于形成一种错误的正当或不正当观念并不能直接地产生任何影响，因为尽管一个人也许由于习俗或因为无神论支持的一种冷漠态度而在一定时候失去其很大一部分天生道德感，可是，无神论本身看来并不构成对于公正、高贵和值得赞扬的任何事情或其相反价值的判断或评估。譬如，它从来都不能使人觉得，吃人肉或行兽奸的行为本身是什么善的和崇高的行为。可是，有一点是确定的，即通过败坏的宗教或迷信的手段，许多极可怕、不自然和不人道的事情却可能被人认为其自身是光荣的、善的和值得赞扬的。

这也没有什么值得奇怪的地方。在很多地方，其本性可憎和堕落的很多东西，都被宗教作为某一个终极神灵的意旨或愿望而得到提倡，假如在一个信仰者看来，它似乎在任何一个方面并非较少邪恶或可憎，那么，这神灵必然要为此承担责任，并被认为是本性恶和可憎的存在，无论有多少人因为错误的信赖和害怕而奉承和祈求它。然而，这正好就是宗教大都禁止我们去想象的。无论在什么地方，宗教都通过崇拜和称颂神灵的活动而要求人们予以敬重与赞颂。它同时也教导人们要怀有对那种恶的热爱与赞扬，并要人们认为本性是可憎和令人嫌恶的东西是善的和适宜的。

例如，假如朱庇特就是那位受人称颂和敬重的神，又假如关于他的历史将他描绘成一个性情淫荡者，并使他这一类的淫欲恣意横行，处处得逞，那就可以肯定地说，他的那些崇拜者，由于相信关于他的历史从字面上和严格意义上说都是真实的，当然就必须传授以对淫秽与轻浮行为的更强烈的爱。假如一种宗教传授的是对这样一个上帝的崇拜与爱，他有喜欢吹毛求疵的性格，动不动就发烈怒，易受愤怒和烦恼的影响，经常处在狂怒状态下，复仇心重，而且，当有人冒犯他的时候，他往往去报复其他人而非真正的冒犯者。假如在这样一位上帝的品格里再加上一种欺诈癖性，那就无异于鼓励人去行欺骗和背叛之事，对少数人有微薄之利而对其他人则残忍万分。很明显，这样一种宗教假如得到大力推荐，必然会增大对这类恶行的嘉许和尊重，滋生一种相应的性情，一种反复无常、偏执、报复和欺诈的脾性。因为，哪怕不正常的行为和极恶之事，在某些情况下，也会被一些人看做是光彩的，这些人认为，这些事情是人们怀着最高敬意与崇拜之情所赞颂和思考的一个存在者所赞许的。

的确应该承认，假如在对这样一个神灵的祭拜或崇拜里，并没有任何超出常情的东西，除了源自纯粹的典范、习俗、强制或忧惧之外并没有别的东西，假如在最底层并不是真心实意，也不暗含尊重或敬慕，那么，崇拜者兴许并不会在其正当与不正当的观念上受到太严重的误导。假如他在遵照其所谓的上帝的戒律，或在做他认为是满足这样一位神灵而必要做的事情时，仅仅出自对这位神灵的害怕，并且在有悖于他自己的意愿的情况下，做一件他私下里其实十分憎恶的野蛮与不合自然的事情，此时，他仍然理解并具备正当与不正当的观念，而且根据已经观察到的情况，感觉到其上帝品格中的恶，无论他在就这件事情说什么或思考什么的时候有多么谨慎，以便于在这件事情上形成任何正式或直接的意见。可是，假如他在实践宗教信仰和进行虔诚礼拜时不知不觉间对他所相信的神灵的邪恶、野蛮与偏执以及强烈的报复性格变得越来越顺从，那么，他对这些品性本身的容忍就会不断增长，而最残忍，最不公正和最野蛮的行为，在这种榜样的巨大影响下，就不仅仅会被他看做是公正合法的，而且还是神授的、值得仿效的。

无论是谁，假如他相信存在一个上帝，并刻板地声称这上帝是公正和善的，他一定会假定像公正和不公正、真理和谬误、正当与不正当这样的东西是独立存在的，根据这样一个假定，他会宣布，上帝是公正、正义和真的。假如纯粹的意旨、教令或神的律令可以绝对地说构成了正当与不正当，那么，这后面说的一些话就没有任何意义了。假如这里面矛盾的每一个部分都被那终极力量肯定为真理，那么，它们因此也会成为真的。假如一个人按照律令去为另一个人受过，这个裁决就会是公正与公平的。同样，假如某些存在者被任意地命定为必须经受永久之恶，而且没有任何理由，而另外一些存在者却一刻不停地享受好的东西，这也会以同样的名义行得通。可是，在这样一个基础上说什么东西公正不公正，等于是什么都没有说，或说了却没有任何意义。

165

因此，现在看起来，一个终极存在，如果他的历史或品格以别种面貌表现出来，而不是真正公正和善的面貌，假如对这样一个终极存在抱有真实的虔敬和真心实意的崇拜，那在信仰者那里就必然存在诚实的缺失，思想的扰乱和性情的败坏。他的忠诚必然为他的热忱所替代，而他也受到了不自然的影响，从而成为一个不道德的虔敬者。

宗教的影响。对此我们只需要补充一点说明，即鉴于一个上帝恶劣的品格会伤害人的情感，并扰乱和损害正当与不正当的自然感觉，同样，另外，又没有任何东西比相信这样一个上帝更能对修复正当与不正当感合适的理解及切实判断作出更大贡献的，这上帝向来都以一切理由表现为实际上最严格的公义与最高的善和价值的真实模范。这样看待的神意与神恩，假如延及所有领域，并在朝向全体的、恒定的及善的情感中表达出来，就必然使我们在自己的能力范围内根据同样的原则与情感行事。而且，一旦我们这个物种或公众的利益为人所理解，并作为我们的目的或目标，我们就不可能受到任何一种手段的误导而产生正当与不正当感的错误理解。

因此，谈到这第二种情形，我们说，宗教（根据其种类所能允许的）有能力行大善，也可以行大恶，而无神论则在哪个方向上都没有确定的东西。人失去正确与充足的正当与不正当感，无神论兴许是一个间接的原因，可是，仅仅凭无神论还构不成形成某种错误的正当感的理由，荒谬的正当感的形成，只有荒谬的宗教或一般是从迷信及轻信中派生出来的狂热意见才能做到。

第三节

现在，我们来说最后一种情形，即其他情感对正当与不正当的天然感觉形成的对抗。情感的对抗。

　　很明显，在任何一个程度上拥有这一类感觉或良好情感的造物，假如没有要么是某种趋向构想的私利的坚定沉稳的情感，要么是某种类似色欲或愤怒的突发的、强烈的和不可阻挡的激情的对抗，必然相应地依照它来行动。这些对抗的情感不仅会削弱正当与不正当感，而且还会削弱私利感本身，并压制人们最熟悉和普遍接受的关于什么东西有益于私利的意见。

　　可是，我们无意在这里审查这种败坏是经由哪些方式和方法引进来或增强的，我们仅只考虑这些涉及一个神灵的意见如何以这种或那种方式产生影响。

　　道德感的兴起。一个善于进行反省的造物，有可能具备道德行为的喜好或厌恶，因而在对上帝形成固定观念之前产生正当与不正当感，这是很少有人质疑的一件事情；一个如人类这样的造物，从儿时开始缓慢和逐渐地形成某种程度的理性与反省能力，竟然会在开始就着迷于像上帝存在等主题的思辨，或更高级一类的思辨，这事并非预先可以设想或在任何一种方式上都可能。

　　我们来设想这样一个造物，由于缺乏理性，也因为不能够进行反省，他却具备了许多优良品质和情感，如对其同类的爱、勇敢、知恩图报或怜悯之情。可以肯定的是，假如我们把一种反省能力给予这种造物，它会立即赞同知恩图报、仁善和怜悯，会热情展示或再现这些社会性的激情，比此事更宜人或比其相反的一面更可憎恶的东西，他都不会去思考。这就是有美德的能力，也就是具备正当感与不正当感。

　　因此，一个造物在对一个上帝的主体以这种或那种方式产生明确或肯定观念之前，他兴许应该被认为是具备了关于正当与不正当的一种理解或感觉，并在不同程度上执迷于德行和恶行。我们从曾经生活在这些地方，但从未就宗教的严肃思想进行过认真思考，却跟他人在诚实与价值等的品格上很是不同的人那里可以知道这一点。有些人天生谦虚、仁慈、友好，而且因而成为对同类和友好行为充满爱的人，另外一些人却自傲、粗野、残酷，因而倾向于赞扬暴力和纯粹凭武力的行为。

神灵。至于对一个神灵的信仰，以及人如何会受到他的影响，我们不妨首先考虑，人为什么理由会顺应这个终极实在，并使自己的行为符合它。要么是这终极存在有能力预先假定有源自他的某种损害或利益，要么是因为他超然卓绝、自有价值，使人们以为它是自然之中的至美，因而效法和模仿他。

假如是前一种情形，即存在一种神灵信仰或观念及希望与忧惧，这神灵有能力通过奖惩来控制其造物并使造物顺从他的绝对意旨，因而被认为是唯一的，又假如因为这个希望获得奖励而害怕遭受惩罚的理由，这造物受到激励而行他本不乐意的善，或不行他本毫不介意的恶，那么，在这种（如已经加以说明的）情况下，就不存在什么美德或任何意义上的善了。这造物尽管有这样的良好行为，从内在本质来说却没有价值，就如同他在没有任何担忧或恐惧的情况下按照自然状态下的方式行事时一样。在如此改良的造物那里，并不存在任何诚实、虔敬或尊严，它与牢牢束缚住的老虎展现出来的驯服与温和，以及皮鞭抽打下的猴子展现出来的天真和节制无异。无论这些动物看起来多么井然有序，行为多么温顺，也无论人在同等条件下激励出何等行为，假如这行为并非出自意愿，亦非出自天生的倾向，而仅只是敬畏使然，其顺从也只是迫使的结果，这种顺从就是卑屈的，所有因此产生的卑躬屈膝之举，就全都是奴性的。这样的屈从或顺从程度越高，其卑躬屈膝的程度也越高，无论其对象是什么。这样一个造物，无论他的主子即忧惧是好是坏，都不能改变其本质奴性的程度。就算其主子或超越者有那么完美，或那么优秀，如果在这情形之下仅仅因为那独一的原则或动机而引起更大屈服，这屈服也只能是更低贱和更可怜的奴隶状态，并意味着这造物更大的不幸和卑贱，因为这造物的自爱激情会占据主导地位，因而像我们已经在前面解释过的那样使其性情如此邪恶和欠缺。

荣誉与爱。我们讨论第二种情形。假如存在对于一个神灵的信仰或观念，这神灵被认为是有价值的和善的，并以这样一种方式受人赞颂和敬仰，即人们根据自己的理解认为他除开权柄与知识之外，还具备最高程度的本性之卓越，从而使他有理由成为所有人都觉得愉悦的；又假如按照这位至高威严的存在者得以描绘或如他在历史上被刻画出来的方式，在他那里出现一种对于善的和卓越的东西极高和明显的重视，一种对全体之善的关注，以及趋向全体的仁善与爱的情感，即圣善典范，这样一个典范无疑有助于提升和增强趋向美德的情感（如我们在前面已经解释过的），并有助于克制和压服所有其他情感，从而仅只趋向那独一趋向美德的情感。

这样的善也不仅仅通过典范的作用达到。在有神论信仰完备无瑕的地方，一定存在对于终极存在者监管地位的稳定意见，认为他是人类生活的证人与观察者，而且他意识得到这个宇宙里所感受到的或产生的无论什么东西，因而，在哪怕最隐蔽的角落或最荒僻的无人之境，也一定有这样一个终极存在者假定一直与我们共处一隅，仅只他的在场就必然足以构成比地上最庞大的集会还要重大的意义。在这样一种在场，即神在中，很明显就能看出，因过失行为而产生的羞愧一定是程度最高的，正如同因善举而产生的荣耀一定也是程度最高的，哪怕世人有不当的责难。在这情形之下，明显看得出来，完美的有神论对于美德助益无比，而无神论则有极大缺陷。

忧惧与希冀。忧惧未来之惩罚，希冀未来之奖励，这种忧惧与希冀增添至这种信仰之后，如何就能进一步助益美德，我们现在就来具体地讨论一番。我们可以从前面已经说过的话里获得很多理由，说明这种忧惧或希冀都不可能成为我们称为善的情感的那一类情感，而善的情感却是所有真正善的行为的动力与来源。如前面已经详细讨论过的，这种忧惧或希冀也不在于美德或善的现实，假如它要么是任何道德行为的基本要素，要么是任何一种行为的主要动机，仅仅凭某种更好的情感就足以成为这种行为的充足理由。

自爱。同样，也许可以这样考虑，即在这类宗教性质的磨炼中，天然就在我们当中占优势、没有任何办法使其缓和或约束住，反倒是与日俱增、越来越强烈的自爱原则，如何因为各样激情在有着更广泛自利的一个主体那里的展现而强化，这也许有着令我们忧惧的理由，不然的话，这一类的性情会通过人生的各个部分延及所有人。假如这个习惯发展到这样一个程度，竟至于在各个细节上都引发一种对于自己的好处或私利更严密的专注，它一定会在不知不觉间减损对于公共利益或社会利益的情感，并引入一种精神的褊狭，它（如某些人所伪装的）特别容易被虔敬和各个派别中的宗教狂热之人看到。

其在宗教中的效果。还得承认，假如是真正的虔敬，为上帝自身的缘故而爱上帝，那么，对来自他的私利的过度热望就必然证明是对这份虔敬的削减。假如热爱上帝是因为上帝是私利的唯一来源，那么，上帝之被人热爱就不过是充当了一种工具，就如同一些邪恶造物为获取享受而诉诸其他工具或手段。趋向私利的炽热情感越是强烈，留给趋向善本身或其他自身便是善的、有价值的、值得人热爱和赞颂的对象的其他情感的余地也就越是小，上帝便是这样一个众所公认的，至少是有教养和文明开化的崇拜者大多数都承认的对象。

正是从这个方面看，生活中的强烈欲望与对生命的爱才可能成为美德和公众之爱以及虔敬的障碍。在无论什么人那里，这种情感越是强烈，他就越是不能产生对这位神灵真正的顺从，或对其统治与秩序的服从。这就是曲意逢迎。假如他称为顺从的东西仅仅取决于对遭受永罚或获得无限回报的预期，那他在这里发现的价值或美德，决不会多于他在其他地方为获得利益而进行的讨价还价，因为他顺从的全部含义都在这里，即

"他放弃当前的生命与享受，其条件就是他自己所承认的超越对等物的东西，即在最高享受与欢乐状态下的永恒生命。"

可是，尽管美德原则因为私情的增强而以我们上述提及的方式大受损害，但是又可以肯定地说，对于未来生活的信仰，即对未来惩罚的忧惧和对未来奖励的希冀原则，无论说起来有多么唯利是图或曲意逢迎，在许多情况下，对于美德来说，还是有很大好处，并且是美德的保障和后援。

我们已经讨论过，尽管也许在人心里埋植有真实的正当与不正当感，对趋向物种或社会的真实的善的情感有支持作用，可是，由于狂怒、贪婪或其他相反激情的作用，这种善的情感也许经常会受到控制和压制。因此，假如头脑里没有任何能使这些病态激情成为其厌恶对象，并使其真正遭到反对，那就可以明显看出，良好的性情到时候也会因此受损害，一种良好的品性也会在不知不觉间变坏。可是，如果介入其中的宗教能产生这样一种信仰，认为这一类的病态激情以及相应的行为就是一位神灵非难的对象，那就可以肯定地说，这样一种信仰必然证明是对抗恶的及时解药，而且从一个特别的角度看是特别有利于美德的。这一类的信仰应该被认为极有利于头脑的冷静，使人自我劝解，并更严格地遵守善与美的原则，因这样的原则仅只需要他注意全身心投入其中。

解救。相信未来的奖惩有助于给那些由于不良习惯而可能远离美德的人提供帮助，因此，当思想本身由于不健康的意见和错误思想而偏离最诚实的轨道，甚至以放荡为荣，走上邪恶道路的时候，上述提及的信念此时就可能成为唯一的救助与保障办法。

譬如，一个人具备极大的善，生性诚实端正，然而却十分软弱，有女子气息，因而使他无法忍受贫穷、磨难和灾祸，假如因运气不佳而恰好遇上这些方面的考验，就他的生性来说一定会深感痛苦和失望，从而让他极容易对自以为是这类灾祸或逆境的起因的东西产生厌恶。假如他自己的思想、对未来生活的信念或其他人堕落的暗示经常影响他的头脑，"他的诚实成为这灾祸的起因，假如他解脱了美德和诚实的束缚，可能会快乐得多"，很明显，他对这些良好品质的敬重，就一定会与日俱减，他的性情会变得烦躁不安，经常与自己争吵。可是，假如他抵制这种想法，并思考："那种诚实假如不是一种天赋，至少也带有一种未来的益处，这样就可以弥补他所遗憾的个别利益的损失，"若是这样的话，则对他的良好性情和诚实原则的损害就能受到阻止，他趋向诚实和美德的爱或情感就能保持不变，完好如初。

改进。同样，人们对于善和有德行的事情所抱的不是敬重或热爱，而是一种厌恶，在这样的地方（譬如，人们也许厌恶宽大和原谅他人，却把报复看得极重甚至是敬畏报复者），假如人们还有这样的想法："宽大的奖励也许比报复中找到的自利和快乐更大，"那种宽大待人与慈悲为怀的品性就会慢慢滋生，而相反的激情则会遭到压制。因此，节制、谦逊、坦诚、温和以及其他好的情感，无论一开始多么招人厌恶，最终都可能因为自身的益处而受到珍视，而相反的情感就会遭到排斥，好的、合适的目标就会受人热爱和追求，甚至都不需要考虑奖惩。

奖惩。因此，在一个有教化的国度或公众里，我们看到仁政和奖惩的平等及正当分布用处最大，这样，在国家治理中，不仅仅能约束邪恶之人，迫使他们的行为对社会有用，而且使美德明显成为每个人的利益所在，因而消除所有针对美德的偏见，从而营造出接受美德的公平环境，引导人们走上正轨，而且此后不会轻易偏离。因而，一个脱离了野蛮与专制统治的民族，得到法律的教化后，会因为法制和正当治理的长期教诲而成为有德之人；假如他们碰巧突然间落入不正当或野蛮权威的不法治理下，他们此时会深受刺激，因而施加更强烈的一种德行以对抗此种暴力与腐败。哪怕一种强大暴政通过长期和持续的手腕使人民最终被完全压制，播散遍地的美德之种仍然会在很长时期内保持生命力，甚至会延之下一代，之后，遭到误用的奖惩的强大力量才可能将人民镇服到不幸和顺从的久已习惯的奴隶状态。

　　一种治理中的正义正确的分布，对于引发美德是必需的，尽管如此，我们必须在这件事情上看到，影响人民，并塑造一个民族的品格和气质的，主要还是典范。有德行的治理在某种方式上说，必然伴随着治安官的德行，否则，这种治理便不会有什么效果，也无法持之以恒。可是，在美德得以真诚和确实地建立起来的地方，德行与法律必然受到人民尊重与热爱。因此，就如同在奖惩上一样，它们的效用与其说来自奖惩引发的担忧和预期，还不如说来自对于德行自然的敬重以及对于流氓行径的厌恶，在每一种情况下，这种意识都是人的嘉许和憎恶公开的表达来唤醒和激励的。因此，在对穷凶极恶者进行公开处刑时，我们一般会看到，他们所犯的可耻和遭人愤恨的罪行，以及在众人面前出丑的羞愧，往往更让这些罪犯难受，在遭受刑罚的犯罪者那里，以及在看客心里引发的强烈恐惧，往往不是直接的疼痛或死亡本身，而是那种因对公众犯罪以及冒犯了正义与人性而遭受的可耻死亡。

　　在家中。奖惩的情形在公众中如此，在个别的家庭里也是一样。奴隶与唯利是图的仆人因惩罚和主人的严厉而受到约束与管治，从这个角度看，这样的人无法使其变得温顺或诚实。可是，这同一个主人，如果对自己的孩子使用合适的奖励与轻微的处罚手段，就能把孩子调教好，并通过这样的手段在孩子心目中培植一种美德，之后就能在其他场合应用，而不用时时想到一种处罚或好处。这就是我们所称的自由教育与自由忠诚。相反的忠诚与顺从，无论是朝向神的还是朝向人的，由于缺乏自由，就不配任何一种荣誉或嘉奖。

然而，在宗教的情况下，就必须有这样的考虑：假如对有德行的快乐，或对另一种生活中的美德行为与实践的热爱与欲望，是通过对于奖励的希冀而理解的，这样的预期或希冀并不会对美德构成任何贬损，反倒是一个证明，说明我们对于德行的爱更加真诚，更多是出于德行自身的缘故。这样一种原则也不能正当地称为自私，因为假如德行之爱不是纯粹的自利，为德行之故而产生的对于生命的爱与欲望就不能受到如许敬重。可是，假如对生命的欲望仅仅出自对死亡天生的强烈恐惧，假如它出自对于有德行之情感之外的某种东西的爱，或出自不愿意与某种并非纯粹如此的另一类东西分离，那它就不再是真正德行的任何迹象或标志了。

因此，一个为了生命本身而热爱生命，因而与德行毫不相干的人，他可能因为生命的许诺或希冀以及对于死亡或其他恶的忧惧而受到激励，因而行美德之事，他甚至可能出自对他所践行的那件事情的热爱而努力做一个有德行的人。可是，这种努力本身并不能视为一种德行，他虽然可能有意行美德之事，却并不能仅仅因为有过这样的意愿，或曾经出自对于奖励的热爱而以此为目标就成为值得嘉许的人。可是，一旦具备趋向道德善的任何情感，并因为德行自身而喜欢或发生有德行的行为，并认为这样的行为自身是好的和合适的，那么，他就在某种程度上是好的和有德行的，但直到此时才是如此。

德行的保障。我们就个别的善或私利的反省看出归于德行的有利或不利之处。虽然依照自私习惯并处处从利益角度看待事情对于真正的功德或德行起不到改善作用，可是，为了维护德行，有必要认为德行与真正的利益和个人享受并不矛盾。

故此，无论什么人，也无论出自强烈的信念还是冷静的判断，只要他大体上认为是德行成就了幸福，是恶行造成了痛苦，他就有了必需的德行保障与协助。或者说，就算他没有这样的想法，也不相信德行是他真正的利益所在——不管是因为自己的天性和体格使然还是人类生活的环境使然，但假如他相信与人类当前事务有关联，通过支持诚实与有德行者而反对不虔敬与不公正者的直接介入人类事务的某种终极力量的存在，这仍然有助于在他心里保存那种对于德行的正当的尊重，而这种尊重若不如此便会产生相当大的减损。假如他根本不相信神意在此生事务中的直接介入，又假如他相信上帝会在未来根据善恶分配奖惩，那他仍然具备同一种利益与保障。但要注意，他的信仰必须是稳定的，不能动摇或产生疑惑。应该看到，如此不可思议的一种预期与依赖，必然来自其他次等的依赖与激励。无限回报得到如此强调，想象力如此强烈地针对这样的目标，在这样的地方，趋向善的其他普通和自然的动机就一定会被人忽视，并因滥用而损害其作用。假如人的头脑如此着迷于追求一种狭隘地局限于我们自身的极大优势和自利，其他的利益就很难引人去算计了。从这个角度看，所有趋向亲朋好友或人类的其他情感经常也会被置之度外，相对于我们灵魂的利益来说全都属于世俗的和没有价值的。人们对源自生活各个方面的直接满足如此不屑一顾，许多虔敬之人竟然形成一个习俗，他们诽谤现世一切善的利益，贬低美德所有天然的益处，并放大相反的、处在邪恶状态的一种福分，说："除非为了未来的回报，并因为对于未来惩罚的忧惧，他们愿意一次性脱开所有的善，并放纵自己，从而成为最不讲道德和最放荡的人。"据此可以看出，在某些方面，没有什么比对未来的奖惩之软弱和不确定的信仰对美德更有杀伤力的。由于所有压力全都堆在这里了，假如这个基础不牢靠，人的道德就失去了进一步的支持或保障。这样，德行就会被替代和背叛。

无神论。现在来说一说无神论。尽管无神论在美德带来幸福的事情上出现错误判断而明显缺乏任何救药，可是，它本身并不必然就是这种错误判断的原因，因为，假如没有对有神论的任何假设的绝对同意，美德的益处也许照样能够为人所见并

175

承认，并在人的头脑里形成对于美德的极大尊重。可是，也必须承认，无神论的天然倾向却是大不相同的。

从某种意义上说，不设想源自对美德之幸福的极大赞扬和热爱的满足，就不可能形成对于美德之幸福的良好意见，除开亲身体验这种爱之外，并没有别的办法让这种满足令人信服。因此，对于美德之幸福的这种看法的主要基础及支持，一定源自这深刻的道德情感的强烈感受，以及对其力量与力度的知晓。但可以肯定的是，假定从其整体自身来说既没有善，也没有美，在其更超越的存在那里也没有典范或良好情感的先例，那么，对这种道德情感来说也不存在极大强化的可能。这样一种信仰一定倾向于戒断，从任何一种适宜的或有自我价值的东西转向压制赞颂自然之美的习惯和习俗，或任何符合适当的设计、和谐与比例的事物的秩序。假如一个人认为宇宙自身是一种失序的模式，那么，热爱和赞颂这宇宙里的任何有秩序的东西，怎么可能会让他觉得开心呢？假如整体自身被认为缺乏完美性，而且只是无限丑的东西，那么，人们如何可能尊重或敬仰任何一个特别局部的从属之美呢？

假如人认为自己生活在一个烦乱的宇宙里，这宇宙充满许多罪恶，没有任何善的或可爱的事物呈现出来，没有任何能够满足人的期待的东西，除开轻蔑、憎恨或厌恶的东西之外，再无法唤起任何别的激情，那的确就没有比这更让人心灰意冷的了。这样想得久了，人的性情不觉间就会变得很坏，不仅仅使美德之爱较少感受到，而且还有助于损害和毁灭美德原则本身，也就是那种天然的和仁善的情感。

整体而言的有神论。无论是谁，假如他有对一个上帝的坚定信仰，不仅称这上帝为善的，而且当真相信这上帝除了真善之外并无别的，除开真正适合于仁与善的严格品性要求之外别无其他，这样一个相信来生奖惩的人，必然相信真正邪恶与丑陋的东西必然为真正的善与功德所吞并，而不会附和于偶然的品质或环境，因为在这后一种环境里，无法适当地称之为奖惩，而只不过是在造物那里任性地分析幸福与不幸福。仅只有在这些条件下，对于来世的信仰才会适当地影响这些信仰者。有了这些条件，也根据这信仰的品质，人类也许会在对人性持最恶劣的看法时，仍然保持其美德和诚实。不然的话，无论是由于不幸的环境还是不利的说教，人可能会对美德形成可悲的看法，以为美德是人生幸福的天敌。

然而，这样的看法却无法被认为是符合切实的有神论的。至于未来的生活或此后的奖惩，无论作出的是什么样的决定，一名健全的有神论者都会相信一位起支配作用的神，这位神灵在自然之中至高无上，以至高完善及智慧和权柄统治万物，因此，这无神论者必须相信美德是天生善的和有益的。假如我们以为美德是任何一种造物的天性之恶，而恶行是其天性之善，那么，还有什么比这更能强烈地暗示在一种不公正的法令和事物总体的构成中存在一个污点和不完善的呢？

无神论与有神论。最后，我们还得考虑有神论信仰高于无神论信仰而对美德造成的另一种益处。这个命题初一看似乎太过微妙，属于那种哲学意味太浓的话题，可是，由于我们已经审查过许多相关内容，这个话题兴许很容易解释。

根据已经证明的各样效果，一个造物的情感或嫌恶之程度，若是超过适合于个别私利或所从属的体系之利，则这种造物必然有某种程度的恶。无论是哪一种情形，这样的情感都是病态的和邪恶的。假如一个理性造物厌恶的程度，是其对抗任何具体不幸并提醒他防备不测之事的到来的必要武装，那么，这种程度上的厌恶也是正常的和有益的。可是，假如不幸已经发生，他的厌恶仍在继续，而且他的激情甚至还在增强，他在这偶然事故上大发雷霆，并就其个人命运或运气高声呼喊，人们都会认为，这在当前是邪恶的，对未来而言也是如此，因为它会影响人的性情，扰乱美德和善及其依赖的情感的轻松进程。另外，经受不幸者以及忍受此事的意识，也一定会被看做是直接的德行，并有利于美德的持存。现在，我们来说说无神论。根据排斥总体意识的那些人提出的假设，我们必须承认，事物的进程中并没有发生任何事情值得我们或是赞扬和爱，或是愤怒和憎恶。可是，鉴于思考原子和几率所产生的后果最多也不会有任何满足感，思考灾难的原因，或在发生灾难性事件后的艰难时刻思考其具体的情形也是如此，因此，几乎不可能阻挡一种自然的憎恶和怨恨，这种情绪会由于我们对如此反常的事物秩序的想象而增强并长期存在。可是，根据另外一种假设（就是全然有神论者的假说），有神论是这么理解的，"无论世界秩序产生出来的是什么东西，它在主体上还是正当与善的"。因此，在此世事物的进程中，无论什么样的不幸遭遇都可能迫使任何理性造物产生一种对于其个别条件或命运的辛酸责难，但是，经过反省后，他也许会变得耐心起来，并对此抱默许态度。而且还不仅如此。他兴许会越过这和解的一步，并根据这同一个原则使这命运本身成为他的良好情感的对象，他会努力保持这一份慷慨的忠诚之心，并对更高领域的法律与治理抱相当平和的态度。

这样一份情感一定能在任何一种默许状态下形成最高的稳定性，并使我们以最佳方式为了美德自身的缘故而忍受必须有的任何艰难困苦。由于这份情感必然引发面对在发生不幸事件、恶人和损害时更大的默许和自得，它当然也就一定会产生更强烈的公平心和性情的温良。因此而来，这情感一定是真正善的情感，一个造物若是具备了这样的情感，就一定是更真实意义上的善者与德行之人。使一个理性造物更热情地与他的社会角色联系起来，并促使他怀着超出常情的热忱和情感行公益之事或有利其物种之事，无论这其中的原因或方式是什么，无疑地，这就是此人具备超常美德的原因了。

沉思。这一点也是肯定的：对无论何种类型的秩序、和谐与比例的赞颂和热爱，自然会对人的性情产生改善作用，对社会情感有利，而且对美德也有极大帮助，而美德本身也不过是对社会里面的秩序与美的爱。哪怕最低俗的世人，秩序的外表也会对思想产生影响，并引发趋向它的情感。可是，假如世界秩序自身看起来是正当与美妙的，则对秩序的赞颂与敬重的程度就会更高，对美德极其有利的优雅激情或对于美的爱，一定也会因为其在如此充实与宏伟的一个主题中的演练而大大改善。再说宗教情感。在沉思如此一种神圣秩序时，不可能不产生狂喜，不可能不全神贯注，因为在普通的科学学科中，还有人文科学中，任何符合恰当和谐与比例的东西，对于了解或实践这一类学科的人，都是如此令人激动。

假如这种属神激情的主体以及基础并非真正恰当或充足的（假定有神论的假说是错误的），根据上述证明的过程，这激情自身仍然是自然与善的，因为它证明是有益于美德和善的。可是，假如这激情的主体真正是充足和恰当的（假定有神论的假说是真实而非想象的），这激情也是恰当的，而且是所有理性造物绝对应有的和必需的。

结论。据此我们也许可以恰当地确定美德与虔敬之间的关系了，即前者没有后者便不完全。假如没有后者，就不会有同样良善、坚定或前后一贯的美德，也不会有同样良善的情感之镇定或思想的统一。

这样，美德之完善与至高之境，一定源自对上帝的信仰。

下 部

第一篇

第一节

我们已经考虑过什么是美德，并说明这种品格属于谁。现在还必须探讨德行的义务，对德行到底有什么样的义务，以及承担这义务的理由。

我们发现，要配得美善之名，一个造物必须使其所有的倾向与情感、他的思想与性情的品格都适合于并符合他那个类的善，或他包括其中并构成其中一个部分的那个体系的善。保有如此良善的性情，拥有正当与全备的情感，不仅仅在涉及自身的时候，而且还在涉及社会与公众的时候，这就是正直、诚实或美德。缺乏其中的任何一个，或者拥有其相反的东西，都是一种堕落、败坏和恶。

申明其困难。已经说明，在特定造物的激情与情感中，总存在与一个物种的利益的恒久关系或称共同本性。这在自然情感、父母的仁爱、对子嗣的热忱、繁殖与哺育后代的考虑、对同伴和友人的喜好、同情心、相互救济以及诸如此类的情感例子中加以说明。也没有任何人会否认，一个造物趋向物种之善或共同本性的情感，对他来说是适当与自然的，正如一个动物体的任何一个器官、部件或肢体，甚或仅仅是植物，按照其已知的生长途径和常见方法自行其是，是一样适当和自然的。胃之消化，肺之呼吸，腺体之分离体液，或其他内脏各司其职都是自然的，尽管由于特定的原因，这各个部件有时候会出现故障，其运行会受到阻碍。

因此我们承认，在一个造物中，有诸如此类趋向共同天性、与同类或物种或其类的体系，以及与其他尊重个别本性或自我体系者的结合的情感，我们会看到，在顺应这些情感的第一种情感时，这造物必然在许多情况下与后一种情感相矛盾和发生抵触。还有别的办法使这物种得以保存吗？或者说，靠什么东西来标志那种植入的、一个造物历经千难万险以图保存后代并支持其同类的天然情感呢？

自利的对抗。因此也许可以想象，这两种习惯或情感之间，一定存在一种明确和绝对的对抗。我们可以假定，本着一种情感来追求共同利益或公共利益，一定会对本着另一种情感获取个人利益造成阻碍。想当然，无论何种艰难困苦，自然都是个别状态下的恶，那些公众情感的本性，必然要经常导致各式各样最大的艰难困苦，我们当前的推断是："这造物不怀任何一种公共情感才符合他自己的利益。"

我们确切知道的是，所有社会性的爱、友谊、感恩之情或这一大类的任何一种别的情感，根据其本性必然在自利的激情中发生，使我们脱离自身，并使我们不顾自己的便利与保障。因此，根据在自利问题上的一个已知的推理方式，在我们身上属于社会性的东西，当然就会被废除。因此，每一种仁善、嗜好、温情、同情心和简单地说，所有自然的情感，都会尽其所能地遭到压制，而且，作为纯粹的愚行，以及天性的软弱，被抵制和克服，通过这样一种方式，我们心里可能不会留下任何与直接的自我目标相反的东西。对抗一种稳定与对最狭窄定义的自利的有意追求的任何东西，也都不会留下。

根据这超出意料的假说，想当然，"在一个物种的体系中，个别本性的利益直接与共众天性的利益相对，单个的利益直接与普遍的公共利益相对"。这可真是一种奇怪的构成！根据这样的一种构成，我们就必须承认，一定存在很大失序与失当，跟我们在自然的别处看到的情况不一样。如同在任何植物或动物体内一样，部分或成员可以被认为处在有利自己的良好与发达状态下，假如处在相反的品格和在针对全体的不自然的生活或习惯中的时候。

和解。既然这在现实中是完全相反的情形，我们就可以努力证明，使其看起来是这样的，"人把道德的正直弄成看起来是恶的东西，而把堕落的东西看做是善的或对一个造物的益处，人以为是宇宙的不良秩序和不良构成而加以再现的这些东西，在本质上却是正好相反的东西。针对公众之利和自我之利抱良好的态度，不仅仅是自我一致的，而且还是不可分离的，

181

道德上的正直或美德，都必须相应地成为利益，而恶行则必须成为对每一个造物的损害和不利"。

第二节

矛盾观念。只有极少数一些人，当他们思考一种缺乏自然情感、全然没有一种交际或社交原则的造物时，竟然同时假定这样一个造物要么其自身差不多是开心的，要么与自己的同类素不往来。一般认为，这样一种造物，由于失去了社会性的娱乐，也失去了任何可以称为人性或良好本性的东西，因此在生活中郁郁寡欢，剩下的一点感官快乐也不能使他满足。我们知道，对于这样一种造物来说，处在放纵或非道德的状态下，郁闷、怨恨与心怀恶意不仅并非偶然，而且，对于这样一种缺乏温良恭俭的意识或性情而言，还一定会转向相反的东西，并被不同的一种激情所折磨。这样一颗心一定会因为持续不断的病态气质、乖僻性情和躁动不安而成为滋生不良倾向与刻骨怨恨的温床。如此一种性质的意识是人类的憎恶的，任何接近它的存在者都会避之不及，因而必定会在其意识里罩上黑暗的怀疑及嫉妒之云，遇事惊恐不安，并在其意识里形成一种持续不断的烦乱，哪怕在万事无恙、机缘甚佳、百事顺利的时候亦是如此。

总体而言，这样一种全然非道德的状态，人们常说都是他们自己造成的。这是绝对的退化，是对所有正直、公平、信任、人情往来或友谊的全然背叛，由此而造成的悲惨状态，是很少有人看不出来和不承认的。这种情形在走入极端时，没有人会产生误解。不幸的地方在于，我们不会从局部看待此事，也不会考虑它在程度较轻的时候是何等模样。我们认为，人的极大不幸并非必然与不公正或不正当呈比例的。绝对不道德和不人道的确就是最大的不幸和悲哀，可是，人要如此，假如程度不高，倒不是什么悲哀，也不会造成什么大碍！允许这样的事情发生，就如同我们承认下面的情形一样合理，即人的身体若是发生严重变形或伤残，那是人体最大的恶，可是，假如只是失去一个肢体的用途，或是仅只某一个器官或部位受损，却不会造成什么不便，也不值得我们大惊小怪。

内在比例。意识的不同部分与比例，它们相互之间的关系及彼此依赖，构成人的灵魂或性情的那些激情之间的联系与架构，任何觉得有必要研究这种内在解剖学的人，都很容易就能够明白。可以肯定地说，这内在的部分的秩序或对称本身，比起身体各部分的秩序或对称关系来并不见得较少真实严密。可是，很明显，我们很少有人不努力成为这一类的解剖学家，也没有任何人因为在这样一个话题上极大的无知而羞愧。虽然人人都承认最大的悲哀与不幸一般都来自人的气质或脾性，虽然人人都承认人的脾性经常会变，实际上是随机缘而变化的，这对我们都是极大的不利之处，可是，事情究竟如何变成这样，我们一般却不去追问。我们从来都不会费神彻底思考，我们内在的体格到底是经由什么途径或方法受到损害或伤害的。处置肉体的外科医生常说的结构性损害，另一类的外科大夫从来都不会应用在这里。整体与部分的观念，并不为这门科学所理解。我们不知道约束某种情感，沉溺于某种不当的激情或放宽任何适当及自然的习惯或好的倾向会有什么效果，我们也无法想象某一个特别的举止竟然能对整体的思想突然产生什么影响，以至于使人成为直接的受害者。我们反而假定，一个人也许会违背他的信仰，作一种以前对他并不熟悉的恶，参与某一种恶行或恶棍行径，但对他自己并没有造成最轻的伤害，也没有感受到干了坏事之后常常会随之产生的任何苦恼。

因此我们常常听说，"这人的确干了坏事，可他也不见得因此就坏到哪里啊"。可是，在谈到极其残暴、人人咒骂和顽固不化的某种天性时，我们却真的会说，"此人是瘟疫，自找麻烦"。我们也承认，"一个人尽管外表看起来十分走运，可是，由于某种性情，或激情以及脾性，他实际可能是十分痛苦的人"。这些不同的判断足以说明，我们并不习惯于前后一贯地思考这些道德话题，我们在这方面的观念也不止是一丁点混乱和矛盾的。

情感结构或体系。假如出现在我们面前的意识或性情的结构果真如此，假如我们认为，不在某种程度上的这种一般认为在其最高水平上如此可悲的那种放任状态，就不可能消除任何一种好的或有序的情感，或者引入任何病态或失序的情感，那我们无疑会承认，由于不损害和违背那种性情和激情，或不进一步推进已经开始的那种损害就不可能产生恶的、不道德的或不正当的举动，无论谁作恶或有违背其诚实、优良本性或价值的行为，都必然对自己采取更残酷的行为，远胜于吞下毒果前犹犹豫豫的人，或自愿亲手损毁及伤害其外形或体质、天生的肢体或躯干的人。

第三节

体系释义。我们以前已经说明，一种动物若不是本着适合这种动物的情感或激情行事，那就不能适当地说这种动物的行为是适当的。一个造物若在癫狂时或是击打自己，或是击打他人，那是一个简单的机械原理，一台引擎，或一件钟表器件的作为，而不是这动物本身的行为。

行为的动机。因此，一个动物有了诸如此类的无论何种行为，都只能经由某种情感或激情完成，如出自推动其行为的忧惧、热爱或憎恶。

正如较弱的情感不可能克服较强的情感，若非这情感或激情大体上是最强烈的，并且一般来说要么因为其强度，要么因为其数量而形成最大的一方，那种动物也不会倾向于这一方，他必须根据这样的均衡受到管治，并受这均衡的引导而采取行动。

三类情感。影响与管治这种动物的情感或激情有下列三种：① 指向公众利益的那些自然情感；②或仅指向个人利益的那些自利情感；③或既不是上述任何一种，亦不是趋向公众或个人的任何利益，而是正好相反，因此而应该正当地称为非自然的情感。

根据上述几种情感，一个造物必然要么是有德行的，要么是有缺陷的，要么是善的，要么是恶的。

很明显，那几种情感中最后的一种是全然缺陷的，而前两种可以是有德行的，或是有缺陷的，这要看各自到了什么程度。

说自然的情感太强烈或自利情感太弱，听起来似乎有些奇怪，这也就是情感的强度问题。可是，要解决此困难，我们必须回想前面已经解释过的一个概念，"在特殊的情形中，自然的情感也可能过多，并处在不自然的程度上"，譬如，当怜悯泛滥，竟至于淹没其自身目的，阻碍所要求的救济与宽慰的时候；又譬如，当子嗣之爱证明为一种溺爱，不仅毁了父母，而且还因此伤害后代的时候。仅只是某种自然和仁善情感走到了极端，我们却称之为不自然或有缺陷，这听起来似乎有些刺耳，可是，相当肯定的是，无论在哪种情形下，假如这一类好的情感当中的某一种滋生太旺，就一定会对这一类情感中其余的情感造成侵害，并在某种程度上有损其力度与自然的发挥。一个造物，迷醉于无节制的激情，必然在这一种激情上投入太多而对其他相对其目标来说同样自然和有用的类似性质的激情则关心太少。仅只有一种义务或自然的部分切实地尊行，其他的部分或本应如影随形，或许应当发生并且更不可推辞的义务又无人问津，这必然是产生偏执和不公正的理由。

这样的情形极可能在其他所有层面都是真实的，因为哪怕被认为是一种激情，一种比自私更高尚一些的激情的宗教本身，在某些特征上讲也是走了极端，越过了自然的尺度，因此也被视为到达了太高的一个程度。由于宗教的目的在于使我们更完善，使我们在所有道德义务与道德实践中更有成就，因此，假如因为虔敬的强烈情感和沉思而在这方面无所作为，因而在公民生活的种种真实义务与责任上视而不见，那也许就可以说，我们心中的宗教感的确太强烈了。假如虔敬的对象被认为是公正的，而信仰也是正统的，那我们如何可能把它称为迷信呢？这只能是过度的炽情，在这种情形下，它让人陶醉其中，让虔敬的人忽略世俗事务，而且并非是无所谓的事务和人类的现世利益。

在一些具体的情形中，一方面，公众情感也许会太强烈，而在另一方面，自利情感也许又太弱。假如一个造物疏于自顾，面对危险又浑然不觉，又假如他需要如此强烈的激情，以图保存、维持或自我防御，从天性的设计与目的来看，那一定会被视为有缺陷的。自然在其已知和明确的运行规则中已经发现这一点了。可以肯定地说，她对于整个动物暂时的关爱和看护，至少与她对单一某个部分或成员的关爱和看护是相等的。现在，根据她已经给予那多个部分的关爱与看护，我们可以看到适当的情感，这些情感适合它们的利益与保障，因此，即便没有我们的意识，它们也会进行自我防御和保存。如此一来，在其自然状态下，眼睛会在我们并不知晓的时候，出自一种奇特的谨慎与胆怯而自行闭合，假如缺乏这份谨慎与胆怯，那我们无论如何希望保存我们的眼睛，事实上都无法通过我们自己的观察或预告来保存它。因此，假如缺乏这些维护整体构成之善的原则性情感，就一定是一种恶行和一种不完善，在其原则性的部分（灵魂或性情）如在任何次要和从属的部分里缺乏这种适合于其自我保存的情感时，同样是一种恶与不完善。

故此，趋向个人利益的情感对于总体的善来说是成为必要和必须的了。尽管没有哪一个造物可以仅仅因为具备这些情感就称为是善的或有德行的，可是，由于没有趋向个人利益的情感，公众利益或体系的利益就不可能持存，因此，顺理成章的事情是，一个造物假如真的缺乏这些情感，事实上就在某种程度上缺乏善与自然的诚实，因而也被看做是有缺陷的和不完善的。

这样，假如一个造物趋向他人的情感太过热情和偏向狂热，以至于使他超越了自己的职分，或当他实际上不是因为太强烈的一种激情，而是因为另一种太过冷漠的情绪，或因为缺乏某种自利激情使他保持在适当范围内，因而发生过当行为，我们就以善意的责备说，这个造物好过头了。

这里也许可以提出反对意见，即一个造物如果有太强烈的自然情感（此时，自利情感更是如此），或自利情感有缺陷或太弱（此时，自然的情感也很弱），结果证明，在一定的时候便成为该造物诚实行为和道德举止的唯一原因。因为这样一来，一个造物由于某种失误而无视自己的生命，只要有一丁点自然情感便会做出惊人之举，是最高调的社会之爱或狂热的友情都不可比拟的。因此，一个极其胆怯的造物，他在越过自然情感时也可能做出最完美的勇气才能焕发出来的无论什么事情。

对此我们这样回答，即每当我们责难某种激情太过强烈的时候，或者抱怨某种激情太软弱的时候，都必须考虑到某一特定造物的某种构成或治理。假如一种导向任何一种恰当目的的激情因为十分强烈而更有益处和更容易产生效果，假如我们可以放心地看到，它的强度并不会成为任何内在扰乱的原因，也不会造成它自身与其他情感之间的比例失调，那么，顺理成章的是，这样的激情无论多么强烈，都不能作为有缺陷的激情而受到责备。可是，假如让所有激情都处在同样的比例上，使该造物的体格无法承受，这样一来，仅只有某些激情被提升至这

187

一高度，而另外的激情却无法提升到同样高度，也不可能形成同样的比例，那么，那些强烈的激情尽管属于更好的一个种类，却也只能称为是过度的。因为，假如跟其他激情不成比例，并发引起普遍意义上的情感失衡，那它们必然会成为行为失当的根源，并使人产生不正当的道德实践。

激情的管治。可是，我们可以从低于我们的物种或种类的例子中更具体地说明激情的管治到底是什么意思。对于大自然没有给予其防御暴力的力量或方法，也没有任何可以借以让自己在能伤害或侵害自己的猎物面前强大无力的东西的那些造物而言，它们就有必要产生极高程度的忧惧，而较少或没有憎恶，以免引起它们进行抵抗，或使它们产生延迟逃跑的念头。因为它们的安全依赖于此，它们的恐惧激情也对此安全有益，它们必须保持谨慎和警惕，随时做好思想准备。

因此，胆怯以及习惯性的强烈忧惧感，也许符合某一种造物的治理，在它自己和这个物种全体来看都是如此。另外，勇敢无畏却可能不利于其治理，因而可能是有缺陷的。哪怕在同一个物种里面，根据其天性也有不同的秩序，它们分别有不同的性别、岁数和成长过程。食草类造物中更温驯的一些动物都成群生活，它们与并非成群，而是成双成对地远离群体生活的更凶猛的一类动物就有所不同，因为这样成双成对的生活方式更适合它们强夺食物的生活，因而也是自然的。可是，哪怕在前述较少攻击性的动物中，也可以发现与其体格与体力呈比例的一种勇气。在遇到危险时，整个牧群四散逃走，此时，仅只有公牛会迎击狮子，或其他任何入侵的猛兽，并显示自己对体格的意识。我们看到，哪怕是雌性动物也有抵抗暴力的天性，遇到一般的危险也不是立刻逃走的。至于雌鹿、雌兔和其他较少攻击性和并无抵御能力的造物，假如在面临天敌时弃子而逃、自寻生路，在它们来说并无任何不自然或邪恶可言。可是，对于有抵抗能力、天性有攻击能力的动物来说，哪怕它们只是像蜜蜂或黄蜂这些最可怜的昆虫，生性也会被激怒，在遇到生命危险时，它们也会起而迎击入侵者。有了这种已知的激情，这个物种自身便有了安全保障，我们根据经验可以发现，这样的动物虽然不能够逐退敌人来犯，却还是会挺身而出，自愿拿生命冒险以击退入侵者，使其同类不至于在敌人毫发无损的情况下受到伤害。而在所有其他动物里，人在这方面是最可怕的，假如他认为是正义和值得仿效的事情，人可能会以自己的名义或民族利益的名义报复任何造成侵害的人，他不惜以命相搏（假如他的决心到了这种程度的话），因而差不多成为他人生命的主人，无论这个他人有多么精良的武装和防范。这一类性质的典范往往能约束一些掌握权力的人，使其不能利用权势把人逼到死角。

尺度。音调。整体而言，可以恰当地说，在动物的体质中其情感或激情也是一样的，就如同乐器中的索或弦。虽然这些东西彼此都有适当的比例，但假如绷到超过一定程度的水平，那就不是乐器所能承受的了。琵琶或里拉琴会被弄坏，其音效也会损失。另外，假如某些琴弦绷得很紧，而其他一些弦却没有绷到一定程度，那么，整个乐器就会失序，它演奏的效果就会很差。多个物种的品类就如同乐器的不同种类，哪怕在同一个动物物种里（如同在同一种乐器中），这一种与那一种也并不完全一样，同一组琴弦也不一定彼此配得上。使一根琴弦绷紧并与多根弦相匹配，构成适当的和弦与协和音的力度，在另一根弦上也许会使琴弦和乐器本身都绷断。因此，感觉最活泼，也最容易受痛苦或快乐影响的人，需要另一些情感的最强烈的影响或力度，譬如，温情、爱、友善、同情，这样才能保持适当的内在平衡，并使其各司其职、各尽其责。而另外一些人属于冷血动物，或有节制，他们并不需要同样的东西，生性无法感觉那些细致入微的温柔和亲密感情。

大家可能会想，探索激情的不同状态以及使人跟人不同的各种混合方式即脾性也许是不错的一件事情。脾性之最高程度的改善，往往是在人类中发生的，或是使人变得最好，或是最坏，同样，最严重的败坏和退化也是在人类当中发现的。在我们身边的其他一些动物中，一般总可以找到一种严格的激情与情感的比例性、稳定性与规则性，它们从不会放弃对后代或整个群体的关顾，不会出卖自己的利益，不会有任何一种放纵或过度行为。生活在群体中（如蜜蜂和蚂蚁）的较小造物，往往按同样的顺序和谐地生活，在驱使它们为公众利益忙碌的那些情感上，它们从没有虚假的时候。哪怕是远离群体的掠食动物，我们也看到它们对其他类也维持一种适合自己这个物种的利益的行为规则。而人尽管有宗教的协助和法律的指导，却也经常发现并不能与自然和谐相处，而且，通过宗教本身，经常还会发现一些人变成更野蛮的动物与失去人性的东西。界标已经打在人身上了，差别已经形成，意见已经发布，而且配有极重的惩罚条款，反感已经灌注进去，人心里已经培植起针对自己的同类物种的嫌恶。因此，无论在哪个地区都难以发现有符合人性的法律的人类社会，假如生活在这样的社会里，毫不奇怪的事情是，很难找到一个自然地，像人一样生活的一个人。

论证状况。可是，已经显明激情的程度太高或太低是什么意思，并说明"太高的自然情感或太低的自利情感虽然经常被看做是一种德行，严格来说却是一种恶和不完善"之后，我们现在来看恶行更简明和更基本的一面，而只有这一面也真正配得上所称的恶行，即①"公众情感太弱或缺乏"；②"私人和自利的情感太强"；③"这些情感既不是上面所说任何一种，亦不在任何程度上趋向公众或个人体系的支持"。

除非是以上所说的这几种情形，任何一个造物都不可能被称为是恶的或有缺陷的。假如我们可以证明，产生如此恶劣情感并不符合该造物之利益，而是相反，那我们就已经证明，"全然的善和德行符合他的利益"，因为，正如我们已经在前面描述过的那样，在他理智健全和情感正常的状态下，他的举止和行为除了正常、良善和有德行之外，并不可能是别的样子。

因此，我们在这里应当做的事情就是要证明：①"对公共利益怀有自然、仁善和强有力的丰富情感，就是得到了自乐的首要手段和力量。"而且，"缺乏这些情感，就肯定是可悲可怜的。"②"私人或自我情感如果太强烈，或超出从属于仁善及自然情感的范围，也是可悲的。"③而且，"产生非自然情感（即既非基于物种或公众利益的情感，也不是有利个人或造物自身的情感）是最可悲的。"

第二篇

第一节

从自然情感得出的初步证明。因此应该由这个证明开始，"对公共利益怀有自然、仁善和强有力的丰富情感，就是得到了自乐的首要手段和力量"。而且，"缺乏这些情感，就肯定是可悲可怜的"。

我们不妨这样开始提问，即我们称之为快乐或满足，称之为身心愉悦的东西到底是什么，就是我们一般所说的幸福是从哪里来的。它们（根据一般区分）要么是肉体的，要么是心灵的满足或愉悦。

后者更可取。这后一种满足是最大的，这一点是大多数人承认的，而且可以由下面这一点得到证实：每当人的思想对任何举止或行为的价值形成良好的看法时，都会对这一类的行为产生最深刻的印象，并因此而产生趋向这个主体的最高程度的激情，此时，它会使自己处在所有肉体痛苦与愉快之上，无论是灌迷魂汤还是通过何种恐吓手段，都不能使它转移对于该目标的注意力。因此，我们就看到，印第安人、野蛮人、罪犯，甚至和最可憎的流氓，他们为了某一个特定帮派或团体的利益，或因为某种极受赞赏的荣誉观或蛮勇、报复及感恩之情忍受痛苦，藐视酷刑与死亡。另外，一个人如果安置在幸福环境里，享不尽荣华富贵，身边有各样能诱惑及迷乱其感官的东西，而他实际上的确也沉湎于这一类的享受，可是，一旦身体里面出了什么毛病，一旦身心出现什么乱子或疾病，一旦身体里面发生某种令他狂乱的事情，他的快乐就会立即停止，感官的享受就走到了尽头，而这一类所有的东西都不再产生作用了，并被他看做是让人舒服的，而且很容易成为让他讨厌的东西。

推断。由此看出，心灵的快乐优于肉体的快乐，据此，"无论是什么，假如它能在任何智慧存在者那里引发持续的、源源不断的一系列精神的愉悦感，或心灵的快乐，对于这智慧存在者的幸福来说，那它就比能够在他身上引发类似持续的一系列感官快乐或肉体愉悦感的东西更值得人考虑。"

精神愉悦感由何而来。精神愉悦感要么实际就是自然情感自身直接的运作，要么在某种方式上说全然源自其中，即只不过是这些情感的结果。

假如是这样，就必然有，在一个理性造物那里适当产生的自然情感，由于就是可以为这理性造物获取持续的一系列精神愉悦感的唯一手段，它们也就是可以为他获取切实和确定幸福感的唯一手段。

自然情感的能量。我们首先来解释"自然情感本身是何等崇高的愉悦与快乐"。我以为，只要了解在如此生动的爱、感恩、恩惠、慷慨、怜悯、救济或别的任何类似社会的或友爱情感状态下的心灵状况的任何人，都没有必须向他们证明这一点。对人的本性全然无知的人，也能感知到心灵在受到如此强烈感触时产生的那种快乐。我们在孤独与友伴之间，在普通群体与友人团体之间看到差别，我们把差不多所有快乐都归属到相互的交往中，以及快乐对于无论是当前社会还是想象中的社会的依赖，所有这些都足以为我们作出证明。

社交性的快乐到底如何优于其他类型的快乐，这也许可以从可见的标志和效果上看出来。外部的特征、伴随着这一类快乐的那些标记和兆头，都能表现更强烈、更清晰和更安宁的快乐，远胜于伴随着干渴感、饥饿感和其他炽热如焚的胃口满足式的快乐。可是，这种优越性为人所知的更特别的那种东西，倒源自这类情感超过其他诸种情感的实际的流行与优势。无论在什么地方，只要这一类情感以优势出现，它都会使其他任何一种快乐的运动不再出声和平息下来。没有哪一种仅仅是感官上的快乐能够与之匹敌。只要是这两种快乐的判官的人，都会觉得前者更好。可是，要当这两种快乐的判官，有必要对两者都有一定感受。只有诚实的人才能判断感官享受，并知晓其最强大的力量。因为他的胃口或感觉能力并不比别人差，反过来倒是因为他的脾性和胃口的节制而更强烈、更清晰。可是，没有道德的人和放荡之人却并不是社交性快乐的良好判官，因为在这方面，他的本性就说明他只是个陌生人。

这里也不可能出现任何反对意见，即在许多本性不同的造物中，尽管有真实的良好情感出现，但其力量却不足。因为，假如不是处在其自然的水平上，那就与它并不存在，或从来都不曾出现过是一样的。在不幸的造物中，这种良好的情感越是少，让人惊讶的东西就越是大，即它竟然能够在某个时候流行起来，而这种情形在最糟糕的造物那里倒是时有出现。假如它只是一次性时兴起来，仅只有一次，那就明确地说明，假如这情感是被这些造物彻底体验或知晓的，它就应该能够在所有造物那里流行起来。

这样一来，仁慈情感的魅力就优于其他所有的快乐，因为它有吸引其他每一种胃口或倾向的力量。这样的话，在针对后

193

嗣之爱的情况下，以及其他上千种例子中，其魅力会对人的脾性产生如此强烈的影响，比如，在其他众多诱惑之中，这魅力可使人的脾性仅只能感受这一种激情，它会保持为最主要的快乐并征服其他快乐。

哪怕我们的科学或学问只有最小的进展，也没有哪一个人仅仅知道数学的原理，他一定还发现，通过思维对自己在数学里的发现进行的一番思考，哪怕仅仅那些还只是猜测性质的真理，他也能从中得到优于感官享受的快乐与愉悦感。当我们对这种沉思之乐的本质进行彻底的研究之后，我们会发现这种快乐与这个造物的个别利益没有哪怕一丁点关联，它的目标也不在于个别体系的自利或益处。那种崇敬、欢乐或爱完全转向外在于我们自己，而且与我们自己毫无共通之处的东西。虽然我们观察到这样的快乐之后会升起一种反思之乐或愉悦，因此可以解释为一种自我激情，或与利益相关的关注，可是，原来的那种满足感却只可能源自对外部事物的真理、比例、秩序和对称的爱。假如是这种情形，这种激情现实上就应该与自然情感同类。由于它在个别体系的范围内并没有什么目标，它因此就必须要么被认为是冗余或不自然的（就如同并不趋向自然之中的任何一个东西的利益或善），要么就必须照实判定为"对数字、和谐、比例与协和的思考中得出的自然的快乐，这些东西支撑着万有的本性，也是任何一个特定物种或存在秩序的构成与形式所必需的。"

可是，无论这种思辨性的快乐有多大，多么有价值，也无论它多么优于纯粹感官的任何意愿，都一定会被德行的意愿和善行以及善意的行使所超越，因为在这里，它会把思想对怀着这种美好情感及诚实旨趣产生的行为的令人愉快的赞同与嘉许增添到灵魂的最令人愉快的情感上去。因为，到底哪里才有比一种美好的、合比例的、宜人的行为更美好的思辨，更适意的观点或沉思呢？或者说，意识与记忆都更切实和持久地从中获取欢乐的东西当中，到底哪些与我们有联系呢？

我们也许能观察到两性之间的爱的激情，在这里，较粗俗的一种情感与一种仁善与友好情感的混合物并存一处，而后者的感知或感觉现实上优于前者，因为有了这样一种情感，也为了所爱的那个人，世上最痛苦的事情，甚至是死亡本身都曾自愿地屈服于它而不需要任何预期的补偿。因为，到哪里去找到这种预期的基础呢？当然不是在此世，因为死亡会使一切终结。也不是在任何一个来世，因为谁曾设想过为情人甘愿遭受痛苦的德行提供一处天堂或未来的报偿呢？

我们同样可以观察到，有利自然情感的东西是，并非仅只有当欢乐与轻松愉快与自然情感混在一起的时候，这样的自然情感才会带有高于感官快乐的那种真实欢乐。属于自然情感的那种情绪扰乱本身尽管被人认为是与快乐相反的，却仍然是一种比沉湎于感官快乐更高更强烈的一种满足与享受。一系列持续不断的温情和仁善的情感得以维持的地方，尽管是从恐惧、担忧、悲哀和伤痛中产生的，灵魂的激情仍然是让人愉快的。我们继续为德行的这个阴郁的一面或不幸的感觉所愉悦。她的美在一片阴云之下，在四周的灾难之中得以自我支撑。这样一来，如同在悲剧中一样，当经由纯粹的错觉，这一类的激情被人以高超手段唤起时，我们更喜欢得到其中的愉悦而不是其他持续时间相同的其他感觉。我们自己发现，我们的激情在这种伤悼过程中移动，当我们为功德和价值观而投入激情时，当我们将所怀有的无论何种社会性的情感和人的同情心发挥出来时，我们就会得到最大的快乐，并因此能够享受更大的思想与情操上的快乐，远胜于别的任何东西以感官和普通欲望的形式给予我们的快乐。看起来，按照这样一种方式，"精神快乐本身实际上果真就是自然的情感本身"。

自然情感的效果。接下来我们再解释"自然情感的流露如何成为其自然的效果"。我们不妨首先考虑，爱或仁善情感在一种精神享受上的效果，是"一种交流中的善的享受，如同人在反省中或分享他人之利的过程中获得的那种享受"。而且还是"实际的爱、应得的尊重或别人的嘉许引发的愉快意识"。

有多大一个部分的幸福感从这些效果当中的前一种中产生，本性不算太坏的任何一个人都可以轻松地理解。我们还会考虑这样的快乐有多大，如分享满足感、与他人同乐，与他人一同接受这样的感觉，而且从某种方式上说，从我们身边的人愉快和幸福的状态中，从这些幸福感的原因以及关系中，甚至从与我们不同但其欢乐与满足的迹象我们能够予以分辨的那些造物的面容、姿态、嗓音和其他声音中获取的快乐。这一类同情之乐在我们的全部生活中如此隐晦，如此散乱，竟然没有哪一种可以称为满足或满意的东西不构成其必要部分的。

至于社会之爱的那另外一种效果，即应得的亲切感或尊重的意识，我们不难感受到这样一种意识在精神快乐中的用处有多大，对于从最狭窄意义上说的那些易于动情的人来说，对于构成其最主要的快乐与幸福来说起了多大作用。哪怕是我们当中最自私的人，从某种性格当中持续不断地获取某一类满足感，通过想象应得的崇敬与尊重而让自己开心，那是多么自然的一件事情呢？尽管只是想象，但是，我们仍然努力想象它是真的，并尽全力让我们想到某一类功德，哪怕只是碰巧与我们有更密切的关系和更熟悉的交往的那一小部分人认为我们应当获得那一部分美名时感到满意。

世上的暴君、抢劫犯或公然违反社会法律的人，有哪一个又没有自己的朋友或某种私人团伙呢？这些人要么是他一类沆瀣一气的人，要么是他的狐朋狗友，他与这些人分享他的利益，这些人如果得利他便高兴，这些人开心和满足他也十分满足。世上哪有这样一种人，他对相好的人的奉迎或善意竟然全然不留下任何印象？我们所有的行为举止，都与这种使人宽心的希望与对友情的预期脱不开干系。正是这样一种预期贯穿我们的一生，并与我们大部分的恶行混在一起。其中，虚荣、野心和奢侈欲望都有份，我们生活中的其他许多失序也与它相关。哪怕最庸俗的一种爱，也会从这里借走很大一部分内容。因此，假如快乐像别的许多东西一样加以衡量，那也就可以恰当地说，在这两个分类中（也就是说，与他人结成团伙或分享他人的快乐，并相信他人所说的值当），一定会出现我们生活当中最喜欢的绝大部分东西。因此，在幸福的较大份额里，除开源自社会之爱并直接取决于自然及仁善的情感的东西之外，根本就不可能还有其他什么东西。

因此说来，有什么因就有什么果。这样的话，正如自然情感或社会之爱是完美或不完美的，取决于它的内容和幸福也一定如此。

审查次一级的情感。可是，为防止有人自我想象，认为一种次级的自然情感或对这一类情感不完善的和偏执的看法，可代替全然、诚实和真正道德的情感，为防止一丁点社会倾向也被认为足以应答社会中的快乐并给予我们以那种对幸福必不可少的参与之乐与团体之乐的目的，我们不妨首先考虑，次一级的情感或部分的社会之爱，假如不考虑完整的社会或全体，其本身就是一种不一致，并暗含一种绝对的矛盾。除开我们自身之外，无论我们对任何东西怀有何等样的情感，假如它针对的不是那个体系或种类，那它就一定是最没有社会性的，对一个社会的快乐造成毁灭。假如它真是自然的情感，但仅仅适合于一个社会或一个物种的某一个部分，而不是针对整个物种或社会本身的，那么，对它而言，除开最怪异、最反复无常，或可能出现的想入非非的激情之外，就无法找出别的任何理由了。这样说来，一个意识到这份情感的人，就不可能以这个理由意识到任何功德或价值。任意这种反复无常的情感操纵的人，他也不可能持续保有这份情感或这种情感的强度。由于它并没有

197

理性的基础或框架，因此也很容易游移不定，随时会发生变化，而且是没有理由的变化。由于这样的激情存在如此之大的可变性，又完全取决于任心的态度与性情，并经历又恨又爱、又讨厌又倾向于它的频繁变化，因此也一定会形成持续的混乱与厌恶，结果就会使在友情或团体方式中立即得到的欢乐陷入纷乱状态，最终使趋向友爱与正常往来的倾向本身以某种方式灭绝。但是，全备的情感（诚实这个词就来自于此）由于能够对自身负责，合乎比例，而且有理性，它因此也是不可摧毁的，结实可靠的和持久的。如同在偏执或有缺陷的友情例子中一样，由于它并没有规则，也没有秩序，思想的每一种反省都必然会趋向它的不利之处，并使人体验到的欢乐大打折扣，在诚实的例子中也是如此，针对人类的正当行为的总体意识，即不完整的情感，会具体地针对每一种友好的情感投上一层良好的反思，并使友好情感带来的欢乐再上一层楼，这就是我们上面所说的团体的欢乐或参与之乐。

另外，由于偏执情感仅只适合于来自同情或参与他人的快乐当中的短暂和微不足道的一丁点欢乐，它也不能够从人类幸福的其他主要分支当中获取大量快乐，那就是其他人实际的，或认为值当的尊重意识。这样的尊重到底应当从哪里来呢？假如那种情感不是稳定确切的，其功德本身肯定也是低俗的。一种纯粹随意的倾向或反复无常的喜好，如何可能值得人信赖呢？并非建立在道德法则基础上，而是以空想方式指派给单独的某一个人或人类的一个小部分，并将整个社会或全体人排除在外的友情，谁愿意去依靠它呢？

然而，也许可以这样考虑一件不可能的事情，即本着别的规则而非德行来尊重或爱戴他人的人，竟然把他们的情感建立在他们不再尊重或爱戴的人身上。对他们来说，在他们如何爱戴的朋友那里，将很难找到他们真正能够欢乐相处的朋友，他们也不可能从这些朋友那里得到自己珍视或喜爱的回报性的爱戴或尊重。那样的快乐也不可能是切实和持久的，因为它们来自自己给自己灌的迷魂汤，或来自其他人虚假的尊重与爱戴，而这些人根本都不可能产生任何可靠的尊重或爱戴。因此看起来，爱得狭隘或偏执的人，一定会是这层意义上的失败者，也必然得不到精神快乐的这第一个主要的部分。

全备的情感。这同时，全备的情感却有着完全相反的诸多益处。它是平等的、连贯的，自己对自己负责，总是令人满意，而且是让人开心的。哪怕是最差的人，它也能获得其中最优秀的那一部分人毫无私利的欢迎与爱戴。我们可以正当地说，这样的情感带有一种值当的爱戴的意识，还有来自全社会的嘉许，来自所有智慧生物的嘉许以及来自对于其他所有智慧来说都有本源意义的东西。假如自然之中当真有这种本源的东西，我们就还可以补充说，与全备的情感联系在一起的那种满足感，是丰富而高贵的，与其自身最高的目标呈比例，而这最终的目标包含着所有的完美，符合上面提及的有神论的判断。因为，如我们已经看到的，它是德行的结果。具备这种全备的情感或思想的诚实性，就是以符合天性以及符合终极智慧的裁决与规则的方式生活。这就是道德、公正、虔敬与自然宗教。

为防止这个论证方法看起来也许太学究气，所用的术语和说法也许并不是大家熟悉的，我们不妨试一试，看看能否以更直露的说法表述这同样的意思。

我们请一个人认真思考一下他在私下里闲适的生活、沉思、学习和与自我的交谈中得到的那些快乐，或者在与他人交往中得来的那种欢笑、高兴和娱乐，他会发现，所有这些快乐都完全基于一种轻松的脾性，没有任何身心或脾性上的阻碍，也没有怨恨或厌恶，而且处在意识或理性都四平八稳，心灵平静，自身闲适的心态中，因此而能够自由地承受其自身的审察和评论。这样一种心态以及脾性，非常适合于我们所提到的那种快乐的享受，因此它必然符合于自然和良好的情感。

199

脾性。至于跟脾性相关的东西，我们不妨作如下的考虑。并没有哪一种外在发达的状态或流淌不尽的财富是人们的倾向或欲望总是能够得到满足，或其幻想和气质总能够因此愉悦的。人的胃口差不多每隔一个时辰便会有某种阻碍或折磨，总会有来自外面的这种或那种烦恼，也有可能是来自内心的一些烦忧，结果会使沉湎不醒的情感放荡的路径受阻。这些东西并非总能够通过纯粹的奢侈行为所满足。当一种生活仅只受到幻想指引的时候，就一定有相反的事情或让人烦心的事情在此基础上出现。身体相当健康的人，只要遇上普普通通的身体乏力和精神不振以及性格上的缺陷，身心无恙的人，如果发现性情变得乖僻，精神不对头，各种体质的人也都可能遇上偶尔的身心不畅，这些情形，我们知道，在很多情况下都可能引发不安与厌恶感。而这种情况，假如没有什么东西使人洗心革面，扭转其发展势头，防止它变成人常有的心态，到一定时候就一定会养成一种习惯。对抗不利心态的唯一切实的东西，也就只有自然和仁善的情感。我们也许可以观察到，当人开始反省，希望随时压制住已经在脾性中发作的纷乱心绪，并着手全心全意和真诚地进行这种改造工作时，那么，除了将社会性的和友好的温情、某种充满活力的善意、友伴关系、满足感或爱的情感引入人产生情感的这一部分之外，并没有其他办法可以成就此事，因为只有这样才能彻底扭转急躁与不满的相反情绪。

面对我们目前所说的这种情况，假如可以说，宗教情感或虔敬之心是充足合适的解药，那我们就可以这样回答，它正是仁善之人能够真心赞同的。因为，假如可以说这是令人愉悦和开心的一种解药，那它正好就与自然情感本身是同一个种类的，又假如它是阴沉或可怕的那种，假如它带有与人性、慷慨、勇气或自由思想相反的某种情感，服下这样的解药就得不到任何效果了，而在我们所说的这件事情上，所谓的解药无疑比疾病本身还要糟糕。在这件事情上面，深刻反省我们的职责，并且仅只考虑权威和处罚条款促使我们去避免的那些事情，那是怎么也无法使我们安定下来的。我们的思想在这件事情上越是阴沉，我们的脾性便会变得越是乖僻，也越是会发现它本身严峻难受。又假如因为一时的冲动，或迫于现时的某种困境或担忧，我们随时摆出一种不同的姿态或搬出不同的一种行为准则，这种做法说到底还是一样的。外表镇定下来，内心却不一定发生变化。人的恶劣情绪也许一时不会演变成恶劣之举，但也不会因此减轻多少，在针对下一个情形时至少也不会因此减弱。因此，在这样一种人的心胸里，无论有何等样的虔敬之心，都不会产生多少轻松情绪，也不会剩下多少良好的情绪，因此也体验不到任何一种精神上的快乐。

可是，假如有人提出这样的反对意见，说虽然恶劣的情绪也许会在阴郁的环境里造成很大影响，然而，在一项外表看起来十分不错，并使之爬上财富巅峰的事情上面，就不可能发生任何一件让人性情乖僻，因而也不会让人像所暗示的那样轻视的事情。对此我们也许可以这样考虑，大多数性情扭曲和行为放纵的状态，都易于从每一样令人失望的事情或最微不足道的小麻烦中承受最大的不安。稍有不利之事，愤怒、冒犯和敌意的情绪就会在意志和气质最放纵的状态下达到最高峰，我们仍然更需要社会性情感的滋养，以避免我们的脾性一下子变得野蛮和不人道。这样的情形，假如是一个暴君和最没有节制的权势者，就足以提供证明和演示了。

思想。我们现在来说一说我们所考虑的这件事情的另一个部分，它与沉稳静默的一种思想或理性有关系，看看这种幸福因为什么原因而被认为符合自然的情感，我们不妨按照这样的方式来解决自己的问题，也就是进行反省。应当承认，一个像人这样的造物，他经过不同程度的反省后已经达到了这样一个我们称为理性与领悟力的能力状态，在他这样利用自己的推理能力的时候，一定被迫将经过其中的反省内容传递至他的思

201

想，以及他的各样情感或意志之中，简单地说，就是任何与他在同类中和社会里表现出来的性格、举止或行为相关的东西。即使他自己并不擅长这方面的事情，他的同类也乐于提醒他，以批评的方式唤醒他的注意。我们所有人都有足够多的值得回忆的事情帮助我们想起此事。命运之神最愿意惠顾的人，也不会错过这样的自我省察式的谈话。哪怕是灌一点迷魂汤，由于使人看起来更加赏心悦目，也能使我们更加注意这种方式，并诱使我们养成这个习惯。一个人越是虚荣，他的眼睛越是朝自己这一边看，而且总是以某种方式惯于这种自顾行为。假如我们真正关心自己也不能养成这样的自我审视，对他人的一种错误审视，以及对名誉的爱好，也会养成一种值得注目的嫉妒心，并使我们有足够的精力去检查自己的性格与行为。

无论以哪一种方式考虑此事，我们仍然都会发现，每一种能推理或进行反省的造物，出自其天性都被迫要经受对自己的思想与行为进行的评估，并对自己的里里外外有一个描述，无论是不断地在自己眼前出现、明摆着的事情，还是萦绕于心的什么事情。对于一个已经扔弃自然情感的人来说，没有什么事情比这更让人痛苦的了，因此，对于真诚怀有自然情感的人来说，也没有比这更让人宽心的事情。

良知。有两样事情，对于一个理性造物来说一定是极其讨厌和万分痛苦的，那就是，"脑子里想着他明知从本性上讲是可憎可恨的那些不正当的举止和行为，或者想到他明知不利于自身利益或幸福的愚蠢举止或行为"。

道德良知。在这些念头当中，只有前一种才能合适地称为良知，无论是从道德还是从宗教的角度看都是如此。对神灵怀有敬畏和忧惧，其本身并不隐含良知。任何人都不可能因为对邪灵、戏法、蛊毒或任何源自不正当、善变或邪恶本性的东西的忧惧而变得更有良知。一个人敬畏上帝，假如不是因为自己干了实在应受谴责和归因于自己的坏事，而是出自别的什么理由，那他敬畏的就是一个邪恶本性的东西，而不是神圣的对象。对地狱的忧惧，或对一个神灵上千种可怕法力的担忧，也不可能意味着一个人就有良知，除非人因此而害怕作恶，不敢行可憎和道德败坏的事情。假如是这么一种情形，良知就会产生作用，惩罚也必然是人所忧虑的，哪怕人并没有直截了当地受到这些惩罚的威胁。

因此，宗教良知意味着道德或本性的良知。虽然前者理解为害怕神的惩罚的忧惧，它却有着源自对道德上丑恶可憎的一种行为的忧虑的强度，而且纯粹只是与神在以及对这样一位假定的神灵自然的敬畏有关。因为，在这样一个神在那里，恶行或罪恶引发的羞愧一定有它的强度，与对这样一个存在者治理能力的更进一步的担忧没有关系，与他在未来状态下实施特定奖惩的担忧也没有关系。

我们已经说过，没有哪一种造物在怀着恶意有意作恶时，同时又不意识到他自己就是一个恶人的。在这个方面，每一个有感知能力的造物，都一定可以说有良知。所有的人，所有具备智慧的造物，都一定明白这个道理："他明白人人都认为他应当承受的惩罚，他必然十分害怕，他明白人人都认为他应当得到的奖励，他也必然期望人人都真的这么看。"因此，出自对人和神灵的忧惧，就一定会产生疑惑与不当的担忧。可是，除此之外，在每一个理性造物那里，一定还有另一种良知，那就是源自对那种值得憎恨的和不自然的东西的丑恶感的意识，也源自因此而来的招致可憎和厌恶感的那些事情的羞愧或悔恨。

很少或根本不可能有任何一种造物是如此纯粹的恶劣行径丝毫不能影响到他，或任何粗野或极其可憎的事情不能够促使他产生任何一种情绪。假如存在这样一个造物，那就非常明显，他对于道德善或道德恶一定是绝对漠不关心的。假如实情果真如此，那我们就可以认为，他无论如何也不可能产生任何一种自然的情感。假如他不能产生这样的情感，如上所述，那他就无法体验任何一种社会性的快乐，也得不到任何精神享受，而是相反，他一定会屈服于各种各样可怕的、不自然的和病态的情感。因此，缺乏良知或对于犯罪和不公正的可憎性的天然感知能力，就是人生最大的一种不幸了，可是，假如有良知或这一类的感知能力存在，那么，在这样的地方，无论有悖于它的任何行为，通过反省的方法，如我们已经显明的，这行为一定就是持续可耻、可恶和让人厌恶的。

一个人在狂怒之中碰巧杀死了自己的同胞，他会当场动起恻隐之心，他的报复心已经变成了怜悯，他的仇恨现在针对他自己了，而这一切转变仅仅只是外部对象的力量造成的。在这件事情上面，他会忍受痛苦，这件事情会持续不断地出现在他脑海里，他会对这些保持痛苦的回忆，会时时感到不安。可是，从另外一方面来看，我们假定他并没有蒙生反悔之意，也没有体验任何真实的焦虑或羞耻感。那么，我们只能说，要么他根本没有犯罪或不正当行为所含的丑恶感，没有自然的情感，因此也没有内心的幸福与安宁，要么是，假如他还有任何道德价值或善的感觉，那一定就是一种混乱的、相互矛盾的价值感。他一定是在追求一种前后不连贯的概念，也就是一种虚假的良知，他把某种虚假的德行当成偶像来崇拜，而把不理性或荒谬的东西当做了某种高贵、勇敢或有价值的东西。这样的情形会对他造成多大的折磨，这我们很容易就能构想出来。因为，如此这般的一种幻想从来都不可能转变成某种确切的形式，这种普能透斯式的荣誉感也不可能持续保持为一个稳定的形状。追求这样的一种幻想，只会使人烦恼着急和精神涣散。如我们已经显明的，除开真正的德行之外，没有任何东西能够保持对于尊重、嘉许或良知的任何一种尺度。被虚假的宗教或流行的习俗所误导，因而学会尊重或赞扬一种并非德行的事物的人，他要么是通过这样一种尊重概念的自相矛盾以及由此引发的持久的不道德行为，因而最终失去所有良知，并且成为最值得可怜的一种人；要么是这样一种情形：假如他保持了任何一丝良知感，那这良知感一定是永远不能让人满意的一种，或不能够让他人满意的一种。一个残忍的狂热分子、一个偏执狂、一个逼迫者、一个杀人犯、一个亡命之徒、一个海盗或更低贱的恶棍，对总体的人类社会背信弃义并违背一切自然情感的任何人，都不可能有任何一种持之以恒的原则可言，他并没有任何标准或尺度借以规范自尊心，也没有任何一种踏实的理性借以形成对于任何一种道德行为的嘉许。这样，他把荣誉看得越是重，或把自己的热情煽乎得越是高，他的本性就越发会变坏，他的性格也越是招人憎恶。他越是喜爱或赞扬某一种外表看来令人佩服而从道德上说却是丑恶和有缺陷的行为或实践，他越是会招致更强烈的矛盾与自我非难。没有比下面这句话更明白确实的了，"假如没有针对所有普遍意义上的自然情感的某种程度的偏执，就不可能有任何自然情感发生矛盾，也不会有任何不自然的情感得到提倡"。据此，我们也可以说，"内心的丑恶由于怂恿不自然的情感而增长越是快，令人不满意的反省的话题也就越是多得多，虚假的荣誉观、虚假的宗教或迷信也就越是流行"。

因此，无论这一类的观念得到何等样的钟爱，也无论装出什么样的品性，假如它有违道德公正，导致非人道的行为，也不管这是因为一种虚假的良知，或是一种错误的荣誉观，因而成为真理的斥责对象，那它一定都只会使一个人处在真实和正当良知更严厉的鞭笞下，即羞耻感和自责。任何一个人，假如打着权威的旗号犯下哪怕一桩不道德的罪过，他都不能以任何理由使自己宽心，以为自己下一次不会走得太远，不会干出他自己想象一下都觉得可怕的更加可恶的坏事。一个人哪怕在最轻程度上冒犯自然的良知，干下道德上丑恶和应当背上恶名的事情，他都必然想到会面临这样一种责备，哪怕他能找出其他人也干过类似坏事的例子，或借口这是根据某种更高力量的戒命或吩咐行事的。

源自利益的良知。我们再来看良知的另外一部分，也就是人对在任何时候毫无道理和愚蠢地干出不利于自己真实利益或幸福感的那些事情的回忆。无论在哪里，只要存在一种由犯罪和不公正引发的道德丑陋感，这样一种令人不满意的反省就一定会接踵而至并持续产生影响。就算在并不存在如此纯粹的道德丑陋感的地方，也一定会存在对人对神的这种劣迹感。或者说，虽然存在这样一种可能性，即永久性地排除掉对超级力量的思考或怀疑，可是，由于考虑到这样一种针对道德善或道德恶的全然不顾意味着自然情感方面全然的缺陷，而这样的缺陷借助什么样的手段都无法掩饰，那就相当明显了：一个有着如此不幸性格的人，一定会遭受来自他人的友情、信赖和信心的相当大的缺憾，并因此而遭受利益和外在幸福感的损失。这样的不利感也不可能不在他心里产生，因为他会遗憾地看到并嫉妒更牢靠和更深刻的友情与尊重，言行优秀的人就是本着这样的友情与他人共处的。因此，哪怕在缺乏自然情感的地方，仍然可以确实地说，由于不道德的行为总是因为缺陷这样的自然情感而发生的，就一定会有源自这一类良知的情绪混乱，也就是说，它源自我们对行为不轨的意识，对做出与真正的利益和好处相反的事情的悔恨。

从精神快乐中得出的结论。根据上面所说的这些，我们很容易就能得出结论，知道我们的幸福在多大程度上取决于自然与健全的情感。假如主要的幸福来自精神快乐，假如主要的精神快乐来自我们在上面所描述的那些方面，而且是在自然的情感中发现的，那就可以说，"拥有自然的情感，就是掌握了自乐的主要手段与能力，那就是人生最高水平的财富与幸福"。

感官快乐也取决于自然的情感。至于肉体的快乐，以及属于纯粹感官的满足，很明显，它们不可能产生效果，也不可能提供真正有价值的享受，除非通过社会性的以及自然的情感这个手段谋取这种满足。

对于有些人来说，过好日子的意思不过是吃好喝好，这是粗俗的伊壁鸠鲁主义。我认为，当我们与那些自以为是的会生活的人相处，并以过及时行乐的生活的名号尊重他们时，就是我们作出的一个草率让步，以投合他们的口味。这些人不惜一切代价，享受的却是生活最小的一部分，就如同他们过的是那种快餐生活，假如我们对幸福的解释是正确的，那么，人生最大的享受应当是那些人匆忙错过的东西，他们得到的是感官的快乐，根本就没有细细品尝的自由。

由于骄奢淫逸的很大一部分就在味蕾上找到，取决于它的那门科学又如此醒目，人们就可以正当地假定，卖弄优雅、想象、幻想，加上仿效和研究如何在这种生活的奢侈艺术中出人头地，属于我们可以在追求享乐之人当中可以观察到的那种为鼓吹享乐而不遗余力的举动。假如把餐桌及共享美餐的人、供应美餐的用具及仆从和整套奢侈享受班子其余的部分撤走，就不会留下任何值得人接受的快乐了，哪怕最堕落的淫逸奢侈之徒也会这么看。

淫逸奢侈之徒。淫逸奢侈之徒这个概念本身（一个俏皮用语，指任何能够想象出来的享乐和纵情之事）带有针对一个团伙或一帮人的明确指称。假如过量的行为单独发生，不是在一个团体或帮派中进行，则可以称为餍足，也就是感官的享受，而根本不能称为淫逸奢侈之徒。一个以这种方式放纵自己的人，经常被称为酒鬼，而不说他是淫逸奢侈之徒。高等妓女，哪怕是最普通的、靠卖淫为生的妇女，也非常清楚，这一点是极其必要的，即她们以美色供其淫乐的每一个人，都应当相信存在回报性的享受，相信给予享乐和获得享受是一样的。假如把这样的想象全部拿走，就不可能存在另一种更奇怪的人了，这些人并不觉得他们剩余的快乐根本不值一提。

一个人独处，甚至自己的心智与思想也全然脱开任何属于社会的东西，他怎么可能很好地、长久地享受任何东西呢？在这样的情形中，谁又不会因感官的享受而餍足腻味呢？无论多么美好的享受，假如不能找到什么办法与人分享，至少通过与单独某个人的交流和分享而使其真正看来是令人愉快的，谁又不会很快就感到惴惴不安呢？人固然可以随意想象，人固然可以假设自己十分自私，也可能任由那种狭窄的原则指挥自己的一切行为，什么都想要，从而使天性处在约束之下，可是，天性总会挣脱出来，并且在痛苦不安和烦躁的状态下明确地显示出这种暴力行为的后果，这样一种办法的荒谬性，以及属于这样一种不顾一切与可怕举动的那种惩罚。

感官享受。由此看来，不仅仅是精神的快乐，而且还有肉体的快乐，也取决于自然的情感，之所以这样说，是因为只要缺乏这种自然的情感，那些快乐不仅会失去其力度，而且会以某种方式转变成不安与躁动。本来应该为人提供满足与喜悦的那些感觉，现在变成了一种厌恶感，因此而产生了不满与乖僻性情，并滋生出一种疲乏与躁动。我们可以从一个人总是前后不连贯，喜欢变化等性格中看出来，因为他们的快乐无法与人交流或分享，因而十分明显。亲密团伙这个词组，从其滥用的意义上看，的确也有某种更持久和更确定的意思在里面。人多才好发挥幽默。在爱的情感中也是一样，它是忍耐不住的。某种温情与情感的慷慨支撑着激情，不然的话，它转瞬即逝。仅凭自身，哪怕最完善的美也不能维持或修复它。仅仅依赖这外在的情感而没有别的基础的那种爱，很快也会变成厌恶感。餍足、持久的厌恶和欲火的燃烧，都对热心于快乐的人有用。花心思调节其激情的人才能最大限度地享受它。通过这种调节，他们慢慢就了解到，任何感官享受都存在一种绝对的无能，假如它所倚重的不是某种友好的或社会性的东西，不是某种人所共享的东西，不是接近仁善和自然情感的东西，那就不能使人满足。

情感的平衡。可是，结束这篇论述社会或自然情感的文章前，我们不妨来一番回顾，一劳永逸地衡量一下，以证明自然情感能够在人心里形成哪一种平衡，以及缺乏它或它的分量太轻会有什么样的后果。

一个人对属于人性素质的东西的领悟，不可能少到竟然不知道人体若不用力、运动和活动，就不可能精疲力竭，若压迫过度，它的滋养就会变成疾病；人的精气若不在别的地方滥用，就会促成体内器官的损耗，而人的本性也会按照它本来的样子猎食自身。同样，有感知能力和有生命力的部分，就是人的灵魂或思想，由于缺乏合适与自然的锤炼，也会背上负担过重而出问题。它的思想与激情由于受到抑制而找不到合适对象，因此也转向自身，养成严重的不耐心和烦躁。

畜生和其他造物没有运用理性和反省的能力，这是动物中的常情（至少不是人类惯有的那种方式），它们的本性就是这么规定好了的，由于每天都得觅食，它们的注意力要么朝向日日的生计，要么是整个物种或种类的事物，它们全部的时间差不多就被这些事情占据，它们还不忘记利用全部精力去满足激情的需要，这取决于它们发情的程度，也取决于各自体质的要求。假如把这样一种造物当中的随便哪一个从其天生的忙碌状态中解脱出来，放在可以极大地满足其全部欲望与需求的一个富足环境里，那我们就可以观察到，由于其环境变得如此奢侈，其脾性和激情也会有同样程度的成长。假如到任何一个时候，它能以比自然最初给予它的更廉价和更轻松的方法获得生活的便利，那它就会以另一种方式为这些便利付出高昂的代价，那就是，它会失去自己天生的温良性情以及它那个种类或物种的条理。

这一点并不需要具体的例子加以证明。只要稍微了解自然史，或观察过不同造物种类及其生活方式和繁殖途径的人，都很容易就能理解同一个种类中野生和驯化品种之间的条理差别。驯化品种获得了新习惯，并远离其原有的天性。它们甚至会失去那个种类里常有的本能和普通的灵巧，就是动物常有的那种灵巧，只要保持在这种驯化状态里，它们就没有办法重新获得这一份智巧，而假如使它们重归自然，它们就能恢复自然的情感以及那个物种的机敏。它们学会在更严格意义上的团伙习惯中联合起来，对自己的后代也更加关心。它们储备不同季节所需的东西，尽最大努力利用自然给予它的能力支撑并维持自己所属的物种，抗击异类或敌对的物种。这样一来，由于它们越来越忙碌，事情越来越多，慢慢也就变得正常了，习惯了。它们性急和恶毒的一面会消失，闲适和轻松的一面越来越明显。

人类。在人类当中常发生这样的事情，有些人迫于生计而辛苦劳动，另外一些人却靠下等人的痛苦与辛劳之上应有尽有。现在假设，在上等人和优越者当中，并没有培养可以代替普通的劳动和辛苦营生的所缺乏的那些适合目标，假如没有专心于任何一类有利于社会的良好与诚实目标的任何一类工作（如文学、科学、艺术、家政、公共事务、管理等），那就会构成对所有职责或服务的完全的疏忽，是一种难以解脱的懒散、怠惰与消极，这就必然引发一种松散和无节制的状态，它一定会造成激情的完全失序，并在可以想象出来的最奇特的失常状态下爆发出来。

在长久以来一直都是帝国首府的一些都市里，我们看到淫逸奢侈之风盛行，在这些地方，我们看到各种各样的恶劣之举有增无减，一些衣食无忧的人懒散好闲，风流成性，可是，另外一些人则不然，他们致力于诚实和适当的事业，他们从青年时代起便惯于投身这类有益之事。这样的情形，我们在偏远的乡村地区和生活在小城镇里的勤劳的人们那里可以看到很多，因为在这样的地方，很少能够看到这一类往往只在宫廷豪宅以及骄奢淫逸的教牧府邸里发生的反常事例。

假如我们在涉及内在性情的事情上提出的一些看法是真实和正当的，假如自然在人的激情和情感上当真也是依照一种正当秩序和规则行事的，就如同对自然形成的肢体和器官的管理，同样，假如自然按照这样一种方式造就了如此的内在性情，竟至于对这种性情的磨炼对它来说是最必不可少的东西，而且最必要的磨炼莫过于社会或自然的情感，那么，顺理成章的事情就是，将这样的性情抹去或使其弱化，内在的性情就一定会因此受损，并遭到破坏。让懒惰、冷漠或麻木不仁像一门艺术那样得到人们研究，或者以最大的耐心加以培育，如此受到约束的激情就会为它们造就一座监狱，并以这种或那种方式谋取它们的自由，并找到全然的用处。他们一定能为自己思考出一套异乎寻常和不自然的磨炼方法，使他们远离自然和适合的情感。这样，新的和不自然的情感就会培育出来，代替有秩序和自然的情感，所有内在秩序与治理都将因此消失。

假如有人想象，像自然情感这样了不起的一项原则，如此基础性的一个部分，竟然可能会丢失或受到损害而又没有任何内在的毁灭或性情与思想框架的颠覆，这样的人对于自然在动物的构成与结构中表现的秩序，一定存在相当缺憾的想法。

完全不熟谙这种道德建筑的人，无论是谁，也一定会发现，这个内在的构造经过了如此的调节，其整体得到如此完善的建造，哪怕单独一种激情表现过当一丁点，或者持续的时间稍长一丁点，也能够造成不可扭转的毁灭与痛苦。他会在常见的狂乱与精神错乱例子里看到有人在这方面的体验，此时，人的思想因为在一件（或喜或悲的）事情上注意的时间太长，因不堪重负而崩溃，这就证明人的情感必然需要适当平衡或均衡。他会发现，在每一种相异的造物那里，以及彼此不同的性别上，都存在一种不同和彼此相异的情感秩序、趋向或协调，它与不同的生活秩序，分配给彼此的不同功能及能力成比例。

211

由于其运作与效果不同，每一个体系的动力与原因也有所不同。内在的功用与外部的行为或表现相适合。因此，当人的习惯或情感发生错位、用途不当或产生变化的时候，当属于一个物种的东西与属于另外一个物种的东西混杂一处时，就必然会发生内心的混乱与烦扰。

怪物。所有这些，我们都可以通过比较的方法轻松地看出来。我们可以拿比较完美的与不完美的天性进行比较，这些不完美的天性要么在出生时即是如此不完美的，如内心里受过最初意义上和灵魂深处的创伤。我们知道，在怪物那里这是怎么一回事。有些怪物是不同种类的东西合成的，或者由不同性别构成的。内心里发生畸形或扭曲的人也不见得因此就少一些怪物特征。普通的动物，当它们失去其适当本能，抛弃同类，忽视其后代，滥用自然赋予的功能或体能的时候，它们看上去就是不自然和怪异的。因此，一个人跟别的所有造物一样失去了他之所以为人而必须有的、适合于他的品性与才智的感知能力和情感，那该是多么可悲的一件事情啊？一个对社会的依赖大过其他任何种类的造物对社团的依赖的造物，假如失去了他因此而要捍卫其同类与社会的利益的那种自然情感，那该是多么不幸的一件事情啊？人在所有造物中显然是最没有能力忍受孤独的，因此，自然情感显然是他天生的一部分。每个人心里天生都有这样一个程度的社会情感，即他总是千方百计地想要得到其同伴的亲密感与友情，没有比这更明白的事情了。正是在这里，人才会释放自己的情感，放纵自己的欲望，而且是任何一种挣扎或内心暴力都不可阻止的，或者万一阻止了，也一定会在思想里造成一种悲伤、沮丧和郁闷情绪。任何一个人，假如他不爱交往，自愿回避社会，也不与世人往来，他一定就是古板乖僻、生性恶劣之人。另外，由于外力或变故而不能如此的人，一定会在自己的脾性里发现这种约束造成的恶劣后果。人的某种倾向若是遭到压抑，就会滋生不满情绪，相反，假如任由这种倾向自由发挥，而且尽情放纵，则会滋生一种疗伤的作用和让人活泼的欢乐，当人经历孤独和长期的思想禁锢，之后心灵突然放开，思想包袱一下子甩掉，胸中块垒见到好朋友后一吐而尽时，我们尤其容易看到这样的情形。

这一点，在身居高位、权势显赫的人那里，我们可以找到更突出的例子，哪怕是国王、君主，还有借重自身条件不肯与普通人相往来，以及自命清高，不肯搭理世人的那些人。可是，他们的姿态并非针对所有人都是一样的。的确，聪明和优秀的一类，经常属于敬而远之之列，因为他们觉得不便与这些人交往过深，也不可分享秘密。但为了弥补这方面的损失，还有其他一些人可作替代，这些人虽然价值极低，也许甚至还是缺陷最大和值得轻看的人，但还是足以发挥想象中的友情的作用，甚至还可能成为表面上的密友。这些都是宽泛意义上的人性话题。这样一些人，我们经常发现他们处心积虑、痛苦不安，但又发现是他们特别信赖的人，他们可以与这样的人愉快地交往，分享权利与利益，彼此开诚布公，自由往来，慷慨大方，相互信任，出手大方，光是这些行为本身都足以让他们开心，哪怕除此之外并无其他目的或意图，而从行为的精明这个角度看，他们的利益往往是正好相反的。可是，假如既没有对人类的爱，而对密友的激情又没有强烈到那种程度，在这样的地方，暴戾脾性就一定会以相应的真切态度表现出来，那种怨恨、残酷与不信，全都属于性情孤僻、与人不相往来者的阴郁状态。这样的看法，并不需要从历史或现实中找出什么特别的证明加以验证。

如此看来，自然情感处在多么突出的地位，它与我们的内心联系甚紧，完全植根于我们的天性。自然情感与我们其他的激情也交织在一起，对于我们情感的正常流露必不可少，而我们的幸福与自乐直接取决于这种情感的正常流露。

我们在此已经证明，一方面，拥有自然和正常的情感，也就是掌握了自乐的主要手段与能力；另一方面，缺乏这些自然情感，肯定就是痛苦与不幸。

第二节

从自利情感进行的再次证明。我们现在要证明，一个人的自利情感太强烈，他就一定会十分痛苦。

为进行这样一个证明，我们必须按照一定的方法——列举那些与一个造物个别的利益或单独的治理相关的那些内部情感，比如，对生命的爱，对伤害的憎恨，对快乐或滋养物的喜好，还有生育的手段，对我们借以获得供给品和维持生活的那些便利品的兴趣或欲望，对赞扬或荣誉的争胜心或喜爱，懒散或对闲适与安逸生活的喜好。这些都是与个别体系相关的情感，并构成我们所称的利害或自爱，无论具体叫什么名字。

这些情感，假如有所节制，而且处在一定的范围之内，对社会生活不会构成损害，也不会妨碍人的德行，但是，假如走到极端，它们就会成为懦夫行为、泄私愤行为、放纵行为、贪心、虚荣与野心、懒惰，如果是这样，对于人类社会来说就是有缺陷的和邪恶的。它们如何在个别的人那里也是邪恶的，于公于私都是不利，我们将单独一一加以甄别。

生命之爱。在这些自利的激情中，假如其中有任何一种出自对这个造物的利益与幸福之目的而可以与自然情感相对，因而允许它胜过自然的情感，那么，对生命的欲望与生命之爱将找到最好的借口。可是，我们兴许会发现，没有哪一种激情会因为我们对它的许可而成为更大失序或痛苦的原因。

"生命有时候也许甚至是不幸和痛苦"，没有比这更确实或获得更多人赞同的了。被逼到死角的造物，如果强行延续其生命，就被认为是最残忍的行为。虽然宗教禁止单个的人成为自己的解脱者，可是，假如因为某个走运的事故而让死亡自行到来，那是人们求之不得的。从这条理由看，亲朋好友经常宁愿让一位挚爱亲人故去，哪怕这亲人自己因为软弱而极不愿意死去，并竭尽全力延迟他自己那种屈辱的状态。

因此，由于生命经常证明是一种不幸和痛苦，又由于只是强行延至风烛残年就自然如此，另外，由于生命的价值被人过高估计，并以无法正当地认为实有所值的代价购买得来是常见之事，很明显，这激情本身（也就是生命之爱和对死亡的忧惧与害怕）如果超出一定程度，并在任何一个物种的脾性里处于失衡的位置，就一定会直接导致对其自身利益的损害，到一定时候还会使他成为自己的大敌，并促使他果真采取相应行动。

然而，虽然我们承认，一个造物借用一切途径和手段在任何情况下以任何代价保全生命符合它的利益与幸福，但是，任由这激情发展到很高程度却仍然有悖于他的自身利益，因为这样一种手段往往证明是无效的，因此也不利于实现他的目标。我们并不需要举出太多例子来。人人都知道，在所有时候，过度的担忧不仅不能避开危险，反倒会招致危险。一个人如果受这种激情的影响太深，他就无法有恰当的行为，也不可能有缜密的思考，哪怕是为了他自己的保全与防卫。在所有万分紧急的时刻，是勇气与决心给予人以拯救希望的，而怯懦却只会使我们失去保障的手段，从而不仅使我们失去了防御能力，而且还会引导我们走向毁灭的边缘，让我们与本身从来都不可能主动侵袭我们的那种恶相遇。

就算这种激情的后果并不如我们描述的那般严重，我们也必须承认，假如感觉怯懦是一种痛苦，假如总是被那些鬼影和可怕的事物所缠绕，也就是对死亡十分害怕的那些人惯有的担忧，那这激情本身还是让人痛苦的，因为，这种害怕对人造成压抑，让人分神，并非总是危险要发生，或者危险就在前方的时候。一有风吹草动，这恐慌也帮不了任何忙，还不如原地不动、一声不响来得安全。每一样东西都足以让人联想到要唤起恐慌。谁都看不见的时候，这种担忧就会起作用，并且无时无刻地撞入我们生活最快乐的部分，从而造成败兴，毒化我们的欢乐与满足感。人们可以放心地断言，仅仅出自这激情本身的原因，许多人的生活就会是彻头彻尾的痛苦，假如我们认真看待其内在的生活质量的话，尽管这样的生活外表看起来幸福无比。对于生存如果充满如此炽情的忧虑，就一定会引发那种吝啬感和低贱的自大感，假如我们把这些补充上去，假如我们思考一下，经由这样的途径，我们会被迫采取自己也会厌恶的行动，被迫一步一步地违背我们的天性而做出更畸形和让我们自己也弄不明白的事情来，那么，肯定地，没有一个人会虚伪到这样一个程度，竟至于不承认，在这样一种情形之下的生命，会变成如此可悲的一种赃物，因而不会给人带来任何一丁点自由或满足。假如所有慷慨和有价值的东西，哪怕我们最主要的爱好、幸福与生命之善，都出于生命的缘故而全然抛弃或弃绝，那事情怎么可能会有别样的结局呢？

因此，很明显，"一个造物对于生命的情感和欲望如果太强烈，或者超出有节制的范围，就是对这造物自身利益的违反，也不利于他的幸福与利益"。

怨恨。还有一种与害怕极其不同的一种激情，在一种程度上说，它同样有助于我们的自我保全，并有利于我们的安全保障。鉴于生命之爱可促使我们闪避危险，怨恨也增强我们抵御危险的能力，并让我们有能力抵御伤害，当暴力出现的时候也有能力抗击。的确，根据严格的德行定义，还有一个聪明和有德行的人对于情感的适当调节来看，这一类举止方面的克制并不针对可以正当地称为激情或骚乱的东西。一个勇敢无畏的人也许在并不害怕的情况下照样小心行事。而一个性情缓和之人也可能在毫不动怒的情况下抵制或惩罚他人。可是，在常见的品格中，一定混有真正的激情，这些激情从大处来说，都能够彼此牵制和约束。因此，愤怒在某种程度上说就是必不可少的了。正是有了这样一种激情，一类惯常彼此张牙舞爪的造物，才会在动手之前考虑再三，它会观察这样一种举动会对其同伴造成什么样的后果，并根据伴随这样一种呼之欲出的意图的迹象本身来判断，假如再加伤害，事情可就不那么容易过去了，可能自己也得付出一定代价。然而，正是这样的激情，在暴力行为和敌意得到完全宣泄之后，会惹怒一个造物起而反抗，并促使它对攻击者还以同样的敌意与伤害。正是这个原因，当怒气与绝望情绪增长的时候，一个造物就会变得更加可怕，它会铤而走险，鼓起以前从来都不曾有过的那种胆识与力量，应对这种从来都不曾有过的挑衅。因此，关于这样一种激情，尽管它的直接目标就是邪恶的，或者说要惩罚对方，但它明显还是那样一类符合于自我体系的幸福或利益的激情，也就是对动物本身的益处了，而且在其他方向来说，也有利于这个物种自身的幸福和利益。可是，毋庸多言，愤怒情绪的确是十分可恶和容易毁灭自身的，假如这个词就是我们平常所理解的那种意思的话，即假如它是如此轻率的一种激情，当受到挑衅时那么张狂，或者留下如此明显的印迹，因而招致纯粹的报复，并不得不急于辩白的话。怪不得发生的那么多事情都是以报复的名义，并背着深深怨恨的包袱进行的，而沉湎于这一类的行为中得到的缓解与满足，莫过于要减轻最让人难受的疼痛，或者只是为了减轻最沉重和压抑的痛苦感觉。这一类的痛苦因为欲望之满足而暂时缓解或得到减轻后，哪怕造成了另一种不快的感觉，也还是会使人留下愉快的轻松感，并让人感到轻盈愉快。可是，在这样一种情形当中，的确，它与让人上烤架好不了多少。但凡体验过上烤架的痛苦的人，都能说清楚突然的停顿或刑罚的暂缓以哪一种方式对他产生影响。那些从违反常情之举、刚愎自用的行为以及恶毒不满的性情中产生的不合宜的快乐就来自这里，而且肆无忌惮，而这只不过是对不断更新的愤怒进行的不断安抚。在另外一些人那里，这激情并非突然爆发出来，也不是因为小事而触动，但一旦动起怒来，却不那么轻易消气。蛰伏的肝火、复仇心一旦煽动，并鼓吹至极点，不到最后是不会平息下来的，等愤怒的目标达到以后，就会出现一种安逸与休眠状态，使我们接下来的轻松感和安逸感更值得回味，就如同前面的苦闷与无法排遣的痛苦漫长难熬、苦涩不堪。当然，假如在情人之间，按照豪勇的语言说，炽烈之爱的成功就可以称为是对一种痛苦的安抚，而这另外的一种成功也许更值得这么说。无论前面的痛苦看起来多么轻松或多么讨人喜欢，这后一种痛苦肯定不是让人宽心的一种，除开彻底与不可忍受的悲惨、一种恼人和可恶的感觉之外，它也不可能看做是别的任何东西，根本不可能含有任何轻松、柔和或宜人的东西。

这种激情对我们的身心、我们的个人状况及生活环境造成的负面效果根本没有必要提起，要是一一谈起来，会使我们越来越单调乏味。这些都属于道德话题的范畴，一般与宗教话题混在一起，谈起来藏头藏尾，花招用尽，在公众面前摆弄一套陈词滥调，很容易唤起人的餍足感。已经说过的话，兴许足以让人明显地看到，"屈服于我们一直在谈论的这种激情，事实上就是做一个十分无趣的人"。而且，"这个习惯本身就是最糟糕的一种病症，而一个人的可怜状况也与它不可分离"。

快乐，及奢华。至于奢华，以及世上所说的快乐，假如事实果真如此（而事实却证明相反），即最值得思考的享受就是感官享受，又假如感官的享受在于某些外在的东西，那些总是能够产生适当与确切快乐，而且符合其程度与品质的东西，那么，也就可以说，获取幸福的确切途径，也就是要在极大程度上获取这些东西了，也就是幸福与快乐如此绝对无误地附属其上的那些东西。可是，无论我们如何遵照时尚的要求应用优越生活的观念，总还是会发现，我们内在的官能并不能够与这些外在财富的丰富供给保持一致。假如内在的自然性情与倾向并非同时发生，那么，这些东西因为外部的东西而增多，并因为极尽灵巧而获取，不全都是白费工夫吗？

有些人由于挥霍无度而常有恶心及厌食之感，在这些人身上，兴许可以观察到，他们却并不因此而减少对口腹之乐的经常性的渴望或热心。可是，这一类的胃口是虚假的，不自然的，就如同在发烧时想喝水，或习惯性的暴饮暴食造成的口腹之欲。以朴素的方式满足人的自然欲望，总是远远好过那种沉湎于穷奢极欲的奢华的行为。这一点，就是那些极尽奢华的人本身经常也感觉得到。娇生惯养和衣来伸手、饭来张口的极欲之人，他们经常会有这样的体验，假如因为世道变迁或家道中落而不得不以自然方式过活，或者只是短暂的一阵子，比如，旅行途中或在运动的日子里，哪怕只是粗茶淡饭，他们也会觉得香甜可口，这样的饭食，人们因为禁食或锻炼而故意为之。这些人不得不承认，只是在这样的时候，他们才真正体验到一餐饭食所能够提供的最大满足感和愉快感。

另外，习惯于积极人生，也进行有利健康的锻炼的人们常说，一旦切身体验过这种更朴素更自然的饮食，在接下来的人生变迁中，他们往往会因为吃不到那样朴素的自然饮食而遗憾，比较起回忆中以前有过的种种满足感来说，他们往往看低种种奢侈生活中感受到的快乐。很明显，人天生的种种感觉能力，会因为扭曲天性、逼迫胃口和刺激感官而受损害。尽管人通过罪恶行径或不良习惯也可以每天都得到同样的欲望对象，甚至以变本加厉的方式获得，但他们往往得不到原本应该有的极大满足。虽然欲望的节制常让人很不耐烦，可是，纵情于声色的快乐却会大打折扣。平淡无味或餍足感会持续不断地参与进来，它们构成最糟糕和最可憎的一类感觉。无论人品尝什么东西，总带有源自饱食感和肠胃不振的恶劣滋味。因此，虽然在这样的生活状态里，人总有源源不断的愉悦感，但是，这种生活状态本身事实上就是一种病态和虚弱，是对快乐的败坏，对每一种自然宜人感觉的损害。虽说"在这种放纵随意中我们最能体验人生，或者极可能最大限度地享受人生"，但这离真实的快乐相隔甚远。

至于如此沉湎于放纵的后果，各种各样的疾病对身体造成的损害，因纵情酒色和愚蠢之举而对心灵造成的损害，根本都不需要我们在此一一解释。

对人的利益造成的损害后果是相当明显的。这样虚弱与不受禁锢的欲望状态，由于它会增大我们的需求，因而必然使我们屈服于对他人的更大依赖。我们个人的环境无论多么富足或看起来多么轻松，也较少能使我们感到满足。必须想出很多种办法获取任何能提供这样一种迫切的奢侈需要的东西，从而迫使我们为财富而牺牲荣誉感，并使我们的行为异常和放纵无度。由于这样的挥霍无度和缺乏克制，我们就对自己造成伤害，经由这一类的软弱，以及对自己的无法克制，我们说会毁灭自己的事情，我们倒会去做，使前面所说的伤害表露无遗。可是，这些事情都是我们一眼便能看穿的。就算我们没有说过刚刚说过的那些话，人们也很容易作出结论："奢侈、发泄与纵情声色与我们的利益相悖，也有悖于人生的真实享受。"

情爱。还有另外一种奢侈优于我们刚刚提及的那种，严格来说，我们很少能称它为自利的激情，因为其唯一的目的就是促进该物种的利益。可是，其他所有社会性的情感都只与精神的快乐相关，并建立于仁慈与爱的基础之上，而这一种奢侈却还有别的东西添加其上，那就是感官的快乐。大自然为了支撑并维护多个物种而显示出特别的关怀与照顾，在一定程度上沉湎其中，并根据这些物种的本性之需，这些快乐便能转化成这个物种自身的繁衍。这样的动物在超出其自然和正常水平的程度上感受到这种快乐的缺乏到底是否符合其利益或幸福，就是我们也许可以在这里讨论一下的。

关于自然与不自然的欲望，我们已经说了很多，因此，现在就没有必要就此再说什么了。假如我们承认这样一个事实，即对于其他所有的快乐而言，都有一个欲望附属物的尺度问题，假如不针对这个造物造成某些损害，就不可能超越这个界限，哪怕它有能力享受这些快乐。人们很少会觉得，属于情爱之类的欲望竟然没有某种程度的限制或正当的边界。还有其他许多种强烈的感觉是人们不经意之间体验到的，但这些感觉却控制在一定范围以内时，我们会觉得十分可人并易于接受，但当这些感觉更加强烈的时候，我们会觉得压迫太重而且难以忍受。搔痒使人大笑，但如果不及时终止就会使人极其难受，哪怕它仍然保持在愉悦与快乐的同一个特征范围之内。虽然这个特别性质的搔痒属于一种根据其效果而给予名称的那一种身体的不适，可是，还有这样一些人，他们并非不喜欢这样的感觉，反倒是觉得它极容易接受，而且十分好玩，然而，在修养的人当中并不会有很多人产生同样的看法，哪怕是那些以快乐为能事，并作为最高目标的那些人也是如此。

假如在纯粹讲快乐的每一种感觉当中，都有某种热情的程度或强度可言，由于进一步怂恿之后，这种热情会接近愤怒与疯狂；又假如非得有某一个地方是快乐必须要打住的，并且果真有必要为激情确定一个边界，那么，除了正视越此之外便没有尺度或事物的规则可言的天性以外，我们应当在哪里固定这样一个标准，或者说，我们应当如何调节我们自己呢？因此，假如不是因为有缺陷的教育而怀有偏见，我们就可以从造物以及人的天然状态当中看到的东西而了解自然。

任何一个人，如果在成长过程中接受过了自然生活的教育，习惯于诚实、勤勉和节制，而不属于任何无节制或放纵的东西，那他一定会发现，他的这一类欲望与倾向全都在自己的把握当中。在这一方面，它们也绝不会较少能够为他提供每一种快乐或享受。反过来，由于这样的欲望与倾向更健全、健康，并没有受到挥霍无度与滥用的损害，因此一定能为他提供合宜的满足感。因此，假如对这两种感觉进行实验性比较，那么，属于过自然与正常生活的那种人的有德行的途径，与那种属于松懈怠惰和放荡无度者的无德的途径之间，根本就不会有什么问题存在，人们的结论肯定会偏向于前者，人们不需要看其后果，而只需要看看感官快乐本身便足矣。

至于这种恶行的后果，以及对身体健康与体力方面的考虑，根本就无必要再说起什么来。它对人的思想造成的损害，虽然我们较少注意，却还是大得多。由于思想的松懈和萎靡不振，它对所有改进形成的障碍、造成的可悲的时间浪费，其软弱、懒惰与消极、上千种激情的失序与松懈，只要我们认真反省，就会发现全都是足够明显的后果了。

从利益、社会与世人的角度看，这样的无节制都有哪些不利之处，而与之相反的清醒，以及自我把握都有哪些益处，提起来真是没有什么意思。人人皆知，被这样一种激情所控制与统治，就必然会陷入不可能再严重的奴役状态。在所有其他类型的激情中，这是最难以通过偏袒或妥协加以约束的，它要承担最大的特权与放纵。它要我们付出节制与本性的真诚的极大代价，并让我们品性中的信实与诚恳付出代价，稍微动一动脑筋的人都不难看出这一点。据此我们也能看出，"如果放纵无度，则没有哪一种激情不会必然引发失序与不幸"。

利益。我们现在来考虑这样一种被认为是特别有趣的一种激情，这样的激情以财富的占有为其宗旨，我们称之为一笔财富或人在世间的财产。假如对这种财富的关注有一定节制，保持在合理的程度上，假如它并不引发人们狂热的追求，也不引发炽情一样的欲望与胃口，那么，在这样的情况下，它就不会与德行造成任何一种冲突，甚至是对社会有益和合适的。公众以及个别的体系，全都由于这样的勤勉而进步，而勤勉又是这样的情感所激发起来的。但是，假如它慢慢发展成为一种实在的激情，它对于公众造成的损害与不幸，往往不会超过这样过度的激情对他本人的伤害。这样的人实则会变成一个自我压迫者，他给自己造成的烦恼，往往大过他对人类造成的损害。

想当然，一种贪婪的性情如何使人变得可怜巴巴，那是不需要解释的。谁又不知道，哪怕只是世俗事务的极小一部分，都足以满足一个人单独的一次用途与便利之需；又有谁不知道，稍稍思考一下节俭之道，只需要把用来追求挥霍与奢侈生活的一半心思、勤勉与手段用来追求节制与自然的生活，很多需要与需求就都可以祛除或减少呢？另外，假如节制事实上如此有利，谨守克制的实践及其结果又如此令人开心和幸福，就如同我们在前面已经解释过的那样，那就根本没有必要再提那些为满足贪婪与急迫欲望而追求无边无际、也无任何管束的东西造成的痛苦了，因为那些东西违背人的天性，而违背人性的东西，人追求起来又是没有一个完的。因为，一旦跨越了一条界限，人应该在哪里停顿下来呢？一种完全不自然和不合理的东西，我们如何才能确定它呢？或者说，对钱花了再花，财富占有了还想再占更多的这类纯粹想象或过当的非分之想，我们应当想出什么样的方法，建立什么样的管理制度呢？

因此，无论处在哪一种财富状态里或程度上，那些贪婪或渴望之人都会显出人人尽知的躁动不安，因为这里面并没有真正的满足，而只不过是一种属于这一种境况的贪得无厌。因为，除开自然与正当的欲望之外，并不存在任何别的真正的享受。人由于贪婪或野心而令自己的财富或荣誉方面的享受不会有一个止境，得到多少都不会满足，因此，我们不愿意称这样的财势之乐为真正的享受。在世人之间，在我们的日常谈话中，已经说了很多厌恶这种贪婪之相的话，"人心贪婪与性情可悲，这两种实际是同一个东西"。

好胜心。对另一种热望之性情所含的不利之处，我们在很多地方谈得也不少，这样一种热望超出了诚实的好胜心或对于别人称赞的喜好的范围，甚至超出了虚荣心和自负的范围。这样一种激情往往会一下子就变成了自大与野心。假如我们思考一下伴随着节制性情与安宁思绪的那种闲适与幸福和保障感，比如，在任何一种社会地位上并能够在任何时候使自身适应于合理的环境的轻松的自我把握感，我们一眼就能看出，那是最宜人和无往而不胜的一种性情。明白了这一点之后，也就没有必要再次提起节制的卓越之处和利益所在了，也不用再提起无节制的欲望以及在职位、荣誉、优越感、名声、荣耀或粗俗惊讶、崇拜以及掌声这一类的事情上有利个人的狂热想象对人造成的不幸和自我损害了。

很明显可以看出，由于这一类的欲望膨胀起来，而且不可遏止，超出我们的掌控范围，对于相反的东西产生的憎恶与忧惧也会成比例地滋生，强烈而冲动，人的性情相应地也会变得疑虑重重，喜欢嫉妒他人、吹毛求疵、遇上什么事情都疑惧不决，稍不如意或事不顺心，人都觉得不能忍受。据此可以作出结论："未来的一切安宁与保障，当前的一切宁静与满足，全都因为这样一种好胜心的热望之激情而丧失，也因为对于荣誉及以如此方式发生转化并超出掌控范围的外在的东西的欲望而丧失。"

懒惰。还有一种与我们已经谈到过的那种急切与热望的目标经常处在相反位置的性情。并不是说，这种性情当真就能排除贪婪的激情或野心，而是因为这样的性情障碍其效果，使其免于直接爆发成公开的行动。正是由于这样一种激情使人的思想得以舒缓，并使人的心肠软化，从而产生了对于太平无事和懒惰的过分喜好，它才使崇高的目标根本无法实现，并使追求财富与荣誉的痛苦与艰辛道路上的种种困难看起来无法克服。这样的性情虽然导致安逸之乐，并因为行为收敛节制，喜好安静闲适而在我们看起来十分自然和有用，就像我们对待睡眠的态度一样，可是，对于太平无事的过度喜好，以及对于行动与勤勉的过分厌恶，一定也是一种心病，与身体的慵懒无力同属一类。

必要的行动与锻炼对于身体有什么样的作用，兴许可以从习惯于活动与完全不参与任何活动的人的体格之间的差别中看出来，也可以根据劳动与适当锻炼造成的不同的健康与面容，来比较那些沉湎于懒惰与闲适状态的那些人必然会有的体质。懒惰的习惯也不仅仅只对身体造成毁灭后果。这样一种迟缓无力的病症，会败坏所有活泼健康的感觉所带来的享受，并使人的思想也大受感染，结果在思想里形成更糟糕的一种传染病。尽管人的身体在一定时期内能够撑住，可是，受了这种懒散病感染的思想却不可能逃脱直接的损害与失序。这样的恶习滋生一种烦躁无聊感和焦虑感，结果会使整体的脾性大受影响，将本不自然的那种闲适感转变成一种不健康的举止、不良的体质和脾气，关于这种不良体质与脾气，我们已经在思考缺乏情感的适当平衡时说过很多了。

可以肯定地说，就如同身体一样，假如不经常劳动或进行正常的锻炼，人的精神如果缺乏适当的运用也会不利于人的体格，甚至会以破坏性的方式起反作用。因此，在灵魂或人的思想当中，假如未加足够锻炼，假如因为缺乏适当的行动和运用而转向虚弱，人的思想和情感的正常宣泄渠道会受阻，得不到正常的能量补充，因而产生焦虑，形成深藏的凶猛性情和让人坐立不安的烦恼。这样一来，人的脾性会变得更加缺乏激情，更无法修养成真正的节制感，而且，就跟准备好了的干柴一样，哪怕一丁点火星都能立即燃烧起来。

至于兴趣，人们在此很少考虑到陷入这样一种状况是多么可怜。一个人若是陷入麻木不仁的状况，轮到他采取行动的时候却对所有环境和人生的众多事务都失去兴趣。他一定会因此而处在种种的不便之中，不仅自己无法帮助自己，即使别人的帮助他也无法得到，同时也使他不适于在社会里担当任何一种职位或履行任何一种职责。由于他在所有人当中是最没有能力自助的，因而最需要得到社会的帮助。这些都可以看得一清二楚。因而我们知道，"人对安逸生活、懒惰、无力或虚弱的脾性若产生了这种偏激倾向，对劳动和勤勉的生活产生了厌恶，那一定就是不可避免的不幸和挥之不去的灾难"。

总体的自利激情。至此，我们已经考虑过自利激情，还分析了这些激情超出节制范围以外会带来什么样的后果。这些情感，尽管源出自利，我们却可以看到，它们常常与我们真正的利益相悖。它们让我们陷入最大的不幸，陷入最大的不快，就是放荡子弟与行为不轨者经常体验的那种不幸。随着这些情感不断急迫和情绪高涨，一个造物也随之成为相应比例的卑鄙者与低贱者。这些东西与我们称为自私自利的东西不可分离，也导致我们已经谈到过的那种利欲熏心的品行。现在看起来，没有什么比这样的脾性更值得人怜悯的了，也没有什么比它造成的后果更让人痛心的了，因为这样的人会因此变得脾气全无，任由激情操纵，而且通过激情的手段而处在世人最看贱的那种状态下。

同样明显的是，当这种自私情感在我们心中增强，其行为举止的诡秘虚假程度也相应增高，这也正是自私自利的人摆脱不了的。因此，我们天性的慷慨大度与真诚、我们思想的安宁与自由，也一定因此丧失，所有的信任与信心也全然丢失，而疑神疑鬼、妒火中烧、怨恨他人的行为却有增无减。另一种目标与利益也一定会在我们心中越来越明显，与日俱增，而慷慨大度的观点或动机就都会搁置一旁。我们越是这样日复一日地远离社会与同伴，对促使人呼朋结友的激情就越是会怀有更大的恶意，而与人为伴的激情又是我们与他人结成社会与友情所必不可少的。在这样的情形之下，我们必然会拼命按捺和压制自己天生的良好情感，但只有这些天生的良好情感，才能驱使我们走向社会之利，轻视我们喜欢自以为是符合自利或自我幸福的东西，这一点我们已经在上面解释得很清楚了。

这些自利的激情除了是其他不良情绪的原因之外，而且还是使我们失去自然情感的确切原因，假如果真是这样，那么（根据前面已经证明的判断）就可以明显看出，"它们一定是使我们失去人生的主要享乐、并在我们心中产生可怕的和不自然的激情、使脾气变得野蛮的确切手段，这些都会产生最大的不幸，并形成人生最可悲的状态"，这一点，我们还将在后面加以详细解释。

第三节

从不自然的情感出发进行的第三种证明。因此，我们在最后这一部分将要加以审查的这些激情，就是既不会使我们趋向公众之利，也不会使我们趋向私利，对整体的物种带不来任何利益，对具体的这个造物本身也无利益可言的那些激情。这样的一些情感与社会情感和自然情感相对立，我们称之为不自然的情感。

无人性。在这样的不自然情感中，就含有那种幸灾乐祸、见死不救的不自然和无人性的愉悦感，这些人在看到别人受苦、蒙受灾难、流血、遭屠杀和毁灭时，竟然怀有一种奇特的欢乐与快感。这就是许多暴君、一些野蛮民族最主要的一种激情，而且在某种程度上属于这样一些品性不端的人，他们完全抛弃了行为的谦恭有礼，而这正是使我们保持对人性的适当尊重，并防止粗俗与残忍行为不断发生的行为规则。举止端庄、态度和善却不待见的地方，往往并不会有这一类的激情。我们称为良好教养的东西的本质就是如此，哪怕身处污泥，它也不会容忍不人道的事情或野蛮的快感。怀着残忍的快感目睹敌人受罪，也许源自人愤怒至极的情绪、复仇心理、忧惧和其他加剧的自利情绪，可是，麻木不仁地因其他造物的折磨或疼痛而快乐，无论是当地人还是外来者，无论是我们自己一个物种的还是别的物种，无论是否亲人，认识或不认识的人，并像实际发生的那样从死亡中得到乐趣，看到人临死前的痛苦就欣喜若狂，这样的心理无论如何也不能以自利或上面提到的私人幸福加以解释，它只能完全绝对地是一种不自然的和极其可怕又可悲的情绪。

鲁莽。还有另外一种情感差不多与此有一些联系，这是一种拿对别人有害的东西当做嬉戏和玩乐性质的喜悦，属于一种荒唐的恶作剧，拿破坏性的东西当快乐。这样一种激情在小孩子那里往往得到鼓励而不是加以约束，因此，假如鲁莽的后果为世人所厌恶，那是毫不奇怪的。任何人都可能觉得很难找一个理由来说明，为什么那种脾性，那种在托儿所里拿混乱和愤怒找乐子的行为，竟然在后来发生的别种性质的混乱中却没有快乐可言，也没有在亲朋好友那里引起同等的是非，甚至对公众也是如此。可是，在这样一种激情里面，并不能找到任何自然的借口，这是我们已经在前面解释过了的。

歹意。恶毒、歹意或者叫不良心地，往往并非基于对自我利益的考虑，也不存在愤怒或嫉妒的对象，也不挑起任何是非，更不引起对他人作恶的欲望，这也是那种性质的激情。

嫉妒。假如因为跟我们毫无关系，而只是因为另一个造物的发达或幸福而产生嫉妒，那这嫉妒也属同一性质。

孤僻。在这样的情感中，还有一种对人类和社会的仇恨，在一类称为厌恶人类者的人当中，这种激情处在控制地位，因此还专门有个名称配给这种激情。其中很大一部分属于那些长期沉湎于习惯性孤僻的人，或者因为不良天性、不良教养的迫使而染上了这种与和善待人及文明礼貌相反的脾性的人，对这些人来说，仅仅是看见会遇上一个陌生人都让他们难以接受。只要看见人脸，就会引起他们的内心骚动，他们自己当然一看见人就生气。这一类的恶劣脾性有时候竟然会在整个民族中有所发现，但尤其是在一些野蛮民族中容易发现，那就是一种冷漠与野蛮，一种明显的没有教养和野蛮的特征。这与另一种高贵的情感正好相反，用古代人的话来说，就是一种好客精神，也就是对人类广泛的爱，还有对陌生人的热情帮助。

迷信。我们也许同样还可以给不自然的激情再添加一些成员，那就是迷信滋生的种种激情（这我们已经在前面提到过），还有一些野蛮民族的风俗里滋生的激情。所有这些激情本身都极其可怕和可憎，因此，根本都不需要说明这些激情是何等之可悲。

不自然的奢欲。也许还可以提到其他一些激情，如不自然的奢欲，这些激情以不同的品类或品种的名字行世，是我们自身就存在的那些情爱欲望的变种。可是，关于这种变态的欲望，我们并不需要再多说什么，因为我们在前面论述更自然的情感时，已经就此说了很多。

上面所说的那些情感，我们可以严格地称为不自然或病态的情感或激情，它们甚至都没有趋向自利或自我幸福的倾向。的确，也还存在另外一些具备这种趋向的情感，但又到了太过分或失去分寸的程度，超出了任何一种普通的自利情感的常有范围，并且与所有社会性的以及自然的情感完全相反或彼此不容，因此一般只能称这些情感为不自然的和怪异的，而且这么称呼自然有它的道理。

苛刻。在这样的情感中，也许可以确认包括如此严重的自大或野心，傲慢和严酷，它们根本不愿意让这个世界上存在任何一种更卓越，更自由，更发达的人。这样一种愤怒是愿意牺牲一切来宣泄的，这样一股复仇之火怎么也不能扑灭，不采取令人发指的残忍行为便无法得到满足。这样一层宿怨与敌意一定要找到发泄的对象，哪怕是屑小民众也不放过，因此，这股深仇大恨的毒液，往往喷到最值得人怜悯和同情的那些对象上去。

背信弃义与忘恩负义。背信弃义与忘恩负义严格来说只是消极的恶行，它们本身并不是真正的情感，并不带有任何厌恶或倾向在里面，但却是从整体意义上的情感缺陷、不健全或败坏中产生的。然而，当这些恶行在一种品性中十分突出，并源自一种倾向或选择；当它们变得如此突出与活跃，以至于在没有外界逼迫的情况下自动出现，那就很明显可以看出，它们是从纯粹的不自然的激情中借来了某种东西，并源自我们在上面解释过的恶意、嫉妒和宿怨。

总体而言的不自然的快感。也许可以在这里提出反对意见，即这些情感尽管是不自然的，却都带有一种快感在里面，而一种快感无论有多么野蛮，它仍然是一种快感与满足，是人在自大或苛刻、复仇心、恶毒或实施的残忍行为中能够发现的。假如在自然中，有人能够感觉到一种野蛮或恶毒的欢乐，而不是纯粹的痛苦和折磨之后得来的那种，那么，我们也许可以承认，这样一种满足也可以称为快感或愉快。可是，实际的情形却正好相反。能够爱人，有仁善之心，具备社会性的或自然的情感、渴望及善意，就是要能够立即感觉到满足与真正的满意。它本身即是原始的欢乐，并不取决于事先的痛苦或不安，除开满足感之外，也不会产生别的任何东西。另外，敌意、仇恨与怨恨是原始的痛苦与折磨，它不会产生别的任何快感或满足，并不会像不自然的欲望那样因为某种能够安抚它的东西而得到立即的满足。因此，无论这样一种快感看起来有多么强烈，它仅仅只是更多暗示那种产生它的状态之下的痛苦。哪怕是最残酷的身体痛苦，也会因为一阵阵的安抚而产生最大的肉体快感（这是我们已经在前面解释过的），同样，对思想施加的最激烈和最痛苦的折磨，由于某些时候的松弛，对于那些根本不了解更真实的欢乐的人来说，也能够提供最大的精神愉快。

反常状态。为人和善、性情温良的人士，时不时也会饱尝情绪紊乱之苦，时机不对的时候，哪怕很小的事情也让人大为光火。由于他们经历过如此令人难堪和心情不好的时刻，因此就十分清楚，也乐于承认已经过去的那些不利时刻，就是人的性情变得急躁不安的时候。因此，那些根本就不曾体验过人生的快乐时刻，一辈子的绝对部分时间被一种躁动不安的胆汁所左右，深怀恶意与怨恨的人，他们应该怎么办呢？让人一筹莫展和身不由己的种种变故之感又是多么强烈啊！他们在面对千奇百怪、无穷无尽的冒犯对象时，会有多么深重的失望之震撼、侮辱之刺痛以及一刻不停的憎恶啊！毫不奇怪，对于受到如此刺激和压迫的人来说，能够让自己的激情短时间内沉湎于恶作剧和报复心，从而让那些狂愤与无法克制的心绪到片刻的安宁与缓和，那就是天大的快乐了。

至于这种反常状态相对于个人利益以及共同的生活环境的后果，以及以这种方式失去我们称为自然的所有东西的人以哪些条件作为相对于人类社会的生存依据；他在人类社会里有何等的感觉；他对自己针对他人的性情以及其他人相对他自己的相互的性情有什么样的看法，这些都很容易想象出来。

一个人若意识不到值当的情感或爱心，而是反过来仅只看到每一个人类灵魂里的不良愿望与憎恨，他会得到什么样的享受或安宁呢？这样的情形如何必然会成为恐惧和绝望的基础呢？这会成为来自人类，也来自超级力量的担忧与持续不断的忧惧的基础吗？这样一种愁思，一旦滋生出来，就是再温暖与感人的友情也无法排泄或转移的，那这样的愁思岂不是深不可测又彻头彻尾的忧虑？这样一种人，无论他去往哪里，无论他的眼睛朝什么地方看，身边的任何一个东西看起来都会是苍白无力和令人恐惧的。看到的每一样东西都充满敌意，而且完全不利于单独哪一个人的利益或幸福，因为他与所有的东西都漠不相干，与自然其他所有的部分都处在战争与挑衅状态下。

到此时，人的思想终于变成一片野地、一片荒原，在这里，所有的一切都变成荒芜，一切美好与宜人的东西都铲除尽净，除开凶残和丑陋的东西之外，再不存在任何别的东西了。假如一个人被逐出自己的国家，转移到了一处陌生的场所，或者被抛入任何看上去像是孤独或遗弃的场所，假如这是如此难受的一件事情，那么，感觉到内心的放逐，感受这种与人类交往的真正的隔绝，并且以这种方式体验沙漠之苦和最可怕的孤独折磨，哪怕人实际身处社会之中，会是什么样的一种滋味呢？人一旦与每一样东西形成格格不入的关系，与宇宙的一切秩序和治理都处在不能和解与敌对的关系里，那会是什么感觉？

由此看来，失去了正常情感，以滋生了那些可怕的、怪异和不自然的情感，就一定会处在一种遭受最大痛苦的特别状态下，因而也是最大程度上的不幸。

结　论

至此，我们已经尽力证明了一开始提出来的主张。这样，按照邪恶与恶癖的普通和已知定义，没有任何人能够成为败坏或不良之人，除非下面所列的几种情形：①自然情感缺乏或太弱；②自利情感太强烈；③完全不正常的情感。

必须承认，如果上述几种情形都对人有害或有破坏作用，至少他最完全的痛苦由此而来，那么，为人邪恶或多行不义，也就是自找苦吃、徒寻烦恼。

由于每一种不义之举多少一定会构成相当比例的伤害，以及自找的麻烦，那就一定会有这样的结论：每一种不义之举必定会造成自我损害与不利。

另外，德行带来的幸福与利益，已经从其他类型情感的相反效果中得到证明，就是那些符合自然以及对物种或品类的治理有利的情感。我们已经一一列举过所有那些具体情形，并从这些情形当中（就像做加减法一样）计算出幸福总量的增减。假如我们这个道德算术的计算过程中并不存在可以反驳的步骤，那么，我们所研究的这个辩题就可以说具备了非常重要的证据，就跟数字或数学中可以找到的那些证据同样重要。我们可以把怀疑主义推至极点，让我们对身边的每一样事务都提出这样的疑问，我们还是不能怀疑我们自己内心里产生的这些东西。我们的激情与情感是我们自己非常清楚的。它们是确切存在的，无论我们情感倾注的对象是什么。这些外部对象具体的情形，它们是真实存在的还是错觉，无论我们醒着还是在做梦，这些对象与我们的论证并无太大关系。因为，噩梦也同样让人烦心，而美梦也会轻松和快乐地过去，假如人生仅仅只是一场梦的话。因此，在这一场人生之梦里，我们的演证也具备同样效力，我们的平衡以及适当安排依然有效，而我们相对德行的责任从各个方面看也都是同样的。

总体来看，精神享受优于感官享乐，甚至伴随良好情感而且对这情感有节制与正当使用的感官享受，也优于毫无节制，也得不到任何社会性的或有爱心的任何东西支持的那种感官享乐。我以为，我们就这一点所说的话，并不缺乏任何程度上的确切性。

我们就思想的和谐结构与构造、构成人的脾性或人的幸福与痛苦直接取决于它的灵魂的那些激情说过的话，同样也不缺乏充足证据。我们已经显明，在这样一种构造中，任何一个部分的损害必然立即导致其他部分的失序与破坏，也会对整体造成损害，这是因为各种情感之间存在必要的联系与平衡。人之所以变坏的那些情感，其本身就是一种折磨与病症，明知是无德不义之举却故意为之，一定出自不良的意识，相应地，由于该种行为是恶劣的，它也一定会损害并败坏社会性的享受，并使人产生良好情感的能力以及对这些良好行为的尊重意识两者都遭到破坏。因此，假如我们参与这些不良行径，我们既不能

233

与他人同乐或感到幸福，也无法因为来自他人的相互间的友爱或想象中的爱而感到满足，而我们所有快感中最大的一种，就来自对他人之爱的期盼。

假如这就是道德过错的情形，又假如这种本性上的缺陷必然导致的那种状态是所有心理状态中最可怕，最压迫人和最可怜的，那么，看起来就好像是这样的，"屈服于或赞同任何不良的或不道德的东西，就是对利益的损害，并导致最大的恶"，并且，"另外，凡有利德行改善或正当情感及诚实精神之确立的每一样东西，都是对利益的促进，并导致最大和最确实的幸福与享受"。

因此，控制人的本性和在本性中处于首要和显赫地位的东西的智慧，已经使人的本性符合个人的利益与每个人的利益，使之努力趋向总体的利益，如果一个人不再促进这个总体利益，则他实际上就已经是一个极端贫乏的人，而又停止了对自身幸福与福利的促进。从这个角度看，他直接就是他自己的敌人。他对自己的利益不管不顾，不想成为对自己有用的人，就更不可能继续促进社会利益和他自己所属的那个整体的利益。因此，仅只有德行这个不仅对所有社会有益，而且对总体的人类也有益的品质，在具体的每一个人那里同样是一种幸福与利益，而且人仅仅凭德行就可以感觉快乐，而没有德行，人就会陷入痛苦之中。德行是所有卓越与美好情感中最主要和最令人愉悦的，它是人类事务的支柱与装饰，它支撑人类社会的存在，维持彼此之间的团结、友情与来往，家庭与国家都借助德行而发达和幸福，而缺乏德行的话，任何美好、出色、伟大和有价值的东西都会消失并走向毁灭。

因此，德行就是每个人的善，而无良则是每个人的恶。

道德学家

第一部

菲洛克勒斯对帕勒蒙

第一节

一个凡人，假如听说过你的性格，听说过你所见的大世面，又听说你在朝廷和军伍里百炼成钢，帕拉蒙啊，他怎么可能想象得到，像你这样一位天才，竟然会对哲学与学校产生如此之浓厚的兴趣呢？像你这样一位在时尚圈子里地位显赫、信誉齐天的优越人士，又有谁可能相信你会跟学术界也如此投合，并对一个跟世界潮流格格不入，跟时代精神背道而驰的民族的事务如此兴味甚浓呢？

我当真相信，你是唯一一位如此教养有素的人士，竟然能够跟一批好友大谈哲学，就像我们昨天在你停在公园里的四轮马车里见到的那一批人一样。你如何能够甩开俗务，跟我们谈起这样一些话题，真是让人匪夷所思。我只能这么想：要么你对哲学兴趣极深，因而愿意舍弃其他乐趣而投身其中，要么是其他赏心悦目之事奢侈过度，因而希望拿哲学来解乏。

在我为你设想的这两种情形的无论哪一种情形中，我都觉得（我自己事实上也的确是这么想的），在我自己这方面来说，做一个更超脱的喜好者往往是更易于接受的命运。我曾对你说，赞赏美与智慧时应当更有节制一些。我还是认为，谨小慎微地参与其中不失为更好的办法，这样可以保证身心健全地解脱出来，对世人所有那些可爱的娱乐及消遣方式保持同等强烈的想象力。因为这些东西，我以为，往往不是人们轻易就愿意放弃的，哪怕是为了他们称之为艺术大师的一位绅士所具备的那种精细的浪漫情怀。

这个名字，窃以为总体来说适合你这样一位爱好者和哲学家，而无论对象到底是什么，无论是诗歌、音乐、哲学或是美好事物。以这种或那种方式沉湎其中的所有人，都处在相同的状态下。我对你说过，你或许能够通过他们的外貌、他们赞扬的方式、他们深沉的思绪、他们时不时流露出来的似乎是大梦初醒的样子感觉得到，他们还在谈论一件事情的时候，却很少记得已经在另外一件事情上说过的话。这些可都是令人悲哀的迹象啊。

可是，所有这些提示并不是要妨碍你。因为，帕勒蒙啊，我了解你这人，你是热爱冒险的人士，危险不会使你退却，反倒使你兴味盎然。要是能够把我们在哲学上的冒险记录下来，我想再没有别的任何事情更让你心满意足的吧！所有问题一定都摆放在你面前，并且用一个完整的叙述加以总结，让它看起来就像是为这场不合时宜的对话建造的一块纪念碑，笑对时下大献殷勤的逸乐之风。

我的确也得承认，在我们这个国家，见着谁就大谈一通政治已经成为时尚，国事家事、吃喝玩乐的话题全都混杂一处。可是，在谈论哲学时就不一样了，我们不会纵容这样一种随意之举，也不会觉得政治也属于哲学的范畴，或者觉得政治与哲学完全沾不上边。我们现代人已经把哲学糟蹋得不成样子了，剥夺了她最主要的一些权利。

帕勒蒙，你得要允许我为哲学发出叹惜之声，因为你迫使我在哲学已经名望扫地的时候谈论她。世人已经不再关心这件事了，在公众场合再搬弄她，一来不易，二来并无好处。我们把她封闭在学院之内，囚禁于密室之中（可怜的女士啊！），让她忍气吞声地从事矿井里才会有的活计。经验主义者和卖弄学问的诡辩家都是她主要的学童。学校里的三段论，还有灵丹妙药，都是她最优秀的产品。她再不像古时候那样锻造出大批政坛大家，因此，出头露面的公众人物谁都没有觉得应该谈一谈她。就算还有极少数人与她保持往来，时不时造访其隐秘住处，就如同高足弟子在敬拜大师时一样，也只能是"不声不气，乘夜密访"而已。

道德。虽说哲学已经沦落到这般境地，但如果道德仍然是哲学的范畴，那么，政治无疑也属于她。要理解普遍的人的风范与气质，就得研究具体的人，要明白这个造物本来的模样，之后我们才能看清他在众人面前的表现，比如，他对国家事务的兴趣，或者他与哪一个城市或社团发生的勾连。人若处在同盟者的状态里，或处在国民的关系中，在理性看起来就再熟悉不过了，或因为出身，或因为国籍归化，他总得参与这个或那个社团。可是，要考虑作为公民或平民的一个人，把他的谱系再往上追一层，了解他的目的或天生的气质，看起来似乎需要更复杂或极精细的一番推敲了。

在道德的探索中存在这种普遍的羞怯，作为其中的一条理由，我们兴许不妨作出这样一个断言，即处理这些问题时常怀这份羞怯的那些人，往往使更适于处理此事的人局促不安。人们让这样一种焦虑专属于学者，从而让这个议题本身沾上了他们的时尚与风气。凡事各有其位，各循章法，我们看得出来，这些较为沉重的话题，早已经被人说得很透了。遇上好友相处，我们可不能谈论此事，只要稍微提到这一类的事情，便会让人顿生厌恶，兴味全无。假如涉及学问，我们称之为炫学；假如涉及道德，我们称之为布道。

但我们也得承认，这是我们现代人在谈话时最大的不利了，人们谨小慎微，彼此彬彬有礼，损失的却是学问和切实的理性给予我们的极大帮助。哪怕是女性，由于有了她们的照顾我们才得以装出谦虚谨慎的样子，然而她们却极可能为此看不起我们，而且不无理由，她们会嘲笑我们专盯她们特有的软弱之处。装出她们言谈举止的柔弱模样并不是对她们的赞美。我们的嗓音和个性以及感觉、言语和风格，都应当具备某种男性特色，以及天生的雄壮，我们正是因为这些特点才被称为男性的。无论我们装出何等样的礼貌贤达，假如说起话来瞻前顾后、羞羞答答，那我们议论的话题只会因此扭曲变形，而不会因此格外多出真正的高尚、精致之态。

论风格。手法的力度与胆识使作品具备形体与比例，没有这样的手法，再高的智谋也称不上完美。画家常说，好的画作，要有优良的着色与画布，也要有很好的肌感。假如既没有充足的理性，没有古风，没有事物的记录，没有人的自然史，亦没有可以称之为知识的任何东西敢于与之相伴，那么，任何论述重大事件的写作或言论也会失之疲软，除非出自某种可笑的习俗而使它呈现游戏耍弄之相。

这让我想起一直在寻找的一个原因。我们现代人有这么多的文论和随笔，为何竟然就缺少对话呢？须知对话体往往是议论这类严肃话题最礼貌斯文和上佳的方式啊。真相在于，假如把那么多优良的判断力放在单独一次谈话里，则可能使其在一个小时的时间里稳定不变、前后连贯，直到某一个话题经过全然的理性检验为止，那岂不是这个时代最可怕的弥天大谎和欺瞒。

违背自然和真实的外表来着色、绘画或描述，这种自由画家和诗人都不会有。哲学家就更谈不上这样的特权了，尤其是在他自己的领域内。假如他通过对话中的人物塑造来宣明自己的哲学，假如他在辩论中大获全胜，让自己的智慧胜过世人的智慧，那他听起来极可能像是在逗笑，甚至让人觉得是在讲寓言故事。

说起寓言。我们听说有过这么一头狮子，与人谈话的时候，它很聪明，拒绝把自己在力量上的优势交给人，而人却不顾事实，仅只拿出一些图形和表现手法来说明人对狮子的胜利。这些艺术杰作，让那头野兽发现全然属于人的伪造，对此它完全有上诉的权利。的确，假如它一辈子曾见证过人在艺术作品里描绘的那种搏斗，那么，那种厮杀也许会令它万分感动。可是，赫拉克勒斯、忒修斯或其他征服野兽的英雄们的古老雕像对它来说毫无影响力，因为它既没有看到，也不曾感受到任何这样一位活着的敌手敢于跟自己争斗于战场。

因此，当这一类通过对话手段表现的寓言绘画早已过时，现在再也看不到这一类哲学性质的人物肖像，我们根本都不需要感到有什么奇怪的。因为，上哪里找得到原型呢？再说了，即使你我碰巧发现了这样一个原型，为这样一个活物而感到开心，那又怎么样呢？你能想象有了他就一定能画出一幅好画来吗？

学者。你也知道，在我介绍给你的这一派学院哲学里，置疑与提问都有一定之规，这个方法完全不适合我们这个时代的才智之士。人喜欢说风就是雨，不愿忍受迟疑不决的痛苦。细细玩味是一件让他们饱受折磨的事情。无论拿什么轻松的条件作交换，他们都愿意结束悬而未决的麻烦。看起来，每当人们要把自己交托给理性之潮，他们就设想自己快要淹死。他们看来急于挣脱，尽管并不知道到底要赶往何方，他们随时准备抓住漂来的第一根树枝。他们就这样抓住那根救命稻草，宁肯抓住那并不牢靠的东西也不愿意相信自己有能力浮在水面上。找到一个假说的人，无论那假说多么微不足道，他们也一样满心欢喜。他们能够立即反驳任何一条不同意见，加上几句词语的玩弄，他们就能轻而易举地解释一切事情，一点麻烦也不会有。

炼金术士。在我们这个时代，假如炼金术士的哲学十分流行，那是一点也不应该奇怪的事情，因为炼金术承诺为人们创造奇迹，它要求人们动手，而不需要费脑筋。我们都幻想自己成为创造者，我们都有强烈的欲望，至少想知道自然成就一切的秘诀或秘密。其余的那些哲学家只能在推测中达到这个目的，而我们的炼金术士却是亲自动手，身体力行的。其中有很多炼金术士已经着手构想如何造人了，不是用自然到目前为止已经提供的那些材料，而是要用别的媒质来造人。每一个派别的炼金术士都各自备有一套配方。假如掌握了这个配方，那你就成为自然的主人了，你把自然所有的现象都摸索得明明白白，看清了里面所有的设计，并能够解释自然一切的运作原理。假如确有必要，你恐怕还可以参与他的实验室并为他工作。至少你可以想象，现代的每一个派别里的同党都有着这样一种幻想。他们各自是自己的阿基米得，可以用更简便的方法制造一个世界而不是主动改造这个世界。

独断论者。简单地说，有充足的理由来解释我们为什么会在哲学上如此肤浅，因而也如此独断。我们太懒，太缺乏勇气，还十分怯懦，根本都不敢提出置疑。决断之法最适合我们的态度。它适合我们的恶癖，也正对我们的迷信。无论我们喜欢这其中的哪一种，有了独断之法，就一定能够确保得到它。假如我们因为对于宗教的喜好而支持某一种假说，正好就是我们的信念基于其上的那一种，我觉得，我们就会以迷信的方式变得十分小心，以免在这假说里松懈起来。假如因为我们恶劣的道德思想而与宗教分道扬镳了，情形也会是一样的，我们同样害怕质疑。我们一定会说："不可能是这样的，这是可以证明的，不然的话，谁会知道呢？而要是不知道，那就等于是放弃了！"

这样一来，我们就得什么都知道，因此也不用煞费苦心地去审查任何东西了。因此，一种哲学，如果不是建立在假说之上，则也不能为我们提供任何一种让人喜欢的体系，反倒只谈或然性和判断、探索、研究的悬置，并警告我们不要轻信，不要受骗，那这一定是所有哲学中看起来最不合人意的一种了。这就是那种学院派的哲学了。以前，青年人都得接受这方面的训练，那个时候，不仅仅练习马术和兵法有它们专门的公共场所，而且哲学上争强好胜的人也有很高名望。理性与智慧有它们的学园，也要经历类似的考验，不是在远离世人的地方进行正式的考验，而是在公开场所，在正派人士当中进行，并作为文雅人士的一种训练。这是人们练习起来最不会觉得羞耻的光明磊落的盛事，在公共事务的间隙进行，无论多高的职位，也无论多大的岁数，到死都要进行。因此才有了那样一种对话方式，以及争辩和推理的耐心，那是我们已经发展到如今这个模样的世界和这个时代的谈话完全无法比拟的。

帕勒蒙啊！此时请考虑一下，我们想要证实的那个情景会是什么样子的呢？它看起来会是一个什么样子，尤其是因为你已经不幸选中了将要悬挂它的场所？有谁会怀着我们这个时代的欢乐、智慧与幽默来面对哲学呢？可是，假如这能够增添你的荣誉，那我十分满意。这事只能交由你自己来决定了。是你与哲学展开了如此不平等的较量。因此，成败与否只能由你了，我就此着手由我自己的不幸之星和你本人指派给我的这件不吉利的事情，而且并不敢请求缪斯女神的帮助，尽管我必须尽全力在这件事情上尽量诗化。

第二节

"多么不幸啊！人！真是倒霉透顶，竟然在你最拿手的事情上犯下大错！这致命的软弱到底从哪里蹦出来？我们能责怪什么样的机缘或命运呢？或许，在诗人高声朗诵你的悲剧（普罗米修斯啊！）时，我们应当提醒他们，是普罗米修斯盗

241

来天火，令天上的尊容因受了愚弄而变色，他混上劣质泥土，照着永生不死的神灵模样胡乱捏造成人类。不幸的凡胎啊！给自己造孽，也坑害了大家。"

对于这样一通咆哮，回头细细一想，你现在都有什么话想说啊？帕勒蒙！或许你已经忘了，正是在这样一种浪漫情怀中，你却爆发了一场针对人类的控诉，那一天，一切看起来那么赏心悦目，而人类自身（我以为）看起来从来都没有那么美好，或者说从未有过那么良好的表现。

可是，你大加讨伐的却不是全部创造，也没有对所有的美顿失偏好。田野一片翠绿，远景无限美好，天际宛若镀金，晴空放出紫光，一轮落日之下，自然美景丰富无比，这一切都让你留下深刻印象。因此说，帕勒蒙啊！对于自然世界，你听任我尽情赞美，而同时，对属于我们自己这个类别的更近一些的美色，你却听不进半句激赏之词，而对于我们这个岁数的人来说，对这样一种美色的赞美却是再自然不过的事情了。可是，尽管你声色大变，还是没能挡住我就此话题滔滔不绝。我继续为女性之美而辩护，把她们的美色放在其他所有自然之美的上头。你对此异议加以利用，说明我所赞美的东西出自本性的少而矫揉造作的多，我还是尽力加以辩解，我为美而争辩，只要身边还有一位女士在场，我就坚守阵地不放。

殷勤之风。考虑到你的才智向来倾向于诗歌，看到你突然之间对我们现代的诗人和专写殷勤文字的作家顿失兴趣，我不禁哑然失声，不知所措，我向来在你面前引述这些人的诗文，把他们当做比赞颂女性及其美好特征的古人更高的权威。可是，对此你不屑一顾。你承认事情的确如此，正像某些近代贤智之士所说的那样，"向女士献殷勤是近代才有的事情"。你觉得，就算事情的确如此，承认如此荒唐可笑的一项发明，对古人也算不得什么羞辱之事，因为他们太明白真理和自然了。

由此看来，我再举起这盾牌来自卫就是白费工夫了。假如我代表女性，用这种浪漫方式来把人们通常说过的那些美好事物再朝有利于她们的方向加以陈述，那对我想要实现的目标完全无益。你攻下了殷勤之作的堡垒，嘲讽他们借以维持颜面的举止，把它独有的多愁善感与细腻情操揭得体无完肤。你甚至还辱骂我们喜爱的小说，那些可爱而又甜美自然的作品，其中有许多都是女性自己创作的。简单地说，你在此横刀砍伐的所有那些秩序与智巧之作，都被你看做是虚假、畸形与丑恶恐怖的，完全背离自然之道，是从骑士传统的沉渣和行侠之风的残余中浮现的一堆废物，而骑士与侠客制度本身倒是你所偏爱的，认为它比当日替代骑士制度而泛滥于眼前的这些东西品位更高。曾几何时，这一股殷勤之风的神秘现象夹杂有勇猛侠客的观念，女性曾经充当目击者，在某种方式上说还参与打斗的一方，但凡战事与搏斗发生的地方，她们无不亲身前往，骑士只能以尖刀和强壮勇猛赢得其青睐。你觉得，在这样一个基础之上，向她们表达敬意与崇拜，使她们成为智慧与礼节的标准，使人类处在她们的权威之下，一点都没有荒唐可笑之处。可是，在我们这个国家，从来都不曾出现过女性圣人受任何一种宗教权威敬拜的事情，那么，神化女性，把她们吹捧到其天性不能容许的程度，对她们尊敬有加，而且这样一种尊敬按照自然的敬爱方式是她们本身都最容易抱怨的那种，这样做不仅属于渎神之举，而且还严重失当，毫无意义。

从道德的层面看也的确如此，你说，看到这种浮华的宫廷幽默在世人心里激起的放荡情绪真是令人惊奇。这样一股谄媚的问候之风对普通女性意味着什么，你并不清楚，但极有可能使她们所有人变成平凡之辈，并让每一位女性都明白，公众对她拥有某种权利，而且美是太容易表达也太神圣的一个东西，不容变成一份财产，也不能一次归人任何人的名下。

这期间，友人开始离我们而去。此前你一直大加责难的那批时髦人士，也称天色太晚而匆匆道别。我注意到，不断接近我们的夜晚的物体是你更喜欢的东西，因为那些东西带来了孤寂落寞之感，此时开始隐现的月亮与行星，事实上是处在你这种心态下的一位男士唯一合适的陪伴。此时，你开始兴味盎然地谈起自然事物，谈起高低不一、形形色色的美，只是将人的美排斥在外。对发光天体的秩序，对行星构成的圆圈，还有行星各自的伴随卫星，我从来都没有听到过你更优美的描述。对于我们刚刚加入其中的那个社交圈里的可爱的人间明星，你却丝毫都不肯让步，你，帕勒蒙，似乎并没有注意到这个剧场里的傲慢，你现在开始陶醉于这另一个剧场，为未知世界的这个新的哲学场景而欢呼。在这里，当你释放完第一轮想象之火以后，我倒愿意请你与我一起更冷静地思考创造的另一个部分，是与你同一类的这个部分，我可以对你说，这部分恰好就是你如此厌恶的，也就是对人类的厌恶。这极可能让人相信你是一个彻底的泰门，也就是憎恶人类者。

"菲洛克勒斯啊！"（你高调惊叹，激情难抑的样子），"你缘何竟然拿我当这样一种人呢？你当真以为我作为一个人，也明白自己的天性，竟然如此缺少人性，以至于感觉不到一个人所具备的情感？或者说，既然我感觉得到在我的同类那里完全自然的一种东西，如何就会轻视他们的兴趣，对他们关心重大，或者让他们魂牵梦绕的东西，对我自己怎么可能会无动于衷，旁若无事呢？难道我对自己的家园竟然会是一个冷漠的中立者？或许，你觉得我是如此不相称的一个朋友？那别的全部人际关系又是什么呢？假如与人类的联系没有约束力，那私下里的友谊的联结又是什么呢？假如人类的联系什么都不是，那自然当中能有一种契约吗？菲洛克勒斯啊！当我说我感觉有这样一种契约，并且完全能够证明它在我内心里的强大力量时，你应当相信我。不要以为我愿意挣脱自己的约束，我既披上这外形，又怀有这样一颗人心，就不要拿我当如此堕落和不近人情的人，竟至于会扔弃爱、慈悲、仁善而不与人类为邻。可是，我的天啊！看这些背信弃义的行为！这是多大的一场混乱！这一切又败坏到了何等地步啊！哪怕就在此时，难道你就没有看见，这一片太空为友好相处的众星所填满，天上的一切看起来多么祥和。有众人相伴是多么迷人的事情啊！宫廷与风雅场所看起来多么和谐啊！人人脸上看起来都那么容光焕发！看人们的步态举止多么彬彬有礼，高尚文雅！但凡有思考能力的造物，假如看到人类这么一个样子，就算再不看别的地方，如何能够不相信，我们这个地球就是天堂本身呢？一个外来者（如居住在附近星球上的来客），假如他旅行来此，看到这万事万物的外表，会想到这面具之下隐藏着些什么东西呢？可是，让他多停留一会儿。让他有空闲慢慢看，让他凑近些看，让他跟着散场的人群到各自独有的隐蔽之所，让他能够看到这新的一面。在这里，他一定会发现，那些主掌国家大事的人，仅仅在一个小时前当着众人显出友人模样的人，此时却在私下里密谋如何彼此构陷，置对方于死地，同时也让国家蒙受灾难，使国家社稷成为他们各自野心的牺牲品。在这里，他也许还会看到那些较软弱的人们，这些人并无野心可言，因此只是照心之所好而行事。可是（菲洛克勒斯啊！），谁会这样去思考呢？"

你也许还记得，听完这番话，我发现自己的脾性里竟然有那么轻松的一面，禁不住发出大笑，假如我不是一无牵挂地把发笑的真实原因告知于你，这样的轻浮之举，我并不敢奢望会得到你的原谅。我所以发笑，并不是因为你所说的那番话并没有使我受到感染。我只是想象，说完那些雄心勃勃的人的事情以后，一个更具体的原因激发了你，使你对那班软弱之徒发动了大举攻击。一开始，我还以为你对那些人怒不可遏，但我现在发现，你实则是满心怜爱的，十分不快地参与其中，因此有很充足的理由抱怨这种背信之举。我想，"这事让帕勒蒙如此动情。因此才有如此可悲的一个世界！这就是那种败坏，也就是他所哀叹的那种失序"!

恶之根源。我为自己粗俗的玩笑道歉，虽说那种玩笑恰好改变了你的心绪，之后，我们很自然就冷静地谈论起自然与一般意义上的恶之根源了。"恶之存在于世，到底经由哪一种偶然，什么样的机缘，通过哪一种致命的必然，哪一种意旨或谁的允许呢？它既来了，为何又能长久持存下去呢？"这样一个问题，在一个粗心的推理者那里很容易就能搪塞过去，但我发现，有了你那样的严密的判断力和穿透力，却卡在这里过不去。这个问题不知不觉间就引导我们开始了针对自然的挑剔批评。因为你所认为的自然相对人类及其奇特的状态而应当担负责任的众多荒诞之处而大加责难。

我非常乐意劝你更平等地谈论自然，更恰当地均衡其缺陷。我的意思是，可申诉的东西并不完全像你所说的那样集中在一个部分，每一件事物皆有其一定的麻烦。快乐与痛苦、美与丑、善与恶，在我看来到哪里都是彼此纠缠，难分彼此的，我觉得，一方总与另一方完美地混在一起，总体来说还是足够好的。我想象，在那些丰富的物品中，情形也是一样，花朵与大地很奇怪地连成一体，看上去不符合规则，带有彼此矛盾的颜色，看上去图案失常，但总起来看还是自然天成，浑然一体。

但你还在说极端的情形。拿什么也不能谅解创造物的这一部分的瑕疵或污点，即人类，哪怕其余所有部分都是美好的，甚至没有一处污点。按照你的叙述，狂风暴雨有它美好的一面，而人类心胸里翻腾的情感却要另当别论。你情愿借以控诉自然的，竟然就是这些有生有死的凡胎狂暴的激情。我现在才发现，为什么你对普罗米修斯的故事如此着迷。你希望为人类找出这么一位操纵者。你受到诱惑，希望这个故事能够在现代的神灵意识中得到印证，这样，在为终极力量清除掉任何一种手段不力的借口之后，你就可以放心责骂而不用担心渎神之嫌。

可是，我对你说，这只不过是古代那些宗教诗人玩弄的一个小小的借口，很容易拿一个普罗米修斯来搪塞任何一个反对意见，比如说："人为什么一开始就那么愚蠢，行为那么乖张呢？为什么会有那么多自傲，那么多野心，那么奇特的欲望呢？人和他的子孙后代为什么会蒙受那么多天谴和诅咒呢？"一切都是普罗米修斯惹的祸。那位雕塑艺术家用他不幸的手解决了所有的问题。"他们说，一切都是他发明的，因此他得回答所有这些问题。"他们认为这是一场公平游戏，只要能拿开一点东西，只要能把罪恶的根由赶走就行。假如有人提问，他们就讲一个故事，让他们心满意足地回去。除开几位哲学家之外，没有谁会多管闲事，他们是这么想的，不会有人多一个心眼，更不会再提第二个问题。

我接着说，在现实中，人们一般不会作如此想象，以为一个故事除了逗孩子们开心之外还能派上其他什么用场，而普通人是多么容易用纸做的金币打发掉，而根本不需要真金白银的理性啊！一些印度哲学家对他们的人民编故事，说这庞大的世界是如何得到支撑的，对此，我们可不能随便取笑，哪怕他们编造出一头大象支撑世界的故事。而大象到底是如何支撑世界的呢？这可真是个聪明问题！但不一定非得回答这问题不可啊！只是在这里，我们的印度哲学家才值得责怪。他们只需要从大象那里得到满足即可，再不要往前走了。可是，他们反过来又弄出一只乌龟。他们觉得，乌龟的背壳很宽大。因此，那只乌龟必须要载上新的负荷：这样，事情就比原来更糟糕了。

异教徒编的普罗米修斯故事，我对你说，跟这个印度故事差不太远：只是异教徒的神话学家们都聪明得厉害，他们深通但知其一，莫问其二的道理。单单一个普罗米修斯，便足以搬走朱庇特身上所有的重物。他们很适当地把朱庇特弄成一位旁观者。看起来，他也下定决心要做这样一位不男不女的中性神，看看这场高尚的实验最终会得出什么结果，看看那位危险的造人者如何往下走，也要看看他胡乱鼓捣一番会得出什么后果来。故事讲得多么完美，把异教的俗人哄得团团转啊！可是你在想，一位哲学家如何吞得下这样的东西呢？（他马上就会说：）"天上的神灵要么阻挡了普罗米修斯的创造活动，要么根本就没有这份能力。假如他们有这样的能力，那他们就得为这样的后果负责了；假如没有这份能力，那他们就不再是神灵了，因为他们毕竟也有办不到的事情，而且受制于其他力量。无论普罗米修斯是否只是机缘、命运、一种任人摆弄的本性或一个恶魔的代称，只要是由它设计的东西，那同样也是对全能说的违背。"

像创世这样一种极其危险的事情，竟然由那些既没有完美的预见能力，也没有很好的控制水平的神灵完成，这在你看起来既不明智，也失公正。可是，你还是坚持预见说。你认为这些后果是那些创造力量在从事创造活动时所能够明白的，你也否认万一他们缺少这份预见能力结果可能更好一些的说法。不过，他们明白最后的结果会是什么样的。"这件事情得以完成，毕竟是一件好事，不管人类最后会是个什么样子，也不管这样一种创造活动最终会对这可怜的一族造成多大的重负。因为，你觉得，天堂若不是为了达到最好的结果，怎么会有那样一种行动呢？因此，哪怕从人的悲惨处境和罪恶当中，无疑也有某种好的东西出现，这种东西让所有东西得到平衡，并得到完全的修补。"

这样一份告白，是我从你那里总结出来，我到底如何做到这一步，我自己也不甚清楚。不久之后，我发现你对此也略感不安。因为在这里，我是在拿你自己的那个角色来攻击你本人，把人类所有不齿行径和败坏行为都放在与你以前所坚持的同一种光亮下，因此，我觉得应该由你来说明，这么做到底有什么益处或好处可言，或者说，从你本人对于人生刻画的悲剧性的图景里，到底能够得出什么样的卓越与美呢？要么它根本就不是一种坚定的哲学信念，不然就可能让人相信，你执意要评论的那些悲惨部分只是一件优秀作品必要的暗部，必须在创造之美中予以确认；要么你可能觉得这样一句格言非常适合于天堂，而我又十分肯定你绝不会在人类那里找到赞同的原因："先恶后善，物极必反。"

我说，这就让我想起我们现代的普罗米修斯们的做派，就是那些江湖骗子，他们往往在我们这个世俗的舞台上表演出无数奇迹。他们能凭空造出疾病，制造祸患，目的是要治病，是要让人恢复健康。可是，我们能够把这样一种做派归诸天堂吗？我们应当像这样大胆地把神灵看做江湖医生，又把可怜的自然看做是一位病人吗？"这难道是大自然软弱多病的理由？要不然（可怜的无辜者啊！），她如何竟然会生病，或者误入迷途？假如她最初是健康的，或者一开始就造得坚不可摧，那她今天仍然应该是如此了。让她处在如此穷困的状态下，或者满身都是修补起来极其费力的毛病，对于神灵而言并非体面之事，甚至让他们成为自食恶果的神灵。"

我本来打算把荷马牵出来当证人，证实朱庇特遇到的无数麻烦、萨耳珀冬之死，还有那几位要命的姐妹给天庭造成的无数磨难。可是，我看得出来，这一番话惹你不开心。此时，我已经明明白白地看出我对怀疑主义的偏爱。在这里，你不仅仅拿宗教来反对我，而且我还因为早前为之辩护过的殷勤之作而饱受责备。你拿这两点来反驳我，结果发现我并不坚持己见，我现在非常乐意说一些不利于女性的话，就像先前为她们大力辩护，为情人的品行而辩护一样。你说，我在所有争辩中一直都是这么一个态度，无论这边或那边，我总是因为理性而开心，我从来都不为争辩的得失而自寻苦恼，无论结果如何，我总是付之一笑，哪怕我成功地说服了他人，也从来都不觉得像说服了自己那样开心。

我曾在你面前承认过，你反驳我的话里面，的确很有些道理。总体来说，我是一个喜好安逸的人，超过别的一切东西，在所有哲学家里，我最喜爱那些轻松推理，从来都不生气，也不焦躁不安的哲学家，而你也承认，那些称为怀疑主义者的人却从来都不是如此。我认为，这一类哲学是为思想提供的、能够想象出来的，最有趣、最宜人和最能折腾的锻炼。另外一类哲学，我觉得，却让人痛苦和费劲。"永远保持在一条道路的界限之内，永远只朝一个点前进，正好保持在冒险的人们称为真理的航向上；从各个方面看，这个点却十分不固定，很难确定。"另外，我这个方法也不会伤害到任何人。我永远都是第一个顺从者，无论何时何地。灵修与学问上的长者，我从来都没有那份胆量去轻易冒犯。我从来都不固执于自己的领悟力：我也从来不把理性放在信仰之上，也不会在坚守教条的人们称为演证的东西上面不转弯，也不敢反对宗教的神圣奥秘。我接着对你说，像我们这一类人，要想在天主教或国定信仰上面犯下什么错误，那是不可能的，请一定要认真考虑这一点。虽然别人假定亲眼看到了在宗教方面对他们最合适和最好的东西，但是，在我们这一方面，却永远不会假装看到了什么东西，无非只是一些精神方面的向导而已。我们从来也不会自以为是地评判这些向导，而是听他们的话，因为这些人都是我们的长者派到我们这里来的。简单地说，你们都是讲求理性的人，在一切事情上面都听从理性的指导，你们假定知道所有的事情，但同时也不太信什么东西。而在我们这一边，我们什么也不知道，但什么都相信。

话说到这里，我就住口了。作为回复，你只冷冷地问了我一句。"我是有怀疑主义的苗头，是不是因为这样，在行为的真诚与不真诚之间，我就没有作出任何分别，或者这分别不如争辩中的真理与谬误、对与错之间的差别那么大？"

我并不敢问你这问题想要说明什么。我很担心，可能自己把事情看得太简单了，我跟世人在进行时尚言谈时染上了一些大大咧咧的毛病，由于我这样说话太过随便，是不是让你有理由怀疑我属于最严重的那种怀疑主义者，以至于什么事情都不肯放过，把所有道德和属神的全部原则也都扔到了一边。

我说，请一定要原谅我，好心的帕勒蒙，我看得出来，你已经受了冒犯，而且并不是没有理由。可是，假如我想尽办法补偿我这种怀疑主义的不当行为，比如，利用已知的一项怀疑主义特权，死口强调我一直以来都大力反对的那件事情呢？不要以为我会产生那么高的奢望，竟至于想要为启示宗教或基督教信仰的神圣奥秘进行什么辩护。我根本不配来做这么一件事情，再说也可能会让这个话题受到玷污。我谈的仅只是哲学而已，我想象到的，也只是自己能够在此振作精神完成的事情，也就是要对无神论的最主要的一些论点进行辩驳，并再次确立我自己主动想在有神论系统中加以松弛的东西。

自然神论。你说，你的计划有望让我作出妥协而接近你的性格，对此，我开始产生不信任了。因为，尽管我对有神论的事情比较厌恶，提到自然神论者便不舒服，这只是在仅论启示的时候才是如此，我仍然觉得，严格而论，一切的根源都在有神论，要做一名踏实的基督徒，有必要首先就做一名好的有神论者。有神论只跟多神论相对，或者与无神论相对。我也没有耐心听任别人大加责备自然神论者这个名字（所有名字中最响亮的一个），或者把他们摆到基督教的对立面上去。"这就好像我们的宗教是某种魔术，好像这宗教并非基于对单独一个终极存在者的信仰上面。或者就好像对这样一个存在者的基于哲学立场的确切和理性的信仰，就是不适当的资质证明，说明我们不可相信进一步的什么东西。"对于天性不信启示，或者因为名利之心而假扮出这份自由模样的人，这是相当不错的一个假定啊！

你接着说，可是，让我听一听，看你本着诚实和虔敬之心到底打算提出什么东西来支持对于所有宗教都必不可少的一种意见。或者，让我看看你是否只是处心积虑地想要转移话题，这不正是你到目前为止一直想做的事情吗？"菲洛克勒斯啊！无论你心里想着什么事情，我都下定决心一定要让你一吐为快。你再不能找借口说此时此地不适合于说你想要说的那些严肃话题。白日已经过去，那些亮闪闪的情景已经消失了。我们的友人早已经离开这里了。如此美妙的一个夜晚，气氛如此之庄严，也许正好适合我们来作最深沉的一番思考，或者最适合我们来进行一番严肃的谈话。"

就这样，帕勒蒙，你继续催促我，直到最后，我非得拿出下面这番哲学上的狂热之论了。

第三节

我（装出一脸沉重地）说，你现在看见了，想要严肃起来，我也是办得到的，我兴许还有不断严肃下去的可能，可能就此永远严肃下去。你一直都那么神情庄重，而且在这时，也许让我走向另一个极端，跟你那个忧郁的神情形成对抗。可是，此刻，对于你发现的那种忧郁，我有了更好的一个主意，尽管你乐于给它一个幽默的转折，我还是相信，它还是有不同的一个基础，跟我指派给它的那些幻想型的原因十分不同。"爱，爱情。它无疑就处在底层，但它是比常见的美人激发起来的爱更伟大高尚的一种。"

此时，轮到我起高腔了，轮到我来模仿你一直在示范我的那种庄严肃穆的说话方式了。我接着说："你学问深奥，博学而且阅历又丰富，了解美的不同程度与层次，明白各种具体形式的神秘与魅力，你提升到了更普遍的水平上，有了更宽广的一颗心，思想更全面，你在不遗余力地寻求卓越。你不为美色的外表所俘获，也不为人体匀称的比例所欺骗，你只看生命本

252

身，你看重的是人的头脑，人的思想使人光彩倍增，也只有思想使人变得可爱。"

"仅只单独一种美带来的欢乐，并不足以满足如此渴求的一颗心灵。它要找到如何合并更多美的方法，根据这样的联合方法，它要形成一个美好的社会。它看到的是社团、友情、人际关系、义务，并考虑通过什么样的特殊思想的和谐达成总体的和谐，由此建立起公益组织。

"哪怕是一个社团的人的公共利益，也不能使它感到满足，它为自己树立了更高尚的一个目标，它以更高的热情寻求人类利益。它乐于栖身理性与秩序，并在这个基础上确立美好的一致与可观的利益。法律、宪政、民事与宗教仪式，无论任何能够教化或完善粗俗人类的东西都行。还有科学与艺术、哲学、道德、德行，人类事务的繁盛状态，以及人性的完美。这些东西都是其向往的前景，这也就是能够吸引它的美的魅力所在了。

"它对这样一种追求的劲头正浓（这就是它对秩序与完美的爱），不可以就此歇下，仅仅局部的美也不能使它满足，它要进一步延伸其沟通能力，为追求所有人的利益，要促进全体的利益与繁荣。它忠实于原来的世界和更高意义上的国家，就是在这里，它才要追求秩序与完美，它希望找到最好看，希望找到公正和智慧的治理。

"由于所有这些希望没有普世之心的主导就都是白费工夫，由于没有这么一种终极的智慧与神意的关顾，这个容易走神的宇宙就必然会堕入无穷的灾难之中，因此，在这里，这颗慷慨之心便费尽力气地寻找疗治之方，以期全体的利益得以成全，事物之美和普世秩序也得以维系。

"帕勒蒙啊！这便是你灵魂的求索了，这也就是灵魂的忧郁所在了，当它不甚顺利地求索终极之美时，遇到的却是乌云压顶的黑暗，让它的视线一片模糊。怪兽蠢蠢欲动，不是来自吕底亚的荒漠，而是来自人的肥沃心田，从它可怖的面容上，可以映照出扭曲的本性。她（像人所认为的那样）无能为力，进行如此荒唐的挣扎，还是受到侮辱，而世界的治理也受到责难，神灵变成虚空。

"在回复中，人们说得斩钉截铁，说明自然为什么会犯错误，她如何会变得如此无能，竟然在一只从不犯错的手上出了错误。可是，我否认她犯过任何错误，在她看来对自己的出产最无知或最不正常的时候，我还是肯定她是智慧和有深谋远虑的，就像她已经出产的众多上乘之作。人们责难世界秩序，憎恶事物的外表，并不是在那个时候开始的，而是在他们看到不同的利益混在一处，相互干扰，不同种类的本质相互对照，各自为政，结果使较高级的屈从于较低级的事物的时候。相反，只有在从较低级的发展到较高级的事物的秩序中，我们才赞美这个世界的美好，因为它基于相互矛盾的事物上。就在这样相互区别和彼此矛盾的原则上，一种普遍的和谐才得以建立。

"因此，地球上的种种形状构成的多重秩序中，就需要有一种顺从，一种牺牲和不同本质之间相互的妥协。植物死亡，会使动物生命得以持存；动物尸体分解，会使大地肥沃，并由此重构植物世界。各色各样的昆虫因为更高级的鸟类和野兽而死亡，而鸟类和野兽又因为人的存在而受到抑制，人本身又屈服于其他的本质，又把自己的外形交托于对其他所有事物而言是共同利益的一种牺牲。假如在不同的本质中，一者极少高居于或压倒另一者，利益的牺牲看起来就如此公正，那么，世上所有低级的本质屈从于更高级的本质又是多么合理的一件事情啊！这个世界，帕勒蒙啊！它此时此刻让你如此着迷，因为太阳炫目的白光已经让位于这些明亮的星座，并让你思考这整个庞大的星系。

"在这里就有那些不应当，也不能够屈从于更低贱事物的法则。中心的大能支撑着持久不变的轨道，使它们保持合适的平衡与运行，因此，这样的力量不能因为想要拯救某种转瞬间逝的外形，或搭救某个处于险境的微不足道的动物而受到牵制，那些飞逝的形体或小小的动物只有易脆的结构，无论它们受到何种保持，最终都必须很快地自行解体。我们周围的空气，其内在的蒸气，那些迫近我们的流星或滋养及保存这个地球的其他所有东西，都必须按照自然的进程运行，其他的构造也必须屈从于支撑着一切的这个地球的良好习性与构造。"

"因此，假如形形色色的动物因为地震、风暴、瘟疫、天上地下的火灾或洪水而饱受打击，而且整个物种系列全都卷入共同的毁灭，那我们就不要惊奇了，可是，我们更不应当奇怪的是，无论由于敌意事物造成的外部震撼还是内在伤害，致使疾病侵袭繁育之床，传宗接代的器官受到损害，并正好在其阵痛期受到阻碍，从而使某些动物甚至在刚刚着孕时便发生畸形。仅仅在这时，人们才看到鬼怪的外形，可是，自然仍然像以前一样发挥作用，并无任何异常，并无任何错漏，自然之力并无减弱，其造化之功亦未有衰减之势，而是被更高级的一个大敌所震慑，被另一个自然恰当的征服力量所控制。

"假如内在的形式，也即灵魂与脾性，也带有几分这一类偶尔的缺陷，并对其亲密的伙伴表示经常性的同情，那我们也不应该感到十分奇怪。谁又会惊奇于感官的疾病或心灵的败坏，假如它们封闭于如此脆弱的肉体，并依附于如此反复无常的器官呢？"

"因此，在这里，就有你要的解决办法：因此也可以看出自然的脸容上出现的那些看起来像是瘢疵的东西。除开自然和美好的东西之外，这里也不应当有别的什么东西。在这里，处于支配地位的是美，每一种可败坏与有生死的自然，经同其道德与败坏，也只会得出某种更好的东西，一切都是与最优与最高的自然相同的东西，而它是不可败坏，也没有生死的。"

我这些话根本没有说完，你就一声赞叹打断了，我说，是什么东西临到我头上，竟然让我突然之间改弦更张，性情大变，进入这样一种深思，你觉得这些想法一定早在我的思想里有了一个基础，因为我表达这些想法的时候竟然看起来颇有感触。

我说，帕勒蒙啊！那天遇上你，真是我的运气，因为当时我刚刚从乡下拜访友人归来，与这位友人的交谈那几天在我脑海里留下较深的印象，让我与你交谈甚欢成为一件奇事。你一定以为，我已经治好了怀疑主义和言行轻浮的毛病，再不会就任何话题胡乱发言，更不会在严肃的话题上大肆声张。

你说，我本来就希望在那个时候遇上你，或者说，希望我那位友人给我留下的那些良好和严肃的印象，应该不间断地一直持续到眼前这个时刻。

我对你说，帕勒蒙啊！无论是什么，我都没有轻易丢失，你也看得出来，假如不是因为担心，我也绝不会是无缘由地重新想起它们来。你说："担心？那是为什么啊？我的好菲洛克勒斯啊！我倒是求你，那是什么原因啊？到底是为你还是为我呢？"我答道："两者都有啊！尽管我自己极想摆脱怀疑主义，可是，宗教狂热者，彻头彻尾的宗教狂热主义却是更可怕的东西啊！你永远都不可能看到更让人开心的宗教狂热主义者了！"

你说，假如他是我的朋友，我决不会以目前这个无所谓的方式与他交往。也许我也不应当作出这样一个判断，像你这样随随便便就管它叫宗教狂热主义。我很是怀疑，你一定使他受了冤屈。除非我听到你之所以说他是宗教狂热分子的更多谈话内容，否则我也无法感到心安。

我说，我得承认，他并没有摆出粗俗的宗教狂热分子那种粗鲁的神气。话都说得十分平静，口气软和，井井有条。讨论的方式更像是你经常沉迷其中的那些古代诗人们令人心旷神怡的情绪，而不是现代宗教狂热分子那种狂暴不驯、难相往来的

态度。现代的狂热之徒都是些态度刻板、言行粗暴的家伙，他
们维护宗教的方式，不亚于歹徒守护情妇，他们让我们觉得，
他们并没有说出其情妇到底都有什么价值，而且一幅漠不相关
的口气，更不知道他们自己到底都有哪些智慧，因为他们崇拜
的东西既不允许他人插嘴，也容不得他们自己公平审视。可
是，在这里，我要代为回答。并没有遮掩或涂抹的必要。一切
都进行得相当顺利、公开、真心诚意，就如同自然本身。他爱
的正是自然。他歌唱的也是自然。假如可以说有人拥有一个自
然的情妇，我的这位朋友一定就是这样的人了，他的心就如此
沉迷其中。可是，我发现，爱在任何地方都是一样的。虽然在
这里，目标是十分清楚的，它所激发起来的激情也是十分高尚
的，可是，自由，我觉得却是更清晰的东西，比所有东西都更
优秀。除了能够持之以恒的爱而外，我向来都不在意参与其
中，可是，我告诉你，却更担心我那位可怜的朋友所怀有的那
种强烈之爱，因为这情愁让他看上去成为世上最完美的宗教狂
热分子，也许只能除开他的恶劣气质。因为，这在他那里是相
当异常的情形。"尽管他身上有宗教狂热者所有的一切，却没
有盲信者的任何缺陷。他乐于倾听任何人的意见，态度温和；
当我认为他的想法全都是幻想之物时，他仍然耐心听完，甚至
当我像怀疑主义者一样全盘否定他的整套思路时也是如此。"

我这样一番描述，我这样的描述方式，让你很是高兴，你
差不多无法忍受我立即拿出一个结论来。我发现，假如不把我
与那位友人在乡下的闲暇里度过的那两天全部的讨论内容讲明
白，差不多就无法让你满足。我反复提请你注意："这样一股
哲学激情自有其危险，而你并不知道，你也不清楚自己最终会
作出什么样的一个结论，并且拿我当做这个结论的始作俑者。
我已经涉足太深了，而你现在却还在不停地催促我，根本没有
意识到这对于你本人的不利。"

我尽力所说的一切，都没能在你那里留下深刻印象。可

是，与其像今天晚上这样无休止地说下去，还不如提笔写下来，我保证把过去两天进行的哲学辩论和盘记录下来。我从我们今天在一起的时候所说的这些内容开始，你也看得出来，我到目前为止正是这么做的。这样，我就能够把整个故事原原本本地讲清楚。

我们一起谈论了好几个小时，鉴于天色已晚，已经不便再回城里，你为我安排好住处，大家互道晚安。

第二部

菲洛克勒斯至帕勒蒙

第一节

度过了昨天那样的一天，第二天醒来之后，我觉得可能很难在没有间断的情况下，按照同样的哲学方式积极认真地思考下去，而且感觉条件更艰苦了。此时此刻，身边再没有一位可爱同伴，而是要忍受另外一种不同的情境了。帕勒蒙啊！你的谈话一直对我有很大支持作用，但现在已经没有这样一种支持了。我现在是一人独处，局限在斗室里，被迫一个人在这里冥思苦想。我承担起了一位作者和历史学家的重担，而且要谈论的是最麻烦的一个话题。

但是，此时，我觉得，高天吉祥，总还是在以某种方式协助我。正如荷马所教导的，假如有吉祥之梦从朱庇特的御座上遣来，那我不妨作结，权当送来的是偏爱之梦，是最真实的那种，一直可以做到天光。此等好梦，在我冷静回忆之时，会给人清晰完美的主意，知道自己竭尽全力想要回忆起来的到底是什么东西。

恍惚间，我发现自己来到一处遥远的乡间，满眼壮丽的乡间景色。那是离海不远的一座高山，山顶装点着原始森林，山脚下有一条河，还有一处人烟稠密的平原。平原之外，大海浮现，一望无边。

刚刚打量了一阵子，我立即就发现，那正是我与西奥克勒斯在乡间相处的第二天一起谈话的地方。我四周打量，看看能否找到我的那位朋友，我还喊出了西奥克勒斯的名字！结果我就醒了过来。可是，我的那一场梦留下如此深刻的印象，我那位朋友本人、他说过的话以及说话的神态都在我脑子里活灵活现，我倒是觉得自己此刻充满了哲学情思，就如同罗马的那位贤哲受到了仙女伊吉丽亚的指点一样，受此鼓舞，我立即就召唤我的历史缪斯。我完全有理由希望以西奥克勒斯的名义得到缪斯的协助，西奥克勒斯深爱缪斯，缪斯对他亦是如此。

因此，我又回到最开始提起的那一处乡间美景，还有在这些深刻主题上给予我陪伴和指导的那位天才。我与他在一起的第一个早晨，就发现他与深爱的曼图亚缪斯一起在田野间徘徊，这是我到了他家之后得知的，他平常就是这样外出，一个人到野外阅读的。他看到我的那一刻，手上的书就放下了，他十分友好，急匆匆起身迎接我。我们拥抱过后，我的好奇心就立即促使我去看看他正在看的那本书。我问："是不是什么秘密之书，是我不应当问的？"听闻此话，他就把那本诗作拿来，一脸高兴地对我说："老实告诉我，菲洛克勒斯，你难道不是以为我看的书一定比这个更神秘？"我承认的确是那么想的，因为我认为他这性格的人，一定是看某种沉思冥想内容的书。"你难道不是认为，假如不是沉思冥想类型的人，一定不会珍视这些更圣洁的诗人？"我说："的确如此，我从没有想到有任何必要非得更沉默一些不可，也没有想到为了读维吉尔或贺拉斯的诗而退出这个俗世。"

他说，你一下子提到了两位诗人，而这两位诗人彼此却毫无共同之处，哪怕他们彼此为友，并且同样都是极好的诗人。可是，既然你已经乐得与这些诗人相处一阵子，我就非常愿意跟你学习一点什么东西，想知道根据你的意见，你是否有这么一种闲情逸致适合于阅读他们的作品，正如他们当日以同样的性情写下这些诗作一样。我可以肯定，他们一定十分乐意加入我们的讨论，他们一定非常喜欢这样的退隐之乐。为了被你称为沉思冥想型的这样一种生活与习惯，他们极乐意牺牲最大的利益与享受以及宫廷器重。可是，我愿意斗胆说更多赞美退隐生活的话。"不仅仅最好的作家，而且最好的友情，都需要这样一种别致的生活。"一个社会，假如没有某种节制和与众不同的思想，就没有正当的理由让人觉得开心。人若不是时不时能够得到些许退隐之乐，则一切都会变得枯燥乏味，百无聊赖和令人困倦。菲洛克勒斯啊！你说说，你自己难道不是时不时有这样的想法？你觉得那些形影不离、须臾难分的情侣，他们也明白他们那种爱的乐趣吗？要么你也许觉得，他们都是些谨小慎微的友人，情愿选择以这种方式彼此相处？假如没有一丁点孤独相处的机会，假如没有时不时蹀步闲足，远离正道和人生常轨的机会，那这个（众人归一、良莠不分的）世界会多么缺少滋味啊！人们将会看到令人厌恶的喧嚣与表演，结果迫使心烦意乱的人类去拿可怜的消遣之法作为慰藉。

我说，根据你的法则，西奥克勒斯啊！这世上就不会有什么幸福或美好的生活了，因为每一种快乐最终都会很快消失，变得让人难以忍受，并且一定会为其他某种东西所代替，然后又一次代替，如此往复。我能肯定，假如孤独是这个世界上任何一种东西的疗方或消磨办法，那就没有任何东西不能作为孤独的代替之法了，因为它比其他任何东西的要求都更高。这样一来，那就没有任何东西是正常或可以持久的了。幸福是已经非常稀少的一样东西了，只有在精神恍惚中才能找到。

他回答说，呵！菲洛克勒斯，幸福，美好。我乐于在对幸福与美好生活的追求中发现你，无论你可能漫游到何方。不仅如此，虽然你不知道到底有没有这样一个东西，可是，假如你进行推理，那就足够了，还会有希望。可是，你看看无意之间你已经卷得多深了！假如你毁坏了所有的美，因为在你所有能够想起来的事物当中，并没有任何东西能够持续下去，那你就拿这句话当做格言了（而且在我看来还不无道理）："除非能够持久，否则并无任何美善可言。"

我说，我承认，我所知道的所有世俗的满足感都不能持久。能够给予满足感的事物，从来都不能持久。而美善自身无论是什么，也都同样取决于幽默，正如它取决于命运。机会给予人的，时间却不会经常这么做。年龄、性情的变更、其他的想法、不同的激情、新参与的事务、人生的转变或一场新的谈话，所有这些都易于造成致命后果，单独一项也足以毁坏人的逸乐。虽然对象总是同一个，滋味却发生了变化，而持存不久的美善也随之而去。可是，假如你能告诉我，生活当中有任何一样东西其本性并非如此易变，并不屈从于饱足感与厌恶感的常见命运，那我真是会万分奇怪。

他回答说，因此我发现，当前的美善概念，并不足以满足你。你当然可以对此提出置疑，因为别的任何人在这件怀疑主义的事情上都不会犹豫。差不多所有人都在这件事情上拿出自己的一套哲学教条。所有人对此都坚信不疑："我们真正的美善即快乐。"

我说，假如他们能告诉我们"哪一个或哪一种"，并一次性确定那个种类或不同的类别，比如，能够持续不变的那一种，并在所有时候都同样适当，我也许会更加满足。可是，当意志与快乐是同义词，当使我们快乐的每一样东西都称为快乐的时候，当我们永远都不能选择或偏爱，而只是随意而行时，那么，说"快乐就是我们的美善"就是一句空话了。因为，这跟说下面这样一句话同样是没有什么意思的，"我们选择自以为是适当的东西"，说："使我们快乐或高兴的东西就让我们开心。"问题在于，"我们是否得到了正当的快乐，我们是

261

否进行了应当的选择"？小孩子会被一些花哨的小东西逗弄，任何影响他们脆弱感官的东西也会令他们高兴万分，同样，我们不可能在内心里真正感觉到他们那种快乐，也不能想象它们具备任何一种超凡的美善。可是，我们知道，他们的感觉跟我们自己的感觉一样，他们对快乐有非常灵敏的知觉，而且很容易感受到这一类东西。对纯粹的动物来说，情形也大致相当，反省起来并无差别。动物在灵活性与感觉的微妙程度上说，经常有过于人而无不及。至于人类的某些低俗和污秽的快乐，假如人们真是长期乐此不疲，而且当真从中体会到莫大的快乐，那我永远也不敢妄称它们为幸福或美善。

他说，那你愿意从一个人直接的感觉或经验上进行陈述吗？这样的人可是真正喜欢任何令他十分愉快的东西的。

我当然是要陈述的，我说（我继续保持西奥克勒斯在我心中刺激起来的一股热情，大力驳斥快乐原则上的教条主义者）。地球上到底有没有这样一类污秽的造物，它竟然不喜欢自己真正喜欢的东西？即使性情顽固、刚愎自用、脾气暴躁的人，他难道不也是这样做的吗？对于某些品行不端之人，恶毒与残忍难道不是最大的调味品？在某些人的愿望中，过猪一样的生活难道不是最高理想？你当然不会要我一一列举某些人已经采纳并承认是他们主要的快乐与喜悦的那些特别性质的种种感受。对于某些人来说，哪怕疾病也被认为是有价值的东西，值得珍惜的东西，哪怕只是为了平息在刺激感受时得到的快感。对于这些荒诞不经的伊壁鸠鲁们而言，其他的一些感受大同小异，加以适当刺激后，它们会唤起不自然的干渴与胃口，为了给新鲜的美食腾出空位，他们会准备好催吐剂作为最后的美食，这样可以更快地重开宴席。我知道，一句俗话是用来描述这情形的："口味人各有别，不容争论。"我记得有人在一份遗嘱里还特别写上这样的一句座右铭，结果发现与这个概念十分投合。有人描述过粪堆上的一只苍蝇。一种食物，无论它有多么恶心，对于动物来说还是相当自然的。在这种情形之下，并没有什么荒诞可言。可是，假如为了驳斥我的陈述，你让我看到如此沉醉其中的一位残忍野蛮并在这样一种快乐中得到安慰的人，假如你让我看到一名醉鬼一个人忙于他的放荡之举，或者一位暴君在展示其残忍行为，同时头顶上又有这样一句座右铭，那我根本都不会认为这样的快乐会是什么更好的东西，我也不可能假定，一个如此污秽不堪的人，一个灵魂如此低贱的人，哪怕他有世上最好的运气，竟然能够得到任何真正的快乐。

西奥克勒斯答道，为了驳斥一个错误的假说，你展示出如此高的热情，人们不禁会想到，你事实上当真已经有了一个正当观念，并开始觉得也许真的有像美善这么一个东西最终到来了。

我说，有某种东西离美善更近，比别的东西更像美善，这一点我乐于承认。可是，真正的美善到底是什么，我还得继续求索，因此必须要等到你给予我更多消息。我所知道的不过如此："要么所有快乐都是好的，要么只有某些快乐是好的。"假如所有快乐都是好的，那么，每一种声色之乐就都是极宝贵和令人欲求的了。假如只有某些快乐是好的，那么，我们就必须要弄明白快乐的种类，假如能够搞清楚的话，就要找出区分好的快乐与不良快乐，使一种快乐是无关紧要的、令人难过的和低贱的，使另一种值得宝贵和有价值的那种性质。有了这么一个印记，这么一个特征，假如的确存在的话，那我们就必须为美善定义，不能根据快乐本身来定义，因为快乐本身可能是极大的，然而又有可能是值得轻蔑的。任何一个人也不能够以别的任何方法真实地判定任何一种直接感受的价值，而只能首先判断其心性的状态。在一种心性状态下我们认为是幸福的东西，在另一种心性状态下却可能是别的东西。因此，我们必须考虑哪一种状态才是最公正的，也就是，"如何获得最佳视点，让我们获得最佳的辨别结果，如何把自己放在无偏私的状态下，此时才最适合作出判断"。

他答道，菲洛克勒斯啊！假如这是你并非装扮出来的情操，假如你有可能具备这样一股坚韧性，竟然能坚守住自己在这件事情上的赞同，进而搜寻一些极下贱的人自以为全盘皆知的东西，那是因为你的思想有了更高贵的转变，远远超出你在刚刚谈到过的那些现代怀疑主义者身上可以观察到的那种思想转变。假如我没有弄错的话，在当今世界，已经很少有人像你这样，在美善的选择上执意不改，贯彻到底的。一些人假装对别的证据更为仔细，却往往是最容易拿到世上最大骗子的证据，这是他们自身的激情所致。他们认为，已经拿到想要的东西以后，也就是摆脱了看起来像是宗教束缚并获得自由以后，他们假定可以完美地利用这份自由，可以听任其意志的第一次活动，也可以赞同任何一种事先假定的幻想、对美善的任何初次的意见或比喻的裁定或报告。这样，他们的特权仅仅在于得到持久不退的娱乐，而他们的自由也只在于被自己最重要的选择所欺骗。我觉得，人们不妨放胆一言，"最大的傻瓜就是自欺之人，在事关重大的事情上，他往往觉得自己所知甚多，岂不知恰好就是自己研究最少的东西，往往是自己最无知的某一个方面"。而无知但知道自己无知的人，却是一个聪明得多的人。为对这些时尚的聪明人士公平起见，他们并非全都是些没有自知的人，并非完全不明白自己确有盲目和荒唐的时候。因为，当他们认真反省过往的行为和所参与的事情时，经常会坦然承认："对于生活当中尚存的一些东西来说，他们并不知道到底是否应当与自己站在一边，也不知道他们的幻想、幽默或激情会不会由此引导他们到不同的快乐选择上去，结果与他们以前喜欢的所有东西都不一样。"这可真是令人愉快的反省啊！

他接着说，把心灵的满足以及理性和判断力的快乐置于快乐的名分之下，那只是一种串谋，也是从这个词平常的观念中明显的退却。有些人对我们并不公平，他们在进行哲学讨论时承认，在人生的平常时刻和最普通的实践当中，人们从来都不是这么看待快乐的。一个忙于数学难题的数学家，劳作不止的书呆子以及自愿忍受最大艰难困苦和疲劳的画家，人们从来都不会说他们是在"遵循快乐原则。"讲求快乐的人们决然不会承认这些人是属于他们一群的。纯粹属于精神性质，并只取决于思想活动的那种满足感，必然是太精细的满足，是我们现代的伊壁鸠鲁主义者无法理解的，因为他们专注于更实在的快乐。满脑子全都是这样一种切实感官之利思想的人，对于纯粹的精神与智力享受只能有更狭窄的一种幻想。可是，正是这后者，才是他们一有机会便充分发挥和尽力放大的，这样便可以免于因为前者而遭受可能的羞辱。这样做了之后，后者也会有机会表现自己，它的用途立即便成为目的。可以观察得到，当这一类的人把思想之乐置于快乐名下时，当他们如此使这个词威严倍增时，并把无论在精神上很好或十分优越的东西包括在里面时，他们之后便可以放心大胆地使其滑入自己真实和粗俗的感官世界，在这里，他们只是为了权宜之便而抬升它。当快乐遭受置疑，并且有人攻击时，理性和美德便应邀相助，并成为其构成中最主要的部分了。一种复杂的形式出现了，并直接将所有慷慨、诚实与人类生活中所有美好的东西包括在内。可是，当攻击过去以后，当反对意见不见了踪影，当鬼怪消失以后，快乐会再次回到它以前的样子，它也许还是原来的快乐，但根本不用再考虑枯燥无聊和冷淡无味的事物中的理性，也符合它真正具备的常见的领悟力。假如这种理性的快乐被纳入美善观念之中，又如何可能承认事实上与这种快乐相反的那种感觉呢？可以肯定，谈到心灵及其享受，纯粹的快乐所含的急迫与不安，就如同疼痛造成的烦扰与恼怒同样令人不安。假如其中随便哪一种使人的心灵摆脱偏见，并解除其从自然的锻炼和运用中得到的满足感，在这种情况下，心灵必然会成为彼此之间的受难者。假如两者都并非如此，那么，双方都不会因此受害。

我又打断他说，顺便说一句，虽然我的置疑虔诚可叹，"快乐是否当真是美善"，可是，我还不是这样一种怀疑主义者，竟至于不知道"痛苦当真是不是恶"。

他回答说，但凡造成痛苦的，除开恶之外决非别的东西。然而，造成一个人痛苦的，对另外一个人也许一点麻烦也没有，我们可以拿运动员、士兵和其他争斗型的人作见证。不仅如此，对一个人是痛苦的东西，对另一个人还是快乐，反过来亦是如此，这是我们相当熟悉的情形，因为人在这些感受上面的理解各个不同，在许多情况之下往往一者与另一者混淆不清。自然本身从某些方面说难道不是如此？按照某位贤哲的说法，它往往与它们混在一处，使一个方向上的极端与另一个方向上的极端混在一起，结果，自然无可置疑地混入其中，完全无法区别了。

总而言之，我说，假如快乐与痛苦能够以如此方式相互交换并混同一处，根据你的说法，又假如"现在是快乐的东西，若强扭则可能变成痛苦，而痛苦走过了头，就会哪怕因为痛苦的消失和某种自然的连续而形成最大的快乐，假如某些快乐对于某些人来说是痛苦，而某些痛苦对于另外一些人来说又是快乐"，那么，所有这些，假如我没有弄错的话，仍然有利于我的看法，且表明，并没有任何东西是你可以坚称为真正的美善。假如快乐不是善，则什么都不是了。假如痛苦是恶（我认为这是理所当然的），那我们极可能处在恶的一边，而站在善的一边的机会则少得可怜。因此，我们极可能正当地提出这样的置疑："人生本身到底是不是纯粹的不幸。"由于我们永远都不可能成为生活中的取胜者，那我们极可能成为失败者，而且在我们生活的每一个时辰都是如此。相应地，我们的英国女诗人提起善的时候所说的这句话，应当是公正和合适的：
"人若不生下来就是善。"因此，对于生活中能够指望得到的
任何一种美善的东西，我们甚至都只能"乞求自然的原谅，
并把她的礼物送回她的手上，根本都不要等到她亲自召唤"。
因为，有什么能够阻挡我们呢？又有什么使我们成为更值得活
下去的人呢？

他说，这样一句疑问是相当合适的。可是，假如这事值得
怀疑，为什么要如此匆忙呢？这件事情，我善良的菲洛克勒斯
啊！完全超出了你那个怀疑主义的范围。要作出这样的决定，
我们就必须有足够的武断。这样一种决定，很可能事关生死。
"哪些东西极可能死后还在，哪些东西又完全没有存在可能
呢？"如果我们现在就想确定不管来生之事，就必须完全明白
此生此世对我们十分重要的东西。我们必须彻底理解自身，并
且搞清楚构成我们的自我的到底是什么东西。我们必须针对预
先的生存作出决定，并拿出更好的理由来说明为什么我们从来
都没有关心生前的东西，而不能仅仅说"因为我们并不记得，
也没有意识到"。因为在我们有意关心的许多事情当中，有很
多也是我们现在并不记得或还留下清晰意识的。因此，我们也
许碰巧一而再，再而三地存在，直到永远，而且并没有可以显
示出是相反情形的理由。一切都是我们内心的回转。从今天到
明天，我们并不再是与自己相同的物质或物质体系。此生之后
会有什么样的连续性，我们并不知道，因为哪怕是现在，我们
是靠连续性持存的，只不过是消失然后又更新的。确信我们自
己的利益随着身影或外形而终结，这种自娱之乐是完全无用
的。我们最开始是如何对它产生兴趣的，我们并不知道，更不
知道后来是如何持续保持这样的兴趣，并对转瞬即逝的粒子之
聚集继续保持关心。我们同样也不知道此生之后机缘或天意会
如何处置我们。假如这事真的跟天意有关，那我们仍然有更大
理由考虑是如何开始成为自我的处置者的。在更迭交换的事情

上面，必须要成为所有人当中最大的怀疑主义者才能对它产生犹豫。虽然他承认此生并无现实的善或享受可言，但他必须在试图改变它以前作出能够改善其状况的肯定。可是，到目前为止，菲洛克勒斯啊！哪怕在这一点上我们也没有得出肯定意见，即"此生到底是不是不存在什么真正的善"。

我说，正因为如此，贤能的西奥克勒斯啊，你得做我的指导者，给予我足够的知识。"一种可提供总是一样、从不变化、也不会减少的满意与知足感的那种善，它到底是什么，在哪里可以找到。"虽说在某些情况下，在某些话题上面，人的心灵也许会如此之执著，人的激情也许会如此高涨，竟至于一时间没有哪一种肉体的痛苦或疼痛能够改变它。可是，这样的事情很少发生，发生了也不可能长久。假如没有疼痛或不便，激情会在极短时间内完成它的工作，人的心灵也不再那样紧张，因为重复而疲倦的脾性就再也感受不到享受，而是会变成某种新的东西。

西奥克勒斯说，那你听我说吧！虽然我并不想装出样子来立即告诉你，我称之为善的这个东西到底是什么，可是，我满足于让你看到其中的某些东西，它在你自身之内，它以自然的方式固定在你身上，持久不变，你会承认这一点，比你到目前为止思考过的任何东西都更愿意承认。我的朋友啊，请你告诉我，对于你所爱的人，你是否曾经感到过倦于再为他们做些好事？譬如说，你什么时候会发现为朋友服务而感到不快？经过如此漫长的经验之后，你是否首先证明了这样一种慷慨之乐，结果又发现在接到这样一种礼物时却并没有减少此类感受？请相信我，菲洛克勒斯啊！这样的快乐比其他任何一种快乐更容易使人堕落。假如不是因为人更乐意再次行善，并因此得到更大享受，人的灵魂就不会行任何一种善。假如不是因为欢乐越来越多，结果使付出爱，产生感恩之心或提供施舍的人更加热爱适当的行为，那就不会有任何一种爱、感恩之心或施舍。菲洛克勒斯，由于你是美的判官，对于快乐的品味又如此之高，请你告诉我，你所赞赏的东西当中，有没有比友情更好的东西？有没有比慷慨之举更迷人的事情？假如全部人生从现实来看只不过是一种持续的友情，并使其成为如此一种完全的举动，那它是什么呢？这里肯定就是你在寻找的那种固定不变和持续的善。或者，你想寻找除此之外的别的善？

也许不会，我说。可是，假如你所说的这个善并非完全的空想，我当然不可能越出这个范围去找一个奇美拉妖怪。尽管一位诗人也许为了让一曲戏演下去而编造出这么一幕，我却只能昏昏然地设想，如此一种友情的极大束缚，如此就能操控成可以填充进人生的东西。我也无法想象，这样一种崇高激情的对象去哪里可以寻找得到。

他说，有没有哪一种友情如此之深厚，竟至于超过了针对人类的友好？你觉得友人之间的普遍的爱，以及对于自己祖国的爱，当真是不值一提的东西吗？或许你认为，没有更大的爱，没有对于社会的责任感，一种特别的友情也能持存下去？假如可能的话，我们可以说，你是一位朋友，但你又恨自己的国家。比如说，你对于一位同伴的利益是十分认真的，但对于社会又是虚假的。你能相信你自己吗？或者，你兴许会把这个名称放到一边去，拒绝被人称做朋友，因为你弃绝人类？

我说，由于人类之故，有些东西就是我认为无可争辩的，一个声称朋友的人是不会进行这样的争论的。一个既不称他人为朋友，也不愿被人称做朋友的人，我完全无法给予他人类这个名称。可是，一个当真证实自己为朋友的人，就已经是一个充足的人了，对于一个社会，他也不欠缺任何东西。哪怕只有一位朋友，也可以消除他的罪名。他值得拥有一位朋友，也是人类的朋友，尽管并非严格意义上的朋友，也不是符合你的最高道德意义上的朋友，他还是人类的朋友。在这一类的友情上面，要说真话，头脑清晰的人也许会认为，这远不止你所宣称的那种普通的男子气概甚至是英雄行为。可是，在我这方面，我看不出人类自身有什么价值，对于公众舆论兴趣也不大，无论是爱人类还是爱公众，我对两者的兴趣都不是太大，找不到什么满足感。

"那你是否觉得，仁慈之举和感恩之情也入在友情和良好天性的范围之内呢？""毫无疑问，因为这才是最主要的东西。""那我假定，有责任的人在迫使者那里发现了多重过失，这难道也要排队前者所说的那种感恩之情吗？""完全不是这样。""这会使感恩之举较不那么逗人喜欢吗？""我认为恰恰相反。假如被剥夺了知恩图报的其他方式，我也许仍然乐于采用向施恩者表示感恩之心的那种确切方式，会像一个朋友那样容忍他的过错。""至于说施恩的事情，恳请你告诉我，我们该行善的对象，是不是只有那些值得接受这善行的人？是不是只能对好的邻居，人际关系或一位好父亲，一个好孩子或一位好兄弟才能这样？要么是说，自然、理性和人性能给予我们更好的指导，要我们仅仅因为是父亲而对父亲好，仅仅因为是孩子就要对孩子好，并且对人际关系中所有人都持这样一种态度？"我说，"我觉得，这最后一种才是正确的"。

他回答说，菲洛克勒斯啊！假如因为人性的弱点而反对针对人的爱，假如因为公众的不幸而似乎在嘲讽公众，那我请你对自己说过的话三思。你要想一想，看看这样的情操与你在别处承认和践行的那种人性是否一致。假如慷慨不在这里体现出来，那应该在哪里存在呢？假如不是在这样一个主要的对象上面，那我们能够把友情表现给谁看呢？假如不是对于人类，假如不是对于我们亏欠甚多的社会，那我们应该对这世上的什么人显示真情、表达感激呢？能够谅解如此的不作为，或者能够在一颗感恩之心里减轻知恩图报带来的满足感的，那会是什么样的缺陷，什么样的污点呢？人能否仅仅出自良好的教养和天生的脾性而乐于显示自己的教化、行为之端庄、责任心，寻找同情的对象，并乐于见到能够展示向哪怕陌生人伸出援手的能力的每一个机会呢？你能否以最好客，最仁慈，以及最友好的态度帮助、协助、救济每一个有求于你的人，无论这人是你在海外旅行，还是在国内遇到陌生人？难道你的国家，进而说你的同类，会比这些偶遇之物较少需要你的仁爱，或者更不值得你多加考虑？菲洛克勒斯啊！对于良好天性的程度与能量，你真是所知甚少，须知人的灵魂能上升到惊人的高度，它明白良好天性的伟大力量，假如恰当地施与，就能在它自身里面建立起一种公平、正当与普遍的友情！

他这番话刚刚说完，一位仆人就跑了过来，说家里有客人来访，并与我们共同进餐，因此等着我们从野外返回。这样，我们便起身往回走。我边走边对西奥克勒斯说，我可能不能按照他所说的那种方式成为一个好友或情人。针对无论是哪个性别的单个的人的那种简明的自然之爱，我完全有能力做到，这是我的想法，而且我相信自己能够做得很好，可是，对于这种复杂的普遍之爱，我却是感到爱莫能助，不敢企及。我可以爱单个的人，却无法喜欢一个种类。那可是太神秘的一件事情，对我来说是一个形而上学的深奥难题。简短而言，假如我无法拥有某种看得见摸得着的有形的形象，那我是无法产生任何一种形式的爱的。

"那是怎么一回事啊？"西奥克勒斯问道。"你如何除开这种方式之外就不能再喜欢别的什么东西呢？须知，我知道你曾在没有见到某人以前就崇拜和爱戴过他的啊！或者说，帕勒蒙的人格魅力不是足够强大，在你最后一次与人交往之前，不是曾跟你进行过长时间的书信往来吗？"我说，"我得承认，这当然是事实。我觉得，我现在明白你的奥秘之处了，也明白自己如何得为此做好准备了。当我最初开始有些喜欢帕拉蒙的时候，我是被迫构造某种有形的对象的，因此心里总有某种关于他的形象，那早已经是刻在我的脑海里面的，每次想到他的时候都是如此。同样，对于摆在我们面前的这件事情，我得尽一切努力照办：但愿在你的帮助之下，我能勾勒出这样一个形象，或一个影子，使它成为你要我尽力去爱的那种奇怪存在者的代表吧"！

他说，我认为，你对自然或人类抱有的幻想，就如同对于古代罗马人所抱的态度。古代罗马人缺点多多，可是，我却知道你很喜欢他们，喜欢他们的很多地方，尤其是被称为人中豪杰、国之天才的那位漂亮青年的画像。我记得，你一看到那些描述古人的古代画作，就立即觉得那是相当宜人的对象。

也是，我回答说。我的确有可能把你所说的那种形象刻印在自己脑海里，无论哪个形象代表人类或自然，而且它极可能会对我产生影响。我也许会按你所说的那种方式喜欢这些东西。可是，说得更具体一些，假如你能办到的话，我们可以彼此换个位置，你让我幻想这一种天才，让它"能够感受到我的爱，并且有能力作出回报"。假如不能做到，那么，哪怕是世上最完美的事物，我也极可能成为最糟糕的一个热爱者。

西奥克勒斯说，这足以让我接受你提出的条件。假如你允诺热爱它，我会尽力让你看到我认为属于最完善之美的那种东西，而且是最值得人爱的东西，而且一定会给予回报的那种。明天，（如同诗人所描述的那样）当东方的太阳连同其第一抹光束一道升上山顶时，在那里，假如你愿意与我同去那一片林地，我们就能在林中仙女的惠顾下找到我们所要的爱，先召唤出当地的地精，之后，我们会发现世上最高的和第一等的天才的至少是隐约和闪烁的面容。假如你就此认真思考，我就愿意为此拿出答案，即所有这些不为人所见的面容与畸形，无论是自然的或是人类的，都会在那一刻瞬间消失，让你成为我所希望的一个挚爱者。可是，就目前来说，已经足够了。让我们回到客人那里去，暂时改变一下话题，使其适合我们的友人和餐桌气氛。

第二节

你看啊！帕拉蒙，我跟你提到的那种宗教狂热，现在已经为它建好了这样一个基础，在我看来（我已经对你说过这想法了），这样的狂热是更危险的，因为它那么奇怪，如此出格。可是，我看得出来，好奇心让你不安了，正如它以前也使我本人感到不安。经过这第一轮谈话，我得承认，我早就盼着第二天尽快到来了，我们可以按照原来的计划，一早就去林间散步谈话。

我们餐桌上的朋友就那么一两位，我们谈了半天新闻和其他无关痛痒的事情，最后，由于我的脑子里一直还想着其他那些话题，因此就抓住机会，借题发挥地又谈到了友谊的话题。我说，在我这方面，说实话，虽然曾经以为十分了解友情，也认为自己一辈子向来也够得上一位好朋友，可是，现在我相信，我只不过是一位学徒，因为西奥克勒斯已经说服了我，"要成为任何一个具体的人的朋友，都有必要首先做人类的朋友"。可是，如何使自己有资格宣称这种友情，在我看来决非易事。

的确，西奥克勒斯说，当你这么说话的时候，让人感觉到你性格中漠不关心的一面。假如你这样谈起朝中大臣或朝廷本身的友情，并且发出这样的牢骚，"与受制于人的那些人相处，或者使他们产生兴趣，那是多么困难的一件事情啊"！那我们一定会站在你的角度下一个结论说，有一些必须要遵守的条件，却不是值得你去遵守的。可是，"要争取公众的认可"，"赢得人类之友的恰当名分"，所需要的莫过于做一个善人和有德行的人。这些条件，一个人哪怕为他自己的利益，也必须是要极力满足的。

我接着说，这些条件本身是不错，然而人们的接受程度却为何如此之低呢？请允许我这么说，假如没有进一步的条件加以辅助的话，这些条件根本都没有为人所接受。德行本身只不过被人看作是一种并不合算的交易，很少有人，哪怕是一些信教和虔敬的人，他们接受德行的方式跟孩子接受体罚的教导有什么不同，此时，棍棒或糖果就是最有力的动机。

西奥克勒斯答道，他们的确就是孩子，也应该拿他们当孩子看待，要他们做对自己健康或利益有好处的事情，就得使用一定程度的武力。可是，我请求你开导一下，到底是哪些不能轻易满足的条件，使得德行那么不容易贯穿人心的？除开别的事情之外，是不是你自己觉得，利用这样一个方法，就可以预先排除我们现代的享乐主义者们那种精致的饮食之道与代价高昂的饮食习惯？也许你担心，从此以后也许总只能以这种不当的方式进行饮食，就只三两道简陋的菜式，再没有别的什么东西呢？

这话说得真是有些伤人了啊！说到吃喝，就照眼前这个样子进行下去，对我来说已经很好，从不曾有过别的奢求，我还觉得，就是眼前这个吃法，已经比伊壁鸠鲁有过之而无不及的了，比人们现在以他的名义蒙混过关的那些吃法更甚。假如我们拿他的意见当真，世上最大的快乐往往在于有所节制，在于凡事不越矩。

西奥克勒斯回答说，假如就算是伊壁鸠鲁本人来进行纯粹的快乐研究，也得出了节制和适度的有利报告，使之与他现代的门徒如此之不同，又假如他可以放胆一言，"就算是拿如此简陋的一处菜园能够提供的菜肴饭食，他也能与幸福诸神竞争"，那么，德行的这一部分，我们又该怎么说呢？它毕竟必须以某种条件才能为人接受的啊！假如躬行节制与适度如此无害，它引出来的结果会是有害的吗？它是否取自思想的活力，消耗掉肉体的能量，使一者与另一者都不乐于各自的锻炼，是不是"理性与感觉的愉悦，或平民生活的苦乐"？要么是说，一个人的生活环境在他的朋友或整个人类面前才显得最为不利？在这样一重意义上说，一位绅士是否应当遭人同情，"对自己是个负担，对他人也是如此。是所有人避之不及，都认为不是一个好朋友，而且是社会与良好风范的败坏者"？假如他的胃口是那么好，而他对我们称为快乐的那种东西又保持如此强烈的偏好，那我们是否应当拿这位绅士给公众评判，看看他是否有可能在这种受到约束的情形下展示自己最好的一面，或者看看是否有人更依重他，是否觉得他不那么腐化？我们是否应当拿他当做一名或在进攻，或被围困的军人，假如我们有机会体验这样一个人的义务，并告诫自己到底哪一种方法才是最能保卫自身的方法？"哪一种军官最会为士兵着想，哪一种士兵最会为他的军官着想，哪一种军队最会为它的国家着想？"你觉得我们这位作为同行者的绅士如何？作为一位有节制的人士，他会成为一个错误的选择对象吗？"拥有这样一位同伴，每到紧急关头便狂怒不安，急于首先为自己提供一切便利，满足自己最细微感官要求的一个人，"这果真是一件称心如意、令人欢快的事情吗？涉及美善的地方，我不知道说什么。也许那些风流倜傥之士，也许在这一类快乐中品位甚高之人，会把他们的心灵与脾性调节得如此完好，尽管他们平时惯于享乐，在某些时候却又能放弃自己的享受，而不是牺牲自己的名望、信念与公义心。因此，最终，为这种耐心与沉静性格进行标榜的德行或价值总是所剩无几。"性情枯燥，行为节制的人，并不比举止优雅、生活奢侈的人更适合受人信赖。天真、年轻和走运的人，也许同样专注于这后一种绅士。他最终会证明同样是一位好的执行人，一位好的受托者，一位好的监护者，同样也可以是一个好朋友。信赖他的家庭会十分安全，不名誉的事情，绝不可能在讲求快乐的诚实者那里发生。"

　　西奥克勒斯这番话说得十分严肃，反倒使人兴味顿生，引得我们桌上的朋友就此又大发了一通感慨，他们也建议过一种有节制的生活。这样，我们的晚餐就要结束了，根据习惯摆在桌上的葡萄酒也一饮而尽。我还是发现，我们毫无可能继续狂饮下去。每个人只喝了自己觉得合适的一部分酒，当然也没有什么次序或比例可言，也没有顾及循环系统的健康或什么允诺。这样一种方式也许是另一类道德体系的社交人士所不齿的，他们会觉得这是一种可恶的反常，是良好伙伴关系的败坏。

我说，我承认，我绝不认为节制是什么令人十分开心的性格。对于德行的这一部分，我觉得并没有必要拿其他的条件来加以推荐，仅仅因为脱离了节制的束缚便足够了，我们也没有因此受到对不必要事物产生的奢求而造成什么局促之感。

西奥克勒斯说，你如何竟然就有了这么大的进步呢？你能否把这样的节制推行至财产和名誉那头，以贪婪和野心的名义对它提出反对意见呢？不仅如此，说实话，可以说你已经把自己卷在这件事情里面了。你渡过了这一处海峡，差不多已经越过了一半的跨海行程。在德行的事情上面，已经剩余不多犹豫了，除非你宣布自己是一名懦夫，或者认为天生懦夫也是一件幸事。假如你对生命仍然保持一种节制，觉得多活几年少活几年算不得什么大事，又满足于已经活过的日子，可以让一位心存感激的客人从全然自由的娱乐中脱身而出，这难道不就是全部快乐吗？这难道不是德行的点睛之笔和成就吗？在这样一种心态里，有什么东西能够阻挡我们，使我们无法按照自己的心愿养成那种豪放性格呢？无论是良善的，慷慨的还是伟大的东西，哪有什么不能使其从最轻程度的节制中自然流露出来的呢？让我们先获得这种简朴和看上去并不起眼的德行，之后再看看有没有更加闪光的德行随之而至吧！当心灵的家园借助这位女性立法者全备的法律而获得自己之时，看看这个家园会出产什么东西吧！你，菲洛克勒斯，向来都是公民自由的赞叹者，你可以用上千种不同的魅力与便利表现给你自己看，你能够想象，在这样一种原生和朴素的自由之中，竟然没有任何优美或美好可言吗？这样的自由使我们远离天生的暴君，让我们得到自身之便利，使我们成为自己，成为独立之人，难道不是如此？我觉得，这是一种财产，它在我们看来全然有形，就像确保我们有土地，有收入的那种东西一样切实可感。

他继续用那种幽默的口吻接着说，人们不妨为这位道德美妇画一幅像，正好为她的政治姐妹提供很大的方便。我们赞美她的这位政治姐妹，人们对她的描述是，"身披武士戎装，露出勃发英姿，她的守卫便是法律，有形诸文字的法典，就如同盾牌一样围绕在她身边。财富、贸易及丰盈，连同丰饶角一起，全都是她的仆役，艺术与科学，就如同孩子童一样，全都是为她准备的，一切都在嬉戏中"。这幅画其余的部分就很容易想象了。"她大胜暴君，平息了肉欲和炽情无法无天的统治。"可是，她姐妹的凯旋该是多么令人震撼的啊！狂傲的激情怪兽，一定会在那里变得服服帖帖！"在那里，张狂的野心、肉欲、喧哗、暴政以及在人类胸膛里翻腾不止的所有恶魔，一定会被牢牢锁死。当命运之神自身，也就是人们曲意逢迎的那位皇后，以及那位恐怖王子即死神都躺倒在车轮底下成为俘虏之时，人们看到坚韧、高尚、正义、荣誉和所有慷慨大度之士结队前往我们这位民众的自由女神，那又是多么自然而然的一件事情啊！她就如同一位新生的女神，会使她母亲的战车顿添光辉，她会承认自己出身寒微，也就是那位德行的滋养之母，她就跟诸神的父母、受人爱戴的年老的西布莉女神一样，人们也许会看到拴着皮绳的狮子拉着战车，她在上面不慌不忙地坐着，头上装饰着炮塔一样的装饰品。这就是抵抗力量的象征，也就是人心强大的象征。"

我发现，西奥克勒斯就是利用这幅画给那一群人提供乐趣的，他就是从这粗糙的勾勒中，按照古代人同样的方式着手谋划同一个话题的，直到智者普罗迪科斯和苏格拉底的弟子西比

277

斯全都精疲力竭。

我说，先生们，你们刚刚进行的描述，无疑是这世上最精彩不过的了，可是，毕竟，当你们随心所欲地把德行描述成如此荣耀和得意扬扬的样子时，我还是想请各位来看一看同一类型的真实情景，在那里，我们将看到这位胜利女神的反面。"德行到时候也会成为自身的囚徒，会被一位骄傲的征服者所征服，会蒙受羞辱，会失去她所有的荣耀，会颜面尽失，结果真实之美的任何一丝特征都不会剩下来。"

我本想继续下去，却办不到，因为另外两位客人就此提出激烈的责问。他们抗议说，他们永远都不会承认会有如此可怖的一个情景出现。其中一位（是一位正儿八经的绅士，看上去有一把年纪了）神情严肃地看着我，怒气冲冲地对我说，"尽管他评论了我的思想自由，也听到人们引述我作为一位极其热爱自由的人士所说过的话，因此的确也明白了我所怀有的一些希望，可是，他没有料到，我的自由原则最终延伸到了源自所有原则的一种自由"（就是这么表述他自己的观点的），"他以为，除开一种原则上的放纵之外，没有任何东西会赞同给德行描绘出来的如此恶劣的一幅画，只有无神论者才会冒失到如此胆大妄为的程度"。

这期间，西奥克勒斯一言不发，虽然他看得出来，我并不在乎那些反对我的人，可他还是迫使我一刻不停地盯住他，以防他有什么话要说。最终，他发出深深的一声叹息说，菲洛克勒斯啊！你花大力气为之辩护的那项事业，可是费尽了你这位大师的心思啊！许多人为最好的事业辩护，最终却落得冒失无礼，而你却为最差的事业辩护，反倒占尽优势！在我自己这方面，并不敢像我这两位值得尊敬的朋友那样肯定地对你说，"只有无神论者才会把这样的重负强加在德行头上，并以如此不体面的方式描绘她"。不，还有其他一些太爱管闲事但又较少受人怀疑的高手，这些人兴许对她造成了更大的伤害，哪怕

278

用了更好的色彩。

毫无疑问，只需稍微动用一点理性就能发现，德行被描绘成一个受害者（他转身面对他的那两位朋友，接着说下去），在你们二位看起来一定是十分奇怪的，就如同菲洛克勒斯刚刚十分确信地声称的那样。对于这样一种情形，你们一定无法设想任何一种可以容忍的基础。在胜利女神的这个反面，你们也许期望看到某一个外国的征服者趾高气扬的样子，或者是恶本身，或者是快乐，或者是智慧，或者是假造的哲学，或者是真理或本性的某种虚假的形象。你们根本没有料到，德行最残忍的大敌，竟然就是宗教本身！但两位一定还记得，有些人极尽所能地夸大人心的败坏，他们还装出揭露人的德行的虚假，这些人以为自己是在赞美宗教，因此，德行经常被人如此糟蹋。有多少宗教作家，有多少神圣的布道者，都把他们的才能转向这个方向，他们抨击道德情操，就好像德行是后母或宗教的竞争者！"道德不能取名，天性装不出来，理性是敌人，人类正义是愚蠢之举，而德行则是痛苦。人若有选择，则谁又不会是邪恶的呢？人若不是被迫，则谁又愿意克制呢？假如不是为了来生，谁又会拿德行当回事呢？"

的确如此，那位老先生打断他的话说。假如这就是宗教的胜利，那我相信，它就是她最大的敌人也决不会否认的那一种，虽然菲洛克勒斯现在不在场，但我还是坚持自己的观点，即对于宗教来说，如此狂热地以牺牲德行的代价来荣耀宗教，那决不是宗教令人亲切的美好迹象。

也许如此吧！我说。可是，世上有许多这一类的宗教狂热分子，这您必须要承认。在这种宗教狂热与你所称的无神论之间，存在某种和谐的关系，这是菲洛克勒斯你听说过的。可是，我们来听他把话说完。但愿他兴许如此自由，竟至于为我们发现了他所认为的我们这些宗教作家们的概论，以及他们反击共同敌人即无神论者的方法。这个话题，也许需要我们做更好的清理工作。众所周知，无神论最主要的反对者都就彼此矛盾的原则进行写作，结果从某种程度上说反倒让自己混淆不清。其中一些人狂热地支持德行，因此在这个问题上是现实主义者。另外一些人，我们不妨称之为名义上的道德学家，他们使德行本身变得什么都不是，仅只成为意志的产生，或者只是一个时髦的名词。在自然哲学当中，情形也是一样。有些人持一种假说，另外一些人持另外一种假说。我倒乐于立即发现真正的基础，区分出这样一批人，他们有效地反驳了无神论者，同时也反驳了其他论敌，并正当地强调德行与宗教共同的成因。

你看，帕拉蒙啊！我这不就了结了心愿吗？我一步一步地让西奥克勒斯在这些话题上彻底地了解他自己，那都是一个序曲，目的是要让他明白我们第二天早晨真正要谈的问题。这样一个解决问题的方法，我一直等着，都快失去耐心了。假如他的思辨是正确的，属于理性那一种，这事先的一场辩论，我知道一定会有助于我理解这些问题，哪怕只是让自己的幻想得到一些乐趣也行，但是，这有助于我用这些话让自己更加开心。

他就从这里开始批评那些作者，结果一步一步变成了连续不断的一场对话。因此说啊！假如这事发生在大学里面，西奥克勒斯兴许极可能装扮成某位神情严肃的神学教授的样子，或者是一位伦理学教师吧！整个下午会在那里跟学生念叨他的那些讲义。

第三节

他说，毫无疑问，这一定会成为一项快乐的事情，好处在于，那些善于操纵的人永远也不太可能让一些对手占到它的便宜。我可以作如是奢望，希望在宗教的辩论中我们也有同样的理由大张旗鼓。可是，由于哪怕在最有利的事项中写出一笔烂文章也并非不可能，我就倾向于认为，这个宗教话题也极可能冒着其他话题一样的风险，因为为宗教辩护的人一般很容易失去谨慎，他们往往不像在亲自辩论时那样担心受到什么批评与责难。他们的对手往往根基稳固，在有利情况下往往不出声。他们也许在十分安全的情况下挑动他们到一个专业领域里去，他在那里并不能公开露面，也不敢公开叫板。他的武器都是私密的，经常延及该事项而又不会冒犯其维护者，同时，并没有哪一种直接的攻击能使他们失去想象中的胜利。他们为自己而进行征服活动，无论争论事项会在他们手上受到何等样的糟蹋，他们都还是照样期望自己的热情能够得到认可。

我（打断他的话）说，也许吧！事情兴许的确如此，一位看来对宗教十分狂热的人士也说过这样的话："除了神职人员，没有别的人更能写文章攻击无神论者了。这些人通过行刑得到保障。"

假如这就是真正的写作，他回答说，那这事就没有什么再争论下去的意思了，一切争辩和推理就走到了头。假如通过武力能够解决问题，理性就没有事情好做了。可是，假如需要理性，这时候，武力就得放到一边去了。除了理性本身，没有任何别的东西能够贯彻理性。因此，假如想通过理性说服无神论者，那就应当像说服其他所有人一样说服他们，自然之中，再没有别的东西能够说服他们了。

我说，我承认这听起来非常合理，也很公平。可是，我担心，很多虔敬人士都会随时放弃这种耐心的方法而取最简洁的路线。失去理性的力量虽然被认为多少有些强大，可是，其他没有强力的理性力量，我也觉得只有较少人会赞同。

西奥克勒斯答道，可是，也许让我们坐立不安的只是一些声响而已。无神论者的字眼或名字兴许会引起某种骚动，它们描述的是两种极不相同的性格，一方是全然否认，另一方只是怀疑而已。那个怀疑者，他兴许只会哀叹自己不幸，并希望有人来说服自己。而否认一切的人，是一个行为冒失、胆大妄为之人，他会形成一种针对人类利益和社会存在的意见。很容易就看得出来，这其中一种人对治安官和法律还保有一定的尊敬，而另一种人则不然。由于他们讨厌这种人，因此经常受到惩罚。可是，前者如何受到人的惩罚，那会是相当麻烦的一个问题，除非治安官可以控制人的思想，也可以管束别人的行为和举动，并且有权威对人的内心思想和秘密想法进行裁判。

我说，我明白你的意思。根据你的说法，由于有两类人都可以称为无神论者，因此，就有两种写作方法来反对这些人，这两种方法也许可以合适地分开使用，但放在一起用可能就不好。人们可以把纯粹的威胁放到一边去，把哲学家的著作与治安官的工作分开，并自然而然地认为，在不信者当中，那些比较谨慎和理智更清醒的人，就是那些不会立即归到治安官名录下的那些人，只能够受到更深思熟虑和语气更温和的那一类哲学的影响。我得承认，治安官的用语与哲学家的用语完全不同。没有任何东西比哲学风格更不适合治安官的权威，也没有任何东西比治安官的风格更缺少哲学意味。两者混合起来，就一定会使两者都受到损害。因此，就摆在我们眼前的这个话题来说，"假如除开治安官之外的任何人可以称为良好的写手，那就是（根据你的说法）以适合哲学的方式写作的人，他有辩论的自由，对自己的敌手持公平心"。

"就应该这样，"他回答说。"难道还有更公平的办法？""没有。可是，世上会持有相同的看法吗？这样一种写作方法，是世人能恰当实践的吗？""无疑有可能。作为证据，我们有许多古代的例子可以拿出来。这种哲学方式中的自由从来都没有人认为是对宗教有害的，或者是对粗俗者有偏见的，因为我们发现它在讲求德行、信仰宗教的民族的伟人中，一直都是写作与谈话的惯常方式，哪怕在祭坛上行使祭司职责并担当公开崇拜活动的守卫者的那些治安官，也喜欢这种自由辩论。"

请原谅，西奥克勒斯，我说。我觉得这样说无助于解决我们眼前的这件事情。我们得思考基督教的时间，如目前这段时间。你明白，那些敢于声称自己是公平作家的人，他们最终的命运都是怎么样的。写了《宇宙智力系统》这本书的那个虔敬和有学问的人，他最终的情况如何呢？我觉得，这么思考一下是很让人开心的，即虽然整个世界对他的能力与学问十分满意，并不逊于对他在神灵事务上的诚心的高兴，可是，他还是遭到一些人的诟病，认为他让无神论者占了上风，他只陈述了他们及其敌手的理性，而且说得相当公平。而在这一类的其他作品中，我们也许还记得，人们却明显看到一种公平的质询（如你所说的），以及在这件事情上受到的冒犯。

西奥克勒斯说，对不起，事情的确证明是这样的。可是，现在，你已经找到一个办法，极可能迫使我与你就此话题进行广泛的讨论，我要加进这个名单，捍卫一名因为其哲学上的自由而受到不当谴责的朋友。

我在西奥克勒斯和他的两位客人面前承认，这向来都是我的真实目标，仅仅由于这个原因，我使自己成为这位作家的非难者。"我在这里实际责难这位作家，就像我责难其他比较节制、镇定的作家时一样笔下无情。我责怪他们的推论漫不经心、耐心过度，没有显示出一丁点狂热与激情，而他们谈论的话题却是事关神灵和未来状态。"

另外，西奥克勒斯回答说，我却十分赞同这种不急不躁的推论方式，并且会努力为我这位朋友开脱这一份罪责，但愿你有耐心听完我的话，此事毕竟关系重大。

我们各自作了回答，之后他就开始了。

在参与宗教辩护的许多作家当中，看起来，最大多数的人要么专心于支持普遍意义上的基督教信仰的真理，要么专心于反驳被珍视为基督教会革新内容的那些特别的教义。一般认为，世界上并没有多少人会在所有宗教的立场与原则上任意和随便。而在这些作家这里，我们发现，并没有多少作家是有目的地专注其中的。他们兴许认为这是一项微不足道的屑小之事，觉得跟那些差不多被普遍认为是让人嫌恶和憎恨的人进行冷静的争论，从来都不是一件让他们觉得痛快的事情。可是，由于我们的宗教要求我们怜爱所有人，我们肯定就不能避免当真关心哪怕我们认为是犯了严重错误的那些人，而且根据我们的经验是极难纠正的人。就算从行事谨慎的角度看，我们也不应当低看这些人，无论这些人的数量多么小，他们的数量总还是在不断增多，在并非可鄙的那些人当中，情形也是如此。因此，这句话也许值得我们认真思考一下："要么在我们这个时代和国家，同样的疗方也许能治疗所有的病，到目前为止，这还需要试一试再说；要么是其他的某些疗方不能推荐，因为那只适合在宗教事务上并不那么严格的一些时代，或仅只适合较不服从权威的某些地方。"

这种情形，也许足以让一位作家认真思考跟这些受了蒙骗的人进行推理的这种方法，在他看法，这方法也许比反复的惊呼与漫骂更有效果，更符合他们的利益，而针对这些人的论证经常使用的大部分方法就是这些惊呼与漫骂。假如想象尝试不同的一种方法，那也绝非荒唐之事，因为一位作家可以用更有利和更有益的方法向这些人提供理性，因为他看上去显得没有成见，也愿意以更冷静和更中立的态度仔细检查每一样事物。对于这样的一些人，人们应该担心，可能事情看起来总是"没有人提出置疑的东西，也可能就是永远也无法得到证明的东西，无论什么样的话题，假如不是这时那时以完美的中立态度进行过彻底的审查，那就永远也没有得到过正确的审查，因此也不可能正当地予以相信"。在这一类的文论中，一位作者，假如没有准备好服从这样一种审查和推论的过程所带来的无论什么结果，而只是显示出对一面的结论的事先的倾向，而对另一面的结论却怀有憎恶，那么，在仅仅只是用作文章或质询的文论中，作者就根本就不可能具备那种必要的公正无偏和中立。

因此，在不同的环境下，其他一些作家也许会发现，流露对于这些人本身及其原则两者的全部厌恶态度，也许十分必要，也符合他们的性格。反过来，我们的作家，由于他的性格超过了一个平信徒的性格，就会尽力流露教养与吸引力，尽一切努力保持与这一类人的公平关系，尽全力容忍他们，并以最完美的中立态度进行争论，哪怕是在涉及神灵的话题上面。他自己并没有主动拿出什么肯定的意见来，倒是想让别人从他的原则中作出结论。他的首要目标和意图不过如此："首先，如何使这些人与德行的原则达成一致，通过这个方法，就可能开放一条通向宗教的道路，那就是移开这哪怕不是唯一，也是极大的一个障碍，它就源自人的恶德与激情。"

就是根据这样一个说法，他才把主要力量拿来将德行建立在原则基础上，有了这些原则，他就能与那些尚且不愿信上帝存在或有未来状态的人进行辩论。假如他不能够做到这些，他承认自己什么也没有做。对于那些不知道善本身是什么的人，终极的善怎么可能是他们所不能知晓的呢？或者说，假如德行的价值与卓越之处不能为人所知，那么，德行怎么可能被人认做是值得奖励的东西呢？假如我们以偏爱来证明价值，以一位神灵来证明秩序，那我们肯定是从错误的一头开始的。这一点，正是我们这位朋友想办法要矫正的。从德行方面来看，他是你最近所说的那种现实主义者，因此他要想办法说明，"它的确就是某种属于它自身的东西，符合事物的本性，不是随意的，也不是虚假的（假如我可以这么说的话），不是空穴来风，也不取决于习俗、幻想或人的意志。甚至都不依赖终极意志本身，因为它并没有什么办法统治它，而是必然的善，为这善所治理，且一直都统一于它"。尽管他已经按照这个方式使德行成为他最主要的话题，在某种程度上说还与宗教无关，可是，我可以想象，他到最后极可能显出一位神职人员的模样，正如同他就是一位道德学家。

再来说无论是名义上的还是真实的有神论者。我不想拿这一点当做一条规则："仅仅是以德行出名的人，并不能以神灵的名义出名，他在为宗教原则进行辩护的时候也免不了造作。"可是，我可以斗胆肯定地说："真心实意为德行辩护，又是一位道德的现实主义者，这样的人，从某种程度上看，必然证明是一位神灵观上的现实主义者，就算根据同样的推理原则也会是如此。"

我得承认，所有的造作，尤其是在哲学上的造作，都是不可原谅的。而你，菲洛克勒斯啊！你向来都不容忍不当推理，也不能忍受毫无根据和前后不一的假说。我可以斗胆说，假如你拒绝我们现代的自然神论者，并向那些其哲学从来都不会使其跟它沾上半点边，却又妄称其名的人发出挑战，那你果真就会是一位大胆无畏的人。

请代我向那些诚实的享乐主义者致敬，他们把自己的神灵高高地挂起来，悬置于想象的空间，使其远离我们的宇宙和事物的本性，除开提到这个名字之外，并不会认为它们还有别的什么东西。这是大胆之举，也是完完全全的交易，只要进行哲学思考，人人都会轻松地明白这个道理。

菲洛克勒斯啊！你看起来比较支持的那些哲学家，他们好像也有这种智巧。假如有怀疑主义者发出提问，不知道"是否有一种真实的神学能够在没有启示的帮助下，仅仅从哲学里提炼出来"，当他这样问的时候，他只不过是在向权威和制度化宗教表示适当敬意。稍作深沉思考的人，都不会被他所骗。但凡思考的人，都很容易就会想到，按照这么一种做法，神学就不可能有任何一种根基。我们知道，启示本身基于一种对神圣存在的确认，仅有哲学的范畴，才能证实启示只是提出的一些观点。

因此，我觉得这是十分不公平的一个办法，那些人本只想当建筑工人，结果却要来做这种证实的工作，结果建立起一处无法承载建筑结构的一个基础。排挤与暗中破坏，在别的情形中也许本是公平的战争，可在哲学争论中，却容不得这类暗中破坏的行为，就如同人们修筑坑道以进行包围。假如人们满口"终极本性、无限存有和神灵"这一类专横和庄严词语，那是没有比这更让人难受的了，因为这期间，并没有人指称神意，也没有人承认像秩序或心灵治理这一类东西。假如人们明白这些词语，又承认真正的神性，这个观念就不是枯燥无聊和空洞无物。但是，这一类的结论却必然从中引出，一定会使我们采取行动，会为我们最强烈的情感找到一处用场。宗教所有的职责明显会从此开始，启示确立的那些伟大箴言也不会有任何例外留存下来了。

现在我们看，我们这位朋友到底是不是真心实意地归属于真实神学家当中的这后一种，你们最好从他的假说得出的结论中看出。你们会看到，它到底有没有导向实践，而不只是停留于纯粹的思辨。之后，你们肯定就会得到满足，因为你们会看到这样一个结构矗立起来，就好像世人的概论一定会被人当做是高等的宗教，而在某些人那里，它还极有可能成为毫不逊色的宗教狂热。

菲洛克勒斯啊！我请求你回答这个问题，在神学当中，到底有没有什么东西是你觉得比神爱观念更有宗教狂热色彩，竟至于可以与世俗的、肉感的或低级趣味区分开来？一种简朴、纯洁和不掺杂异物的爱，它的对象仅仅只是那种存在的卓越性本身，也不承认除它自身成就之外的其他任何一类幸福观念。我现在斗胆一言，你一定会拿它当做一种切实证据，说明我那位朋友远不是不信教的那种人，假如可以说明他支持过这样一个观念，并且想到过要从甚至反对宗教的那些人也十分熟悉的论证中提取这至高的神性。

这么说来，根据他的假说，出于防范的目的，他可能首先要向你宣称：虽然神的公正之爱是最杰出的原则，可是，他非常清楚，一些人虽然出于好意，也十分虔诚，但由于他们那种不谨慎的热情，这原则却可能被强扭过度，甚至扭曲到了奢侈浮华和宗教狂热的地步，这正是古代教会的那些神秘家先前有过的毛病，而现在竟然还有很多人在走他们的老路。另外，还有一些人反对这些虔诚神秘家的修道方法，甚至是他们称为宗教狂热的东西的大敌，他们对这种狂迷之举的各个层面进行过抨击，攻击之甚，竟然使他们自己失去信仰，结果在现实中对他们称为理性宗教的东西根本就没有了热情、情感或温暖之心，竟至于使人们怀疑，觉得他们可能对任何一种宗教都没有诚心。虽然（他们会这样对你说）一位纯粹的政治作家使其宗教论证建立在一种如对未来奖惩等的信仰必要性之上是相当正常的，但是，假如你愿意接受他的意见，使其还原到这样一种哲学，竟至于不为其他爱的原则留下任何余地，并把所有这一类情感都当做宗教狂热，那却是宗教虔诚的一种极差的象征，尤其是在基督宗教中，因为一切都旨在获得所谓的公正不偏上，或者想要对人们说，爱上帝，爱美德，仅仅就是为了爱上帝和爱美德。

因此，在这里，我们就有了两类人（根据我那位朋友的说法），他们在这两个极端上使宗教暴露在其对手的羞辱下。一方面，虽然很难为那种拔得极高、又被虔诚的神秘家过高的热情所信奉的爱的观念进行辩护，但是，另一方面，根据这些更冷静的人士，要使宗教免于唯利是图或一种奴性的责难亦非易事。假如有人说，为上帝效劳或仅仅为了利益就是奴性或唯利是图的表现，谁又能反驳他呢？事情不是很明显吗？唯一真实和自由的效劳，无论是对终极存在者还是对其他任何超越者，难道不就是"源自对于所效劳的那个人的尊重或爱吗？

那是一种职责感或知恩图报的情怀，是出自职责或感恩之心的爱，就是其本身是好的或可爱的那一种。"假如作出这样一种让步，哪里就会对宗教造成一种伤害呢？或者说，假如人承认，"由它引起的一种效劳，并不等于自愿和带有倾向的那种东西，而是那种属于不诚恳和奴隶性质的东西"，就一定会减损对死后奖惩的信念吗？以一种或另一种方式保持对于公正规则的顺从，难道不仍然是出自对于人类或世界的利益的考虑吗？虽然不一定是更好的方法，但至少也是不完美的一种方法吧？难道我们不应该说明，"尽管这种出自恐惧的效劳发展到了如此低俗或卑贱的程度，可是，宗教仍然不失为一门学问，灵魂继续其趋向完美的进展，奖惩的动机仍然是主要的，也是我们最重要的考虑，直到能够得到更崇高的指示，我们就会走出这样的奴役状态，朝向对于情感与爱的更卖力的效劳"？

根据我们这位朋友的意见，这才是我们所有人都应该渴求的，这样才能努力实现"应该成为我们的动机，应该是对象的卓越而非奖惩，可是，由于我们天性的败坏，假如前一种动机不足以激发我们的德行，那么，后一种动机也应该起到辅助作用，因此无论以任何理由都不能低估或忽视其作用"。

一旦确立了这样的动机原则，宗教怎能再受到唯利是图的责难呢？然而，这就是我们知道宗教经常受责难的理由。他们说，"敬神之心是最大的收获，诚心敬神也并非毫无回报"。这难道是一种责备？难道有人承认，也许还有更好的一种信奉，更慷慨的一种爱不成？足够了，再不需要别的什么了。在这样一个基础之上，我们的朋友就觉得，为宗教辩护已经是易如反掌之事了，哪怕是那最虔敬的一部分，就是被认为是信仰的一大笑话的那个部分。假如自然之中存在如此一种信奉，如产生情感与爱的那种信奉，即爱的对象，那就只剩下对象需要进行思考了，就是说，是否当真存在我们假定的那一位终极存在者。假如事物之中存在神性的卓然之境，假如自然之中存在终极的心智或神性，那我们就有了一个至上对象，它包容了一切美好或卓越的事物。在万事万物之中，这个对象必然是最友好的，最有责任心的，也是最为满足和自我享乐的。仅仅这个世界（假如我可以这么说的话）自身的智慧与完美秩序，就足以说明世上存在这样一个首要对象。这样的秩序，假如的确完美的话，就会排斥所有真实的恶。我们的这位作者真诚相劝的，正是说明它当真排斥了所有真实的恶，因为它尽最大努力从神意的进程里化解了那些外在的现象与恶的迹象，而又在这个世界里留下了看起来多得完全不相称的美德。

不可否认的是，事物的外相杂乱纷呈，看起来极不利于德行之存在，反倒是有利于恶，这种不利于一位神灵的相反意见也许可以不费力气就加以消除并予以校正，因为我们只需要引入未来状态便足矣。对于一位基督徒，或已经相信这么一个了不起的观点的人来说，足以驱散蒙在神意之上的每一块阴云。因为，只要确保有一个来世，他并不需要太过在意美德在此世的命运。可是，对于我们在此相遇的那个民族来说，事情可不是如此。他们对于神意一无所知，因此希望在此世找到它。世俗事务和社会人心最恶劣的表现中源源不断的失序事态不断恶化，因此很难让他们因此而理解神意之存在。他们很难看出以这种品性表现出来的神意。世间事务如此丑陋不堪，他们便会对天上神灵疑心重重。有了他们看到的这些结果，他们自然就倾向于对其原因作出评判，并就德行的命运审视神意的性质。可是，一旦确信此世事物的秩序及存在的神意，他们兴许很快便会满足于来世的一切。假如德行针对其自身并非微不足道的回报，而恶在很大程度上又是对其自身的惩罚，我们就有了一个坚实的基础可以坚持自己的立场了。分配正义和世间适当的秩序这些简明的基础，也许会引导我们想象更宏大的一个建筑物。我们能理解更大的规划，也容易让自己明白为什么事物并没有在这样一个状态里完成，而是留着到未来的某个时机才予以成全。假如善良与讲求德行的人在此世便得到完整的富足，假如人的善良从来都不遭遇不利，假如人的功劳从来都不曾为阴云所笼罩，那么，德行的考验、胜利与皇冠又从何谈起呢？德行会在哪里找到一个舞台，或者，它们的美名从何而来呢？人的节制或克己在哪里？人的耐心、温顺、宽宏大量又从何见出？所有这些从何而出？假如没有艰难困苦，又有何功劳可言呢？假如没有冲突，假如不跟里里外外的敌人正面相遇，那又有何德行可言？

可是，尽管德行在此世必须要遭际种种的困苦，它的力量却是要强大得多。尽管在此世会遭受攻击，德行却不会因此而被抛弃，更不会处于悲惨状态中。它有足够强大的力量可以从遭人怜悯的情形下解脱出来，尽管它并不会超出我们的愿望，我们在此世乐于见到德行，也能以它的名义寄予厚望。它当前的这个份额便足以显示，神意已经站在它一边了。由于此世便已经有这样一种神意与她同在了，由于我们在此生已经体会到如此之幸福，得到如此之多的利益，那么，这同样一个神意为何不能延伸下去，为我们提供一个成功和完美的来世呢？

照我们这位朋友的意思，关于未来的状态，也许就可以对那些质疑启示的人说这么一番话了。这使启示成为可能，也保证了信仰神灵或神意的第一步。神意应当可以通过我们在这个世界的事物中看到的秩序里得到证明。我们要伸张秩序，尤其是在涉及德行的这个部分。并非所有状态都可以称做来世。在一种失序状态里，对当前事务的所有考虑都放弃了，恶行得不到控制，德行受到忽略，那就代表一种混乱，并使我们堕落成为无神论者所喜欢的原子、机遇和混乱。

假如任由失序蔓延，（像一些狂热的人所做的那样）夸大德行的不幸，竟至于使其成为此世的一个不幸选择，那么，对于这样一个神灵的事业来说，怎么可能还有比这更糟糕的情形呢？一些人提出主张，要把人的思想转向更美好的来世，而把此世想得如此恶劣，那是错得离谱的一种主张。对于信仰不坚定的人来说，以这种方式提出反对德行的主张，会使他们更不太容易相信神灵的存在，却又不会使他们更加相信未来的状态。人们也不会当真觉得，一个人有了崇高的德行观念以及由德行带来的幸福观念，却又较少倾向于相信未来状态。反过来，人们一定总会发现，偏向恶行的那些人总是最不愿意听说未来的存在，同样，热爱德行的人也最容易赞成那种使人英名长存，使其事业大获成功的那种观点。

因而，在古人当中，**激发无数智者贤士去信仰启示给他们**的这个教义的强烈动机，完全出自对于那些伟人的人格中的德行的热爱，这些伟人是社会的开创与守护者，是立法人员、爱国者、拯救者、英雄，他们所仰慕的这些人的德行，应该长存下去，永垂不朽。在今天，也没有任何东西能够像对友情的喜好一样使这种信念在善人与讲求德行的人当中深入人心，友情在他们心中培植起一种并不能完全与死亡隔绝的欲望，但是，他们也一定同样喜欢随后将要到来的那同一个美好的社会。因此，一个作者，仅只是为了赞美德行，怎么可能会被人视为一种未来状态的敌人呢？我们这位朋友为之辩护的是这样一个原则，上帝观念本身与善的观念都基于其上，这样一个人怎么可能被视为在宗教上面存在谬误呢？他只是这样说，所有的话都归结为一点："假如把未来状态建筑在德行的废墟上，那么，整体的宗教与神灵的事业就都遭到背叛，假如把奖惩当做义务的首要动机，基督宗教就特别地被颠覆了，而它最主要的原则，即爱的原则，也会被人唾弃与批判。"

因此，整体而言，我们不妨作出这种公平而又充满仁爱的结论，即哪怕是对原则性不那么强的一些人，这位作者也公平以待，引导他们理解人的构成与人类事务的性质，使他们有可能在心目中形成事物中的秩序观念，并从中形成对于智慧、善意与崇高之美的确认，由于到目前已经成为皈依者，一旦他们接受了这门宗教的信条，并按照这宗教的圣品来要求自己，那他们就能准备好接受我们这门宗教将要教导他们的那种神爱，这一切当真也就是我们这位作者的意图。

他继续说，这样一来，我就已经把我们这位朋友的护教学说弄清楚了，也许还使他在你面前看起来像是一位不错的道德学家，而且我也希望，他并不是宗教的敌人。可是，假如你仍然觉得他的品格中没有显出我所许诺过的那种神性，那我永远也无法想出能用谈话这种普通的方式来让你满足了的任何方法了。假如我主动提出再进一步，不妨会更深地埋头精神事务，并被迫构造出一种新的布道模式，把他的一套神性讲清楚。可是，既然在谈起严肃话题时总是近乎布道说教，我也只能寄望于此，但愿你会原谅我到目前为止所做的一切。

第四节

他的话刚刚说完，正巧就来了几位访客，结果大家一下午就谈起别的事情了。可是，谈完之后，等生人一离开（但那位老先生及他的朋友却没有离开，他们曾与我们一起吃过饭），我们就重新开始与西奥克勒斯谈起来，要求他即行布道，并反复要求他按照他自己的神学方法详细说明。

对此他略有微词，说这是对他的逼迫。他说，我们大家都曾看到过，一些人往往会逼迫一位著名歌手，不是因为对音乐本身有什么特别嗜好，而是想满足一种并非善意的好奇心，这样的好奇心到最后一般都以责备与厌恶收场。

我们对他说，无论怎么说，我们都还是坚持自己的要求。我对几位同伴说，假如他们以我强迫他的同样方式真心支持我，那我们就很容易得到更好的结果。

他就说，作为一种报复，我可以在满足下面这个条件的情况下答应你的要求，即是说，由于我将要扮演神父和布道者的角色，菲洛克勒斯就得为此承担一定代价。他将出演异教徒的角色，并代表接受布道的那个人。

这真是个好主意，那位老先生说，你建议他扮演的这个角色对他很自然，也很合适，因此，我不怀疑他会尽力出演，不会有任何难受之处。我甚至希望，你已经为自己省下了一个麻烦，再不必让他去体验适当角色的想法了。由于他向来爱吹毛求疵，因此定然会不断地打断你的话。所以说，由于我们已经通过一场对话得到了极大乐趣，我就希望布道的规则还得严格遵守："无论争的是什么，无论提出来什么样的问题，布道者都可以一概不答。"

我答应了所有条件，并对西奥克勒斯说，我心甘情愿当他的靶子。另外，假如我真是他提议我扮演的那种异教徒，那我也不会觉得那是什么极大不幸，因为我可以肯定，既然他许诺要这么看待我，那他一定会完全彻底地说服我。

接着，西奥克勒斯就提议，我们应当出去走一走，晚景正好，和风徐徐，他觉得这样自由的空气更适合这一类的谈话，比室内好得多。

众人表示赞同，就一起到野外进行晚间散步，田野里辛勤劳作的农夫此时也已经一个接一个地回家了。我们不由自主地对一种乡间生活发出赞叹，就农事和土壤的性质聊了一会儿。我们的朋友开始赞叹一些植物，其中一些在这一带长得出神入化。我（曾在药用植物方面长了一些见识）有幸说了一句让他们大家都大加赞赏的话，西奥克勒斯就立即转身对我说："啊！我这位天才朋友！"他说，"你的理性在别的一些方面也一定如此清晰和恰当，你既然有如此精妙的洞见，对自然的存在物与运行的特别之处有着如此准确的判断，对于事物整体的结构以及自然的秩序与框架怎么可能没有更好的一种判断呢？除开你本人之外，还有谁能够显示每一种植物与每一个动物体的结构，能够宣布每一个部分与器官的职能，并且能讲出其用途、目的与它们能够获得的益处呢？就事物整体而言，你怎么会显出如此不称职的一位博物学家，并对世界以及自然的解剖学如此所知甚少，竟然不能看出不同部分的相同关系，以及宇宙当中同样的一致性与统一性呢"？

"也许有这么一些人，他们有一个错乱的想法，是他们在内心里以极不正常的方式形成的，竟至于对他们来说，无事找碴儿成为平常之事，他们能够想象出上千种彼此不协调和更广泛构造中的缺陷。我们也许可以假定，普遍意义上的自然没有这样一个极对的目标或兴趣，非得让每一单个人的想法也正确无误，如我们在这些人的思想里能够感受到的那种错误，他们总是为一种固执的想法所左右。可是你，我的朋友啊！你却是一位大师，你懂得更高尚的心灵。你明白人心里有着更好的秩序，你在自身就可以看到精工细作与精益求精，也看得出创造活动中其他数不清的各个部分。既然已经承认了这么多，而又不承认这个整体，那你能让自己满意吗？你能否诱导自己相信或认为，既然各个部分以如此不同的方式结合在一起，而且在其内部又以如此适当的方式形成一种和谐，而事物的整体自身竟然可以既没有统一，也没有协调可言；既然较次等和单个事物的本性经常是如此之完美，而普遍的事物却又缺乏完美性，并且被人看做是任意臆想出来的任何一种东西，是极怪诞，极粗俗和不完美的东西呢？"

可真是奇怪！自然之中有关秩序与完美的观念，而自然本身倒是缺乏这秩序与完美！源自大自然的那些造物竟然如此之完美，能够在其构成当中发现不完美之处，而且极其聪明，可以纠正自己得以创造的那种智慧！

显然，没有任何东西比秩序与比例的观念或感觉自身更能够对我们的思想产生强烈影响，或更严密地编织在我们的心灵之中。这样也才会有所有那些数的力量，以及建立于其治理与使用基础之上的那些影响深远的艺术。谐调与不谐调之间，存在着多么大的一个差别啊！安然有序的运动，与失之调节及偶然的运动之间，规则与统一的高尚建筑，与一大堆沙石之间，组织有序的人体，与任由风吹雨打的云雾之间，都存在着多大的一个差别啊！

由于这差别是我们简明的内在感觉直接就可以感受到的，同样，我们的理性对此也有一套解说。无论是什么东西，假如里面存在秩序与统一，这同样的东西里面就存在一种设计的一致，假如它们在一项中达到一致，那就是一个整体的构成部分，或其本身便是一个完整的系统。树木有枝，便是这样一种情形，动物有肢体，也属于类似的道理，一座大楼，毕竟配备有外表与内在的装饰。哪有别的任何东西，比一串按照一定比例发出来的声音更是一种曲调或交响乐，甚或是任何一种优秀的音乐作品呢？

在我们称为宇宙的这个地方，任何特别的系统中无论可能存在什么样的一种完美，或无论哪一些单独的部分可能具备什么样的比例、统一或形式，假如它们并非在一个系统中形成普遍的统一，而只是相对彼此而言的那种流沙、浮云或浪花，那么，这个整体之中便不存在和谐，因此也可以推导出失序，失谐，因而也不是某个计划或设计。可是，假如这些单个的部分没有哪一个是可以不依赖其他部分的，而是明显结合在一起的，那么，这个整体便是完全的，是根据单一一条简明、连贯与统一的设计构成的。

接下来就是我们要谈的主题了，我接着往下说。无论是人还是其他动物，尽管其自身已经是如此完善的一个器官系统，其内在的一切，却不能以外在的完美同样的方式称为完善，而只能被认为是与他的同类构成的系统有着更进一步的联系。甚至是他的同类构成的这个系统相对于整个动物系，相对于整个世界（我们这个地球）以及相对于更大的一个世界，相对于宇宙来说，也都是如此。

这个世界上的所有事物都是彼此联系在一起的。正如树枝跟树联系在一起，树与大地、空气及滋育它的水也都直接联系在一起。肥沃的土壤与树结合起来，橡树或榆树挺拔粗壮的树干也同样与缠绕其上的藤蔓不相分离。树叶、籽实与果子也与各样的动物联系起来，而动物也是相互依存的，并且与它们生活其中的风雨雷电不可分离，从某种程度上说，动物就好像盲肠一样依附在自然要素之上。比如，生出翅膀就是为了借助风力，长出鳍来便是为了划水，有足便于踩地。要说起内在的诸般功能，那就会看出更多奇妙的对应。因此，思考这地上的一切，我们必然看出一切都在一个整体里，就像附着在同一棵大树上一样。在更大的世界构成的系统里，情形也是如此。看看吧！那些相互依靠的事物！它们彼此之间的关系，看看太阳与这个有人居住的地球，还有地球及其他行星与太阳之间的关系！这整个体系中存在着的秩序、统一与协调！我的天才朋友啊！看到这一切，你一定非得承认这个普遍存在的体系，以及事物符合条理的体系，全都是确切无疑的充分证据，能够说服任何一位公平与公正的思考者对于整个自然作品的看法。但凡人认真观察这普遍的设计，就会相信如此显明地展示出来的一种统一，这可以从无数相互依存与对应的强有力的例子中看出来，从最底层的存在秩序到最遥远的星体都看得出来。

在这么一个统一体中，假如某些部分与另外一些部分之间的关系不容易看得出来，假如从这一点看来事物的目的与用途并非在各处都显明，那也没有什么可奇怪的，因为这一切都必然发生，终极智慧也不可能以别的方式形成这样的秩序。由于相对彼此的事物数量多到无限，人的思想又不能以无限方式看到一切，因此也不能完整地看待任何事物。由于各个具体事物对普遍的整体存在一种关系，它就无法看到任何事物完全或真正的关系，因为这世界并非为人完全或完整地知晓。

对于分成了许多部分的动物、植物或花朵，也可以进行相同的考虑，不是解剖学家，也不擅长于自然史的人，也会认为许多部分都与一个整体存在某种关系，因为这是一望便知的事情。可是，也有很多人跟你一样，我的朋友，他们对于自然的造化有极大兴趣，因而对动物与植物世界的知识了解甚详，只有这样的人才会乐于宣布，这些不同的部分全都与另外一些部分存在适当的关系，也与自己适合的用途关系甚密。

可是，假如你愿意顺着这条思路朝下想，并思考一下，我们对于事物目前的这样的情形不仅仅应当深感满足，而且还要赞叹这其中清晰明白的一切。我们只需要想象一下，有些人对于航海完全是个外行，对于大海或水体的本性全然无知，当他们发现自己上了一条船的时候，竟然会产生极大的震撼，他们发现船能在海中央停下来，哪怕是在完全看不到陆地的地方，风平浪静的时候，他看到那台笨重的机器一动不动，就那样歇在平静的大海上，因此就考虑它下面的基础为何，会考虑它的缆索、桅杆和上面的船帆。他会多么容易就明白这整个规则的机构，所有事物彼此依赖——船舱的房间各有用途，还有里面存放的物品，以及人的各色用品及存储的货物啊！可是，假如他并不知道整个上层的意图或设计，他会觉得那些桅杆和缆索并无用处，而且是累赘，并会因此而责难这整个框架，并责怪船舶的设计师吗？我的朋友啊！我们先不要在这里透露我们的无知，而是来思考一下我们到底是什么人，生活在什么样的一个宇宙里吧！想想这台巨大机器的许多部分，我们对这机器所知甚少，也不可能知道它一切的目的与用途，我们无法看到最高处的悬饰，反倒只看得见较下层的甲板，我们处在这肉体构成的暗箱里，仅仅局限于船舱以及这船只最一般的部分。

我们现在已经确认了这个统一和一致的结构，并承认了这个普遍的体系，我们必然也会承认一个普遍的心智，但凡具备聪明才智的人，决不会对此普遍之心智加以否认，除非我们想象作为普遍心智的基座的这个宇宙里存在着失序。但凡生活在这个世界上的人，假如在远离人烟的地方听到一阵完美的交响乐，或者看到成排整齐的建筑物按照一定秩序与比例在地上出现，却又坚信这一切的下面并无任何一种设计伴随其中，并不存在隐秘的思想之泉，也不存在活跃的心智，难道会有这样的事情吗？由于他并没有看见哪一只手，因此就否认有手艺存在，并假定这些完美与全备的体系，这些有着适当对称与统一构造以及和谐秩序的体系，全都是大风偶然刮成的，抑或是流沙随意堆成的？

那么，到底是什么扰乱了我们对自然的看法，以至于毁掉了一种心智的设计与秩序的统一性，而如果不是如此，则统一性本来是否那么明显易见？抬头看天，俯首观地，我们看到的一切都能证明这秩序与完美性的存在，都可以让人的思想就一些高尚的思考话题进行思考，就跟你这样得到过科学及学问熏陶的人的思想一样。仅仅除开跟人有关的事物或生活环境之外，一切都是令人开心的，感觉亲切的，令人欢喜的，因为人的生活环境毕竟各有不同。在这里，灾难和罪恶频频发生，因而毁坏了这美好的事物。从这个角度看问题，一切都灰飞烟灭，整个宇宙的秩序在别处本来无可厚非的、完整无缺的、不可撼动的，到了这里却被全然推翻，一点影子也见不着。因为在这里，我们都从自己的角度看待事物，这就是自私，我们把整体的利益置于如此之小的一个部分的利益之下。

可是，你抱怨人的不平等状态，抱怨人相对野兽又少有益处，这是怎么一回事呢？一个造物若与野兽没有什么不同，除开智慧及很多人并不顺从的德行之外，这造物的价值相对野兽而言又显得如此之小，那他有什么东西可以声称为是自己的呢？一个人也许是讲求德行的，因为这样做，他也可能是幸福的。他的价值便是他的回报。他本应当是讲求德行的人，也只有在德行中，他的幸福才能找到适当之所。可是，假如哪怕德行自身都见不到，而恶行反倒是更多见，成为更好的选择，就像你所说的一样，假如这就是事物的本性中存在的东西，那么，现实中所有的秩序岂不是全都倒过来了，而终极的智慧也不见踪影。按照这样一个样子，不完美与不规则无疑是道德世界里太明显的一个事实。

"在你说出这句话以前，你是否只是在相对于此生的关系中思考善恶的状态，因此才那么肯定地说，这一个或那一个在什么时候，在什么范围之内，在哪些特别和具体的情形之下是善的或恶的？你在艺术与自然的其他结构与构成方面非常老到，但你思考过人的思想结构，灵魂的构成，它的激情与情感的联系以及全部结构吗？只有这样才能相应地了解各个部分的秩序与对称情况，明白它如何或者有所改善，或者会遭受痛苦，假如它在原有的状态下得到自然的保护，那它会有何等样的力量，而当人心败坏，遭受滥用的时候，又会导致哪些后果。朋友啊！只有当这一点得到了仔细审查和理解，我们才能判断德行的力量或恶行的坏处，或者说这两种会以哪一种方式达至我们的幸福或招致灾祸。"

"因此，这就是我们应当首先调查清楚的一件事情。可是，到底有谁觉得自己应当进行这样一个调查研究呢？假如我们走运，碰巧有一副好脾气，假如一种自由教育在我们心中培植起一种慷慨大度的气魄与性情，还有节制有度的胃口和相宜的旨趣，那对我们是再好不过的了，而且我们也当真会珍惜它。可是，又有谁敢于把所有这些都归结到自己头上，或者把自己的这一份幸福感传导给他的同类呢？在这样一个世界里，人必然要冒极大风险才会想到要改善自己的性情，或者保存他的这一份幸福，因为我们都知道一种诚实的天性总是很容易就发生败坏的。跟我们有关的其他所有事物都小心地保存下来了，也有适合于它们的那种艺术或治理之法，而跟我们关系最近的这一点，并且是我们幸福之所依的这个东西，仅只是交付给运气；而人的性情又是唯一不受管制的东西，尽管它喜欢管

300

制别的一切。"

这样一来，我们就是在涉及什么是对我们的胃口有益的，什么是对我们的胃口合适的东西发问，然而，哪些胃口对我们有益，哪些胃口对我们合适，却不是我们想要审视的。我们想要了解清楚的是那些符合我们的兴趣、政策、风气与时尚的东西，可是，询问哪些东西对自然相宜看上去却是相当奇怪，也不合时宜。欧洲、贸易和力量的平衡正是人们所追求的，根本就没有人听说过其激情的平衡，也没有听说把这些天平端平的想法。根本没有人熟悉这方面的事情，也没有人了解这些事物。可是，假如这种审视活动使我们多加注意，那我们就会在这里和自然之中的别处看到美与端庄，而这秩序也会与自然世界的秩序相等。如果是这样，德行之美就会看上去成为终极和最崇高的美，就如同我们已经显明的一样，那是一切善与可爱事物的起源。

可是，为避免我到最后看起来太像一个狂热分子了，我就选择按照古代哲学家们的用语把自己的意思讲出来，并就这个哲学意义上的讲谈作一番总结，因为那些哲学家向来都是你们大家所敬重的。他说，神性本身肯定是美好的，也是所有美好事物中最明亮耀眼的，尽管它不一定有美好的身体，可是，一切美好的身体却都由它而来。那不是一片美丽的平原，但平原却因为它而显得美好。河流之美，大海之美，天空之美，以及星座之美，一切都由此而来，就如同来自一个永恒和不朽的来源。由于现存的事物分享了它，这些事物就是美好的，就是繁盛与令人快乐的。假如没有了这一点，那些事物就会是丑陋的，就会消失，就会不见踪影。

西奥克勒斯说完了这番话，我们的两位同伴便客客气气地表示赞扬。我也以同样方式加上了几句赞美的话，可是，他却立即阻止我，说假如我只是赞美他，而不是根据我自己的性格对他这次长篇大论发表某些批评意见，那他会觉得脸上无光。

假如非得如此，我回答说，那就首先容我满足一下自己的好奇心。我们有好多论证一般用作神灵证据，但你只用了其中的一种论证来进行论述。我原本以为你会按照一般的形式进行第一因论证，第一个存在者论证和运动起始因论证的。一个无形实体的观念是多么清晰明白啊！物质与思想的存在看起来也是简明易懂的，在某个时候，一定是由物质创造出来的。但是，关于这一点，你却没有说任何话。至于"一个有形而又不思想的实体永远也不可能制造出一个无形而又能思考的实体"。这样的话，我是乐于表示赞同的，但有一个条件，即无中不能生有的这句伟大格言，在我和我的对手来说都站得住脚。因此，我就想，虽然世界持续存在，他却不太容易为物质指派一个起始，也难以想出一种使物质灭失的可能办法。相信灵魂存在的人，他们只要自己喜欢就能信口说出，"物质有万千的形状，有的联结，有的分离，永远处在变化与修改过程中，但它本身却永远也不能产生哪怕单个一条思想"。他们的论证在德谟克利特和伊壁鸠鲁或其他或早或晚的原子论者那里都站得住脚。可是，在严于追究的学者面前，这些论证就会变成不利于他们的证据了，尤其是当两个实体彼此离得很开，并被认为是两种不同的种类的时候，人们就可以据理力争，对无形的种类也进行类似的论证了。正如人们所说的，"随便你怎么做，哪怕用上千种办法修改它，纯化它，用思想来赞美它或夸耀它，狠劲折磨它或拷问它，却怎么也无法从中产生相反的力量或实体"，可怜的物质那不中用的废物怎么也不能用无形思想的简单和纯粹实体创造出来，正如思想或理性的高极精神也不能从重型物质的庞杂实体中抽取出来。所以说，应当请独断论者按照他们的能力来构造这样的一个论证。

可是，在你这方面，我接着说，由于你已经把问题说出来了，那就不是首先或最初的问题了，而是立即，是存在的此刻问题。"假如神灵此刻就当真存在，假如无论从哪个意义上说，看起来此刻都有一个宇宙之心，那就很容易得出结论，肯定是曾经有一个的。"这就是你的论证。你是就事实来论证的（不知可否这么说），你要证明事物实际上是在这样一种状态及这样一个条件下存在的，假如它们当真存在过，那就不存在任何争议了。你的统一说是你主要的支持。可是，你如何能够证实这一点呢？你拿出了哪些演证来说明这样的情形？除开纯粹的或然性之外，你还拿出了别的什么东西没有？你并没有演证任何东西的存在，假如这种统一的方案就是神灵存在的首要论证，（这也是你所默许的），你看来真正演证出来的倒是这么一个情形："这情形本身是无法演证的。"因为，你曾这样说过："一颗狭窄的心灵，如何可能见到所有事物呢？"可是，假如在现实中，这样的心灵真的看不到全体，那它等于什么都没有看见。而可以演证的部分就仍然落在很远的地方。就算我们承认这存在于我们的视野或知识范围之内的全部，它本身是有秩序和统一的，就像你所主张的那样，这个庞大无比的全体也只不过是一个点而已，跟余下的部分比较起来简直就是无。我们会说："那只不过是一个单独的旁世界，正如我们这个世界是规则和合比例的，那些个世界里可能存在数不清的可怕与丑陋之物。在很长时期内，由于存在物的数量无限之多，五花八门，这样一个出类拔萃的奇特世界，碰巧就特别惹眼，投入了某种外形。（因为在无限的机会中，什么样的事情不可能发生呢？）"但对于物质的其余部分，它的色调就完全不同了。在这广袤无边的太空中，（诗人所称的）时间老人混乱地掌握着绝对的控制，支持着他的黑暗王国。他不断地骚扰我们的边疆，有一天，他也许会因为某种机缘而收回失去的权力，征服反叛他的那个国家，并使我们再次统一在原初的不和谐与混乱之中。

西奥克勒斯啊！我对自己的言论在此作一个总结，这就是我对你的哲学斗胆发表的全部意见。的确，我想象，你不妨给予我更大的一个范围：可是，你却在比较小的一个范围内收缩了战线。实话对你说，我觉得，你这一套神学比起一般意义上的牧师说法并无二致，并不显更公平和开放。的确，从名称上看，这些都是严格的论证，可是，在事物的范围上却大得多。它们根本不能承受起自身进行的攻击，无法承受就神灵存在提出的严正置疑。但是，回过头来看，它们又总是就自然本身显出公平态度，让自然本身因为其缺陷而接受人们的挑战。他极可能犯下错误，我们也可以自由地提出责难。他们认为，神灵并不需要对自然的缺陷担负责任，只有自然自身应当为此负责。可是，你在这一点上说得更直截了当，也更准确些。你在毫无必要的情况下将自由引入这场争议中，并承担起责任为她崇高的美进行辩护，因此，我就不知道向大自然提出置疑是否适当稳当之举。

西奥克勒斯说，千万不要为此担心，对于自然，你尽管放心大胆地发问，无论最后会导致什么样的后果。大不了我的这一套假说最后证明是错误的。假如我为自然进行的辩护显得力不从心，我的朋友们也没有必要觉得有何难堪。毫无疑问，他们会因为有更强有力的神灵论证方法而得到强化，而且可以大胆利用那些形而上学的武器，而人们对这武器的利害似乎并不上心。我让他们来与你争论这一立场，只要觉得合适的时候我便会这样做。因为，我自己的论证即使能构成这一辩护的任何一个部分，它们也只是一些不太着边际的想法，或者是一个大概。人们很容易就能驳倒它，但是，对于所说的话题应该影响不大。

我说，尽管你宁愿让我从外表上来攻击自然，我还是选择等到在谈及其他所有话题时再论此事，只是除人而外。我想恳请你的一个问题是，在如此高贵的一个造物中，也是最值得大自然关心的一个造物中，他竟然看起来如此脆弱和无能，而在纯粹的野兽中，也就是那些毫无理性可言的造物中，他竟然又展现出如此强大的力量，体现出如此顽强的活力？到了弱不禁风的人这里，本性缘何就如此不堪一击，而人可是更容易受到疾病侵害，比许多野生动物的寿命还要短的啊？野生动物的活动范围较安全，也能防范季节与不良气候的伤害，它们并不需要技艺的帮助，而且生活在无忧无虑之中，不需要费力劳作，更无须像人那样艰难移动、绊手绊脚。它们小的时候易于照料，长大后又充满活力，有更敏锐的感官，更天然的精明，可以随心所欲，追求快乐，寻找食物和维持生活的时候也不费工夫，自然本身便为它们提供了衣物和武装，使动物全无修房盖屋之劳苦。所以说，自然的秩序完全是为其他造物所准备的。这些造物的坚韧、强壮与活力都是如此。为什么对人就有所不同呢？

你的这一番劝告就此停下了吗？西奥克勒斯问。我倒是觉得，既然你已经把话说到这份上，再就此说下去反倒十分容易，而不仅仅只是主张其他造物的这部分优势。你完全可以代表所有造物发出这样的感叹："人为什么没有成为自然能够成就的全部优势与利益的最大体现，反倒是这番模样呢？"不要只问人为什么是裸体的，为什么没有生蹄子，为什么比野兽的脚步还慢？而是要问，"他为什么没有长出翅膀便于在空中飞行，没有生出鳍来便于在水中游动，等等。这样的话，人就可以占据所有自然要素，并统治一切"。

我说，可不是这意思。这样的话，就把人拔得太高了！就好像人天性就该是万物的主宰。我所指的意思，可并没有这么多。

他回答说，事情是目前这个模样，已经足够了。假如在人的情况下我们有一次使自然从属于人，假如自然自身不是为人所设，而是人为自然所设，那么，人就当屈从于自然的风雨磨砺，而非相反。所有这些，全都不适合于人，没有一条完全适合于人。假如任由狂风劲吹，人立马倒地不起，因为人并没有

305

赋予一对翅膀。若是在水中，则人立即下沉。若在火中，则他会烧得没了影子。若在土里，则人会窒息而亡。

至于人在什么样的其他领域里居于统治地位，我说，我所真正关心的并不是为人本身，因为假如巧用技艺，人甚至可以超过自然给予其他造物的那些优势。但是，就风而言，我觉得自然完全应当给予人类一双翅膀。

这样的话，西奥克勒斯回答说，那他可能会有什么收获呢？我们可以考虑一下，对外形进行一番变更会产生什么样的后果吧。我们来看看那些带翅膀的飞鸟吧！看看那整个结构是否为了达到这个目的而创造，以及为了这单一一次行动而牺牲掉的其他所有益处吧！这造物的解剖学也从一个角度显示出所有带翅动物的结构：它们最主要的躯干部分就是两大块肌肉，靠这两块肌肉把其他所有部分的力气全部用掉，并占据整个身体结构的有效部分。正是这个原因，空中飞行一族便可以完成其他所有物种都无法比拟的快速用力的空中运动，并远远超过其在其他任何地方能够使出的力气。它们身体的这一部分得到的超级比例，似乎是要使其他部分饿死方才作罢。而在人的建造中，由于其秩序如此之不多，假如其用于飞行的引擎也按照这个样子来配置，那其他的成员岂不是只有因此受苦，而其他重复的部分岂不是要相互挨饿度日？从这样一种分割方法上来看，你觉得人的大脑处在什么位置？那不是跟证实一个挨饿者一样吗？或者，你会按照同样的频率来处理此事，并把主要的营养物都吸到自身当中来，而使其他部分都得不到营养吗？

西奥克勒斯啊（我打断他的话）！我明白你的意思，我说。假如存在很多这样的情况，那大脑肯定会是个挨饿者，世上会思想的人们，尤其是那些哲学家与艺术名家，都一定会满足于一小部分身体功能，这是为了另一种意义上的部分与能力。看起来，所谓一个种类的部分，与另一个种类的部分之间在管理上很难达到一致状态。可是，为了在两边都实现这样的平衡，我们可以把桌子转动一下，我假定，这事情在时代的脉络面前还是会照样，因为这些都是有着巨大身体能量的人。我们暂且不提粗俗的那一类人，比如，摔跤手、撑竿跳运动员、赛跑者或猎人，对于教养深厚的一些绅士，我们应当说些什么呢？比如，那些骑马者、击剑者、舞蹈者、网球手之类的人？在这里，身体显然就是挨饿者，假如大脑是如此可怕的、另一层意义上的吞噬者，身体与身体的功能看来就跟人一样在实施报复了。

他说，假如这事情在人与人之间处于这个样子，那在人与完全不相同的一个动物之间发生此事时会是什么情形呢？假如平衡已经到达如此精妙之境，以至于哪怕很小的事情也能打破这平衡，哪怕是在同结构与次序的动物当中，改变次序本身，并对整体结构作出相应调整，那会造成什么样的致命恶果呢？因此，我们来考虑一下，看看我们在类似情形中是如何审视自然的。一个人说："自然为什么没有把我造成马一样强壮呢？我为什么不能像这牲口一样结实强壮呢？为什么不能像另外一种动物一样灵便活跃呢？"可是，假如不常见的力量、活跃和身体的特长添加进来，哪怕是添加到我们自己这个物种当中，那就看看什么样的事情会降临吧！因此，假如一个人很喜欢有运动员那样的身材和体格，那我认为，还不如改变这人，对他也更好、更适当，我们可以问："为何不干脆把我造成一头野兽呢？"这样可能更适当。

我说，因此我认为，人的卓越一定在于别的地方，别的不同于野兽的地方，在我们这些人当中，更真实的人很自然便会渴望真正属于人的那些品质，而让野兽去保留它们自己的品质。可是，我看出，大自然的确尽力抑制了人在这个特别方面的能力，因为我们身上有如此之多脆弱部位，而且整个结构也十分虚弱，但也足够宽敞以支撑思想与理性这种属于人的卓绝，但在别的效能方面却少得可怜，而且白费力气。大自然好像原本就有这样一个计划，要"阻止我们产生荒唐的渴求，以免我们的品质受到不良影响"。

西奥克勒斯说，我明白，你不是那种胆怯的辩论者，不是一听到反驳意见就发抖的人，也不一定非得坚持有利自己一方的论证，因为那样一些人往往不给对方留下任何退步的余地。你的智慧让你能够根据辩论中发生的情况随时调整自己的观点，你可以心情愉快地改进哪怕是对手拿来支持他自己的假说的证据。这的确是比当今常见的很多做法更公平的一种。可是，这也正是你的性格所致。假如我不惧在一场哲学辩论中带着赞美口吻谈话，那我也许就应当把我觉得你这是一种合适的怀疑主义风格的想法告诉你，但我又反对那种固执己见的怀疑主义者，他们丧失了自己保持哲学气质的权利，甚至都无法保持为一名绅士或良友。除开我们进行的这场辩论之外。

他继续说道，这就是大自然令人赞美的分布，它不仅根据外形和外貌来进行适配和调节事物的内容或物质，甚至还根据环境、地点、成分或地区来调节外形和外貌自身，并把情感、欲望与感觉都调节得彼此适应，并使其适应物质、外形和行动以及其他因素。"一切都按照最好的结果进行安排，达到了最完美的节省与适当的储备，对谁都不浪费，对所有的都很丰足，在任何一件事情上都不会花费过多，但又总是能够正好减少那些多余部分，各类事物中处于首要位置的东西总是能得到额外补充。"思想与理性在人类之中难道不是处在首要位置吗？他难道没有为此留足余地？难道没有为这台引擎的这一部件做足够多的储备？难道他会让同样的东西或物质，同样的工具或器官去服务不同目的？会让一盎司等同于一磅？不可能如此。那么，在如此狭小、仅仅适合于极小的一个自然领域的一个容器里发现几盎司的血滴，对他来说又有什么值得大惊小怪的呢？他难道不会反过来赞美这自然，因为这自然已经为他留好了份额，可达到他最大的效用，留下了足够大的储备，（这对人来说的确是幸事，假如人明白如何了解和利用这储备的话！）有了它之后，他就会对器官进行更好的利用，超过其他所有动物？他根据这一点保持自己的理性，成为一个人，而不是野兽。

可是，我说，野兽有本能。而人却没有这个。

那倒是，他说，它们的确有人在任何一种比例尺度上都不具备的知觉、感觉和预感（不知这么说是否妥当）。雌兽若是新近怀崽，生下幼兽之前则会有一个清晰的预期或预感，知道它们自己会处在何等样的一种状态下，知道应当准备哪些东西，以及如何准备，以何种方式准备，在什么时候准备。有多少事情是它们能够预先思考的？有多少又是它们当时就能理解的？一年的各个季节、乡间的情况、气候、地点、景观、位置、窝场的基础、材料、建筑、兽崽的饮食及处置，简单地说，整个哺育事项的管理，而所有这些一开始就准备得十分妥当，假如是没有经验，在以后的生活中它们也总是准备得好好的。你说："为什么在人类当中反倒不是如此呢？"不仅如此，事情在人这里还正好相反，我问："为什么会是这样呢？这么做有什么理由，或有什么用途？有什么必要呢？为什么对人要如此精明呢？他们所拥有的，难道不是另一个种类的更好的东西？他们不是有理性和说话能力吗？这难道不能给予他们一种说明？为什么要有另外的一种呢？以这样的频率进行的合适管理在哪里？保存这些又有何益处呢？"

他接着说，其他大多数动物的幼崽，都能立即自行谋生，它们有知觉能力、有活力，知道如何逃避危险，知道如何找到有利于自己的东西。而人类的婴儿却无助，它们身体弱小，脆弱不堪。假如不是有意如此安排的，那我们能够去哪里找到解释的理由呢？这对人类这个物种到底有何损失呢？在如此富足的供应品当中，人因为有了这样的缺陷而面临的最糟糕的东西是什么？这个缺陷难道不是为了让他更密切地参与社会活动，

309

迫使他承认他是有目的地而不是偶然地造成有理性的群居动物的，除了是其自然状态的社会交往与共同生活之外，他并没有别的办法可以增大数量或持存下去吗？夫妻情感以及对于父母的自然情感，对于治安官的义务，对于共同城市的热爱，对于一个团体或国家的热爱，以及其他的义务与社会生活的各个部分，难道不都是从中推导出来，并建立于这些需求之上？还有什么比这一种不足更让人幸福的呢？因为这种不足正是如此之多好处的起因啊！一种需求由如此丰富的东西构成，最后又被如此之多的快乐所回应，哪还有比这种需求或不足更好的东西呢？假如在人类当中，还能发现一些人哪怕处在如此之多的匮乏中还并不以假求一种独立权为羞耻，并否认自身的本性便是群居动物，那么，假如大自然以别种方式满足了这些匮乏之需，那他们的羞耻会是为什么呢？会不会有人想到义务或责任呢？对父母、治安官、他们的国家或全人类的尊敬或敬重呢？他们完全和自足的状态难道不是更多情况下决定他们抛弃自己的本性，否认其创造过程的目的以及作者本身的初衷？

西奥克勒斯就自然提出这些辩论，这期间，那位老先生，也就是我的对手，听到他所认为的西奥克勒斯对我的驳斥，并将我的看法暴露出来以后，表示十分满意。他当然相信，那些看法就一定是我的观点，而这些观点我只不过是作为辩论中的一些反驳意见。他尽力支持这场辩论，引述了一些学究和平民常说的话题中许多特别的例子。然后他又补充说："我最好公开宣布自己的想法，他肯定我已经吸收了那条原则，即自然状态，即战争状态。"

"那不是治理状态，也不是公共规则，"我回答说。"这是您自己也承认的。""我的确承认。""那么，那是一种友伴状态或人类社会吗？""不。当人第一次结成社会时，他们就从自然状态进入了这个新的状态，就是基于契约的一个状态。""那前一种状态是一种可宽容的状态吗？""假如那是绝对不能宽容的，那就不可能存在过。我们也不能适当地称它为一种状态，因为它并不能持续任何一段长度的时期。""假如人能够无须社会而持存并生活下去，假如人的确实际上就这样生活过，那么，处在自然状态下的时候，人们如何能够说，人凭本性就是群居动物呢?"

这位老先生看来对我的问题有些摸不着头脑。可是，他振作精神，回答了这个问题。"根据人自己天然的倾向，他也许并非因情感因素而彼此联系，而是因为某些特别的外在环境因素造成的。"

我说，那么，这样看起来，他的本性就不是那么好了，因为，由于不存在天然的情感，也没有友好的倾向，人就被迫结成一种社会状态，这是有违他的意愿的。这并非源自外在事物的任何必要性，（因为您已经承认人有一种可忍受的生存能力）而极可能是主要源自他自己的某些不便之处，还有他自己不良的脾性与原则。的确，假如天性不喜群居的造物竟然有如此顽劣与麻烦的天生，那也没有什么值得奇怪的。根据他的天性，假如他能够在社会之外生存，并不需要来自彼此的情感相伴，那就不太可能出现他们竟然会需要彼此的人身的时候。假如他们如此之阴沉，竟然不会为爱而彼此相见，那么，他们为利益而争斗的可能性就更大了。因此，根据您自己的推论，看起来"自然状态极可能与战争状态无异"。

他脸色大变，正准备反唇相讥的时候，西奥克勒斯插进来说话。他说，由于这场争论是他挑起来的，因此应当允许他尝试一下，看看能不能把这问题放在更公平的环境里，好结束这场争论。他对那位老先生说，您看，阿蒂非斯·菲洛克勒斯请您承认一个观点的时候，他指的是，自然状态与社会状态是完全不同的两个东西。可是，现在轮到我们来向他提出一个问题了，我们来看看他是否能够为我们证明，"有可能自然地存在一种并非社会性的人类状态"。

那位老先生说，既是这样，那我们称之为自然状态的东西，它到底是什么？

西奥克勒斯说，并非那种不完美和恶劣的人类生存条件，有很多人就是这样想象的。它是指这样一种条件，假如它确曾在自然之中存在过，绝不会是只有极短连续性的那种，而是一种多少可以忍受的条件，或足以支撑整个人类种族的条件。这样一种条件的确不适宜称做一种状态。如果我们谈到一个刚刚出生到这个世界上来的婴儿，就在它出生的时候，我们竟然想到称此为一种状态，那会是一种适当的说法吗？

真不适合这样说，我承认。

因此，我们为人假定的，正是这样一种状态，甚至就在人还没有形成社会，还没有事实上成为人类造物之前。那还只是人的一种草稿，是自然的一篇文章或第一次尝试，是出生的一个物种，是尚没有归类的一个种，并不是处在其自然状态之下，而是处在暴力之下，仍然躁动不安，直到它达至自然的完美。

所以说，西奥克勒斯此时还特别地对那位老先生说，这件事情必然跟下面这句话有关："人曾有这样一个条件或处在这样一种状态下，当时，他们还没有彼此联系，互相不认识，因此也没有任何语言或艺术形式。"可是，假如承认"他们这样彼此分隔地生活，即是他们的自然状态"，那是会招人笑话的。因为，一旦剥离这造物的任何其他感觉或情感，也就是剥离了他趋向社会以及彼此相像的可能。但是，就算你有能力可以随意剥除，就算你可以随意剥除人当前结构中的哪怕整个部分和肢体，你能够将人变成这个样子以后，仍然称他为人吗？可是，与其剥除人的这种天然情感，你还不如像上面那样剥除他的肢体，使其与他所有的同类分隔开来，将他封闭起来，就好像某些贝壳内的固体昆虫，然后再宣布他为人。这样的话，你不妨称人类的受精卵，或胚胎为人。如果称这样一种想象中的造物为人，那么，孵化蝴蝶的虫子更适合称为一只苍蝇，尽管它并没有翅膀。尽管他的外貌外形看起来像人，但他的激情、胃口与器官都必然是不同的。他整个内在的构成必定会倒过来，这样才能使他适合这种隐居式的生活和彼此分隔的生存。

他接着说，我们进一步解释一下此事。我们来审查一下这个假定的自然状态，看看它如何，以及在什么基础上存在。"人要么一直就存在，要么不是如此。假如一直就存在，那就没有什么原始或原初状态可言了，也没有与我们此时此地亲眼看到的东西不同的什么自然状态。假如不是一直就存在，那他要么就是突然出现的（因此他就像现在这样一直处在最初的状态里），要么是一步一步变化而来，经历了不同的阶段和条件，人最终在这样的条件下定居下来，并持续了如此之多的世代。"

例如，我们假定他是从一棵大肚橡树里蹦出来的，这是古代一些诗人想象的情景，他当时看起来可能更像是人鸭而不是人。让我们假定他一开始所具备的生命力，仅仅比人们在称之为含羞草的那种植物里发现的生命略强一些。可是，当那棵成为妈妈的橡树产下他，又由于某个奇特事故或器具引发难产，结果，各个部分的肢体就完全展示出来，感觉器官也开始自行展现。"这里跳出一只耳朵，那里有一只眼睛在偷看。兴许还会有一条尾巴也跑来做伴。大自然在最开始到底多出了哪些东西，这是很难确定的事情。看起来，它们到时候就那样松脱下来，最终令人开心地使事物处在良好的状态下，而且正好就是它们应该是的那个样子（真是让人称绝啊！）"

这当然是对人类原初事物最低等的一种看法。假如有一种神意而非机缘使人得到存在，那我们就人的群居本性进行的论证就一定是最严密的。可是，就像我们所描述的，也正如某些哲学家所希望的那样承认人类的兴起，大自然就没有任何一种意图了，在这整个事情上都谈不上什么意义或设计可言。因此，任何一个事物如何能够被称为是自然的，任何一种状态如何能够被称做是自然的状态，或符合自然的，而且一种比另一种还更符合自然，我真是不知道了。

可是，让我们继续下去，根据他们的假设来思考一番，看哪一种状态是我们最好称做是自然自身的状态的。"由于许多的变化与机缘，她无意中生养出一个动物，最开始就从物质的原种里跳了出来，一直发展下去，直到它成为现在这个样子，并到达了多少世代以来它一直保持不变的这个地方。"在这个长期的发展过程中（我可以假定它有随便多大的长度），我就问："这个自然状态有可能从哪里开始呢？"这造物一定在成长过程中经历过许多的变化，一个跟另一个一样都是自然的。因此，要么必须要承认有上百种不同的自然状态，要么假如只有一个的话，它就只能是自然在其中最完美的那一种，以及它的成长是最完备的那一个。它就在这里停歇下来，因为已经达到了它的目的，这里也一定就是它的状态，要么哪里都没有这样一种状态。

你会想，它之后能停滞在社会到来之前的那个荒凉状态里吗？它能在没有团体或社会的前提下，像现在这样维持住并繁殖这一个物种吗？在任何一个地方，在跟我们一类的任何物种当中，事实上都可能显示出这样的情形。一些动物也许在外形上与我们相像，假如它们在其体格上与我们稍有不同，假如它们内在的东西有不同的质地，假如它们的皮肤与毛孔以别种方式形成或炼就，假如它们有别种身体的赘疣，有另一种脾性，其他天生不可分离的习惯或情感，那它们实际上并不是与我们一样的同类。另外，假如它们的体格跟我们的一样，它们天生的器官或内在的功能跟我们同样强壮，它们身体的构造也跟我们一样软弱，假如它们有记忆，有感觉能力，还有情感以及与我们一样的器官用途，那就能非常明显地看出，假如它们想要保存自身，就非得以群居的形式生活，哪些它们有不想结成社会的愿望。

在这里（我的朋友啊！）我们还应当记住我们已经谈了半天的这个主题，也就是由菲洛克勒斯本人提出来的涉及人体软弱处的这个话题，以及人相对其他动物的穷困状态。"人类的婴儿期十分漫长，它们无法自助，体格虚弱，无法自卫，因此自身更容易成为别种动物的猎食对象，而不是靠猎食别种动物谋生。"可是，他又不可能像那些食草的动物一样靠青草为生。他必须有更好的供应品和更好的食物选择，而不能单单依靠生吃青草过活。他必须有更好的卧处与衣物，而无法睡在裸地与露天里。他还需要别的多少便利之物呢？在性别之间还需要什么样的联合与严格意义上的社会才能保存并养育越来越多的后代呢？这样一种形式的社会，是人肯定无法拒绝的东西，就连各样的猛兽也明白那是合适与天然的。而且，我们能让人仅仅过上这样的群居生活，然后再不往前走一步吗？他这样结成对子，与他的伙伴与后代生活在爱与友伴关系中，他还能继续保持完全的野性，不用言语，也不了解存储、建造和其他管理方法吗？因为这对于哪怕海狸、蚂蚁或蜜蜂来说也都是再自然不过的事情。因此，假如曾经有一个脱离社会的时期，那这是哪一个时候发生的事情呢？因为，假如确曾有过这样一个开端，从一个人有了后代开始，显然很快就会发展到整个家庭及其管理方法。这种情形难道不会很快就成长为一个部落吗？而这部落不是很快就会成长为一个国家吗？或者说，哪怕它一直保持为一个部落的形态，这难道不仍然是一个社会，难道不是同样便于共同防御和共同的利益吗？简单地说，假如世代是自然的，假如自然的情感与对后代的关心与养育是自然的，跟人相关的当前事物，以及人已经到了现在这样一种形式与体格的造物，那么，就一定可以说，"群居一定是他的自然形式的生活"，而且，"没有社会与团体生活，他永远不能够，也从来不可能持存下去"。

他说，作为一个结论（他仍然在对他的两位同伴讲话），我愿斗胆代表菲洛克勒斯增加一句话：由于有学问的人对于这样一个观念有着丰富的想象力，也非常喜欢谈论这个想象的自然状态，我觉得，尽我们的一切能力来揭露这样的谬论不啻慈善之举。让它是一种战争、掠夺和非正义的状态。因为那并不是一种群居生活，让它甚至像可能的那样极不适合人生活其中，而且十分可怕吧！假如对这样的自然状态夸夸其谈，就是某种形式的赞美，教导人们转过隐士的生活。我们至少应当让人们明白，它比目前最差的政府还要糟糕许多倍。我们对无政府主义担心更多，就越是会证明我们都是不错的同胞，我们也越是会珍视我们目前借以生活的法律与宪法，我们就是依靠这些法律与宪法来保护我们，使我们免受如此一种非自然的状态可能施加的暴虐。在这一点上，我真心赞同那些人性的改良者，他们以抽象的形式和不涉及政府与社会的形式思考人性问题，并且用龙、利维坦和我所不知道的其他种种怪物可怕的面孔来表现这个东西。可是，假如他们用他们了不起的格言这种更适合的方式来表达他们的意思，那么，他们达到的效果可能要好得多。以轻蔑的口吻谈到人的时候，他们说，"人对人便是狼"，这话听起来有些怪诞，因为我们须知，狼对狼可是非常友善和彼此爱护的。雌雄两性的狼共同担负养育幼崽的责任，这样一种彼此的默契一直在它们之间保持着。它们彼此嚎叫，或者是需要彼此的陪伴，或者为了共同猎食，或者为了攻击猎物，或者在发现了新鲜死尸时召唤对方来享受。哪怕是猪一类的动物，也不缺少共同的情感，假如有哪些伙伴受困，它们也是成群结队地冲向前去出手相救。人对人便是狼，这一句名言，假如里面含有什么意思的话，这意思一定是说，"人对人的自然情感，就如同狼对更温顺动物的关系"，如狼和小羊的关系。可是，这话对我们的目的来说不起什么作用，它只不过相当于告诉我们，"人有不同的种类或性格，并非所有人都有这样一种狼性，而是说，至少有一半的人天生都是温顺天真的人"。因此，这话实际等于什么都没有说。假如不违背自然，假如不跟自然史、事实与事物简明的进程展现出来的东西相矛盾的话，就不可能赞同这种本性不良的主张，这还是我们尽最大努力容忍其某些含义得出的结论。可这就是人类啊！哪怕是在这里，人性也显露出自身了，尽管它适当地趋向适当与正当的原则并为之所动，却并不完善，并非绝对成功。因此，在这里，在哲学当中，就如同在世人的许多常见的谈话中一样。尽管人喜欢结群，离开了群体便少有快乐，但他们对讽刺文的形式仍然保持着相当奇怪的兴趣。同样，正如一种恶意的责难所狡诈地表示，并以确信口吻宣布的东西，往往被一些人当做精明的智慧之语一样，一种有害的格言如果鲁莽地表示出来，哪怕没有任何一种思想的适当性，也会被一些人乐于看做是真正的哲学。

第五节

说完这番话，天色已经很晚，眼看就要到夜里了，我们就结束散步，打道回府。晚餐期间，以前当晚其他的时间，西奥克勒斯不再多说什么了。那一场谈话当时主要由他的两位同伴在整理，他们将它与一种新哲学进行比较，这种新哲学，我将加以简要陈述，如果这么做显得过于匆忙，那么我请你一定要原谅（好心的帕拉蒙啊！）。

关于灵魂与幻影的本质，已经说过很多，而且不无深奥的学问。关于这个本质，最惊人的阐述也是我们的朋友觉得最引人入胜的，他们争相赞美这些阐述，并以令人惊奇的方式唤起对方的惊愕。没有什么比让人不适或奇怪的东西更让他们觉得奇妙无比的，没有什么比让人产生恐惧感的东西更让人觉得心安理得的。简单地说，任何理性的、简明的、轻松的东西，都无法调起人们的胃口来，而不符自然、远离种类或秩序、与事物其他的部分不成比例或不谐调的东西倒一点毛病也没有。怪诞降生、神童、妖术、元素大战以及惊厥都是我们最主要的娱乐对象。人们禁不住会以为，在神意与自然之间的某种竞争状态中，自然这位淑女似乎要显得越是丑陋越好，这样便使得前者的美更加突出。为了对我们这几位朋友公平起见，我必须承认，我觉得他们的意图不过是纯粹虔诚的宗教情怀。可是，这样一种宗教面孔，却不是我自己乐于相见的。我并不是担心，从此以后我便会被人看做是一个狂热者或迷信之人。假如我当真成为这样一种人，我觉得最好还是按照西奥克勒斯的方式去做。墓碑与墓地在我看来并非惊人的场所，反倒是高山、平原、肃穆的林地与小树林才会吸引我，我宁愿听生活在这些地方的神人的谈话而不是其他什么东西。我更乐于按照西奥克勒斯所利用的那些诗歌虚构作品的方式思考真理的事情，而不愿听他的那几位朋友所讲的那些骇人听闻的稀奇事。那些故事虽然貌似惊人，手段却非常一般，表面有一种权威气势，但只不过是一种假作的真理气派而已。

帕拉蒙啊！你也许能够想象出来，虽然你经常责备我的怀疑主义思想，但在这里它也无法远离我，它也无法不给我们这几位朋友造成一点干扰，尤其是对那位神情肃穆的先生，他以前就已经多次跟我的观点过不去了。他起先还能忍受我的想法，但后来慢慢失去耐心，他说，一个人要反对世人通常的看法，并否认人类因为有相当大一部分人的纪录而知道的任何事情，人必须有相当大的信心才敢这么做。

我说，这完全不是我的本意。你从来都没有听说我否认任何东西，尽管我置疑许多东西。假如我搁置判断，那是因为我觉得自己的理由不如他人充分。我知道，有一些人对自己的每一次幻想都看得很重，每次做的一个梦他们都确信不疑。可是，由于我对自己在睡梦中产生的幻想并不存任何一种相同的敬意，因此有时候甚至乐于置疑清醒的时候产生的一些想法，并问自己，"这些东西说不定也是梦"，因为人有这样一种哪怕睁着眼睛也做梦的能力。你会承认，人若觉得能把自己的梦想让人看做是现实，则会是相当快乐的事情，而且诚实地说，对于真理的热爱却远不如人们对新奇事物与惊讶事物的喜好那般流行，何况那些东西还能混杂给人留下深刻印象并因此受人尊敬的欲望。但是，我还是愿意心胸宽厚，认为这里多半是些天真的错觉而不是世人有意的欺骗，那些经常欺骗他人的人，首先是通过自欺来实现这种满足感的，通过这样的自欺，他们就有了一种安慰良心不安的东西，因此也更加成功，因为他们能更自然地表演自己的角色，而且十分逼真。这也不能被看做是一种解谜语的活动，人的梦想有时候有极佳运气，竟然把这些东西也当做真理为人接受了。我们好好想一想就会明白，在某些情况下，甚至人做梦都想不到的一些东西，或者跟真理沾不上任何一点边的东西，后来竟然被经常讲述此事的人自己信以为真。

所以说，他回答道，哪怕世上最大的骗子，按照这么一种情形来看，也可以被认为是诚实之人。

我说，至于其欺骗言论的主要部分，尽管其间利用了一些虔诚的骗术，他兴许也会以一种信念的名义认为是好的和健康的。我也相信这样做是十分自然的，即在所有宗教中，除非是真实的宗教，我都认为，极大的热情总是伴随着欺骗他人的强烈倾向。由于其计划和目的就是真理本身，在手段的选择上人们一般也就不那么犹犹豫豫，或小心谨慎了。不管事实是否如此，我都要求助于过去那个时代的经验：根据这条经验，找出非常惊人的此类例子并非难事，即欺骗与热情、固执与虚伪携手并进，彼此沆瀣一气。

事情既然如此，那就让它这样吧！他回答说，可是，整体而论，发现你有如此深重的怀疑脾性，我还是十分失望。

我说，因为我失去了我看到别人都在享受的那种快乐，你为此可怜我这个受苦的人，这是有道理的。因为，在人类这里，无论是他们早前学到的，或是后来尽力保持的，哪里还有比听闻和讲述奇特和不可置信之事的爱好更强烈的快乐呢？对惊奇和制造惊奇事物的爱好真是多么奇妙的一件事情啊！儿童喜欢听自己听着就发抖的故事，还喜欢听旧时代的恶癖在过往时代的奇特故事中反复出现。当我们来到这世界时便对每一样事情都感到惊奇，当我们对普通事物的惊奇消失以后，就会去寻找新的东西好让自己继续惊奇。我们最后的一个场景就是讲述我们自己的惊奇事物，任何愿意相信的人都可以来听。在这一切当中，有真实的成分当然很好，只不过稍有变质。

他说，假如你以这般适度的信念能够相信任何一种奇迹，那是再好不过的了。

我说，无论我对现代的奇迹如何不相信，假如我对以前的时代出现的那些奇迹还有一种适当的信仰的话，那是因为我对圣书还保有适当的敬意。正是在这里，我得到不要轻信的警告，我得到的劝诫是要我不要去相信哪怕能够构想出来的最伟大的奇迹，假如它与我已经得到的教训相矛盾的话。我极其愿意听从这样的劝告，这样的话，我可以安全地参与其中，继续保持同样的信仰，但又能保证永不产生不当信念。

但是，能够稳妥地拿出这样的许诺吗？

假如不能，假如我的信念的确并不能绝对地取决于我自身，那我如何解释它呢？我也许应当因为意志是自由的时候所产生的一些行为受到处罚，可是，假如我在这件事情上不是自由的，那我因为自己的信仰而受到挑战又有什么公正可言呢？假如轻信和怀疑只是在判断力中出现的一些缺陷，假如世上哪怕怀有最善良意愿的人也可能在这两个极端都犯错，而这期间，一个深怀恶意的人因为有更优秀的能力而能够对事物的证据作出准确得多的判断，那你如何能够惩罚那个犯错的人呢？除非你愿意惩罚那些能力弱小的人，并且说，一个人因为其不幸而不是犯错而受苦是正当的。

他说，我乐于这么想，即因为怀疑而受到处罚的那少数人，可以说是因为其能力弱小而受苦的那些人。

这是理所当然的，我回答说，头脑简单、意志薄弱更符合轻信者的性格而不是不信者的性格，可是，我又不明白，哪怕是以这样一种方式，我们仍然极可能因为自己意志薄弱而吃苦，就像在相反的情况下，我们也会因为过度细致的智慧而蒙受损失。假如我们不能够控制自己的信仰，那我们如何能够防范那些虚假的预言家以及他们蛊惑人心的奇迹呢？我们向来都有这样的警告要我们多加小心。那有哪些雅说与虚假的宗教，我们该如何免受其影响呢？人的轻信，往往是使我们蒙受这一类欺骗的主要原因，也是直到今天还在把异教徒和伊斯兰世界蒙在谬误与盲目迷信之中的东西。因此，要么是根本就没有什么处罚来应对错误的信仰，因为我们无法按照自己的意愿来信仰，要么是如果我们能够做到的话，那么为何我们不应当许诺永远也不会产生有偏差的信仰？谈到即将应验的奇迹，不产生有偏差的信仰的最确切办法，就是根本什么都不去信。我们通过过往的奇迹而满足于我们这门宗教的真理，因此并不需要别的奇迹来让我们确信什么，对新奇迹的信仰，也许常常会使我们遭受损害，而永远不会对我们产生任何益处。因此，正如真正虔敬的基督徒的最真实标记就是不去看即将到来的征兆或奇迹，在基督教里面，最安全的立场是这样一种人的立场，他永远不会被这一类的东西所感动，因此也可以称之为奇迹防范型的人。因为，假如奇迹站在他的信仰一边，那就是一种多余之物，因此他并无需要，假如不站在他一边，那他就让奇迹保持为惊人的东西，而他自己永远不会这么去看，或者决不会相信它是除欺骗以外的任何东西，哪怕是来自天使。因此，虽然你因为我疑神疑鬼而对我大加责备，我还是认为自己是更合格和更正统的一类基督徒。至少我比你更确信能够这样继续下去，而你的轻信却有可能被远不是天使的那些人加以欺骗利用。已经有了这么一种预备性的性情，到一定时候，你极可能会去相信不同宗派所说的各式各样的奇迹，而我们知道，这些宗派都假装相信这些奇迹。因此我有理由相信，最好的警句往往就是最平常的格言："奇迹已经终结了。"我乐于认为我的这条意见本身就是最有可能的，同时也是最适合于基督教的。

这个问题，经常进一步的辩论之后，结果发现使我们的两位同伴发生了意见分歧。对于那位年长的绅士而言，他是我的对手，而且坚持他的观点："在目前这个时候，放弃奇迹观念会对无神论者构成极大的利益。"而那位年轻的先生，也就是他的同伴，却提出这个问题来："承认奇迹的存在，对狂热者和宗派信徒也可能构成极大利益，结果不利于国定宗教：两种人当中的这一种，他认为，对于宗教和国家都会构成最大威胁。"因此他坚信，以后审查这些现代奇迹时要多加小心，正如他以前在寻找这些奇迹时同样热心。他很友好地告诉我们，他以前是这方面多么狂热的一个冒险者，参与了多少不同的派别聚会，会上的那些人总是某种奇事或怪异景象的见证人，他们也坚信某些突起的启示或预言。他觉得，这才是真正的宗教狂热。这样一种求助于异象的做法，他已经受够了，再也不会像以前惯常所做的那样，去往天涯海角陪伴那些捕捉精怪的人、寻找女巫的人和千奇百怪的神鬼故事及恶灵交会的事情。他觉得，要证明上天的力量，要证明上帝的存在，并不需要这些来自地狱的情报。现在，他终于开始明白，强调这类事情真是太荒谬可笑了。就好像神意取决于它们，宗教也处在极大的风险之中，而这些疯狂之举实际是大受怀疑的。他明白，有很多诚心的基督徒热衷于这件事情，不过，他现在开始思考，并回顾过去的时候，不免对此大感疑惑。

他说，异端由于缺少圣经，就只好求诸奇迹，而神意也许给予过他们一些机会，使其接到神谕，目睹奇迹，算做是一种不完美的启示吧！犹太人也是一样，他们心肠坚硬，领悟力也十分生硬，他们也得到过这样的纵容，因此顽固地要求看到征兆与奇迹。而基督徒得到的，却是更好、更真实的一种启示，他们有更简明的神谕、更理性的律法、更清晰的经文，它自有一股说服力，而且得到过如此确实的证明，因而不容再行争辩。他说，假如要我来指定奇迹也许是第一次终止的具体时间，那我极可能幻想那就是圣经成形并完成的时候。

这的确是幻想（那位神情严肃的绅士说），而且对于你认为其自身已经得到确证的圣经来说，也是一种十分危险的幻想。已经故去和远离的人们就过往和已经完结的神迹所作的见证，永远也不能与现在的奇迹具备同等的力量，在这些奇迹当中，我坚持认为，从来都不缺少这样一个数字，以至于不能在世人当中确保一种神圣的存在。假如今天已经没有奇迹了，世人极容易认为以前从来都不曾有过。当前必然为过往时代的确信负责。这就是"神为自己作证，"而不是"人为神作证"。假如在宗教中并没有来自天上的、代表他们自己的见证，谁会来为人作见证呢？

年轻的这位先生说，到底什么东西能使人的报告成为可信的东西，那是另外一个问题。可是，对于纯粹的奇迹而言，在我看来，并不能适当地说它们能"为神或人作见证"。因为，谁又能为这些奇迹自身作见证呢？尽管他们如此确信，又是因为什么原因呢？我们有什么保障来打消它们不是由恶灵表演出来的这种可能呢？有什么证据说明它们不是通过魔术表演出来的？简单地说，"假如那些征兆只是一股力量，而不是源自善，那么，天上地下的任何东西，我们有什么确信的理由"？

那位神情严肃的同伴说，在你这位怀疑主义新师傅（指着我说）的教导下，你竟然有了如此长足的进步，已经准备好把所有奇迹都当做无用之物给抛弃？

那位年轻先生，我看得出来，多少被他的这位还准备继续责备他的朋友这番严厉的话吓住了。好吧（我打断他的话说）！让我来替这位年轻朋友答话吧！因为您说他是我的门徒。由于他说话谦逊，我看得出来，他可能不好意思把已经说得很好的话继续下去，假如他愿意的话，我愿意替他把话说完。

那位年轻人同意了，我就接着往下说。我想把他合理的意图表述清楚，即首先把我们的信仰建立在一个理性和正当的基础上，从而使其脱离没有直接的奇迹支持的责备。我说，他无疑会做这件事情，即说明我们已经掌握了多么充足的证据来证明我们神圣的预言，就是来自死者的证明，这些死者的性格与生命可以表达这个意思，说明他们报告给我们的事情当中的真理是出自上帝的。但是，这却并不是那位热心的绅士在急于表达自己时所说的"为神作见证"。因为，这远超出人的能力，也超出奇迹的作用。神也不可能为自己作见证，也不能以别的方式向人强调自己的存在，而只能"向人的理性启示自身，诉诸人的判断力，并把他的道路交付给人类的审查与冷静的思考"。对宇宙及其法则与治理的思索，我强调说，是可以确立对于神灵存在的确实信仰的唯一途径。尽管来自各地的数不清的奇迹让人的感官应接不暇，让人发抖的灵魂得不到半点歇息，那又能说明什么呢？哪怕天空突然开裂，所有的惊奇事物突然出现，人们听到异声，或看到奇字，那又能说明什么？除开说明"有某种力量能够成就这一类的事情"之外，还能证明别的什么呢？"什么样的力量，是一种还是多种，是超级的还是附属的，是有生死的还是永恒的，是聪明的还是愚蠢的，是正当的还是不正当的，是善的还是恶的"，这些问题仍然会保留为奥秘，正如这些大能者所要强调的真实意图、无谬性或确定性一样。他们自己的话并不能说明他们自己的事情。他们的确有可能让人类闭嘴，可是，却并不能为人证明什么东西，因为"强力并不能当做善的证明，而善却是真理的唯一保证"。信任只能在善的基础上建立起来。只有通过善，超级的大能才能赢得人的相信。他们必须容许他们的作品受人检验，他们的行动必须容人批评，只有这样，他们才可能受人信赖："经由多重的标志，他们的善意得到了证明，他们的诚意与真实存在才得以确立。"因此，在他看来，这个宇宙的法则及其治理是正当和统一的，他们诉说的是一个正当存在者的治理，他们显示并证明一个神灵的存在，并在他心里打下第一信仰的基础，之后才在他心里安置接下来的信仰。之后，他才会倾听历史启示，再之后才可能准备好接纳来自上苍的消息或神奇告示。只有在这里，他才明白，在万物之先他就是公正与真实的。但是，不是奇迹的力量，也不是除他的理性之外的任何力量能够使他明白或理解这一点。

可是，我接着说，说了这么多，我一直都在扮演辩护者的角色，现在，我决心举起攻击的双臂，也该轮到我反击了，除非西奥克勒斯因为我借用他假说中的立场而生气。

无论你借用他的什么观点，我的对手说，你都有可能滥用：由于这观点要经过你的手重新处理一番，你最好多加小心，以免听起来你多半考虑到他而不是我。

我说，我还是斗胆一试，同时，我会坚持这一点，即你借用的那些格言，最终只适合于不利于你自己的初衷。虽然你费尽力气想要取下自然的铰链，虽然你上天入地想要找出惊人奇事，并要尽一切力量让每件事情都显出神奇的一面，但你还是给这个世界带来混乱，你还是在打破这世界的统一性，并破坏了秩序的可敬的朴素特征，而人们正是通过这一点才知晓那无限和完美的原则的。无休止的争斗、扭曲、暴力、法则的破坏、秩序的变化与不稳定，这些都显示要么没有控制，要么是自然之中有多种不受控制不服从的强力。在我们的眼前，要么是混乱与无神论者的原子，要么是多神论者的奇迹与邪灵。可是，这样一个混乱的宇宙系统却由一些坚持神灵观的人的最大热情所维系。这就是事物本来的面目，这些就是他们借以表现神灵的特征。

他说，你用这新近为人所信奉的系统将所有事物归至统一、简明、规则和朴素之列，正如你所希望的那样，此时，我假定你会派你这位门徒到机械论中去寻找神灵了，也就是说，在某种自然治理的物质的精致系统中去寻找神灵。你们这些自然主义者对这世界的看法，不是拿它当一台机器又是在干什么呢？

并没有别的任何东西，我回答说，假如您肯让这台机器有一个心智的话。因为，在这件事情上，这不是一台自我治理的机器，而是由神治理着的机器。

你都有哪些东西可以用做证明呢？他说。有哪些标志是这台笨拙的机器可以拿来当做它确实受到这种治理的证明的？

当前的一切，我说，都足以充当证明。它不可能拿出更强有力的生命标记与稳定的思考的证明。拿我们自己的机器与这台伟大的机器比较一下吧，你看看，无论就其秩序、管理与运动，它们都说明要么有如此完美的一种生命，要么有如此崇高的一种智力。其中之一是规则的、稳定的、永久的，另一种是不规则的、变化的和不稳定的。

就这样，我认定自己就是确实的有神论者的角色，同时，我还尽力反驳对手，并显明他的原则反倒是支持无神论者。这位狂热的绅士闻此勃然大怒，因此我们接着热烈地辩论下去，直到天色太晚。但是，西奥克勒斯是一位和事佬，最后，大家平心静气地回到住所。可是，听闻两位同伴清早便起身离开，留下我和西奥克勒斯两个人不管，我还是很不高兴。

第三部

菲洛克勒斯至帕勒蒙

第一节

房子里有人声响动，我醒了过来，想象当时还是深夜吧！我喊人来，问是怎么一回事，得知西奥克勒斯稍早前已经与其友人出门离开，之后他会去进行晨间散步，但他们认为他很快便会返回，因为他已经留下话来，这期间，不得有人打扰我睡觉。

听到声音的时候，已经是足够大的响动了，我很快便起床，发现天光大亮，已经可以看到离房子有一段距离的小山了。我往那边走去，来到山脚下，赶上西奥克勒斯，埋怨他不该这般待我。我对他说，我肯定不是如此娇气和身体那么羸弱的朋友，竟至于需要他像对待女人一样对待我。我对他的风范或谈话方式也不曾显出过任何一种厌恶，竟然会让他觉得我更适合舒舒服服地躺在松软的床上睡大觉，而不适合与一位早起的朋友一起谈正事、出行散步或研究学问。他也没有别的什么办法予以补救，只好允许我跟他一起谈论他严肃的思想，因为他已经看出，我已经决意要与他分享这个早晨和早间的锻炼了。

西奥克勒斯说："你已经忘了，你昨天不是说过，在这个地方和这个时辰，会有林中仙子出现吗？""不，我真的没有忘记，"我说。"你看，我总是准时来到这里。可是，我没有料到你竟然会独自一人跑过来，都不想叫上我一起。""那可不是，"西奥克勒斯说。"我觉得，时间长了，你可能跟我一样成为一个情人，因为你已经开始显出嫉妒了。我可并不觉得这些仙子会在你胸中唤起多大激情。""是啊！"我说。"对于你提到的这些仙子，我对她们所知甚少。我的嫉妒和热情仅只与你有关。我曾以为你可是有心逃避我。可现在，我又跟你在一起了，在这里，我可并不想要什么仙子来逗乐我，除非这些仙子会联手起来对付你，就像你喜欢的那位诗人让埃格勒仙子与他的两位青年一起，迫使森林之神西勒诺斯为他们歌唱一样。"

你的豪勇我当然信服，西奥克勒斯说，假如你有像你所说的那么美好的一个同伴，那你当然愿意与之共度，而不会把时间拿来搞哲学上的冒险。可是，你难道真以为我会模仿你所提及的那位诗人笔下的神仙，在这里高唱颂歌吗？那森林之神所唱之歌，当真也符合那神灵的身份。因为，还有别的什么事情比这酒后创造出来的东西更适合他欢快的性格的呢？他喜欢经常拿来真实地表演一回，当真庆祝一番。可是，哪怕这首歌也太谐调，不足以满足一夜狂欢。我们这位诗人干脆将它搬到早晨，此时，这位神仙头脑还算清晰：因为我们很少有机会能够相信，如此和谐之数竟然能够从思想的纯粹大杂烩当中产生。可是，我们一定得听听我们这位诗人借某位半神或英雄之口讲出来的话。之后，他在我们面前呈现出一套不同的事物的原则，并且以更适当的先后顺序给予思想以上风位置。他让思想原本就掌握着身体。因为这里向来都是持久不改的一片混乱，因此一定使万物一直处在混乱的状态下，一直到今天，如若不是这样，则它可能就那样一直保持下去。但是，在各个空间里浸润的活跃思想；与强悍的质量结合和混合；造就人兽之别。

在这里，菲洛克勒斯啊！假如我们能够迷惑住地精（它比你那位森林之神西勒诺斯更纯朴、更清醒），让他激励我们唱一首更真实的自然之歌，教我们一些天堂颂曲，让我们感觉到在这肃穆之地存在着的神性，我们将看到我们最高的才智。

我说，我求你，那就赶快吧！好心的西奥克勒斯，不要因为任何一种礼仪或客套而有所停顿。我想我能明明白白地看出来，在没有任何一种准备的情况下，某位神灵已经接近我们了，而且已经在对你产生作用了。我们已经来到树神的圣窝了，以前一直有人说这里能够发出神谕来。我们已经来到这处山林最美丽的地方了。现在，太阳已经升起，掀开了黑夜的幕帘，在山下的平原里敞开了自然的开放场景。开始吧！现在，我已经知道你充满了那些神性的念头，是你在这样的独处时经常会产生的。只需要把声音和音调给它们就行。你也许还跟以前一样是单独一人，尽管我本人在场，你也完全可以只当我并不在你身边。

我这话刚刚说完，他就转身不再看我了，自己一个人思考了半天，随后，他伸开双手，就好像指着他身边的东西说。

"田野和山林啊！你是我在这纷繁世界里的避难所啊！请接纳我到你宁静的庇护所，请允许我隐退，回到这思考问题的独处之境。翠绿的平原啊！见到你我是何等的开心啊！一切充满幸福的住所，所有名望卓著的职位，令人愉悦的前景啊！你们有福了！这世间的庄严之美，这乡间的魅力与典雅！我愿世间最幸福的凡胎相互的居所有福，你们在如此宁静的天真状态里享受着甚至都没有人嫉妒的生活，尽管这样的生活如此神圣。它以福地的宁静为人提供一处快乐的闲休与隐居之所，就有这么样的一些人，他们天生喜爱思索，要探寻自己和他人的本性，在这里，他们就可以安心地思索事物的因由，由于置身于自然的纷纭美景中，他们也就更能在近处欣赏自然的作品。"

说完这些他便停了下来，之后就好像在做梦一样喃喃而语。菲洛克勒斯啊！他说，请你告诉我，我刚才那一阵狂乱呓语给你留下了何等印象？你觉得那是可接受的一种疯狂，就像很多诗人都会有的一阵狂乱吗？或者那干脆是发疯？

我说，我倒是希望，你刚才的一阵狂喜更猛烈一些才好，你只管照你刚刚开始的那个样子发挥下去，根本不用顾及我本人在场。因为我开始意识到你一直在对我讲的那种自然的奇迹了，也慢慢明白你那神匠之手的意思。可是，假如你在这里就停下来，我会失去正令人开心的一个情景的乐趣。我已经开始发现，要幻想出你所描述的那种宇宙才智，当中何止有上千种的难处。

"幻想这个宇宙是一个完整无缺的东西有何难处？"他说。"人们难道还能以别的方式想到这宇宙不成？我们就是根据眼睛所见的一切来思考的，而不是认为万物都是悬挂在一起才成为一个整体的。""就算是这样吧！之后呢？""只能是这样的。假如我们当真可以说：'这只是一个简单的宇宙，'那就必须有某种属于它的东西使其成为一个整体。""如何做到？""就是你在万物之中观察到的那个样子，并不存在其他特别的方式。我们可以拿摆在我们眼前的东西来做实例。我知道，你看这林中的树木彼此各个不同，这是一棵极高的橡树，是这一片树木中最高贵的一种，因为它自身便与这林中其他的树木不同，好像是不同的一种东西，它与自身各处伸展的各个树枝也不一样（看起来好像是许多不同的树），可是，我假定它仍然是同一棵树。可是，假如你作为一个十分挑剔的人而不是一个公正的怀疑主义者，那就请你告诉我，一个蜡制的形状，或者用其他物质塑造出来的形状，正好按照这棵树的外形和颜色加以塑造，若有可能，则捏制成同样的质地，看上去就跟一棵真的树一样，而且是同种的。若你做到，我就不再跟你说什么理了。可是，假如你对我提出公正的置疑，那我一定会满足你，为你说明我到底认为它是什么，就是那种在树或其他植物中成就了这个同一性或同种性的东西。或者说它凭什么就跟蜡制的外形有所不同，或者与碰巧制作的其他形状不同，无论是云里的东西还是海边沙地里的什么东西。我会对你说，我们用人手或想象力如此捏合在一起的蜡、沙、云，它们自身之内便不存在任何一种真实的关系，无论它们彼此四散隔开还是像这样合拢在一起，都不存在任何一种使它们能彼此沟通的本质。可是，我倒要肯定下面这一点，即'无论在什么地方，只要存在这种部分的通感，就如同我们在这里看到的一样，就在我们这棵真实的树里面，只要有一个共同的目的如此明显地同时出现，并对如此漂亮的一个外形提供支持、营养与繁殖，那我们就可以决不会出错地说，有一种特别的本性属于这个外形，并且与同种的其他东西共有这一个外形'。这样一看，我们这棵树就是一棵真实的树，它生存，它发枝，但仍然是同一颗树，哪怕由于植物生长或实质的变化，里面的小颗粒没有一颗保持原来的样子不变。"

这么一来，我说，你就找到了一个好办法，使这些林中住所成为极可爱的场地。除开每个地方活生生的守护神之外，根据你的说法，这树林也有灵气，无疑也有各自的树神，各处山泉和小河相应也有属于自己的水仙活动其中，根据我的理解，这些全都是无形的和永生不死的实体。

西奥克勒斯回答说："假如我们说他们属于这些树，而不是说这些树属于他们，"那是对他们的伤害。可是，至于他们的永恒，那就让他们自己去照管自己吧。我只知道，他们的本性和其他所有东西的本性就其生存时期来说，仅仅取决于这样一种本性，世界也取决于这样一种本性。每一位别的守护神也一定从属于有位善良的守护神，我愿意劝你相信这位守护神是属于这个世界的，根据我们目前的谈话方式就是这样说。

他接着说，让这些树尽各自最大的力量去披上它们各自的人格吧！我们只是来审查一下你我之间的人格这个东西，并考虑一下，你，菲洛克勒斯，如何竟然就会是你，而我又如何就是我本人的。在我们自己的外形的各个部分，存在着一种部分之间的通感，这通感在希腊雕刻家菲迪亚斯或伯拉克西特列斯的大理石雕塑里是不存在的。我相信，感觉会教导我们。可是，我们自己的大理石，或称质料（无论是什么，它指的就是我们得以构成的材料），七年之内，或者说长一点，两个七年之内，必定消耗完毕，这是最差劲的解剖学家也能告诉我们的知识。我现在问你，最终到哪里去找那同一个东西，假如这东西就在质料本身或其中的任何一个部分里面的话？当那东西最终全部消耗完毕的时候，里面没有一个颗粒留存下来的时候，我们仍然像以前一样还是我们自己。

你们这些哲学家是什么，我回答说，也许是很难确定的一件事情，可是，对于人类其余的部分，我斗胆相告，很少有人在半个七年之内还是他们自己的。假如一个人在一两天之后还是原来的那同一个人，那可真是不小的好运气。一年能够发生的周转数目，远远超出人的计数能力。

的确如此，他说。可是，尽管这样的事情可能发生在一个人的身上，而且主要发生在其相反的恶使他经常处在与自己相矛盾的境地里的这样一个人身上，可是，等到他因此受苦的时候，或者因为这些恶行而遭受惩罚的时候，假如我没有弄错的话，他发现自己仍然是同一个人。而你（菲洛克勒斯啊！），虽然你否认哲学，但仍然是一个皮浪主义的皈依者。假如你最终感受到我在这里宣讲的这位守护神的力量，并接受了这个神灵假说，并根据这一新的想法而承认你一切原则和意见的全然变化，那样的话，你仍然是同一个菲洛克勒斯，假如你接受我的判断的话，这样，你会是比当前的你更好的一个菲洛克勒斯，尽管我非常喜欢和尊重现在的这个菲洛克勒斯。所以你看，在这个你与我当中，有一个奇怪的简朴的东西存在着，在现实中，他们应当仍然是同一个人，而实际上身体里面的每一个原子，每一种激情，每一个想法已经都不是原来的样子。我们在这里徒劳无益地想从同样的物质或物质粒子里追溯那个生存的同一或等同性质，认为当别的一切都发生变化时，这些物质也应该保持与我们的同一，由于那个物质本身并不能够满足这样的简单性，因此整个事情变得更加可悲了。我斗胆回答说，你会承认这个你与我各自都以简单的方式保持为同一，远胜于你承认任何一种纯粹由物质构成的东西。除非你放弃怀疑主义倾向，否则，你也会慢慢喜欢上这个关于原子的观念的，这样才能让你完全确信那个同一的你和你自己。

可是，西奥克勒斯接着说，关于非复合的物质（一个东西，至少是难以构想的某种东西），无论我们作何假定，但只要是复合的，而且按照某种部分的组合方式结合在一起，比如，在我们的特别结构以及类似的其他结构内结合起来并形成一致行动；假如它可以为我们提供许多无法计数的特别结构的实例，而且他们还能分享这个简单原则，据此原则他们可以成为真正的同一，能够生存、活动，并且有一个本性或只有他们自己才有的才智，为他们自身的福利而有所节俭，那我们如何能够在同时忽视整体当中的这一点，然后又否认这世界的最大和普遍的同一呢？我们如何能够变得如此不自然，以至于否认神性的本质，即最崇高的那一位，也就是我们共同的父母，然后又拒绝确认那普遍和最高的守护者呢？

至高无上者，我说，当他们匿名通过时，并不要求人们注意，当他们并不以本来模样示人的时候，也不要求人们敬以任何一种礼数。我们甚至有理由假定，他们并不会因为人爱管闲事而有所不悦，因为当他们要么完全隐身，要么披上暗黑的伪装而不为我们所见的时候，我们千方百计都想发现他们的真相。至于我们在宗教的平时方式里注意到的这种看不见的力量，我们有自己可见的至高无上者可以为我们提供答案。我们在法律上的尊长教导我们说，哪些是我们应当承认的，应当在崇拜中完成的。我们听他们的话，尽职尽责，也照着他们的样子做。可是，在哲学上面，我发现，对于这个有争议的名头的忠实确认者而言，我们却找不到任何保障。无论他是怎么个样子，你必须让人至少明白这场争议是什么，并了解所描述的这些大能者的本性如何。难道人们就不能问:"他们出自什么实质?是有形的实质呢?还是无形的实质?"

另外,西奥克勒斯回答说,人们难道不能再问这么一个问题:"什么实体,或这两个实体当中的哪一个,你认为是你真实和适当的自我?"或者,你宁愿可以不是实体,而选择称自己为一种模式或偶然现象吗?

的确,我说,我的生命也许的确就是一次偶然现象,就如同那随机的体液也是偶然的一样,这体液就主宰着这偶然的生命。毕竟,我对自我这么一个如此真实或实质性的东西并无所知。所以说,假如的确存在你称之为实体的这么一种东西,我以为我就这么一个实体。可是,关于这个问题,再进一步的话,你是了解我的怀疑主义原则的:我在哪个方向上也都不确定。

在这个方面,西奥克勒斯回答说(善良的菲洛克勒斯啊!),请允许我也粘一点怀疑主义的利益吧!因为此事并不涉及摆在我们眼前的这件事情,即我们在哪个方向上得出确定结论,或者说,我们到底要不要在这一点上得出任何一条结论。由于困难如此之大,你可以想见,它不仅仅挑战你自己的存在,而且也挑战我想在此说服你相信的那东西的存在。你可以随意提出自己的反对意见,而你的难题可能是一股值得注意的力量,极不利于这样一个终极存在者的存在方式。但是,等你做完这一切之后,你会把这同一个难题带回自身,使你在你的自我的问题上同样摸不着头脑。你就这些形而上学的模式及实体难点进行长期的争辩,并根据每一个假说中的难点得出哲学上的结论:"自然之中并不存在这样一个普遍存在的一,"之后,你就必须根据同样的理由得出结论说,"不可能存在像你自己这样一个特殊的一",但实际上又存在这么一个后者,此后,我希望你的意识也许会使你得到满足。而关于这个意识,只说下面这话就足够了:"它就是某种对一个身体产生作用的东西，在它下面有某些被动的力量，并从属于它；它不仅仅有一个身体或纯粹的物质作为它的主体，而且在某些方面甚至还有其本身，以及由它而出的东西；它监督与管理自身的想象、外貌、幻想，按照它觉得好的方式矫正、形成和塑造这些东西，并尽其最大力量修饰和成就这个身体与领悟力的混合秩序。"这样一个意识与治理的部分，我知道这个世界的某个地方是存在着的。如果皮浪的观点与我的不一致，那就让与他想法一样的人来驳斥我的观点吧！假如他高兴的话。无论我们以何等的方式接触到这样的多重领悟力与思想，这些领悟力与思想却都是存在着的。每个人都以最能满足自己目的的方式来理解和思考。他为他自己，我为另一个自我。因此请问你，谁又来为全体呢？没有谁？没有任何东西存在？也许，这个世界，你觉得不过是纯粹的一个身体，只不过是一堆经过改造的物质的堆积而已。人的肉体，也不过只是这个身体的部分而已。人的想象力、感觉结果、理解能力，全都包括在这个身体里面，内在于它，从中产生，在其中重新开始。不过，这身体看起来却从来都没有梦想过它！这世界本身从来都不曾因为从中滋生的智慧与才能而变得更聪明一些！它对所有正在从事的事情并无意识，没有任何一种思想保持在它自己之上，不为它自身的适当用途或目的，并不存在任何一个想象力或反省借以发现或意识到它所启动并慷慨施加的多重的想象与发明！如此多产、仁善并为每个人结出硕果的巨大物体，最终竟然没有任何东西留下来作为它自己的一份，快快不乐地把一切都浪费掉了！到底借什么样的机缘做到这样，我的确没有一点头绪。"如何做到？或根据什么样的必要性？谁制定的这条法则？谁颁布这命令并以如此方式发布这命令？""是自然啊！"你说。"那什么是自然呢？是指感觉吗？是一种人格吗？他有理性或领悟力吗？""没有。""那么，谁来替他理解呢？或谁对他有兴趣，谁来代行他的权利呢？""没有谁，谁都没有。人人都只为自己。"

好吧！那就让我们再往下听。这个自然难道不还是一个自我吗？或者，我请求你告诉我，你如何是这样一个自我？根据什么标志？或经由什么途径？"根据将某些部分结合起来，并且为这些部分的用途和目的不断地思考并采取行动的一条原则。""如是这样，你那个完整的系统又是什么东西的一部分呢？或者说，它的确也不是什么部分，自身便是一个整体，是绝对的、独立的，跟别的任何东西都不搭界？但假如它的确就是一个部分，而且实际上与别的东西有联系，那我请问，如果不是与自然这个整体有联系，那么它与别的哪个部分有联系呢？这么说，大自然里面不是一条结合的原则吗？假如是这样，那你如何是一个自我，而自然又不是如此呢？你如何拥有某种东西为你来理解和行动，而给予了这种领悟力的自然，反倒是没有任何东西为他来理解，为他来提出劝告，或者在很多情况下搭救他一把（可怜的东西啊！），无论他处在何种的困境之中呢？难道这世界总体上处在不幸之中？具体的领悟力四处都有那么多活跃的原则吗？最终，难道并没有任何东西为所有东西思考、行动或理解吗？并没有任何东西治理或照顾一切？"

没有（一种现代的学说是这么看的），因为这世界就来自永恒，如你所看到的样子，它也不过就是你看到的样子："经过改造的物质，是运动中的一堆物体，这里那里有一个想法，或者是可分解的智能的一个松散部分。"没有（一种更古老的学说认为），因为这世界有一个时期是没有任何智能或思想存在的。"纯粹的物质、混沌、两个类型，原子的一种表演；直到后来思想碰巧出现，形成一种并非设计出来，亦非有谁思考过的和谐。"——这可真是让人赞叹的自负啊！谁能相信谁就去相信吧！在我这方面（感谢神意），我自己是拥有一个意识的，看起来，这意识有助于使我的身体及其情感、我的激情、我的欲望、我的想象力、我的幻想以及其他一些情感保持在可容忍的和谐与秩序之内。可是，我仍然相信，宇宙的秩序是这两者当中更好的一个。如果伊壁鸠鲁愿意，那么他尽可以认为他那个想法更好，他也可以相信，除开他自己的才智之外，并无其他什么保护神或智慧，并对我们说他有什么样的机缘，且原子为何竟然如此聪明。

最后，西奥克勒斯说（声音提高，动作也大些了），哪怕根据怀疑主义自身的理论也更多证实了我自己的存在，以及我的这个自我的存在。"这是一个真实的自我，它从另一个更首要、更原始的自我（世界的大一）中推导和复制而来，"我尽全力与其保持真正的同一，并尽力与之保持一致。我认为，由于有一个普遍的主体，有一个整体在那里，因此也有一种秩序符合它，对这个秩序，又有一个意识符合它，对于这样一个普遍的意识，每一个特殊的一也一定存在某种关系，因为它们都源自同一的实体（就我们对实体的最佳理解来说），它对整体起作用，对于运动与秩序也是原本的，同样朴素，不构成复合体，单独存在，属于类似的能量、效果与运行，假如它与之合作达到更普遍的善，并根据最好的意志而趋向意志，那就更是如此了。因此，"特殊的意识会按照普遍的一寻求其幸福，并努力模仿它最高的简朴性与卓越性"，这只不过是看起来像是自然的而非一定如此。

好心的西奥克勒斯啊！我接着说，既是这样，我们再当一回狂热者吧！让我再次听听那一首圣歌，我最近完全被它迷住了。我已经克服了疑惧，比以前任何时候都更能想象你所说的这样一个自然，竟然到了这样一个程度，我发现自己热心于对它的探究，并觉得所有人都应该快乐地与之保持一致。但是，想到自然常有的一种状态，我又禁不住为它感到痛苦。

"不要担心，我的朋友，"他回答说。"须知，每一处特殊的自然当然总在发生对它自身有益的事情，除非有某种与它不符的东西打扰或妨碍它，或者有更强大的力量压倒它，因而从内部发生败坏，要么是来自外界的暴力行为使它如此。因此，病患的本性要挣扎到最后，希望尽早摆脱疾病。哪怕在我们看到的周围这些植物里，每一个特殊的本性也都在奋斗，希望保存自己的完美性，假如没有外在的什么东西妨碍它，也没有什么异质的东西早已经加害于它或伤害它。哪怕在这样的情况下，它也会尽最大力量挽回损失。自然之中全部的软弱、疾病、扭曲、病患、出生缺陷以及看起来像是矛盾和病态的东西，不是这一种又是哪一种呢？如果有人以为，这些失序之发生，全部都是特殊本性的一种失败造成的，而不是某种力量更为强大的异质本性的力量所致，那么他对于所有自然成因与运行的道理是多么无知啊！假如每一特殊本性都不断地和从不出错地保持对自我的真实，并且也肯定能够每次只出产对自身有利和符合其自身适当状态的东西，那普遍的一，那整体的自然，不也会照此大行其道吗？光是凭借这一点就能造成失败或错误吗？或者说，有没有什么异质的东西，竟然能够在任何时候对自然施暴，或迫使它扭曲自身本性呢？如果没有，那么它所有出产的东西就只有它自身的利益与善，即普遍的、全体的善。而对普遍全体的善有益的东西，也就是正当和善的了。"

"的确如此，"我说。"我承认是这样。"

既是这样，那你就应当满足了，他说。不仅如此。既然你已经明白了它来自什么地方，并且知道它构成了哪一种完美，那你就还应当对已经发生的一切感到高兴。

祝福我吧！西奥克勒斯！我说。我从此就踏入你想引导我进入的这一场迷信了！我觉得，它从此以后就是一颗迷信头脑的标志，并准备在人生的常见事故里寻找神意，把自然施加于人类的常见灾难与祸患全都归诸神的力量。可是，现在，我发现，我必须把普遍意义上的一切都放在一种解释上。由于透过某一块魔镜来看待事物，我将会把最大的恶全都转换成善，并同等赞扬来自那同一只完美之手的所有东西。可是，没有关系，我可以克服很多困难。继续说下去吧！西奥克勒斯，让我代表自己向你提出一个建议，既然你已经在我心中点燃了一团火，那就不要延迟，以免这火焰再次熄灭。

他回答说，须知，我不屑于利用一个人一时兴起的热心肠，并因为获得了你的赞同而必须在脾性上或想象力上面表达感激。因此，在我往下说之前，决心再次与你进行冷静的理性思考。我要问，你是否接受我昨天就那个问题拿出来的证据，即"事物当中存在一种普遍的结合，秩序原则或通感"？

依靠或然性的力量，我说，你已经说服我了。我相信，在我们所见的所有事物当中，有一种一致与对应关系，可是，假如不给所有事物同样的结论，那就不合道理了！

的确不合道理，他说。在无穷的其他部分中，假如没有一种统一原则，我们这个宇宙内的事物能够保持连贯与秩序的可能性几乎就没有。"无穷的东西，一定也是有极大优势的。""看来是这样。"

那就请告诉我，他说，假如承认这样的统一，那你如何能够不承认给余下的论证也留一个论证的名称，这个论证可以确立一个完美心智的治理。

你就恶的外表所作的解答，我说，还没有完美到可以当做论证加以接受的程度。无论创造中有什么看来是恶的或不完善的，就不要再往下作结论了，应该等到问题解决以后再下结论。

他说："那你是否不能同意我的观点，即当我断言这些外表必定就是它们本来的样子，而事物看来并不完美，哪怕作出这样的让步，即有一个完美的终极心智存在着？""的确如此。"

"那么，那些外表是否就对我们的假说构成反对例证？""假如它们只是保持为外表，那就不是反证。"

那你能否证明它们就是别的什么东西呢？如果不能，那么你就什么也没有证明。证明的责任在你那一方，你也完全明白："由于外表并不是与我们的这个假说相符合，可是，却是它的一个必然后果。假如要我来论证，在这个例子中，那就是在一种程度上要求我成为无限者。因为，除开无限者之外，什么东西也不能看出无限者之间的联系。"

我说，这个假定，我承认，完全是出自你那边的。可是，这仍然只是一个假定。

"那就来证明一番吧！"他说。"假如你能忍受，我就来抽象和无趣地推论一番。你说，恶的外表并不必然就是它们呈现在你面前的那种恶。""我是这意思。"

"那么，它们可能呈现的东西则有可能是善的。""可能如此。"

"这样的话，可能事物当中根本就没有恶可言，反倒是说，一切都有可能是完美地与一种利益同时发生的，就是那个普遍的一的利益。""可能如此。"

"假如事情可能如此（不要奇怪），那'它就一定会如此'，理由就在于你也承认的、整体之中的那个伟大的统一与简单的自我原则。在整体之中有可能的任何东西，整体中的本性或心智就会为了整体的利益而实施。假如它有可能排除恶，那它就会排除恶。因此，尽管有外表上的恶，这恶有可能已经被排除，理由在于，'它实际上已经被排除'。纯粹被动的东西，不可能与普遍有效的原则发生对抗。假如有任何有效的东西在对抗它，那它就是另一条原则。""就算是这样吧"！

这事是不可能的。假如自然之中有两条或更多原则，那么，它们要么是一致的，要么不一致。假如不一致，一切就会处在混乱中，直到其中一个处于控制地位。假如是一致的，就一定会有某个自然的原因使其能够达成一致。这个自然的原则不可能来自机会，而是来自某种特别设计、计划或意图，这就使我们再次回到那一条原则，并使其他两条原则处于从属地位。如此一来，当我们比较这三条意见当中的每一条，即"并没有设计性的、有效的原则；有不止一条原则"，或"最终仅只有一条原则"时，我们就会发现，唯一统一的意见就是最后一条。由于这些意见当中的这一条或那一条必然为真，那我们除了认为最后一条是真实的，而且必须是真实的，可以证明的以外，我们还能够确定什么别的呢？这一条证明就是："在三种意见中，其中一条必然为真，两条明显是荒谬的，第三条一定为真。"

够了，我说，西奥克勒斯啊！我的疑惑已经没有了。恶意与偶然（空虚的幻影啊！）已经屈服于你已经确立的那种无处不在的智慧。你成为利用冷静的理性方法的征服者，你也许可以再次荣耀地唤起诗性的热情来。因此，我请你再次回到存在的完美性这个话题上，并在我们往林中美景而去的路上，像以前一样研讨这个话题，我相信那样的美景会像第一次一样激发起你的热情。我再也不用担心陷入想象魔力或迷信的危险了，因为你在此唤起的不再是别的什么东西，而只是那唯一的大能，它看起来如此自然。

西奥克勒斯说，既是这样，那我就照你的意思继续往下说这位守护神和激发者，我们想象他就在这里，但不仅仅在此。

我说（打断了我自己的沉思），此时我发现，你指望我能拿出那位音乐家一样的才智与你交谈。

"你的想象是正确的，"西奥克勒斯回答说。"因此，除非你答应，如果发现我走得太过，你一定会出手制止，否则我便不再往下说了。""那是当然，"我说。"你可以相信我的承诺。""可是，万一我不是情思炽烈，兴情极高，反倒是枯燥无聊、语少机锋，那你有什么里拉琴或别的乐器可以提振我的思绪呢？"

我告诉他说，危险不可能出在这方面。他的心境极其丰富，他的热情绝不可能有负于他。

他就从土这个元素说起。在远处，山脚下的平原处，我们看到乡下的年轻人正在细心耕种。"躁动不安、少有快乐的人啊！他最初不喜欢这样平和的劳作和轻松的农活，这些做起来让人如此开心的农活！是什么样的傲慢与野心滋生出这样的轻蔑的呢？全人类全部致命的邪恶不都是由此而来的吗？人越挖越深，为了找出想象中的财富，他们把大地的内脏都要翻出来了。"

在这里，由于好奇心的作用，我们找到了不同性质的矿物，由于这些矿物的简单性，我们又发现了更多的神圣艺术，远胜于自然作品中最复杂的物体。我们发现有些矿物能产生令人惊奇的变化，另外一些又十分耐久，无法被火或最高级的手段所毁灭或改变。我们思考的主题千变万化，哪怕对自然以及地下世界的这些混杂部分的研究，仅只凭其本身也能够为人的商业精神提供植物与用途，人愿意在进行这一类的实验的辛苦中耗费自己的生命。可是，大地隐藏珍宝的暗洞里散发出来恶臭有毒的气体，让人无法在这样的探寻中活得很长久。

能够从这样的深穴里活着出来呼吸新鲜空气的那些人，他们会感觉多么畅快啊！他们又一次看到令人欢欣鼓舞的日光！又一次踏上肥沃的大地！思考大地的表面、他们的居所，该是多么开心的一件事情啊！这里被太阳晒热因而充满活力，轻风吹拂令人神清气爽！这些自然之力会影响宁静的植物，冲洗懒散的地球。太阳吸取包裹着浓厚云层的蒸汽与水汽，只是为了分解和提升那些不健康的颗粒，然后汇入轻风之中。轻风吹拂，把它最迅捷和充满活力的灵气传送开来，又使它们变成增益大地的温柔气息，或变成丰沛的露水与利于结果的阵雨。巨大的地块四周有这样的气体活动，吹进大地的每一处小孔，渗入整体之中。太阳和空气合力共进，让大地母亲生机勃勃，尽管生育不息，却活力如旧，壮美如新，面容姣好，魅力照人，就如同刚刚从她的创造者那塑造万物的手中松脱下来一般。

与地上次等的材料比较起来，水是多么美妙的一种东西啊！那么深邃，能够流动，又是透明的，它没有空气吹动的活力与扩散力，但照样活动不止。它固执，当受到压迫时永不屈从，却又能沉着避开强力，凡能借以绕开的每一条线路，它都随时轻巧躲避！它不动声色地松脱极大的土块，让纠缠的物体轻松解脱，促成物体的结合，把地上渴求的颗粒召唤到战场，全部欢快的争吵很快就在密切的结合中结束，构成我们看到的各式各样的外形。大海的深处多么广阔，却潜藏着如此轻软的一种元素，当有日光和风力相助的时候，竟然能把深海提升至云层！云层转化为雨水，浇灌干渴的大地，为山泉和河流提供新鲜水源，为邻近的平原提供快乐，为所有动物提供甜美的饮料。

"可是，我们应该到何处追溯光的来源？或在什么样的海洋里领会那发光的物质，那遍布于充满其中的广大无边的空间？火这样一种凶猛的元素，太过活跃以至于无法在太阳的范围之内约束住它，甚至都无法从沉重大地的内脏里将它排除出去，我们应该去哪里为它找到一处安身之所呢？空气本身屈服于它，充满它次一等的工具。哪怕是我们的这颗太阳，虽然天上有数不清的恒星，就是那闪闪发光的天军，看来也要从中吸取源源不断的供给才能保持其壮丽辉煌的状态。那看不见的以太实体穿越液体和固体，遍布宇宙的各个角落。它珍视冷漠无聊、粗笨厚实的地球，把它从里到外温暖通透。它形成了矿物，给植物以生命和成长，在有生命的万物胸中点烧一团柔和与强劲的看不见的火焰。它为各种各样的形式提供活力与营养，为这些形式所用，它节省也利用它们所有构成的那些磷及可燃烧的物质。它极温良，在它固定与特别的法则范围内，一直保持平和与融洽。可是，一旦这些法则被打破，这宣告无罪的存在者便会放肆起来，大行其道，无人能管制住。它不顾一切，横冲直撞，爆发成熊熊火光与凶猛的火焰，毁灭沿途遇到的所有东西，使一切还原，把它自己先前构成的一切体系分解殆尽。"

此时，西奥克勒斯突然停顿下来，因为他看见我伸出手来抓住了他的袖子。

菲洛克勒斯啊！他说，我记得自己刚才说过的话。谈论这个炽热的元素，我发现自己也太过火了。在这里，假如你是这样一种人，能够以爱之温软火苗常行之道以外的方式进行思考，那我也许谈得太神秘了。你也许听说过这一类的奇事："万事万物怎么可能在这样的地方拥有其存在呢？它们最高贵的目的怎么可能在这里包裹起来、毁于一旦然后不见踪影呢？"可是，在这一类的高空飞行中，我极可能靠得太近，差不多要烧毁自己的翅膀了。

的确如此，我说，在你冲上云霄之际，极可能重蹈伊卡洛斯的命运。可是，这倒不是我所担忧的。你已经超出危险之外，由于那吞灭一切的元素就在你身边，你已经不仅仅掌控住了太阳本身，而且还能对付挡在你路上的任何东西。就此事而言，我担忧的是他们告诉我们的那种宇宙大火，在这样一场大火里，我不知道我们那位守护者会做何姿态。

菲洛克勒斯啊！他说，我很高兴此事已经引起你如此深重的担忧，可是，假如你所说的事情，就是一些哲学家谈到的那种周期性的大火，那你尽可以不必担忧。因为在这件事情上面，那守护者必然是王中之王，在创造的间歇里，由于没有形式，在神圣心智之外的任何地方也没有物种存在，当时的一切不过是神性：一切都是一，一切都归集于它自身之内，它在更为简单和更为完美的状态下生存，没有现在经过多方复制的状态这么复杂。为了达到繁殖目的，它才按照自然和这个可爱、可见世界不同的地图展现自身。

可是，在我这方面，我打断他的话说，我能更清晰地看到神性的展现，而不是创造之前的那个复杂又荒凉的状态，但愿你能陪我再进一步，展开那幅自然地图，尤其是如果你愿意从高飞的境况中走下来，就会满意于就地球上这个不起眼的小地方议论一番，因为我可以在这里更好地陪你说话，无论你带我走到何处。

西奥克勒斯回答说，你要我局限在这个笨重的地球上，可是，你也得让我有幻想的翅膀啊！不然的话，我如何能够与你一起飞翔，穿越不同的气候，从南极到北极，从寒冷的地带到达酷热的地带呢？

你要是这个意思，我说，那我愿意让你骑上诗人的飞马，或者是现代的一位意大利诗人送给他作品中的一位英雄的那种带翅的狮鹫，但有一个条件，就是说，你不能随意天马行空，不要飞往月亮，一定要保持在地球的轨道之内。

既然这样，西奥克勒斯回答说，那就让我们从这张地图上最黑暗和最不完美的部分开始吧！看看你能否忍受这样的情景。

"你看，穿过我们眼前的这一片天空，伟力的阿特拉斯神抬起他高傲的头来，在那里，云雾之上，盖满了白雪。在山脚下，乱石丛生的乡间抬升成小山，正好成为上层笨重的山体的基础。在那以上，巨石层层叠加，直耸云霄。你看，可怜的人类竟然踏着颤巍巍的脚步，沿着悬崖峭壁上的狭路步步前行！他们在悬崖边上朝下看，头晕眼花，甚至连承载自己的脚下土地都不敢相信。他们听到脚下传来急流空旷的声音，看到峭壁构成的废墟，倒垂的树枝竟然把根生在上面的地方，似乎要在身后造成更大的毁灭。在这里，言行轻率的人被这些新奇的事物所吸引，竟然沉思起来，乐于思考地表一刻不停的变化。他们一眼便看出，过往年代里发生过的变迁，事物的外表流云般变更，就连我们这个地球也有衰败的时候。"

说到这里，他停顿下来，四处打量。他看上去更加镇定了，面色从容，神情轻松，根据这一点，以及其他的一些标志，我明白，我们的谈话就要结束了，不管我愿意不愿意，西奥克勒斯都会放心这个崇高话题了。整个早晨都快要过去了，午前时光的脚步已经临近。

第二节

我以为，他说，菲洛克勒斯啊（现在换成更随便的口气）！既然我们的幻想已经带我们走了很远，我们最好离开这离群之所，回到自我，也就是更方便谈话的林中，那里有多么温和的气候。到了那里，再没有酷暑严寒折磨我们，也没有悬崖陡壁和仙人掌逗弄我们。到了那里，我们再也不用害怕听到自己的声音。我们一边听欢快的林中风动，一边享受那可爱的回声，激励我们进行愉快的谈话。

我说，我承认，那些陌生的仙子（假如这神奇的林子里确有一些仙子的话）可能美到了无法让我高兴起来的程度。我觉得自己熟悉的居家仙子更对我自己的脾气。尽管如此，我还是有一些遗憾，我们已经谈遍了全世界，而你却在这里停顿下来，因此我想在我们的回程中，听你把美洲说完。的确，说到欧洲，你怎么绕圈子我都不会介意，因为欧洲能够提供给我们的也只有那么一些微小的变化。另外，无论从哪个角度看待它都将是十分困难的事情，人们总得会遇见那种政治层面上的事情，而这些东西总会妨碍我们的哲学思考。而至于西部那一带，我就无法想象你何以竟然会忽略如此高雅的一些话题，除非是因为那里的金银让你觉得不快，因为一个充满了金银的故土让你感到害怕。假如这些地方向来并不存在这些金属，就像古老的斯巴达一样，我们也许会听到更多秘鲁与墨西哥人的故事，远远多过关于亚洲和非洲的故事。我们也许听说过一些动物、植物、林木、高山、河流，多过我们已经谈到过的任何一个地方。错过了高贵的亚马逊，我可真是深感遗憾。

我本想就此打住，可是，看到西奥克勒斯脸上一道明显的笑意，我又打消了停下来的意图。因此，出于好奇，我就问他何故发笑。

没有什么，他说。什么都没有，但要除开这个话题本身之外而言。继续吧！我看出，你想为我把这话说完。这一类的预言，它的精灵已经捉住你了。而且，菲洛克勒斯啊！你这铁石心肠和漠不关心的菲洛克勒斯，你也成为这神秘之美的追求者了。

说得不错，我说（西奥克勒斯啊！）我承认。你的才智，属于这个地方的才智，还有那伟大的才智，终于淹没了一切。我对自然事物之美增长起来的激情，我再也不想去抵抗了，因为在这里，艺术、自然之美以及自负或人类的轻浮已经破坏了其真实的秩序，因为人打破了那种原始的状态。哪怕是那些没有情感的石头，那些生了苔藓的山洞，那些不齐整的石窟，还有破碎不全的瀑布，以及荒野自身那可怕的典雅，由于更好地表现了自然，因此一定会更有吸引力，显现出来的一种壮丽远超君王的园林那种形式上的嘲笑一样的东西。可是，请你告诉我，这一切到底是如何发生的。除开像你这样的一些哲学家，也就是充满激情的这一类人之外，真正醉心于此，想到要寻找林地、河流或海滨的，倒只有你那些可怜和粗俗的情人呢？

可不要这么说，他回答说，可不能只提情人。在诗人那里，还有那些研究大自然的学者那里，以及描绘大自然的那些艺术，难道事情不也是如此？简单地说，热爱缪斯或自然之美的情人们，难道他们所有人不都是如此吗？

可是，我说，所有那些沉湎于浪漫情调的人们，你知道的，他们都被人看做要么是纯粹的智慧所致，要么是为忧郁情愁或激情所困的人们。我们总是在这些荒无人烟的地方想起这些人来。我得承认，每当我发现自己的幻想朝着这个方向发展时，时常都会阻止我自己。当我为这类对象而激情飞扬时，却并不知道是什么东西附上了我的身心。

这不奇怪，他回答说。当我们追求实体的幻影时，时常会陷入这样一种状态。假如我们听从理性给予我们的教导，那么，自然之中无论什么美丽迷人的东西，人都不过是最初之美的模糊身影。因此，每一种实在之美都取决于意识，由于只是美的反思，要么是它自身的一种表现，要么是它在触及我们的感官时的不完美的表现，一个理性的意识如何可能在这里停顿下来，又如何可能满足于仅只触及感官的那种荒唐的欢乐呢？

他回答说，假如我们追逐实体的影子的时候感到一片茫然，那一点也不奇怪。假如我们信赖我们的推理能力告诉我们的东西，那么，自然之中无论什么美妙迷人的东西，莫过于原初之美的模糊影子。因此，由于取决于心智的每一种真实的爱都只是对于美的思考，要么是作为它本身的存在，要么是在触及感官的对象中不完美的样子，理性的心智如何可能在这里停顿下来，又如何可能满足于仅只触及感觉的那种荒唐的欢乐呢？

从现在开始，我说，我再没有理由担心激发一种忧郁情愁的美了，比如，我们刚刚提到的那些地方，或那些肃穆的小树林。我再也不应该回避温情音乐动人的音符，也不会远离漂亮人脸迷人的特征。

他回答说："假如你已经是这一种新爱好方面的专家，而且肯定除开美的原本之外，永远也不会去赞美那种描述性的美，除开符合理性的之外也不想去寻找别种欢乐，那你也许会相当自信。""我的确如此，也应当能够为自己负责。可是，假如你再进一步解释一下我的这个错误，也是你担心的这个错误，那我一定会有满意的恰当理由。""假如我告诉你，荒唐之处就在于不谈自己喜欢的话题，而去别的地方找乐子，这样说对你有所帮助吗？""这件事情，我承认，仍然是一件奥秘。""那就请想象一下，好心的菲洛克勒斯啊！假如我们被远方那一片海洋的美景所震慑，你的头脑里一定会蒙生一个想法，那就是如何把握住它，就好像一位强悍的海军元帅，一位海上的主人一样，此时，这样的幻想难道不是很荒唐吗？""绝对如此，那是当然的。在这样的一阵狂乱之中，我接下来要做的事情可能就会是去租来一条小船，举办威尼斯式的结婚仪式，与我也许可以恰当地称之为归我所有的海湾结婚。"

菲洛克勒斯啊！他说，我可以把这个话题拉得更近一点吗？请你顺着我的思路再思考一下吧。假定你确如现在所表现的一样入迷了，被这些树木的美所吸引，就是我们站在其荫下的这些树木，那你一定极想品尝一下这些树木所结的果实吧？假如你从自然之中获得某些喜好之物，也就是林中的这些橡子或浆果像园林中的无花果或桃子一样让人得口福之乐的东西，以后你再来这些树林，一定会想到再寻这些欢乐，你会在新的乐趣中让自己陶醉吧！

这一类的想象，我回答说，一定太过奢侈，也十分荒唐，在我看来就跟前面所说的那些一样。

这一次，他说，你难道不能回忆一下在我们当中出现过的那些比较美好的东西，对于美的赞叹说不定会引至意外之喜呢？

我说，我所担心的是，这一切会在哪里结束，同样让我惴惴不安的是，你最终可能强迫我思考人类当中某些强大的东西，就是会吸引一大批热切欲望、心愿与希望的东西，这些东西，我得承认，肯定是不适合你那理性的、十分优雅的美之思索。这一栋有生命的建筑的比例，尽管看上去无可挑剔，却并不能激发起追求学问或反省的东西。看得越多，这些东西就越是不可能仅凭外表让人满意。让令人满足的东西变成不合比例的一个效果，也让它与其成因格格不入，再按照你喜欢的方式去审查它，但是，你必须要承认，那也是自然的。因此，西奥克勒斯啊！照我看来，你就成为自然的非难者了，因为你将是在谴责一种自然的欢乐。

谴责来自自然的一种欢乐，这远远不是你我两人会做的事情，他说。可是，当我们谈起这些树林及其美景的欢乐时，我们的理解是，这是与次一等的动物而来的那种欢乐完全不同的，那些动物在这些地方以劫夺为生，它们在这里找到它们最可口的食物。可是，菲洛克勒斯啊！我们两个来这里，可不是为了把我们的益处放在这里，也不是把相应的快乐也寄托于此。我们是理性造物，我们有自己的头脑，因此，我觉得，我们的快乐在我们的思想里面，假如只是在感觉对象那里荒唐地寻找快乐，而不是在可以适当地称为它们自身的对象那里得到欢乐，那就是对思想的极大滥用，也欺瞒了思想的真正利益。就我记忆所及，我们是在自然对象本身当中理解一切美好的、慷慨大度或善的东西的。

我说，因此，西奥克勒斯啊！在我看来，美与善在你的心目中还是同一个东西的。

的确如此，他说。我们这就回到了昨天早晨谈话的内容上面了。我给你说过真善的事情，是否说清楚了，我还不知道，可是，无疑，假如我用那种诗化的狂喜劲头或其他方式带你进入自然的深层美景及最高的守护者，那我应该已经解释得比较成功了。我们接着又证实了神性美的力量，并在我们心中培植起能够引发并值得产生真实快乐的那个对象。

西奥克勒斯啊！我说，你那天早晨要我谈谈对神秘之美的爱的时候要我同意的那个条件，我现在还记得非常清楚。你自己的确是在按所说的条件办事，你现在完全可以把我当一名皈依者看待。假如此事看来有些过度，那我必须尽力安慰我自己，并认为所有切实的爱与赞美都是一种狂热："诗人的激情、演讲者的崇高、音乐家的迷狂、艺人的高雅品性，这些都不过是一种狂热炽情！哪怕是学问本身，就是对于艺术的爱与好奇心、行者与冒险家的精神；骑士风度、战争、英雄主义；所有这些全都是狂热!"这已经足够了：我满足于充当这样的一种新狂热分子，哪怕是以自己以前都不明白的方式变成了这样的人。

西奥克勒斯说，你称这种爱为我们的狂热，对此我感到满意，我们可以给这种狂热伴随其他类似感情的特权。有没有一种美好和貌似合理的狂热，一种合理的狂喜与激情可以在其他领域里也展现出来呢，如建筑、绘画、音乐，而且它还会在这里爆发出来？有没有所有这些其他的雅致与完美也得以为人感受到的那些感官呢？是否这更高一级的完美与雅致借以理解的感官却一个也没有呢？把这样一种狂热带到这里来，使它出脱次等和浅陋的对象，并转移到这更原始和更全面的对象上来，难道这就是荒诞不经到了那种程度的事情？我们观察这个问题在其他所有那些艺术或科学主题上的情形吧！在无论哪一种程度上的理解该有多么困难啊！在获得一种真实的品位之前，已经耗费了多长时间啊！有多少东西一开始那么叫人震惊，那么让人反感，到后来却被人认识到，并承认是最高程度的美！因为我们并不是刹那间获得那种借以识别美的感觉能力的。我们需要做艰苦的工作，需要忍受痛苦，需要花时间培植一种自然的才气，敏锐或快捷的才气。有谁曾想到过必须开垦这片土地，或改善自然或许已经给予的这一类的感觉能力或功能？在这些事物当中，我们竟然如此缺少生气，如此迷惑，如此不知所措，对如此高雅的场景，如此高尚的展现竟然盲目不清，这难道不是一件奇事？我们应当以哪一种方式才能理解得更好？哪一种方式才是理解这些美的至途？研究、科学或学问是理解别的美的必要手段吗？至于至高之美，难道不需要技能或科学？在绘画中，有暗影和神来之笔是粗俗者看不出来的，他们反倒是在这些地方挑剌。在建筑中，有那种所谓的乡趣，在音乐中，有种种的变音体系，还有不谐和音的高超混合。而在整体当中，难道就没有任何东西应对这种情形？

我必须承认，我说，我就是那些粗俗者之一，永远都看不出那些暗影，那种乡趣，或你谈到的那种不谐和音。我从来都没有梦想过自然之中的这一类杰作。我总是凭第一眼来随意审查事物的。但我现在明白，我有责任在美的追求中走得更远，因为美藏身于深邃不见人处。假如是这样，我就可以满有把握地认为，我的快乐到目前为止一直是那么肤浅的。看起来，在这么长的时期里，我一直流连于事物的外表，只不过看到了一些皮毛之美，从来都没有触及美自身，而只不过是我想象中的那种东西。我跟不动脑筋的世人一样，理所当然地把自己喜欢的东西，能够从中体会到快乐的东西当做美的与善的。我总是把自己想象出来的东西当做爱好的东西，从不顾虑，只是盯住自己喜欢的东西。我从没有花时间和精力仔细研究涉及的主题，作出选择的时候也从不迟疑。

那就开始选择吧！他说。看看那些主题都有哪些，哪些是你所喜欢的，哪些又是值得你赞美、热爱和敬重的。经过这样的选择，你自己到时候也会得到尊重。这些，菲洛克勒斯啊！就是发现你的自我价值的东西，也就是你的友人所看重的价值。正如这里有虚空或丰盈，你的快乐里面也会是同样的情景。因此，要看丰盈在哪里，虚空又在哪里。看首要的卓越居于什么样的主题中，也就是美统辖万物的地方，看哪里是完整、完美、绝对，哪里是破碎，缺陷与短暂的东西。在这些地上的美景里，在无论何种有着卓越外表的东西里面，看看都有哪些也具备吸引力的东西。要看那些要么真实存在，要么是挡在美好、美丽与善的事物中间的东西。"一大堆金属、一小片土地、一小批奴隶、一堆石头、美貌或苗条的人体。"这就是这一类东西里面最高程度的吗？美难道只能在身体里面找到，而不是在行动中，在生活中或在运作中发现？

且慢，且慢，我说，西奥克勒斯啊！你把这事看得太重，完全让我帮不上忙了。假如你想让我陪在身边，那就请把架子放低一点，用更熟悉的话语交谈下去。

"是这样啊！"他说（微笑起来）。"无论你对别种美有什么样的喜好，我都知道你菲洛克勒斯不是那种喜好财富之人，无论哪一种形式的财富，你都不会认为是美好的，尤其是看上去粗俗不堪的那种财富。可是，在金属中，在硬币中，在雕刻作用中，在雕塑中和在制造精良的物品中，你都可以发现美，并赞扬这种美。""是的，"我说。"可是，决非为金属自身的缘故。""所以说，在你看来美的，决不是金属或物质本身。""不是。""而是其中的艺术。""那当然。""艺术即美。""是的。""艺术也是使物体为美的东西。""这是一个意思。""因此，美化，而不是被美化，才是真正美的东西。""看来如此。""被美化的东西，之所以为美，只是因为增加了某种美化他者的东西，也是因为同一种东西的退缩或衰败而成，因此它就不再是美的了。""是这样。""因此，谈到物体，美是来来去去，没有踪影的。""我们看到的情形的确如此。""它也不再是这物体来去的原因本身了。""不是。""因此，物体里面本不存在什么美的原则。""完全不存在。""因为物体不可能成为美的原因自身。""不是。""不能管理，也不能调节自身。""目前还不是这样。""它自身也无这样的旨趣或意图。""是啊！是没有。""因此，有意如此，怀有这种旨趣的，调节或使其有秩序的，难道不是美的原则自身吗？""那是当然。""而这可能是什么呢？""意图，我猜是意图。还可能是别的什么东西呢？"

因此，在这里，他说，就可以发现我以前对你所说的所有那些话的意思。"美的、好的、秀丽的，都不在物质本身以内，而在于艺术与设计，从来不在物体本身，而在于构成它们的那股力量。"美丽的形式难道不是这样说的话，它谈论的难道不是设计之美吗？难道不是在它触及你之前便是如此？而触及人的，不是设计又是什么呢？你所赞扬的，不是心智或意识的效果又是什么呢？构造万物的，只有心智本身。缺少意图的一节都是虚空，而没有形式的物质就是丑陋本身。

在所有形式中，我说，本身能够塑造其他形式的形式（根据你的体系）才是最亲切的，也是处在第一秩序的美。我觉得，它们从这里才开始处在构造他者的形式中。到目前为止，我可以轻松地与你达成一致意见，并很愉快地给予人类的形式以优势，使其远超出人类构造出来的其他形式之美。人造的宫殿、马车与房产在我看来永远都无法与血与肉构成的有生命的原初形式相比较。至于另外一种，即并没有生命的自然的形式，金属以及石头，无论它们有多么金贵，多么让人目光晕眩，我都有决心抵制其表面的辉煌，觉得它们都是可怜之物，哪怕正值它们最荣耀的时刻，即它们假装可以启动人体之美，为人面容的姣好出一份力气的时候。

西奥克勒斯答道："难道此时你看不出来，你已经建立起美的秩序的三个级别？""此话怎讲？""首先，没有生命的形式，就是你刚才恰当地称呼的，这些东西具有一个外观，属于被造之物，无论是人造的还是自然所造，但并没有构成形式的能力，不能活动，也没有智慧。""是啊！""接下来，就是第二类的，就是可以赋予形式的那一种，就是说，它们具备智慧、活动能力和运算能力。""对啊！""这里就有一种双重之美。因为在这里，即有形式（意识的后果）也有意识本身。在一点上，第一种能力很低，级别也低，没有生命的形式就是从这里获取美的光泽与力量的。哪怕具备人的身体，也有人的精神风貌，假如内在的形式有缺陷，而且意识能力十分怪异或不完美，如在白痴或生番那里，纯粹的肉体就什么美也谈不上。""这我也能理解"，我说。"可是，第三级的美在哪里啊？"

别着急，他说，先看看你是否发现了第二级美的全部力量。除此之外，你还有别的什么办法去理解爱的力量或产生欢乐的力量呢？请告诉我，当你最初说出这些构成其他形式的形式时，你想到的并不是除开这些没有生命的形式之外的其他形式产品，比如，某些宫殿、硬币、青铜或大理石的人像？或者，你想到的是某种离生命更近的东西吗？

我本可能很容易就增加这么一个说法，我说，我们所说的这些形式有一种能力，它可以构成其他跟自己一样的有生命的形式。可是，它们的这样一种能力，我觉得，是出自超出它们之上的另一种形式，因此并不能适当地称为它们的能力或技能，假如在现实中，还存在另一种更高级的技能，或某种像是艺术的东西，它引导它们的手，并在这样一件显眼的作品的构造过程中拿它们当工具。

"想得不错啊！"他说。"你刚刚逃脱了一次受责备的机会，我本来想象你怎么也逃不掉的。在这里，你无意中发现了第三级别的美的秩序，这秩序不仅仅构成我们在此称为纯粹形式的那些形式，而且还构成赋予形式的形式。我们是物质材料上卓越的建筑师，可以把无生命的物体带入生命形式，并亲手给它们赋予特色。可是，甚至为意识本身赋予特色的东西，自身就含有它们的意识所赋予的那些美，因此就成为原则、来源以及所有美的基础。""看起来的确如此。"

"因此，不管美在我们第二级的形式里看起来是什么样子，也不管从中能够提出什么或出产什么，所有这些都明显地、主要地或原始地出自这最后的秩序，即终极与崇高之美。""的确如此。"

"因此，建筑、音乐和人类发明的一切东西，都化解于这最后一个级别的秩序。""是啊！"我说。"因此，所有其他类型的激情，也都在我们自身的激情中化解。流时的种类借用我们的种类，没有我们则它们什么也得不到。我们无疑享有原本的荣耀。"

"既是这样，"西奥克勒斯回答说。"那就请再说一遍，建筑、雕塑和这一类的其他艺术的形成，是不是人能够成就的最大的美，或者说，有没有更大或更好的形式？""就我所知是没有的，"我回答说。"想一想，再想一想。"他说。"把你刚刚排除在外的那些作品放到一边去，只当是另外一只手的杰作。更多思考一下哪些是更直接出自我们人类的，也更真实地可以称为是出自我们人类的。""我想不出什么，"我说。"因为这一次，你帮助我思考此问题时，必须把话说得更平直一些。""我如何能够帮助你呢？"他回答说。"你能让我明白那直接是你自己的，只在你内心里，也只出自你的东西吗？""你指的是我的情感，"我说。"当然，"他回答说。"除了你的情感之外，还有你的决心、原则、毅力、行为；任何这一类适当与高贵的；任何出自良好的领悟力、感觉、知识及意志的；任何发自心田的或从长上心智中导出因而不同于另一类父母的东西，都不可能用完或耗尽，而是会在复制中增强力量与活力。所以，我的朋友啊！你已经通过许多工作证明了这一点：不能让这多产的一部分留在闲适与惰性状态。这样才会有那些好的部分，它们来自你通过适当改善使其大幅提升的一种天生才智。在这里，由于我只能崇拜那孕育万物的守护神及母体之美，因此我如此满意于出产的后代，它美好，而且将一直是美好的。"

我明白其中的美意，也希望（我对他说）这事情果如其料，当真认为自己配得他的尊重与喜欢。因此，我的研究应该是越来越漂亮，是他那种美的方式的漂亮，从此时起，我会尽一切力量传播精神之子的可爱一族，他们是从如此高雅的快乐中跳跃而出的，是在与最美及最好的东西的结合中产生的。可是，你，西奥克勒斯，我继续说，你必须帮助我这处在阵痛中的心智，你要充当这些妊娠的产婆，不然的话，这些精神之子极可能遭遇流产之苦。

你只让我当产婆，这真是不错的一个举动，对于孕育自身的心智来说，它只能在降生过程中得到帮助，正如你自己所言。它的妊娠源自自然本身。它也不可能因为在最初形成时之外的别种心智而着孕，而它，正如我们已经证实的，就是对所有心智和美来说原本的东西。

我说，那么，你是否坚持认为，这些精神之子，这些关于美好、适当与诚实的观念与原则，以及这一类观念之外的其他观念，都是天生的呢？

西奥克勒斯说："解剖学家告诉我们说，作为人体起源的卵都是天生的，在人出生之前就已经在胚胎中形成。但是，无论是在降生之前，降生的同时还是之后，或是具体某一个时候，这些东西以及其他的起源物、感觉器官或感觉本身在我们体内如何形成，这无疑是令人好奇的思辨内容，然而却并不具备那么大的重要性。问题在于，我们这里所说的起源物是来自技巧还是来自自然？假如纯粹源出自然，时间就无所谓了，假如你否认生命本身是天生的，假如你想象生命是在降生那一刻之后而不是之前形成的，我也不会与你争论。可是，我可以肯定的一点是，生活以及伴随生命的感觉，都会在有这意愿的时候到来，出自纯粹的自然，而非别的任何地方。因此，假如你不喜欢天生的这个词语，那我们可以换一个词，你喜欢的话，可以换成本能，并把本能称为自然教导出来的东西，它与技巧、培植或训导无关。""同意，"我说。

"既然这样，"他回答说。"我们就把这些可敬的思辨留给那些艺术能手、解剖学家和学院派的神学家吧！这样，我们便可以在他们所有人赞同的情况下，有保障地断言，人体的多重器官，尤其是那些有产生世代能力的器官，都是自然而成。你会想，自然之中是否还出产有任何本能供它们日后使用呢？或者说，是否必须有学问和经验在这个用途上面烙上印迹呢？""有印迹，"我说。"就在人的良知里。这里所说的这个印迹，或本能，是相当明显的，如果认为这个印迹在我们这个物种或其他物种当中不是自然的，那会是相当荒唐的事情，因为在这些东西当中（如你已经教导我的），不仅仅纯粹的下一代由此诞生，而且为他们提供滋养的不同和差不多无限的方式和方法，都是事先便知道的。我们从野生动物预备性的生产和谋划中便可以发现这样一种情况，它们会展示预见能力，或者假如我可以利用你昨天告诉我的这个词：预感的话。"

"我同意你用这个称谓，"西奥克勒斯说。"我想尽力向你说明同种但更高级别的那种东西，在人类当中有自己的地位。""说吧！"我说。"我请求你，因为我自己远不能发现你所说的那种美好与漂亮的先见，我觉得，这样的先见直到最近还是我无法在自然之中发现的。""那么，"他说。"你愿意承认你已经了解属于人类的那种外在的美好与漂亮，假如今天早晨，在这片林子里，这样一个对象（一种相当肉感的对象）以相当美好的形式第一次自动出现在你面前？或者，你是否觉得，也许你根本就不为所动，发现这种形式与其他形式之间并无差别，假如你并非一开始就得到过说明的话？"

对于这最后一种意见，我回答说，因为已经在前面承认过的那些话，我根本就没有权利去辩护。

既是这样，他说，我也许看来是在拿你作不当利用，那就把这让人头晕眼花的形式放下来吧！因为它带有的是这样一种复杂的美的强力，我满足于单独思考这些单独的美，这些单独之美如果放在一起考虑，就会形成这样一种惊人的效果。你得承认，毫无疑问，谈到人体，无论就无法言说、无法辨别的和根本不知道是哪一种美的东西已经都说过哪些话，这里都不会有什么奥秘，而只是明显属于形式、颜色、运动或声音的东西。因此，把最后三样及依附于它们的魅力弃于不顾，让我们来看看最简朴的东西，也就是纯粹的形式。我们甚至也不必拿雕塑、建筑或从这项关于美的研究中已经提取如此令人欢心的技艺的那些人的设计。假如我们思考最简单的形式，比如，一个圆球、一个立方，或一枚骰子，那也足够了。为什么当一个婴儿第一次看到这些合比例的东西时也会十分开心？为什么圆体或球体，圆柱形或方尖塔形的东西总是有人喜欢，而不规则的形状，在这方面来看，总是有遭到人的拒绝或讨厌？

我回答说，我乐于承认，有一些形状天生就是美的，这是人的眼睛一看到这类物体就会产生的感觉。

那么，他说，有没有一种天生的形体之美呢？难道就不存在天生的行为之美？人的眼睛一接触到形状，耳朵一听到声音，立即就会产生一种美感，魅力与和谐也会为人所知和确认。人的行动一被看见，人类的情感与激情一旦被人发现（其中大部分在被人感觉到的同时就会被发现），人内在的眼睛就会区别开来，并且看到美好与齐整的东西，可爱与值得赞扬的东西，而不是那丑陋的，可恶的东西，讨人厌的或恶心的。人怎么又可能不承认："由于这许多的差别全都基于自然，洞察力本身也是自然的，而且也只源出自然？"

我对他说，假如这就是他所表述的那个样子，那我以为，在行动与行为方面，人就不会出现任何一种意见不一，比如，哪些是卑鄙的，哪些是有价值的，哪些是美的，哪些是丑陋的。可是，现在，我们发现人们之间存在着千差万变的意见，他们之间的差异主要基于这么一种意见分歧："对于可以称为合适或体面的行为，一种支持，另一种否认。"

哪怕是根据这一点，他回答说，看起来还是有行为的合适及体面说。由于合适的，以及体面的行为，在这一场争执中都是预先假定的，虽然人们对这些主题的看法不尽一致，事物本身却是普遍赞同的。对于其他类型的美的判断，人们也没有一致意见。对于"哪些是最合适的一堆，哪些是最可爱的形状，或面孔，"人们总还是存在争议。我们承认，"每一类中都存在一种美"。这种判断，没有人花费力气去加以说教，也没有人通过学习才知晓这一点，而是所有人都承认的。所有人都承认这里的标准、规则与尺度。可是，当人们这些东西应用到事物当中去的时候，失序便会出现，无知便会风行，利益与激情就会滋生混乱。在人事当中，它也不可能以别的方式发生，因为使人产生兴趣并使人投身其中的善的东西，总是被认为是与他们作为诚实的言行加赞扬和表彰的东西不同。可是，在我们看来，菲洛克勒斯啊！这个问题就好解决得多，因为在我们这一方面，我们已经达成一致地宣称过："美与善仍旧是同一。"

我记得，我说，你以前不止一次迫使我承认的这句话我记得。现在，好心的西奥克勒斯啊！我已经变成如此心甘情愿的一个门徒，我不再需要被说服，只不过需要多一点确证和强化。我希望，这最后一件事情也许可以证实为是你最拿手的一项任务。

"你自己要是不帮忙，"他回答说。"事情可就不那么容易了。这样不仅仅是合适的，而且也是必要的。你在没有做任何形式的抵抗前就屈服了，这可真是一件羞耻的事情啊！一个人若真想帮助自己接受别人的观点，就是要阻止推论，准备好接受谬误与错觉了。可是，可以坚信的是，把自己的心交托给明显无误的一边，强化人的印象，那就是以心的推论来伸手相助。这样，我们就可以说，我们这是在诚实地说服我们自己。""那就请你告诉我，到底应该如何说服自己。"

鼓起勇气来，菲洛克勒斯，他（提高嗓门）说。假如我说鼓起勇气来，你千万不要因此生气。只要怯懦才能背叛我们。除开怯懦之外，不当的羞耻感还能是什么呢？一个人为自己确信的东西感到羞耻，一定是缺乏毅力所致。我们在事物当中扫描正当与不正当的东西，我们审查什么是可尊敬的，什么是可羞耻的，我们最终确定，我们并不敢坚信自己的判断，因此羞于承认的确存在一种可耻的与可敬的东西。"听我说"（一位假装珍视菲洛克勒斯、也被他所珍视的人说），"并不存在任何真实的价值或可珍视的东西，没有任何东西是其自身便是可爱、可恶或可耻的。一切不过的意见。意见造就美，意见也破坏美。事物中的优雅与否，言行端庄与否，可爱与不可爱，恶与德、荣耀与耻辱，这一切都只能在人的意见里发现。意见就是法则与尺度。意见并无任何规则可言，有的只不过是机缘，而机缘是随时变化的，就如同习俗会发生变化一样，今天把这个，明天把那个看成是有价值的，符合时尚要求的，或是符合教育的提携力量的"。"对于这样的看法，我们应当说什么呢？如何向他表述这种荒诞与放肆呢？他会马上放弃这想法吗？要么我们会问，对于并不承认羞耻的人，什么才是羞耻呢？""可是，根据什么权利，什么名分呢？假如我自己就是菲洛克勒斯，我可否这样为自己辩护：'我荒唐可笑吗？如何荒唐可笑？什么东西是荒唐可笑的？一切都是如此，还是根本就不存在这样的事情？'""的确荒唐可笑！""可是，某些东西，总有某些东西是荒唐可笑的，而且，看起来，这个观念是正确的，即羞耻感。事物当中是存在一种可耻和荒唐可笑的性质的。"

我们应当如何应用这样一个观念呢？假如应用不当，它本身便可能是荒唐可笑的。大感可耻的人，当轮到他本人的时候，他自己会拒绝承认羞耻吗？他在任何情况下都不会脸红，都不会觉得颜面全无吗？假如他会脸红，那这情况就与纯粹的悲伤与担忧不同了。他所感受到的失序源自对于可耻的东西和自身可恶的事物的感觉，而不是作为其后果的某种造成伤害或危险的东西的感觉。世上哪怕最大的危险，永远也不可能滋生羞耻感，假如没有我们的意见参与其中，那全世界人的意见也不能迫使我们承认这一点。我们也许担心自己看上去言行鲁莽，也许因此而装出谦逊的样子来。可是，我们永远也不会因为自己当真觉得可耻的事情之外的任何事情真正脸红。

所以，他接着说，假如我有这个能力，能够通过预见来为自己辩护，并仔细研究人的生活，以及在各式各样的情形中对他们造成影响的事情，那我就会有足够的证据让我在内心里说："假如有人在这条意见上跟我不一致，我就能以这种或那种方法，在他那里发现他一门心思想从我身上剥夺走的那种东西对他产生的极大影响。"他有感恩之心还是在抱怨，有自豪感还是羞耻心？无论是哪一种情形，他都承认有一种正义与非正义的观念，高尚与卑贱的观念。假如他有感恩之心，或期望得到别人的感恩之意，我就会问："为什么呢？有什么理由呢？"假如他动怒，假如他生报复之心，我就会问："如何报复呢？在什么样的情况下？报复了什么？这么做是铁石心肠还是一个疯人的举动？"是谁在如此发怒？"为什么动怒？为无意的伤害吗？针对思想或意图的一个事件吗？"

野兽正是因为自己是野兽，并且因为只能拥有属于它们的那样一种（兽类的）感官，它们才不能知晓或体会美的快乐，假如是这样，他说，那就可以顺理成章地说："人以同样的感官或兽性的部分，也不能设想或享受到美。人所体验到的所有的美与善，都是以更高尚的方式体验到的，而且有属于最高尚的东西的帮助，那就是他的心智与理性。"这就是人的尊严及最高的利益所在了。他相对于善与幸福的能力也全在这里。他的能力或不足，他的欣赏能力或他的无能，也都基于这一点。由于这是切实可靠的、公平的、高尚的和有价值的，它的主题、行动与运用也都是一样。骚动的意识，由于屈服于感官，永远都不能与之竞争，更不能与有德的、由理性培育起来的意识竞争美。因此，吸引前者的对象也不能与吸引后者并使后者着迷的那些相比较。这当中的每一种在其对象的享受与占有中满足自身时，与后者相联合的那些行为明显就要美得多，并使人的灵魂得到慷慨与善的东西的极大满足。菲洛克勒斯啊！你一定会承认，当你把一种快乐放到别的地方而不是意识里，享乐自身便不再是美妙的主题了，任何优雅或可人的外表也是

362

如此。

我接着说，请告诉我，世人对我们称之为善的东西有如此不同的看法，如何有可能违背人类的普遍意见呢？西奥克勒斯啊！现在请你说实话，难道还有任何东西比我们刚刚在这件事情上确定下来的意见更奇怪，更不符合世人共同声音的吗？

他回答说，我们到底应该听谁的呢？在涉及善或相反的事情上，我们应当相信谁的判断或意见呢？假如人类全体或其中的任何一个部分只在他们内部达成一致，并在此事上相互赞同，我就乐于放弃哲学而听从他们的意见。否则，我们为何不坚持自己已经选择的答案呢？那就让我们换一个角度来思考此事吧！

第三节

菲洛克勒斯啊（他稍作停顿后继续往下说）！我已经放胆在你这样一位好判官，这样一位懂行的赞美者面前大谈了一通美这个话题。自然之美使我心旷神怡，我从这里开始，已经在这件事情上作了一番快乐的冒险，并在与我们相关、也构成我们最高之善的美的探寻中陪了你一程，从中得到真实与自然的享受。假如我们的这段时间没有白过，也没有在这一片荒无人烟的地方虚渡光阴，那么，从我们严格的探寻中看来，并没有什么东西比美还要神圣的，它并不属于某一个物体，除了在意识与理性之中外，也没有任何一种别的起源或存在，而只能从更神圣的部分发现和获取，当它检视自身的时候，这也是唯一配得上它自身的对象。任何缺乏意识的东西，在意识之眼看来都是虚空与黑暗。当它滞留于异质的主题时，便会黯然无色、一片灰暗，但在人们思考与它相近的对象时应用到它，它便会活跃起来，恢复其自然的光华。

他接着说，有这么一个人，他装出一股英雄气概，认为人生最大的幸事，莫过于亲历战争，莫过于亲自投身战场。另一个人对此可笑的想法报以嘲笑，认为这真是愚不可及，因而以自己的智慧与谨慎为自豪，认为把这看作冒险行为才真是耻辱。另有一个人勤敏刻苦，工作起来不知疲倦，一心要让自己成为有企业精神的人物。另外一个人却有相反的想法，认为这是不当之举，他并不拿名声当回事，也不拿世人的性格当一回事。

假如确有这样一些不拿声名当回事的人，而假如在那些渴求名声的人当中，渴求它的人因为一种原因，厌恶它的人又是出自另外一个原因，有些人跟某些人在一起时渴求它，另外一些人又因为跟另外一些人在一起才渴求它，那我为何不该问："我在哪种情况下都不知道有哪一种名声应当被称为是一种善呢？"

他接着说，让我们比较每一种状态下的益处，并把它们的善一一对应。在一边是我们发现不那么确定的那些，而且取决于运气、年龄、环境与气质，在另一边是由于可以确定为自身，因此基于如此不确定的那些人的轻视上。适合于男子的自由、慷慨、宽宏大量就不是善吗？出自生活与风范上的一致、情感的协调、与羞耻或内疚的责备的脱离以及对全人类、我们的社会、国家和朋友的价值与功德观的意识的那种仅止基于德行的东西的自我欢乐，难道不可以看做是幸福？

假如是这样，我说，那我就看不出有什么理由使我们可以责备神意。可是，我担心，人很少能够在针对其他游移不定的善浮想联翩的时候甘愿回到如此良好的性情中，这也是相当自然的情形。简单地说，假如我们可以依靠常言所说的，那么，"所有的善都只不过是我们幻想的结果，造就它的是人的自负。所有的东西不过是意见与幻想"。

但事实上，他回答说，我们的一切普遍意义上的行为，除开是哲学化之外，还能是别的什么东西呢？假如哲学果真如我们所想的那样是对于幸福的研究，那么，所有的人不是都必须以这种或那种方式，或娴熟或生疏地进行哲学化？涉及我们主要的利益的每一种思考、对我们品位的每一种校正、人生的每一个选择与偏好，难道不都会被看成是这一类？"幸福假如不是来自人的自我，并且来自人的内心，那么，要么它就是仅仅来自于外在事物，要么出于自我和外部事物共同的结果。"假如仅只来自外部事物，那就要向我们说明，事实上，"所有人都按照与这些东西的比例感到幸福，而占有这些东西的人都不可能因为他自己的过错而陷入痛苦"。但是，看起来，没有任何人会假装有这样的想法：所有人都承认相反的情形。因此，"假如幸福部分来自自我，部分来自外部的事物，那么，每一种都必须考虑到，某种价值必须放在内在的那一种的考虑之上，而且它还仅只取决于自我"。

菲洛克勒斯啊！（他要结束这番谈话了）哲学就是这么建立起来的。每个人都必然根据他自己的幸福进行推论。"他的善是什么，他的恶也是什么。"问题只在于："谁能作出最好的推论？"哪怕拒绝这种推论或思考问题方式的人，也是从某个理由出发来拒绝的，而且也出自这样一条理由："这就是最好的。"

此时，我们发现不知不觉间已经回到家了。我们的哲学结束了，话题又回到了日常的普通事务中。

Characteristicks

VOLUME II

An Inquiry concerning VIRTUE and MERIT.

The MORALISTS: a Philosophical Rhapsody.

Printed in the Year M.DCC.XXXII.